Geschichte im Kreis Euskirchen

Jahrgang 18/19

2004/2005

Jahresschrift
Geschichtsverein des Kreises Euskirchen e.V.

Abb. 1: Familie Jakob Friesen vor ihrem Haus in Faribault, Minnesota.

Von der Eifel nach Amerika

Auswanderung im Gebiet der Oberahr 1840 - 1914

Herausgeber: Geschichtsverein des Kreises Euskirchen e.V.
53879 Euskirchen, Jülicher Ring 32
Redaktion: Dr. Reinhold Weitz, Karl Sina, Dr. Gabriele Rünger
ISBN: 3-935221-54-1
3-935221-55-X (mit CD)

Dieses Werk ist urheberrechtlich geschützt. Die dadurch begründeten Rechte, insbesondere die der Übersetzung, des Nachdrucks, der Entnahme von Abbildungen und Tabellen, der Funksendung, der Mikroverfilmung oder der Vervielfältigung auf anderen Wegen und der Speicherung in Datenverarbeitungsanlagen, bleiben, auch bei nur auszugsweiser Verwertung, vorbehalten. Eine Vervielfältigung dieses Werkes oder von Teilen dieses Werkes ist auch im Einzelfall nur in den Grenzen der gesetzlichen Bestimmungen des jeweils gültigen Urheberrechtsgesetzes der Bundesrepublik Deutschland zulässig. Sie ist grundsätzlich vergütungspflichtig.

Die Wiedergabe von Gebrauchsnamen, Handelsnamen, Warenbezeichnungen usw. in diesem Werk berechtigt auch ohne besondere Kennzeichen nicht zu der Annahme, dass solche Namen im Sinne der Warenzeichen- und Markenschutz-Gesetzgebung als frei zu betrachten wären und daher von jedermann benutzt werden dürften.

© Geschichtsverein des Kreises Euskirchen e.V.
Printed in Germany
Herstellung: Handpresse Buchmanufaktur, Weilerswist

Gedruckt mit freundlicher Unterstützung der Kreissparkasse Euskirchen

Inhalt

Vorworte -- 9
1 Einleitung -- 13
  von Peter Scheulen
2 Aufbruch aus der Alten Welt --- 21
  2.1 Leben an der Oberahr im 19. Jahrhundert -------------------------- 21
  von Peter Scheulen und Ralf Gier
    2.1.1 Geographie und naturräumliche Lage ------------------------------ 24
    2.1.2 Politischer und kirchlicher Verwaltungsaufbau -------------------- 26
    2.1.3 Landwirtschaft --- 29
    2.1.4 Gewerbe und Industrie -- 42
    2.1.5 Infrastruktur -- 44
    2.1.6 Schulwesen --- 46
    2.1.7 Informationsquellen -- 50
  2.2 Gründe für die Auswanderung --- 52
  von Christoph Bungartz und Peter Scheulen
    2.2.1 Aufbruch aus Not --- 54
    2.2.2 Niedergang in Landwirtschaft und Industrie ----------------------- 55
    2.2.3 Auswanderung als Politikum --------------------------------------- 58
    2.2.4 Flucht vor dem Militärdienst ------------------------------------- 60
    2.2.5 Werber, Schlepper, Bauernfänger ---------------------------------- 63
    2.2.6 Franz Raveaux – Agent und Revolutionär --------------------------- 64
    2.2.7 Die Anziehungskraft der Neuen Welt ------------------------------- 66
  2.3 Abschied von Zuhause. Vier Beispiele --------------------------------- 68
  von Ralf Gier
    2.3.1 Familien Faymonville und Volheim
         – Sozialer Abstieg und Auswanderung -------------------------- 68
    2.3.2 Familien Daniels und Giefer – Kettenwanderung ----------------- 74
    2.3.3 Familie Robischon – Wanderung über Jahrhunderte -------------- 83
    2.3.4 Mathias und August Sigel - Einzelauswanderer ------------------- 86
  2.4 Abreise und Überfahrt --- 92
  von Ralf Gier
    2.4.1 Abreisevorbereitungen – Ankunft im Abfahrtshafen -------------- 92
    2.4.2 Überfahrt --- 107
    2.4.3 Ankunft und erste Wochen in der Neuen Welt -------------------- 123

2.5 Statistische Auswertung -------- 131
von Ralf Gier
   2.5.1 Bevölkerungsentwicklung 1840 - 2003 -------- 133
   2.5.2 Altersstruktur der Auswanderer -------- 140
   2.5.3 Berufe der Auswanderer -------- 141
   2.5.4 Kapital der Auswanderer -------- 142
   2.5.5 „Zessionare" - Versteigerungen -------- 143
   2.5.6 Auswanderungsjahre -------- 144
   2.5.7 Auswanderung mit und ohne Konsens -------- 146
   2.5.8 Auswandererhäfen -------- 148
   2.5.9 Zielstaaten -------- 149
   2.5.10 Rückwanderer und Daheimgebliebene -------- 151
3 Briefe aus Amerika -------- 153
   3.1 Joseph Scheben und sein Forschungsprojekt -------- 153
   von Peter Scheulen
      3.1.1 Die Arbeit Schebens im politischen Umfeld ihrer Zeit -------- 154
      3.1.2 Der Nachlass Scheben -------- 156
      3.1.3 Schebens Arbeitsweise -------- 156
   3.2 Die Auswandererbriefe -------- 160
   von Christoph Bungartz
      3.2.1 Die wirtschaftliche Situation -------- 161
      3.2.2 Heimweh -------- 165
      3.2.3 Zusammenhalt der Eifler Familien -------- 166
      3.2.4 Landwirtschaft und Wetter, Faszination Technik -------- 168
      3.2.5 Politik, Gesellschaft, Kirche -------- 171
      3.2.6 Zwischen Hochdeutsch, Platt und Englisch -------- 173
   3.3 Sechs Briefe im Wortlaut -------- 177
   von Christoph Bungartz
      3.3.1 „Aller Anfang ist schwer" – Existenzgründung und Geldsorgen 177
      3.3.2 „help Ju selfs" – Zwischen Heimweh und American Dream ---- 179
      3.3.3 „Hier hat dem Herr Pastor seinen Koch Schule gehalten; bis ich kam"
         – Als Dorfschullehrer im Mittleren Westen -------- 182
      3.3.4 „Die Mädchen haben den Himmel hier"
         – Jugend, Wohlstand, Emanzipation -------- 184
      3.3.5 „Siehe, das ganze Land steht Dir offen"
         – Das neue Leben als Abenteuer -------- 286
      3.3.6 „Ihr kehrt bei Eurem Schwager ein"
         – Lockrufe aus der Neuen Welt -------- 288

4 In der Neuen Welt -------- 191
  4.1 Orte -------- 191
    von Christoph Bungartz
    4.1.1 Deutsche Einwanderer im Mittleren Westen -------- 191
    4.1.2 Brighton, Wisconsin -------- 199
    4.1.3 Potosi, Wisconsin -------- 203
    4.1.4 Union Hill, Minnesota -------- 205
    4.1.5 New Trier, Minnesota -------- 212
    4.1.6 Peetz, Colorado -------- 216
  4.2 Lebensläufe -------- 220
    von Christoph Bungartz
    4.2.1 Anna Maria Schröder – Eine Pionierin erzählt -------- 220
    4.2.2 Peter Klinkhammer - Kämpfer für die Sklavenbefreiung -------- 224
    4.2.3 Hubert Bonzelet - Chronist von Union Hill -------- 226
    4.2.4 Bernard Giefer – Mörder in Minnesota -------- 235
    4.2.5 Matthias Napoleon Treinen – Baumeister in Kansas -------- 238
    4.2.6 Gertrud Göbel – Tellerwäscherin, Millionärin, Nonne -------- 245
    4.2.7 Hubert Bove – Ein Schneider wird Priester -------- 247
5 Rückwanderung – Gescheiterte Migration -------- 255
  von Ralf Gier
  5.1 Rückkehrer -------- 257
  5.2 Wiederauswanderer -------- 261
  5.3 Gescheiterte Auswanderungen -------- 263
  5.4 Besucher -------- 267
6 Der Aussichtsturm -------- 269
  von Ralf Gier
  Anmerkungen -------- 277
7 Anhang -------- 297
  7.1 Danksagung -------- 297
  7.2 CD ROM, Dokumentenliste -------- 299
  7.3 Auswanderer-Kurzliste -------- 303
  7.4 Quellen und Literatur -------- 327
    7.4.1 Quellen -------- 327
    7.4.2 Literatur -------- 332
    7.4.3 Internet -------- 342
  7.5 Abbildungen: Bildverzeichnis und Bildherkunft -------- 345
  7.6 Index -------- 353

Vorworte

Über Auswanderung ist viel geschrieben, gedruckt und gezeigt worden – in Büchern und Bildern, in Ausstellungen und Filmen. Wer an Auswanderung denkt, hat das Bild der Freiheitsstatue vor Augen. In unserer Vorstellung erscheint derjenige, der den alten Kontinent verlässt, als politischer oder religiöser Flüchtling. Wie stets bei Klischees überzeichnet es die Wirklichkeit. Der Entschluss zur Überfahrt in die Neue Welt hatte ein ganzes Bündel an Beweggründen.

Unsere Veröffentlichung möchte für sich in Anspruch nehmen, mehr als eine lehrbuchmäßige Antwort zu geben. Indem der Blick auf einen ländlichen Kleinraum verengt wird, kann gleichsam in einem Brennglas die Lebenswelt in der alten Heimat mit ihrem familiären und öffentlichem Gefüge, ihren Arbeits-, Wirtschafts- und Kulturverhältnissen ebenso dargelegt werden wie ihre Entsprechungen in der neuen Heimat Nordamerika. Neben der Gegenüberstellung der beiden Welten wird der Auswanderungsvorgang selbst zum Thema mit vielen Einzelheiten gemacht. Der Publikation geht es um möglichst viele Facetten des Phänomens Auswanderung. Die dokumentarische Perspektive, die nicht ohne Genauigkeit und Breite der Darstellung auskommt, findet ein erzählerisches Gegengewicht in den brieflichen und chronikalischen Aufzeichnungen und Illustrationen. Das Buch möchte die Neugierde befriedigen, Wissen vermitteln und die Legendenbildung zurückdrängen. Es ermöglicht Einblicke in den sozialen Alltag und in viele Familiengeschichten. Der Leser erfährt – um einige Beispiele zu nennen – Neues zur Biographie des 1848er Revolutionärs Franz Raveaux, über das Geldwesen auf dem Lande und die Immobilienpreise, über die Landwirtschaft in Minnesota und eine anscheinend typische amerikanische Karriere von der Tellerwäscherin zur Millionärin.

Unsere Publikation kann nicht als eine Arbeit zur Auswanderungsthematik im gesamten heutigen Kreisgebiet gelten. Exemplarische Bedeutung hat sie für die Eifel-Region im Kreis Schleiden. Für den Altkreis Euskirchen liegt seit kurzem eine wissenschaftliche Untersuchung im Rahmen einer Magisterarbeit von Barbara Lente vor, die unter eingeschränkterem Blickwinkel eine nützliche Ergänzung bietet.

Das Buch ist mit Fleiß, Sorgfalt und aufwendigen Recherchen geschrieben worden – und auch mit Passion! Die Autoren Christoph Bungartz, Ralf Gier und Peter Scheulen sowie der Arbeitskreis wollen nicht nur den Familienforscher und Genealogen zum Leser, obwohl ihm mit den ausführlichen Anhängen und Verweisen im Buch und auf der CD das Suchen erleichtert wird. Auch demjenigen, der an der Landeskunde und historischen Unterhaltung interessiert ist, darf die Lektüre empfohlen werden. Der Geschichtsverein des Kreises Euskirchen gibt die Veröffentlichung als Doppelband 2004/2005 heraus. Das ermöglicht die Beilage einer CD mit zusätzlichen Dokumenten bei den Exemplaren, die in den freien Verkauf gehen bzw. für den speziell interessierten Leser gedacht sind.

Für den Geschichtsverein des Kreises Euskirchen e.V.
Dr. Reinhold Weitz

BERICHTIGUNG

Durch einen bedauerlichen Fehler ist auf Seite 11 Herbert Caspers aus Dollendorf, Mitglied unserer Arbeitsgemeinschaft, als Johann Caspers aufgeführt. Und aus technischen Gründen bei der Übertragung des Manuskripts ist leider der Index an einigen Stellen unvollständig; z.B. fehlt der Ort Mülheim.
Wir bitten, dies zu entschuldigen.

In memoriam Hermann Bungartz

Dieses Buch ist meinem Vater gewidmet. Hermann Bungartz stammte aus Dollendorf und hat über viele Jahrzehnte hinweg neben seinem Beruf als Ingenieur in der chemischen Industrie die Geschichte seines Heimatorts und des Oberahrgebiets erforscht. Nachdem er 1983 eine Monographie über Dollendorf veröffentlicht hatte, widmete er sich dem Thema Auswanderung. Er sammelte Daten aus Eifler Quellen und reiste mehrfach in die USA, um im Mittleren Westen auf Friedhöfen und in Ortschroniken Spuren von Auswanderern zu suchen.

Er wusste, dass in mehreren Orten an der Oberahr andere Forscher an ähnlichen Fragen arbeiteten, und sein Traum war es, alle Ergebnisse einmal in einer Publikation zusammenzuführen. Er hat es nicht mehr erlebt. In den letzten Monaten seines Lebens – er starb im Februar 2000 – habe ich mit ihm das vorhandene Material gesichtet und konnte schließlich im Sommer 2000 die anderen Forscher für ein gemeinsames Projekt gewinnen.

Seitdem haben wir uns regelmäßig in Blankenheim getroffen, um Daten auszutauschen und abzugleichen und schließlich dieses Buch zu konzipieren. Zu dem Kreis gehören Johann Caspers (Dollendorf), Ralf Gier (Köln/Freilingen), Bernd Michels (Hüngersdorf), Hermann-Josef Mies (Blankenheimerdorf), Klaus Ring (Blankenheim), Peter Scheulen (Gummersbach/Jünkerath), Erwin Stein (Uedelhoven) und Harald Weißkopf (Mülheim). Ihnen allen danke ich für ihr Engagement und ihre Bereitschaft, Daten und Bilder, eigenes Wissen und eigene Arbeitsergebnisse in großem Umfang in dieses Gemeinschaftsprojekt eingebracht zu haben. Mein besonderer Dank gilt Ralf Gier und Peter Scheulen für die gemeinsame Arbeit am Text.

Nun liegt also das Ergebnis vor. Es ist, hoffe ich, im Sinne des Erfinders.

Hamburg, im Sommer 2005   Christoph Bungartz

1 Einleitung
von Peter Scheulen

> *„Sei mir gesegnet, Land im fernen Westen,*
> *Der Menschheit gottverheißnes Kanaan,*
> *Du treue Mutter allen Deinen Gästen,*
> *Du Freiheitsdom im stummen Ozean!*
> *Dies Wort ist Trost bei allem Argen, Bösen:*
> *Die neue wird die alte Welt erlösen!"*
>
> Ludwig Köhler, Nach Westen [1]

Amerika – noch heute hat dieses Wort den Klang einer fernen Verheißung. Amerika – das war für unzählige Menschen des 19.Jh. der Inbegriff ihrer Hoffnungen auf ein besseres Leben. Amerika – ein Name, der damals eine unwiderstehliche, fast schon magische Wirkung gehabt haben muss. Arme hofften dort auf Wohlstand, Hungernde auf Nahrung, religiös und politisch Verfolgte auf Freiheit im Glauben und Reden. Die europäische Auswanderung nach Nordamerika war der größte Exodus der Menschheitsgeschichte. Insgesamt wanderten im 19.Jh. 19 Millionen Menschen in die USA ein. Fast 90 Prozent aller deutschen und

Abb.2: *Hamburger Auswandererhallen mit Kirche*

deutschsprachigen Auswanderer in jener Zeit – insgesamt waren es 5,34 Millionen – suchten eine neue Heimat in den Vereinigten Staaten. Sie waren die größte Gruppe unter allen Einwanderern, prägten das Land und seine Kultur, und bis zum Ausbruch des Ersten Weltkriegs gehörten deutsche Institutionen und oft auch die deutsche Sprache ganz selbstverständlich in die junge amerikanische Gesellschaft. 1890 war Chicago die achtgrößte deutsche Stadt. Hier waren 36 % (161.000) der Einwanderer in Deutschland geboren, in Milwaukee, Wisconsin sogar 69 % (54.000). Im Jahr 2000 gaben 42,8 Millionen US-Bürger an, deutsche Vorfahren zu haben.[2]

Anfänge und Voraussetzungen

Die im April 2001 im Freilichtmuseum Kommern eröffnete und vielbeachtete Ausstellung *„Schöne Neue Welt - Rheinländer erobern Amerika"* hat die Faszination des Themas Auswanderung für das Rheinland und die Eifel wieder lebendig gemacht. Vorarbeiten zu diesem Projekt ließen in unserem Kreis die Idee entstehen, die schon vorher in vielen Jahren auf lokaler Ebene gesammelten Informationen und Forschungen zusammenzutragen und zu vertiefen. Mit lokaler Ebene ist das Gebiet der heutigen Gemeinde Blankenheim mit insgesamt 17 Dörfern sowie einigen Gehöften und Mühlen gemeint. Die Recherchen für das vorliegende Buch bezogen sich auf die Auswanderer, ihre Beweggründe und ihr Leben in der Neuen Welt.

Abb. 3: Blankenheim von Westen um 1915

Eine wichtige Voraussetzung zur fundierten und lebensnahen Behandlung der uns interessierenden Fragen war die Edition der Sammlung Scheben. Es handelt sich um eine jahrzehntelang in Vergessenheit geratene Sammlung von Auswandererbriefen aus Amerika, geschrieben an die daheimgebliebenen Verwandten und Freunde. Sie wurde erst 2004 publiziert.[3] Dr. Joseph Scheben, Namensgeber der Sammlung, wirkte in der Zwischenkriegszeit an der Universität Bonn. Von 473 Briefen und Dokumenten betreffen immerhin 50 Briefe den Raum der Oberahr. Die thematische Auswertung und Zitierung der Briefe bildet, nicht zuletzt auch unter sprachlichen Aspekten (s.Kap.3), einen wichtigen Baustein dieser Arbeit.

Zur Auswanderungsforschung

Auswanderungsforschung[4] ist in anderen Teilen Deutschlands wie der Pfalz und Hessen bereits in früheren Jahrzehnten intensiv betrieben worden, an den Universitäten Mainz und Oldenburg (DAUSA[5]) sogar wissenschaftlich verankert. In der Breite ist die Beschäftigung mit dem Phänomen Auswanderung allerdings wesentlich dem regen Interesse von Familienforschern zu verdanken. Für die südliche Eifel hat schon vor über 30 Jahren detailliert der Lehrer Josef Mergen geforscht und für den Regierungsbezirk Trier nach Dörfern und Familien gegliederte Auswanderungslisten veröffentlicht, jeder Altkreis sowie die Stadt Trier ist in einem Buch erfasst. Er beschränkt sich jedoch auf die amtlichen Quellenangaben wie Familien-

Abb. 4: Rohr um 1920

name und -größe sowie die regelmässig festgehaltenen Vermögensverhältnisse zum Ausreisezeitpunkt. Seine Bücher sind wie viele genealogische Arbeiten listenmäßige Personennachweise, die zum Nachschlagen, weniger zum Lesen einladen. Mergens quellennahe Beiträge zum Thema sind leider über viele Zeitschriften und Kreisjahrbücher verstreut. Sie gehen meist auf einzelne Auswandererschicksale ein. Die Einleitungen seiner Bücher enthalten Statistiken, deren quantitative Basis aus heutiger Sicht eher dünn erscheint. Die auch sonst für die Oberahr und die Eifel eher unübersichtliche bzw. zersplitterte Behandlung des Themas Auswanderung zu überwinden, möchte dieses Buch einen Beitrag leisten.

Die große Untersuchung zur Eifler Auswanderung ist noch nicht geschrieben, eine zeitgemäße und systematische Gesamtdarstellung steht weiterhin aus. Ein seit 1998 vorliegender Titel bietet lediglich Allgemeines zum Thema und einen groben Überblick.[6] Die an sich erfreulichen Auswanderungs-Schwerpunkte in den Heimatjahrbüchern der Kreise Daun[7] und Bitburg-Prüm[8] reihen im Wesentlichen Einzelbeiträge aneinander. Durch die in den letzten Jahren entstandene Diskussion über Deutschland als „Einwanderungsland" wird Auswanderung heute auch unter dem Begriff „Migrationsforschung" neu beleuchtet.

Ziele und Fragestellungen

Ein Schwerpunkt unserer Betrachtung ist zunächst die Lebenssituation in den Heimatdörfern der Auswanderer. Es sind Orte, die aufgrund der wirtschaftlich schlechten Lage der Eifel im 19.Jh. von der sonstigen Entwicklung Deutschlands bzw. Preußens weitgehend abgeschnitten waren. Es wird versucht, mittels einer statistischen Analyse die sozialen Bedingungen und demographischen Folgen von Dorf zu Dorf darzustellen. Die Frage nach den Auswanderungsmotiven schließt sich an. Nach der Schilderung von Vorbereitung und Ablauf der Reise fragen wir, wie es den Auswanderern und ihren Nachkommen in der „Neuen Welt" eigentlich erging, wo sie geblieben sind und was aus ihnen wurde. Wie fanden sich die Auswanderer überhaupt in der Fremde zurecht? Machten sie „ihr Glück" oder bereuten sie den Schritt und kehrten enttäuscht zurück? Wir wollen anhand einzelner Familien und bemerkenswerter Einzelbiografien Antworten geben und damit Aspekte aufgreifen, die in der älteren Literatur wegen eher deutschlandbezogener Interessen, aber auch wegen fehlender Forschungsmöglichkeiten in Übersee meist vernachlässigt wurden. Auch Kontakte zu Nachkommen von Auswanderern waren früher selten. Umso positiver überraschen neu entstandene Verbindungen, etwa durch die bei Amerikanern beliebte Suche nach ihren „Roots", also der Heimat ihrer Vorfahren. Vor allem das Internet mit seinen Zugriffsmöglichkeiten auf privat eingestellte Familienchroniken, Stammfolgen und kommerziell angebotene Datenbanken hat ganz neue – schier unbegrenzt erscheinende - Möglichkeiten geschaffen.

Eine Besonderheit der Publikation ist die dazu verfügbare CD. Auf ihr befinden sich mehrere Dokumente mit detaillierten Angaben zu allen Auswanderern, aber auch zu bestimmten Einzelthemen: Auswanderungsgesuche, Kaufverträge, Kirchenbuchauszüge, Militärentlassungen, Auswandererbriefe, Schiffslisten und Totenzettel. Zu den einzelnen Personen findet man außer den biografischen Eckdaten Querverweise auf Verwandte und die Quellen, in denen die Betreffenden gefunden wurden. Die Dokumente enthalten auch eine Reihe nur vermeintlicher Auswanderer. Dies sind Personen, deren Auswanderungsgesuch zwar nach staatlichen Archivquellen genehmigt wurde, die bei genauerem Überprüfen jedoch gar nicht ausgewandert sind. Ebenso ist eine Dunkelziffer nicht erfasster Auswanderer nicht ganz auszuschließen. Der Vergleich später noch zu beschreibender Quellen klärte zahlreiche Ungereimtheiten in amtlichen Veröffentlichungen auf (z.B. die Fahndung nach Personen, die schon im Kindesalter verstorben waren). Schließlich gab es auch einige Rückkehrer, mangels vergleichbarer Erfassungsgrundlagen ist ihre Zahl nicht eindeutig bestimmbar. Das Zusammenspiel von Aus- und Binnenwanderung war bei den nach einer besseren Lebensperspektive suchenden Menschen sicher nicht selten, eine vollständige Rekonstruktion scheint hier unmöglich.

Diese Arbeit versucht allerdings, über das akribische Durchstöbern im Sinne des Familien- oder Lokalforschers hinauszugehen. Sie möchte auf breiterer Quellenbasis ein lebendiges Gesamtbild der Auswanderung von der Oberahr zeichnen.

Zeitliches Spektrum

Unsere Untersuchung berücksichtigt den Zeitraum von 1840 bis zum Ausbruch des Ersten Weltkriegs 1914. Im Deutschland der 1840er bis 1880er Jahre war Auswanderung ein Massenphänomen. Der Zug in europäische und überseeische Siedlungsgebiete war in allen 39 deutschen Staaten ein Politikum erster Ordnung. Nach der anfänglichen Mode, in die gerade unabhängig gewordenen lateinamerikanischen Staaten auszuwandern, in die britischen Kolonien Australien und Kanada, und sogar in das 1830 von Frankreich okkupierte Algerien, zog es den ganz überwiegenden Teil der Auswanderer jedoch nach Amerika. Die sich Mitte des 19. Jh. rapide nach Westen ausdehnenden Vereinigten Staaten verfügten über ständig wachsende Aufnahmekapazitäten.

Höhepunkte der Auswanderung in unserem Untersuchungsgebiet lagen in den Jahren 1845/46, 1852/53, 1855, 1868, 1874 und 1883. In der Eifel ebbte die massenhafte Auswanderung schon Mitte der 1870er Jahre deutlich ab, stieg aber in Folge der Notjahre 1881/82 nochmals kurz an. In den 1880er Jahren überflügelte die Binnenwanderung innerhalb Deutschlands endgültig den Auswandererstrom. Die Suche nach Arbeit führte die Menschen in neue Industriezentren am nördlichen Rand der Eifel, z.b. in den Raum Aachen-Eschweiler, aber auch in den großindustriellen Bleibergbau bei Mechernich. Überwiegend wanderten die „Oberahrer" jedoch ins Ruhrgebiet und den Kölner Raum ab.[9] Auch diese Abwanderung bedeutete die Reise in ein anderes Leben, wenn auch keinen Abschied auf Nimmerwiedersehen. 1871 wird zu einem Stichjahr: Es bringt die staatliche Einigung Deutschlands unter preußischer Ägide und bedeutet gleichzeitig einen Meilenstein in der Entwicklung der regionalen Infrastruktur. Die Eisenbahnlinie Köln-Trier wird vollendet. Es folgen zahlreiche Nebenstrecken, die u.a. in Jünkerath und Blankenheim-Wald abzweigen. 1912 gelangt die Eisenbahn durch das Ahrtal nach Ahrdorf und somit von Osten in das Untersuchungsgebiet. Die Verbindung von Ahrdorf nach Blankenheim-Wald wird 1913 hergestellt.

Zur Vor- und Nachgeschichte der Auswanderung

In der vorindustriellen Zeit war die Auswanderung selten und hatte meist – abgesehen von nicht geduldeten religiösen Minderheiten - individuelle Hintergründe. Sie betraf Berufsgruppen mit hoher Mobilität (Händler, Seefahrer, Söldner) und Abenteurer aller Art. Für das Gebiet der Oberahr ist vor 1840 nur der Fall einer nach nicht einmal 20 Jahren zurückgekehrten Dollendorfer Familie bekannt. Es handelt sich um die etwa 1754 ausgewanderte Familie von Lambert Hoffmann und Elisabeth geb. Krebs (s. Kap. 5.1.). Ausgeblendet bleibt auch die vereinzelte Auswanderung nach den beiden Weltkriegen und die jüdische Emigration der NS-Zeit. Letztere ist dem Wesen nach eher als Flucht zu verstehen. Sie ist in der regionalhistorischen Literatur schon weitgehend dargestellt worden.

Quellen zur Auswanderung

Das Quellenmaterial zur Auswanderung aus Deutschland im 19.Jh. ist vielfältig. Es reicht von gelegentlichen Bemerkungen beim Taufeintrag im Kirchenbuch, über Notariatsurkunden bis zu Erwähnungen in Amtsblättern, hier insbesondere Gestellungsaufforderungen und Strafandrohungen für wehrpflichtige junge Männer. Für Preußen kommen hinzu die bei der jeweiligen Königlichen Regierung zu bewilligenden Auswanderungsanträge, die meist familienweise gestellt wurden und für das Untersuchungsgebiet im Staatsarchiv Düsseldorf erhalten sind. Ein

Auszug der wesentlichen Personendaten zu den aktenkundig gewordenen Personen liegt seit 1997 auf CD vor und berücksichtigt die Zeitspanne von 1816-1934.[10] Schließlich sind als schönste und wohl auch aussagekräftigste Quellen die Briefe zu nennen. Über die Sammlung Scheben hinaus konnten durch einen Sammelaufruf im lokalen Mitteilungsblatt und durch gezieltes Befragen weitere, bisher unbekannte Briefe zutage gefördert werden (s.a. Kap. 7.2). Den Werdegang einer großen Zahl von Auswanderern konnten wir nicht bis in alle Einzelheiten und mit letztem Verbleib nachvollziehen. Umso erfreulicher wären entsprechende Ergänzungen und Korrekturen, die beim Mitautor Ralf Gier dankbare Aufnahme finden werden.[11]

Abb. 5: Eheleute Joseph Schweiss 1874

Bei der vorliegenden Untersuchung werden entsprechend der Fragestellung nach dem Werdegang der Auswanderer auch amerikanische Unterlagen berücksichtigt, die allerdings meist nur über Forscherkontakte und das Internet verfügbar waren. Eine für die Auswanderungsforschung gemeinsame Quelle diesseits und jenseits des Atlantiks bilden die Schiffslisten, die jedoch nur in den U.S.A. und für Hamburg vollständig erhalten sind. Für den wichtigen deutschen Auswanderungshafen Bremen sind sie weitgehend vernichtet. Ähnliches gilt leider für die Überseehäfen des westlichen Auslands, vor allem Antwerpen, von wo aus die Mehrzahl der Eifler Auswanderer den „alten Kontinent" verließ.[12] Viele Auswanderer fanden sich durch die Sichtung kompletter Listen von Schiffen, auf denen zuvor nur einzelne Personen vermutet wurden.

Was die amerikanischen Quellen angeht, so können diese nach den üblichen Lebensstationen der Einwanderer gegliedert werden. Sie beginnen bei der Ankunft mit den sogenannten Schiffs- also Passagierlisten, die der Kapitän zusammen mit einer Eidesformel der Einwanderungsbehörde zu übergeben hatte. Bereits hier lassen sich Familienzusammenhänge erkennen. Die wichtigsten Schiffslisten – nämlich für New York – sind ebenfalls im Internet unter „EllisIsland.org" abrufbar. Sie beginnen mit dem Jahr 1892 und werden laufend erweitert. Die nächste, gehaltvollere, aber schwerer abzugreifende Quelle sind die damals nach fünf Jahren zulässigen Naturalisierungsanträge, denen nach weiteren fünf Jahren bei „guter Führung" die Einbürgerung folgte. Um die inneramerikanischen, gerade bei der Einwanderergeneration sehr regen Siedlungsbewegungen oder Ortswechsel nachzuvollziehen, gibt es jedoch eine noch wichtigere Quelle, die auch in Form einer elektronischen Datenbank existiert und teils gegen Entgelt über das Internet nutzbar ist. Diese heißt „Census", wobei es sich um die alle zehn Jahre landesweit durchgeführte Volkszählung handelt, die gegliedert nach Staat, Kreis (county), Wohnort und Straße die in jedem Haushalt lebenden Personen namentlich und meist mit Alter, Herkunftsland, Beruf verzeichnet. Erst seit der digitalen Erfassung in großen Datenbanken lassen sich auch inneramerikanische Wanderungsbewegungen, also Umzüge einzelner Familien, rekonstruieren. In den 1930er Jahren konnte der für die Auswandererforschung im Rheinland bahnbrechende Dr. Joseph Scheben diese nur durch gezielte Hinweise aufdecken, etwa aus Briefen der Auswanderer (s. Kap. 3).

Setzt man den „Census" in Beziehung zu anderen historischen Personendatenbanken, die über zahlungspflichtige Internetseiten von „Ancestry.com" verfügbar sind, so kann mit etwas Glück der Verbleib einer Familie bis in unsere Tage nachvollzogen werden. Das Spektrum der dort verfügbaren Quellen zum 19. Jh. reicht von Tageszeitungen bis zu Personenstandsindizes (Geburt, Heirat, Tod), die eine Suche innerhalb eines Bundesstaates erlauben. Erwähnt sei auch die frei zugänglichen genealogischen Austauschbörsen wie „Rootsweb" und das quellenorientierte „Heritagequest". Der Familien- und Auswanderungsforschung haben sich mit all diesen Möglichkeiten ganz neue Perspektiven eröffnet.

2 Aufbruch aus der Alten Welt

2.1 Leben an der Oberahr im 19. Jahrhundert

von Peter Scheulen und Ralf Gier

Um es vorwegzunehmen, die Verbindung von Preußen und dem weit im Westen gelegenen Rheinland ist nicht gerade eine Liebesheirat gewesen. Preußen hatte auf dem Wiener Kongress 1814 - 15[13] andere Teile Deutschlands, vor allem das benachbarte Sachsen, auf seine Wunschliste gesetzt, was dem Ideal eines geographisch abgerundeten Staatsgebildes näher gekommen wäre. Mit dem Rheinland und der Eifel wurde Preußen nun eine Region zugeschlagen, die in vielem kaum gegensätzlicher hätte sein können. Mag der in seiner Art eher ruhig bis zurückhaltend wirkende Eifler auch nicht der typische lebens- und sinnenfrohe Rheinländer gewesen sein, trennte ihn doch mit allen katholischen Rheinländern von den Regierenden der konfessionelle Unterschied. Der preußische König war das Oberhaupt der evangelischen Kirche, und damit war das Glaubensbekenntnis auch ein Bekenntnis zu einem gesellschaftlichen Ordnungssystem. Wo es vorher nur landesherrliche und stadtbürgerliche Identitäten gegeben hatte, entwickelte sich überhaupt erst im 19.Jh. unter „preußischem Joch" ein politisches und kulturelles Wir-Gefühl der Rheinländer.

Abb. 6: An der Ahrquelle Blankenheim um 1900

Vor allem kirchenpolitische Turbulenzen, die massive Einmischung in kirchliche Angelegenheiten bzw. das Zurückdrängen der katholischen Kirche aus ihrer beherrschenden Stellung in der Gesellschaft prägten über weite Strecken das politische Klima im Rheinland. Nicht zufällig hatte im Rheinland der politische Katholizismus seine Hochburgen.[14]

Dass sich das Rheinland andererseits durch seine Nähe zum Vorreiter England und dessen „Musterschüler" Belgien zum wirtschaftlichen Zugpferd Preußens entwickeln würde, haben wohl die wenigsten auf dem Wiener Kongress geahnt. Die industrielle Entwicklung der Regionen an Rhein und Ruhr war zu Anfang des 19.Jh. noch unvorstellbar gewesen. In den rheinischen Mittelgebirgen jedoch verschwanden in den folgenden Jahrzehnten traditionelle Wirtschaftsformen des produzierenden Handwerks und die dort ansässige Industrie praktisch ersatzlos. Zwischen Stadt und Land nahm das Wohlstandgefälle zu.

Das vergleichsweise fortschrittliche französische Zivilrecht blieb erhalten im Rheinland, auch das mehr Selbständigkeit zulassende Kommunalrecht oder die nach 1815 beibehaltene Führung von Personenstandsbüchern. Nur im Rheinland gab es die sogenannten Bürgermeistereien. Die seit 1824 politisch mitwirkenden „Provinzialstände", eine - nach unseren Maßstäben nicht als Volksvertretung anzusehende - Versammlung von Adel, Bürgern und Bauernschaft, traf sich regelmäßig in Düsseldorf zum „Provinziallandtag". Er hatte immerhin Bewilligungsvorbehalte beim Haushalt und war ein oft unbequemer Partner der ansonsten vom König eingesetzen ehrenamtlichen Bürgermeister oder Berufsbeamten, wie sie von der Kreisebene aufwärts bis zum Oberpräsidium der Rheinprovinz in Koblenz wirkten. Das französische Recht hatte leider auch seine Schattenseiten. Für unseren Raum besonders bedeutsam war die Beibehaltung der Erbteilung, durch die landwirtschaftliche Einheiten immer weiter zersplitterten. Dieser Umstand, verbunden mit einem stetigen Bevölkerungsanstieg seit Beginn des 19.Jh., erzeugte sozialen Druck, der sich wie in einem Kessel aufbaute und in der Auswanderung ein Ventil fand.

Eigentümlichkeiten und Feiertage

Eine Studie vom Anfang des 20.Jh. spricht den Eifler Bauern und Bergarbeitern Eigeninitaitve und praktische Intelligenz zu und nennt sie *„ein höchst eigenartiges Völkchen, ... und aus seiner Tiefe wären noch Schätze individueller und sozialer Fähigkeiten und Tugenden zu heben."*[15] Im 19.Jh. dagegen galt die Eifel als besonders rückständig, die Region gehörte zu den ärmsten Deutschlands. Viele Reisende beschrieben damals die Bevölkerung als wenig arbeitsam, als bequem, wenn nicht gar faul, ohne jedes Interesse an Erwerb oder Fortschritt. Diese Urteile stammten in der Regel von städtischen Beobachtern, die den äußeren Eindruck schilderten, ohne nach Gründen zu fragen. Andere Autoren erkannten dagegen an, dass die Eifler unter jahrelanger „Zurücksetzung" zu leiden hatten, dass ihnen *„jahrzehntelang die wichtigsten modernen Kulturmittel vorenthalten worden sind."*[16]

Althergebrachte Arbeitstechniken, Ernährungsweisen und Gebräuche gaben die einsam, karg und zurückhaltend lebenden Eifler nur ungern auf. *„Die Leute hangen hier mehr als anderswo an ihrem gewohnten Schlendrian und an den Gebräuchen, den Grundsätzen und den Vorurtheilen ihrer Väter."*[17] Für preußische Beamte war die große Zahl der katholischen Festtage ein unbegreifliches Ärgernis: *„Zu der geringen physischen und geistigen Kultur der Eifel trägt auch die Menge der Feyertage bei. Außer den gebotenen Feyertagen hat fast jedes Dorf noch seine besonderen Heiligen... Es steht zu hoffen, daß mit der fortschreitenden Bildung des Volkes und der Geistlichkeit, wofür die Preußische Regierung angelegentlich sorgt, hierin eine Veränderung eintreten wird."*[18] Diese Überlegungen stellte der für die Eifel wohl bekannteste preußische Beamte des 19.Jh. an, der sich mit grösster Akribie darum kümmerte, die Lebenssituation in seinem Amtsbereich und der Eifel überhaupt zu verbessern: Georg Bärsch, Entdecker und Herausgeber der „Eiflia Illustrata", seines Zeichens 1819 bis 1834 Landrat in Prüm.

Abb. 7: Musikkapelle in Ahrhütte 1912

Der höchste Feiertag war überall in der Eifel die Kirmes. 1913 schildert der Volkskundler Adam Wrede, wie seit jeher das Fest ein Dorf in den Ausnahmezustand versetzte. *„Sehr eifrig wird ... zum Feste gerüstet. Vor allem legt männiglich rechtzeitig einen guten Stüber Geld zurück. Dann wird gebacken und geschlachtet, das Haus gestrichen und getüncht, der Hausrat geputzt und gescheuert, die „Ballrobe" nachgesehen. Der Vorrat an Fleisch und Backwaren, der am Tage selbst auf den Tisch kommt, scheint für drei Wochen vorzuhalten. Aber man täuscht sich; denn der Gäste sind viele. Mancher Kirmesweck und Kirmeskuchen wandert zuletzt mit ihnen in den Heimatsort. Die Hauptsache für die Erwachsenen ist das Vergnügen auf dem Tanzboden. Drei Abende hintereinander hält hier der Jubel und Trubel an. Am letzten Abend ist er am größten. Dann wird auch mancher alte Reigentanz aufgeführt, in der südlichen Eifel der besonders beliebte Kirmespitter.*

Mitten in der Kirmesfreude gedenkt man auch der Toten. Am zweiten Tage, montags, findet ein Seelenamt für die Verstorbenen statt. Diesem Amte schließt sich gewöhnlich ein Besuch der Gräber an. (...) Gleich am Morgen nach der Kirmes ziehen die Jungen mit Musik vor das Dorf. Einige tragen Fleischknochen nach und der Scholtes (Schultheis – Dorfvorsteher) *schwingt noch einen Schinken von einem gebratenen Lamm oder einer jungen Ziege. An einer Stelle vor dem Dorfe wird ein Loch gegraben, in das man die Knochen hineinlegt. Dann löst der Scholtes das Fleisch vom Schinkenknochen und verteilt es brüderlich. Der Knochen selbst wird auf die andern gelegt und auf alles ein Gläschen Schnaps oder Wein gegossen. Die Musik spielt eine traurige Weise und unter Musik geht's auch wieder ins Dorf zurück. Die Jungen machen traurige Gesichter, weinen und schluchzen, gucken in den Geldbeutel und verzerren das Gesicht vor Schrecken über die Leere."*[19] Dieser Überschwang an wenigen Tagen des Jahres bekommt ein umso größeres Gewicht, wenn man sieht, wie karg und hart die Lebensumstände der Eifler waren.

2.1.1 Geographie und naturräumliche Lage

Die Oberahr gehört zum grössten Teil zur Kalkeifel, deren Böden sich kaum zum Ackerbau eignen. Im Westen begrenzt von der Hocheifel, im Süden von der Vulkaneifel, nimmt sie einen zentralen Platz in der Eifel ein, etwa auf halber Strecke zwischen Köln und Trier, Aachen und Koblenz. Geologisch erstreckt sich das Gebiet über die Blankenheimer, Dollendorfer und Rohrer Kalkmulden. Insbesondere nördlich der Ahr, im Bereich von Lommersdorf und Freilingen traten teils mächtige Brauneisensteinvorkommen auf.

Die stark wasserdurchlässigen und wärmespeichernden Kalk- und Dolomitböden lassen hier mediterrane Blumen wachsen, die in Mitteleuropa sonst nicht gedeihen, sei es wegen zu niedriger Temperatur oder zu hoher Bodenfeuchte. Bei Kuhschellen, Glockenblumen, kleinen Orchideenarten kommen hier also nicht nur Geologen, sonderen auch Botaniker auf ihre Kosten.[20] Prägend für den südöstlichen Teil sind auch die Wacholderhänge mit ihrer stärksten Ausprägung um Alendorf. Der aus Basalt bestehende Aremberg, 6 km östlich von Lommersdorf, ist mit 623 Metern eine der höchsten Erhebungen der Eifel. Die höchste Erhebung der Gemeinde Blankenheim ist die Lage „Auf dem Kalkbüsch", etwa 1 km westlich Mülheim, mit 570 m über N.N. (s.a. Kap. 6). Die tiefste Stelle, östlich Ahrdorf beim Eintritt der Ahr nach Rheinland-Pfalz gelegen, liegt auf etwa 315 Meter.

Abb. 8: Ahbachtal mit Ruine Neublankenheim

Der durch das hoch gelegene Blankenheimerdorf markierte westliche Höhenzug ist zugleich Wasserscheide zwischen Maas (Urft) und Rhein (Ahr), die südliche Begrenzung der Gemeinde Blankenheim markiert etwa die Wasserscheide zwischen Rhein (Ahr) und Mosel (Kyll). Die in Blankenheim entspringende Ahr hat der ganzen Region ihren Namen gegeben. Nach 100 km ihres windungsreichen Verlaufs mündet sie bei Remagen in den Rhein. Nördliche Zuflüsse der Ahr im Untersuchungsgebiet sind neben dem bei Tondorf entspringenden Armutsbach der Mülheimer Bach, der Reetzer Bach, der nördlich von Freilingen aus mehreren Quellen entspringende Mühlenbach, sowie der östlich Lommersdorf entspringende Aul-Bach. Im Süden sind es von der Quelle aus gesehen der Nonnenbach, der Schafbach, der Lampertsbach, der Michelsbach und der Ahbach am östlichen Rand des Untersuchungsgebietes. Armutsbach und der am Nord-Ostrand der Gemeinde, unweit Lommersdorf, quellende Dreisbach, treffen erst einige Kilometer flussabwärts im Kreis Ahrweiler mit der Ahr zusammen.

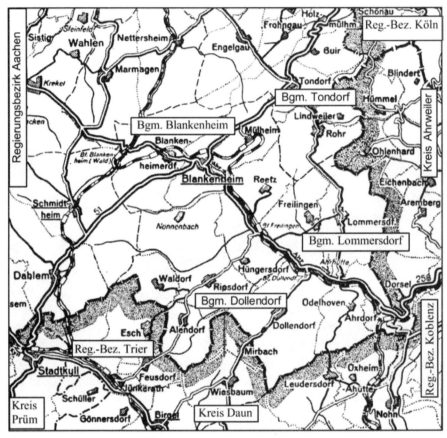

Abb. 9: Karte Gemeinde Blankenheim

2.1.2 Politischer und kirchlicher Verwaltungsaufbau

Vor der fränzösischen Besatzung 1794 teilten zwei Herrenhäuser die Region an der Oberahr unter sich auf. Zum einen die Grafen von Manderscheid-Blankenheim, deren Besitzungen überwiegend südlich der Ahr gelegen waren und sich übrigens rechtlich noch unterteilten in die reichsunmittelbare Grafschaft Gerolstein und die Reichsgrafschaft Blankenheim.[21] Dem gegenüber stand das Herzogtum

Arenberg mit seinem Sitz in Aremberg..Dieses in führenden Positionen des alten Reiches, vor allem in den österreichischen Niederlanden, stark vertretene Geschlecht existiert übrigens im Gegensatz zu den 1780 im Mannesstamm erloschenen Manderscheidern heute noch.[22]

Nach 1794 wurden die Bindungen der Dörfer an ihre Herrschaften und die dazugehörigen Rechte gelöst. Die ehemals arenbergischen Mülheim und Reetz kamen zur Bürgermeisterei Blankenheim, während Ahrdorf sich in der Bürgermeisterei Lommersdorf wiederfand, also von einem ehemals arenbergischen Ort verwaltet wurde. Die Einteilung blieb bis zur Bildung des Amtes Blankenheim 1934 erhalten. Schon im 19.Jh. wurden mangels Kandidaten mehrere Bürgermeistereien in Personalunion geführt. So Blankenheim und Lommersdorf von 1826 bis 1835 und ab 1889, Blankenheim und Dollendorf ab 1847, sowie Lommersdorf vom Bürgermeister von Holzmülheim-Tondorf- von 1851 bis 1889. Die Bürgermeisterei Holzmülheim-Tondorf schloss die in diesem Buch berücksichtigten Orte Rohr und Lindweiler mit ein. Zu den Verbünden zählten zeitweise weitere Verwaltungseinheiten wie die Bürgermeistereien Marmagen, Wahlen, Nöthen oder Weyer.[23]

Bereits im Laufe des 19.Jh. entfernte sich die Verwaltung räumlich immer weiter von ihren Untertanen an der Oberahr. Im April 1816 wurde Blankenheim zur Kreisstadt erhoben.[24] Am 15.06.1818 ging der Kreis Blankenheim auf den Kreis Gemünd über und bildete mit seinen 12 Bürgermeistereien[25] dessen südliche Hälfte.[26] Im Oktober 1829 wurde, ohne territoriale Veränderung, der Amtssitz in das ehemals Herzoglich Arenbergische Schloß in Schleiden verlegt und der gesamte Landkreis umbenannt.[27] Für den jungen preußischen Landkreis Gemünd bzw. ab 1829 Schleiden war es sicher von Vorteil, dass seine ersten drei Landräte (1816 bis 1895[28]) nicht aus dem preußischen Stammland kamen, sondern aus Familien des Kreises, wenn sie auch ohne Ausnahme dem höheren Landadel angehörten.

Der einzige Blankenheimer Landrat, Friedrich Joseph Freiherr von Coels von der Brügghen (1784-1856), war ein Enkel des Carl Anton von Coels, Herzoglich Arenbergischer Geheimrat, Erzbischöflich Kölnischer Kammerrat, Pächter der Stahl- und zeitweise auch Ahrhütte und Eigentümer von Haus Vellen unweit Hüngersdorf.

Im Zuge der Gebietsreform wurde der Landkreis Schleiden zum 01. Januar 1972 aufgelöst und unter Ausschluß der Stadt Heimbach dem Kreis Euskirchen angegliedert. Am 01. August 1972 wurde der Regierungsbezirk Aachen nach 156 Jahren des Bestehens aufgehoben und dem Regierungsbezirk Köln angeschlossen. Bereits zum 01. Juli 1969 verloren die 13 zum Amt Blankenheim gehörenden Gemeinden[29] ihre formal noch bestehende Selbstständigkeit und wurden gemeinsam mit Rohr und Lindweiler, aus dem bisherigen Amt Zingsheim, Teil der neuen Gemeinde Blankenheim. In den darauffolgenden Jahren verließen auch fast alle noch vorhandenen übergeordneten Behörden Blankenheim: Amtsgericht, Grundbuchamt, Postamt und zeitweilig auch die Polizei. Mit der Aufteilung der Dörfer der Oberahr auf die vier Bürgermeistereien Blankenheim, Dollendorf, Lommersdorf und Tondorf folgte Preußen der Aufteilung der französischen „Mairien".[30] Die neugebildeten preußischen Kreise und Regierungsbezirke zogen dagegen neue „offene" Grenzen.

Abb. 10: Kirche in Dollendorf

Kirche

Kirchliche Verwaltungsgrenzen waren stets den politischen gefolgt, wenn auch mit Verzögerung.[31] Blankenheim wurde in der Folge des Friedens von Lunéville (1801) als Hauptpfarre im gleichnamigen Kanton Teil des Bistums Trier. 1825 gelangte der Kanton zurück an das Erzbistum Köln, nun als Dekanat Blankenheim. 1925 bis 1973 wurde die westliche Hälfte durch Bildung des Dekanats Kronenburg ausgegliedert. Udenbreth gelangte 1973 von Kronenburg zum Dekanat Hellenthal, so dass seit 1973 die politische Begrenzung der Gemeinden Dahlem und Blankenheim auch die Grenze des Dekanats Blankenheim-Kronenburg bildet.[32] Dieses besteht aus 15 Pfarreien, von welchen zehn im Untersuchungsgebiet liegen. In zwei Pfarrbereiche aufgeteilt (Blankenheim und Lommersdorf[33]), werden die Pfarreien z.Zt. von drei Geistlichen betreut. Das von den Franzosen zur besseren Kontrolle und Schwächung von Köln gebildete Bistum Aachen wurde 1821 mit dem Wiedererstehen des Erzbistums Köln aufgelöst, 1930 aber wieder errichtet. Aachen war also keineswegs alleiniger Dreh- und Angelpunkt für die Oberahr. Während unseres Untersuchungszeitraums ging die geistliche Macht von Köln aus.

2.1.3 Landwirtschaft

Die Lebensverhältnisse der Bewohner in der Eifel wurden seit Menschengedenken vom strengen Klima und dem gebirgigen, steinigen Gelände bestimmt. In einer Zeit der globalen Märkte, Strom, Öl- und Gasheizungen, landwirtschaftlicher Produkte aus aller Herren Länder und einer sehr stark ausgeprägten Mobilität ist es nur noch schwer nachzuvollziehen, wie es sich anno 1817, 1842 oder 1855 in einem Dorf an der Oberahr lebte.

Johann Nepomuk Schwerz,[34] ein 1759 in Koblenz geborener Agrarökonom, verhalf uns mit 238 von ihm formulierten Fragen zu einer relativ genauen Analyse der Situation im Kreis Blankenheim 1817. Die so genannte *„Schwerzsche Agrarenquete"*, von Preußen in Auftrag gegeben, sollte eine möglichst exakte Bestandsaufnahme der Landwirtschaft in den neuen Provinzen Westfalen und Rheinprovinz liefern.[35] Bei der Beantwortung gab sich offensichtlich gerade der Blankenheimer Landrat von Coels besondere Mühe.[36] Deren Auswertung und ihr Vergleich mit der Entwicklung des weiteren 19.Jhs. bilden eine Grundlage dieses Kapitels. Der Zustand der Landwirtschaft des Jahres 1817 war auch in der Hauptauswanderungszeit bis 1855/68 weitgehend unverändert.

Abb. 11: Familie Schweiss um 1916

Abb. 12: Gemeindehaus Hüngersdorf um 1905 im Winter

Klima

„Der Boden ernährt die Gewächse, das Klima aber erzieht sie."[37] heißt es in einem alten Handbuch der Landwirtschaft. Was aber, wenn der Boden Ackerbau nur bedingt zulässt und das Klima zu kalt, nass und unfreundlich ist, eine zahlreicher werdende Bevölkerung zu ernähren. Dann, ja dann befinden wir uns in der Eifel des 19.Jh., in „Preußisch Sibirien". Überwiegend westliche Winde bringen über die Ardennen und das hinter der Grenze zu Belgien gelegene Hohe Venn immer wieder größere Niederschlagsmengen in die Region, von 725 mm in den tiefen Lagen der Ahr bis auf 800 mm auf den Wasserscheiden zu Kyll und Urft. An 120 bis 130 Tagen des Jahres beträgt der Niederschlag mindestens 1,0mm, die größten Mengen werden in den Sommermonaten Juni bis August und den Wintermonaten Dezember und Januar gemessen. Im Ahrtal selbst sind die Temperaturen um etwa 1 bis 2°C milder als auf den Höhen. Im Januar liegen diese im Mittel bei 0 bis + 1°C im Tal, in höheren Lagen bei – 1,4°C. Die Julimittel liegen bei 16 bis 17°C bzw. 14,5°C. Im Jahresmittel beträgt der Temperaturunterschied zu der niederrheinischen Tiefebene, sowie dem Rhein- und Moseltal 3 bis 4°C. H. Schirmer ermittelte aus dem Durchschnitt der Jahre 1936 bis 1960 den Zeitraum des produktiven Pflanzenwachstums[38], er lag hiernach bei nur 200 bis 210 Tagen.[39] Die Hauptvegetationsperiode ist in der Hocheifel mit 127 – 138 Tagen um ein Drittel kürzer als am Mittelrhein.[40]

Landrat von Coels benennt das Klima mehrfach als größten Hinderungsgrund für ein Aufblühen der Landwirtschaft in seinem Kreis. *„Das größte Hinderniß welches unsere Kultur erschwert, und an welchem alle Spekulation scheitert, ist Klima und Gebirg. Früh und Späthfröste verderben nur zu oft die Hofnung des Ackermanns... ".*[41] *„Feine Obstgattungen kommen wegen dem rauhen Klima nicht fort; ja an manchen Orten des Kreises nicht einmal die wildesten."*[42] *„Das Klima ist der Kultur höchst zuwider, weshalb das Geschäft der Landwirthschaft nur insofern einen wirklichen Gewinn gewährt, als der Eigenthümer seine Güter selbst bearbeitet."*[43]

Der Blankenheimer Notar Carl Hermann Joseph Hubert Cremer[44] beschreibt in der ersten Hälfte des 19.Jhs. ebenso trefflich den Witterungsverlauf eines Jahres: *„Erst mit halbem Junius fängt das eigentliche Frühjahr an, was sich vor Ende April in den Rhein- und Moselgegenden eingestellt hat, und Ende August hat der Sommer mit seiner Herrlichkeit ein Ende, und halben September stellen sich oft verderbliche Reife und Nachtfröste ein, die, wie die Maifröste großen Einfluß, die erstere auf den nicht völlig reifen Hafer, Gerste, Kartoffeln, die andern auf Gras, Gemüse, Obst usw. zum Verderben des Landmannes ausüben."*[45]

Bauernhäuser

Typisch für die Bauweise an der Oberahr im 19.Jh. ist das einraumtiefe Winkelhaus. Seine L-förmige Anordnung unterscheidet es von dem an der Kyll vorherrschenden Trierer Haus, das die Wohn-, Gesinde- und die Nutzräume für das Vieh in einer Achse aufführt. Der Giebel des Hauses steht überwiegend zur Straße, der Hauseingang ist von dieser abgewandt auf der Hofseite. Als Baumaterial bediente man sich der örtlichen Materialien: Bruchstein, Holz, Schiefer und Kalk als Mörtelbindemittel. Bereits 1817 war das Fachwerkhaus nicht mehr vorherrschend. Vielfach fanden sich Kombinationen: der Sockel oder das Erdgeschoß aus Bruchstein, das Obergeschoss aus Fachwerk. Zweigeschossige Häuser aus Stein wurden erst in der zweiten Hälfte des 19.Jh. zahlreicher, von einzelnen vornehmeren bzw. dem Hauptort Blankenheim abgesehen. Die im Winkel an das Wohnhaus angebauten Stall und Scheune wurden oft nur aus Holz aufgeführt.

Abb. 13: Haus Alt Vuggels in Freilingen

Die Tennen, Räume in denen das Korn gedroschen wurde, befanden sich aus Platzgründen nicht selten in den Obergeschossen von Stall und Scheune.[46] Die übliche Dacheindeckung war von Stroh, sie fand sich vereinzelt noch bis in die Mitte des 20.Jh. Nur wenige konnten sich eine Schiefereindeckung leisten, Dachziegel waren kaum anzutreffen.[47] *„Ein jeder richtet sich nach den Umständen seines Vermögens – seiner Familie – seiner größern oder kleinern Landwirtschaft, und anderer Zufälligkeiten ein"*, so von Coels 1817.[48]

Beispiele für ein eingeschossiges Bruchsteinhaus (Waldorf) und ein zweigeschossiges Fachwerkhaus (Lommersdorf) zeigen nachstehende Abbildungen. Das Fachwerkhaus wurde durch die Wohnräume des Obergeschosses, trotz der an Köpfen nicht kleinen Familien, schon moderneren Raumzuschnitten und Ansprüchen gerecht. Hingegen zeigt der Grundriß des Bruchsteinhauses, in welcher Enge die meisten Bewohner lebten. Die Decken waren niedrig, die Fensteröffnungen sehr klein, nicht zuletzt um den Wärmeverlust so gering als möglich zu halten. Die Außenwände 50 bis 70 cm stark. Eine gewisse Grundfeuchtigkeit war aus den schlecht beheizten Häusern nicht zu entfernen. An heißen Sommertagen gab sie eine angenehme Kühle, aber die Wäsche im Schrank war das ganze Jahr über klamm. Durch den felsigen Untergrund verfügte längst nicht jedes Haus über eine Vollunterkellerung. Im Gegenteil, teilweise waren sie auch ohne Keller direkt auf dem Fels errichtet. Es finden sich allerdings auch gewölbte, gemauerte oder Felsenkeller, die zur Lagerung z.B. der Kartoffeln sehr gut geeignet waren. Bei starken, längeren Nachtfrösten konnten jedoch auch sie die Nahrung nicht vor dem Verderben schützen.

„Nach der Einschätzung der Eifelbauern ist die Massivbauweise besser und vornehmer als das Fachwerk und ein Zeichen besonderen Wohlstandes. Die objektive Richtigkeit dieser Auffassung ist weniger wichtig, als ihr Bestehen überhaupt."[49]

Abb.14: Waldorf, Ahrmühlenweg 2

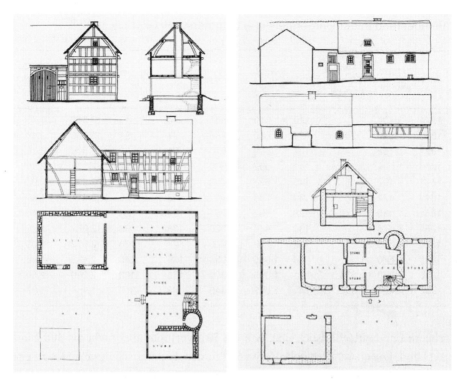

Abb. 15: Bauaufnahmen Lommersdorf, Ringstr. 11 und Waldorf, Ahrmühlenweg 2

Viehhaltung

Landrat von Coels unterschied, entsprechend der Fragestellung, bei der Auflistung des Viehbestands zwischen größeren und kleineren Wirtschaften. 1817 verfügten hiernach erstere über *„Zwei bis 3 Pferde. 10 – 20 Stück Rindvieh. 40 bis 100 Stück Schaafe. 3 – 6 Stück Schweine sind kaum in den größten hiesigen Wirthschaften zu finden."*[50] letztere über *„1 Pferd zwei Ochsen. 2 – 4 Kühe. 6 – 30 Stück Schaafe. 1 – 2 Schweine."*[51] Viele Höfe an der Oberahr besaßen jedoch noch weniger - vielleicht nur eine Kuh, ein Kalb und ein paar Hühner. Entsprechend nachstehender Übersicht und anderer Quellen verfügten im 19.Jh. sicher zahlreiche Kleinstlandwirtschaften über nicht viel mehr. Ein Pferd und zwei Ochsen waren noch im 20.Jh. selten, dies lag sicher nicht zuletzt auch daran, dass Ochsen nach getaner Arbeit wenig nutzbringend im Stall standen und dort viel fraßen.

In der Bürgermeisterei Lommersdorf, deren Chronik wir systematisch ausgewertet haben und die beispielhaft für die Oberahr stehen kann, gab es nur wenige

Viehbestand in der Bürgermeisterei Lommersdorf 1824 bis 1892 [52]

Jahr	Einwohner	Haushaltungen	Pferde	Rindvieh	Schafe	Ziegen	Schweine	Tiere Gesamt	Tierbest. % nach Einw.
1824	1.104		129	613	1.667	90	43	2.542	2,30
1826	1.146	204	131	690	1.886	77	51	2.835	2,47
1827	1.159		124	599	1.670	61	52	2.506	2,16
1830	1.194		141	592	1.506	72	77	2.388	2,00
1831	1.192		146	598	1.400	75	80	2.299	1,93
1842	1.472		139	730	1.419	73	80	2.441	1,66
1851	1.480	276 [53]	128	492	1.251	124	76	2.071	1,40
1855	1.475		130	476	1.220	138	68	2.032	1,38
1860	1.573		102	772	900	120	178	2.072	1,32
1880	1.570		54	1.085	1.063	136	145	2.483	1,58
1886	1.528[54]	313 [55]	41	1.065	880	135	168	2.289	1,50
1892[56]	1.425	300 [57]	41	1.082	445	68	315	1.951	1,37

größere Landwirtschaftsbetriebe. Nur ein Hof verfügte über mehr als 300 Morgen Land. Die erstaunlich hohe Zahl von Pferden, rechnerisch besaß jedes zweite Haus mindestens eines, kommt daher, dass es viele Fuhrmänner für Bergwerk und Hütte gab.[58] Gleichzeitig mit deren Rückgang reduzierte sich der Pferdestand deutlich. Pferd und Wagen blieben fortan für die meisten unerschwinglich.

Das Rind, vorherrschend wohl das kleine rote Eifelvieh, fand nicht den Gefallen des Landrates von Coels. Er hielt fest: *„Eine Kuh wiegt selten über 3 – 4 Centner gewöhnlich 250 Pfund. – Alles Hornvieh ist klein und unansehnlich."*[59] Die Widerristhöhe[60] betrug etwa 1 – 1,10 m. Das Eifelrind hatte die „Größe" einer ausgewachsenen Dogge.[61] 1817 war Stallfütterung noch unüblich, das Rind war von morgens 6 bis abends 6 oder 8 auf der Weide.[62] Wie fast die gesamte landwirtschaftliche Produktion der Bauern an der Oberahr reichte auch der Ertrag der Kühe kaum zur Deckung des Hausbedarfs. *„Höchstens zu 3 Maaß Milch auf den Tag, welche ½ Pfund Butter ebenfalls per Tag geben; Stallkühe geben wohl das doppelte."*[63] 3 Maß entsprachen etwa 4 Liter, bei 305 Melktagen pro Jahr, gab diese Zwergkuh also kaum mehr als 1.000 bis 1.200 Liter Milch jährlich. Heute gehaltene Milchkühe können durchaus 5.500 Liter Milch produzieren.[64] Gute, fette Weiden waren nicht nur 1817 sondern auch im späteren 19.Jh. eher die Ausnahme. Zum Weidegang *„werden die Herden* (hier = Milchkühe) *nicht auf eigene Weiden, sondern oft auf dürre wilde Länderei getrieben, wo sie der großen Oberfläche ungeachtet nur kümmerliche Nahrung finden."*[65]

In der zweiten Hälfte des 19.Jhs. verbreitete sich das sogenannte Glanvieh, es gab mehr Milch und versprach bessere Fleischerträge. Um 1900 ist die Eifler Rasse praktisch ausgestorben.[66] Ähnlich wie Schafhirten übernahmen Rinder- und Schweinehirten den Weidegang des Viehs. Der Erwerbszweig starb erst im 20.Jh. aus. Es wurde auf fremdem, oft gemeindeeigenem Grund geweidet. Die dort verfügbare Nahrung reichte oft kaum, das Vieh am Leben zu halten.[67]

In der ersten Hälfte des 19.Jh. konnte sich im Schnitt nur jeder vierte Haushalt ein Schwein leisten. Meist zog man nicht Ferkel eines eigenen Mutterschweins, sondern kaufte im Frühjahr oder Sommer für den Eigenbedarf Tiere auf dem Markt. Im Winter wurden sie, bei einem Gewicht von 150 bis 300 Pfund, geschlachtet.[68] Heutige Landschweine erreichen durchaus ein Gewicht von 500 bis 600 Pfund.

Abb. 16: Kuh- und Ziegenhirte in Dahlem um 1900

Mit der Zunahme der Rinder und Schweine gingen die Schafherden zurück. 1817 vermerkt Landrat von Coels noch, die Schafzucht sei *„nicht so beträchtlich, als sie es seyn könnte, und müste. – Es giebt keine Herde über 1000 Stück. Mehrere von 5-6-7-800."*[69] Für die weiten Wiesen und steppenartigen Landschaften eigneten sich Schafe durchaus. Doch der Rückgang der Schafhutungen in Folge starker Aufforstungen Ende der 1850er Jahre tat hier sicher ein Übriges, den Lebensraum der Schafe einzuschränken.[70] Ihre Wolle und der Verkauf ihres Fleisches brachte wenigstens etwas Geld ein. Von Coels schreibt 1817 über den Verbleib dieser Ware: *„Ein Theil wird im Lande selbst verarbeitet und zu grobern Tüchern verbraucht. – Der größte Theil geht nach Brabant und Frankreich."*[71] Eine interessante Feststellung, denn offenbar gab es auch nach dem Ende des „französischen Unwesens", wie von Coels die Jahre bis 1814 mehrfach bezeichnet, immer noch florierende Handelsbeziehungen Richtung Westen.

Ziegen wurden 1817 und in der Folgezeit kaum gehalten, Gänse keine aufgezogen. So ergänzten nur noch ein paar Hühner den kleinen, sich selbst versorgenden Hof. Unter Berücksichtigung, dass 1817 neun von zehn Wirtschaften weniger als 15 Morgen Eigenland besaßen und diese Größe mit Anstieg der Haushaltungen eher noch sank, gelangt von Coels zu einer bemerkenswerten Feststellung: *„Selbst die Begütungen (= Landbesitz), welche den Bauer nicht ganz beschäftigen, und wegen ihrer Geringfügigkeit ihn nur als Nebengeschäft und Nebenerwerb dienen, sind im Ganzen sehr verderblich. Ein solcher Bauer hält nur sehr schlechtes Zugvieh, und weil er keine anhaltende Beschäftigung damit hat, so treibt er die größte Zeit sein Vieh auf die Weide, und geht mit müssig, statt daß er besser thun würde als Tagelöhner täglich etwas zu erwerben, und sein Eigenthum um Lohn bauen zu lassen."*[72]

Die Produktion war nur auf die Deckung des Hausbedarfs ausgerichtet, die Erzeugnisse wurden praktisch nicht verkauft.[73] Daher waren die Preisprünge auf den Weltmärkten aber auch den örtlichen Viehmärkten vor allem in den Jahren von Bedeutung, in denen die Produktion für die Versorgung der eignen Familie nicht ausreichte und zugekauft werden musste.

Abb. 17: Johann Sturm an der Dorftränke in Lommersdorf

Übersicht der Flächennutzung in der Gemeinde Blankenheim in 1885 [71]

Ort oder Bürgermeisterei (Bgm.)	Flächeninhalt in Hektar				Grundsteuer-Reinertrag von Hektar in Mark		
	Gesamt	Acker	Wiesen	Wald	Acker	Wiesen	Wald
Gemeinde Blankenheim	14.835	4.993	1.149	4.789	7,77	20,69	4,96
- Bgm. Blankenheim	4.192	1.210	429	1.223	7,44	20,37	5,19
Blankenheim	705	259	74	238	9,40	25,85	5,87
Blankenheimerdorf	1.823	433	203	444	5,87	13,32	5,48
Mülheim	947	271	91	338	6,66	20,76	4,70
Reetz	717	247	61	203	7,83	21,54	4,70
- Bgm. Dollendorf	5.754	1.846	374	2.054	8,37	19,19	5,25
Alendorf	638	219	39	183	7,05	19,97	5,48
Dollendorf	1.820	708	102	630	8,62	21,54	4,70
Hüngersdorf	890	276	67	262	10,97	20,76	5,87
Ripsdorf	1.905	449	114	910	8,62	18,02	5,09
Waldorf	501	194	52	69	6,60	15,67	5,09
- Bgm. Lommersdorf	3.741	1.480	267	1.124	7,64	23,21	4,70
Ahrdorf	528	209	42	178	7,05	22,72	5,48
Freilingen	1.148	430	76	311	8,62	26,24	4,31
Lommersdorf	1.364	501	87	472	7,83	25,85	4,70
Uedelhoven	701	340	62	163	7,05	18,02	4,31
- Bgm. Holzmühlheim-Tondorf	1.148	457	79	388	7,64	19,98	4,70
Lindweiler	301	103	25	110	7,83	19,19	4,70
Rohr	847	354	54	278	7,44	20,76	4,70

Ackerbau, Weiden und Wiesen, Dreifelderwirtschaft

„Da übrigens die Kultur gegen die eines ergiebigern Bodens und unter einem gedeihlichern Clima zu beschwerlich und kostspielig ist," schreibt von Coels 1817, *„so kann der hiesige Landwirth auch nur für seinen eigenen Hausbedarf vortheilhaft nicht aber für den Absatz der Frucht auf fremden Märkten den Boden bebauen; hier würde er in der Concurrenz der Preise derjenigen Frucht, die aus besseren Gegenden hinkömmt, nicht wohl bestehen können; auch dies befördert zum Theil die hiesigen sehr kleinen Wirthschaften und die häufigen ganz öde ohne Cultur liegenden Felder."*[76]

Die landwirtschaftliche Nutzung des Bodens war demnach bei weitem nicht so intensiv wie heute. Von Coels berichtet, es würden Spelz (Dinkel), Sommergerste, Hafer, daneben Möhren, Rüben, Runkelrüben, Kohlrabi, roter Klee, etwas

Abb. 18: Kornernte um 1905

Esparsette (eine Futterpflanze) sowie Flachs und Hanf angebaut.[77] Einen großen Vorteil finde der Landmann darin, *„das nöthige Leinwand nicht mit baarem Gelde einkaufen zu müssen."*[78] Buchweizen und Wintergerste kämen hingegen auf den Äckern kaum mehr vor. [79]

Wichtig war für die Bevölkerung zunächst das Brotgetreide.[80] Doch zum Beginn des 19.Jhs. wurden *„selbst in guten Jahren nur 2/3 der nöthigen Brodfrüchte auf hiesigem Boden gezogen."*[81] Weizen wurde an der Oberahr erst ab 1855 angebaut, bis in die 1880er Jahre wuchsen Anbaufläche und Ertrag stetig an. Dann allerdings setzte der globale Getreidehandel ein und besonders beim Weizen traf die *„deutschen Landwirte die Sturmflut der internationalen Getreidekonkurrenz, die einen ungeheuren Preissturz zur Folge hatte."*[82] Buchweizen ernteten die Bauern an der Oberahr erst wieder ab 1830, Rübsamen ab 1829. Angesichts der schlechten Erträge beim Getreide war über viele Jahrzehnte das Hauptnahrungsmittel ein anderes: *„Kartoffeln sind das Lieblingsgemüße der hiesigen Bauersleute, und fast die einzige Nahrung der ärmern Klasse. Daher allgemeines Elend, wenn sie mislingen, was glücklicherweise eine seltene Erscheinung ist. Mit Kartoffeln und Möhren mastet man überdies Rindvieh und Schweine. Rüben und Runkelrüben dienen als Milchfutter und werden, wo deren sind, den Milchkühen über Winter entweder beim gebrühten Futter übergeschnitten, oder allein zugegeben."*[83] In der Mitte des Jahrhunderts suchte die europäische Kartoffelfäule auch die Eifel heim und war einer der Gründe für die ersten Auswanderungswellen (vgl. Kap. 2.2.2).

Fruchtanbau in der Bgm. Lommersdorf auf insg. 14.964 Morgen[72]

Jahr	Weizen		Roggen		Gerste		Hafer	
	Morgen	dz/ha	Morgen	dz/ha	Morgen	dz/ha	Morgen	dz/ha
1824			221	13	90	20	730	15
1827			246	13	106	22	743	22
1829			290	13	120	18	990	22
1842			282	8	118	13	980	19
1855	15	13	269	9	110	18	984	22
1858	34	18	263	7	102	22	988	31
1860	30	15	265	22	100	18	990	22
1880	24	9	476	6	40	7	1.664	13
1886	280	23	256	14	56	19	1.664	25
1888	272	22	264	10	60	18	1.672	20

Jahr	Spelz		Buchweizen		Rübsamen		Kartoffel	
	Morgen	dz/ha	Morgen	dz/ha	Morgen	dz/ha	Morgen	dz/ha
1824	575	20					104	132
1827	579	22					244	143
1829	820	22			40	7	290	66
1842	912	16	25	8	27	4	338	81
1855	801	22	30	11	22	4	344	77
1858	796	31	28	11	25	9	350	110
1860	798	26	28	9	25	7	350	77
1880	1.188	8	72	5			348	31
1886	1.156	24	72	16	1	12	344	55
1888	1.176	19	68	11	2	10	348	20

Anteil der zuvor benannten Feldfrüchte an der Gesamtanbaufläche der Bgm. Lommersdorf

Jahr	Anbaufläche / Ackerland in Morgen[73]	in % der Gasamtfläche
1824	1.720	11
1827	1.918	13
1829	2.550	17
1842	2.682	18
1855	2.575	17
1858	2.586	17
1860	2.586	17
1885[74]	3829 / 5920	26 / 40

Die Äcker wurden nach dem Prinzip der Dreifelderwirtschaft bebaut, nach dem auf einem Drittel Winterfrucht wächst, auf dem zweiten Sommerfrucht und das dritte brach liegt. [87] In der Eifel wurde dieses Prinzip jedoch selten konsequent umgesetzt. Sehr viel verbreiteter war die althergebrachte „Schiffelkultur". [88] Dabei blieben ganze Flächen 18, 20 oder gar 50 Jahre lang ungenutzt – allenfalls als Schafhutung - und wurden von Ginster und Heidekraut überwuchert. Den so entstandenen Rasen schälte der Schiffelbauer im Jahr der Neubepflanzung in möglichst großen Plaggen ab, trocknete und verbrannte sie, um mit der Asche den Boden zu düngen. Das Feld konnte dann mit Roggen, zwei- bis dreimal Hafer und gelegentlich einmal Kartoffeln bepflanzt werden. Die Humussubstanz war aber durch das Abschälen so zerstört, dass nach spätestens drei Jahren wieder eine lange Ruhezeit nötig war – aus moderner Sicht war die Schiffelkultur *„ein Raubbau schlimmster Art"*. [89] Und in vielen Gebieten gab selbst diese Nutzung des Bodens wenig her, wie schon von Coels feststellte: *„Die hiesigen in Wildland meistens bestehenden schlechten, unermeßlichen Weidstriche sind außer allem Kommerz. Es sind nemlich keine zum auschließlichen Abweiden bestimmte Ländereyen, sondern sie bestehen meistens in ungebauten der Gemeinde zugehörigen Feldern, welche von Zeit zu Zeit aufgerissen oder geschiffelt werden."* [90]

Das Saatgut war häufig alt, die Bodenbearbeitung primitiv, Mineraldünger gab es nicht. Gedüngt wurde, wenn überhaupt, mit Asche und Jauche. Die Bauern an der Oberahr taten in den Augen des Landrats allerdings nicht genug, um die Wiesen zu pflegen und deren Erträge zu steigern. *„In der Wiesen Cultur sind gröstentheils die hiesigen Landwirthe zurück, sie verwenden wirklich zu wenig Fleiß darauf, indem sie sich begnügen von Jahr zu Jahr dieselbe zu putzen um sie gehörig abmähen zu können..."* [91] An einem Tag konnte ein Bauer *„selten über 100 Ruthen"* (etwa 2100 m^2)[92] pflügen, mit einer Egge schaffte er *„gegen drei Morgen."*[93] *„Die Wohlhabenden fahren und pflügen gröstentheils mit Pferden. Die minder wohlhabenden und meisten Einwohner mit Ochsen, und die ärmern hin und wieder mit Kühen."*[94] Heute pflügt ein Landwirt auf einem voll klimatisierten Traktor an einem Tag die Fläche, für die ein Bauer vor 190 Jahren 25 Tage benötigt hätte.

Müller und Mühlen

In den Gemeinden an der Oberahr standen zahlreiche Öl- und Getreidemühlen. Der Agrarökonom Schwerz fragte bei seiner Untersuchung nach dem Zins, den der Müller für seine Arbeit erhielt, ob es auf der Mühle immer mit rechten Dingen zuging und ob eine „Anstalt" existierte, wo die gemahlenen Produkte gewogen wurden. Von Coels antwortete: „4 – 5 % nemlich der 20 oder 24te Theil" (verblieben dem Müller). „Zudem müssen fast allenthalben die Mahlgäste ihre Frucht selbst zur Mühle bringen und dem Müller beym Mahlen dienen. – Es wird den Müllern blindlangs getraut, und fast kein Mensch sieht regelmässig nach, ob er ehrlich behandelt wird, oder nicht. – Auch bestehen keine Mühlwage Anstalten. – Es giebt wenig arme Müller hier zu Lande, mehr arme Mühlgäste."[95]

Waldwirtschaft und Obstbäume

In der Feudalzeit mussten die Bauern des Arenberger Landes bei der Herzoglichen Verwaltung um die Einwilligung zur Holzentnahme für den Hausgebrauch ersuchen. Eine wilde, unzweckmäßige Entnahme sollte so unterbunden und der Rohstoff gesichert werden. Denn nicht zuletzt die herzoglichen Hütten, aber auch die zahlreichen weiteren Eisenhütten der Eifel verbrauchten viel Holz zur Herstellung der Holzkohle. Diese staatlich regulierte Form der Waldnutzung fand mit der „Alten Zeit" 1794 ihr Ende. Landrat von Coels geht in seinen Antworten mehrfach auf den Zustand des Waldes ein. „Die Waldungen haben indessen durch den Druck der Zeiten viel gelitten, indem man sich aus dem Ertrag derselben in Fällen der Bedrängnissen aushelfen muste."[96]- „Hochwaldungen werden gewöhnlich mit 100 Jahren, Niederwaldungen mit 12 – 24 Jahren abgetrieben. Einiges Holz zum Brand- das Meiste zum Verkohlen und zum Verbrauch bey den hiesigen Eisenschmelzen verwendet."[97]

Die meisten Gemeinden verfügten über größere Bestände eigenen Waldes, wo die Bauern zu bestimmten Zeiten ihr Vieh weiden und Holz schlagen durften. „Im Allgemeinen werden Eichen, Buchen, Birken und wenige Tannenbestände angetroffen; diese Holzarten gedeihen alle, jedoch nicht so üppig und kräftig wie in niederen Gegenden, in so fern man sie nur auf ihrem eigenthümlichen Boden und in einer schicklichen Lage angepflanzt hat."[98] Von Coels erkennt, dass der große Waldverbrauch der jüngeren Jahre in naher Zukunft zu finanziellen Problemen im Land und den Gemeinden führen könnte. Er schlägt daher Aufforstungen und Nutzungsbeschränkungen vor. „Das Umgeben der Waldungen mit Gräben und das Einstellen der bisher bestehenden Waidberechtigungen; auch könnten große jetz öde Strecken um so nützlicher mit neuen Culturen angelegt werden, als *man bey dem starken Holzverbrauch und bey dem durch die Kriegsereignisse erfolgtem übermäßigem Abtrieb der Waldungen Holzmangel in der Folge mit Gewißheit voraus sieht.'*[99] Derartige Stellungnahmen, durch Schwerz ausgewertet und an höhere Stellen weitergeleitet, waren Auslöser für die extensive Aufforstungspolitik der preußischen Verwaltung. Sie war lange Zeit vielen Einheimischen ein Dorn im Auge, denn kostenfreie Weidegründe entfielen. Die schnell wachsende Fichte sollte den Gemeinden dazu verhelfen, mit Holzverkäufen wieder eigenes Geld zu erwirtschaften.[100]

Immerhin führten die aufkommenden Widerstände dazu, dass rheinische Gemeinden seit 1839 nicht mehr zur Aufforstung gezwungen werden konnten, wenn kein örtlicher Mangel an Brand- und Bauholz herrschte und deren Finanzierung ansonsten solide war.[101] Doch trafen diese Faktoren für unser Untersuchungsgebiet eher nicht zu. Preußen bemühte sich auch um die Einführung neuer Baumarten. Es entstanden die ersten Baumschulen, oft nahmen sich dieser die Lehrer der Orte an.[102] Der Bestand der Baumschulen hing sehr vom Engagement der Lehrer und der Dauer ihrer Tätigkeit ab, oft war nach wenigen Jahren oder Jahrzehnten Schluß.

2.1.4 Gewerbe und Industrie

Ein in den vorangehenden Jahrhunderten bereits gut entwickelter Wirtschaftsfaktor war die kleinteilige Eisenindustrie, an der Oberahr vor allem vertreten durch die Lommersdorfer Erzgruben und zwei eisenproduzierende Werke, die Ahrhütte und die Stahlhütte. Letztere liegt zwar nicht in unserem Untersuchungsgebiet, war jedoch historisch mit der Ahrhütte und dem Bergbau bei Lommersdorf eng verzahnt. Die nach einer römisch-keltischen Vorgeschichte im Spätmittelalter wieder entstandene Eisenverarbeitung bot außer dem eigentlichen Hüttenbetrieb eine Vielzahl von Beschäftigungsmöglichkeiten: Holzkohle wurde gewonnen, Erz abgebaut, eisenhaltige Schlacke aufgearbeitet, und zahlreiche Fuhrleute besorgten die Transporte. Das Schmelzgut wurde in wassergetriebenen Hammerwerken in glühendem Zustand gehärtet und teilweise in angeschlossenen Werkstätten zu Handwerkszeug oder auch Takenplatten weiterverarbeitet. Die Masse des produzierten Roheisens wurde in Nachbarregionen und Handelsplätze verkauft, vor allem nach Lüttich und Köln. Das hiermit verdiente Geld sicherte nicht nur dem Hüttenbesitzer, sondern auch der Bevölkerung einen bescheidenen Wohlstand. Inwieweit die Krise der Eisenindustrie zur Auswanderung von der Oberahr beigetragen hat, wird in den Folgekapiteln, insbesondere Abschnitt 2.5 näher untersucht. Das Ergebnis dieser Arbeit zwingt dazu, den Niedergang der Eisenindustrie für die Region an der Oberahr als beherrschenden Auswanderungsfaktor zu relativieren. Zur Abwanderung in andere Teile des Rheinlands hat sie sicherlich beigetragen.

Bei Ahrhütte gab es zudem die Kalkindustrie mit mehreren Steinbrüchen, Brechwerk und Kalköfen sowie eine Dachziegelei. Während des Betriebs der Eisenhütte wurde Kalk als Abfallprodukt separat verkauft. Mit dem immer häufigeren Stillstand der Produktion enstand hier ein Vakuum. Dem versuchte der Hüttenbesitzer Gustav Fingerhut 1849 durch den Plan für eine Ziegelei zu begegnen, welche allerdings erst Jahre später von den Gebrüdern Schumacher errichtet wurde. Auch die Errichtung der Kalköfen geht nicht zuletzt auf Familien zurück, die zuvor ihren Lebenserwerb auf der Ahrhütte fanden (s. Kap. 2.3.3). Diese Gewerbezweige gingen jedoch nach und nach wieder ein. Das letzte Kalkwerk wurde 1969 geschlossen. Weit verbreitet war auch der Beruf des Bergmanns, vor allem in Lommersdorf und Freilingen, wo die Schutzpatronin der Bergleute, die Hl. Barbara, bis heute verehrt wird (s.a. Kap. 2.5.1).[103]

Abb. 19: Bleibergwerk Mechernich 1878

Dörfliches Handwerk, vom Schmied über den Schneider bis zum Schreiner, gab es je nach Größe der Orte, ergänzt mit landwirtschaftlichem Nebenerwerb. Viele Familien stellten Haushaltsgegenstände her oder verarbeiteten lokale Produkte wie Schafwolle. Die Palette des Kleingewerbes reichte von der Pottascheproduktion mit dem Rohstoff Buchenholz bis zur Samtweberei in Dollendorf.[104]

2.1.5 Infrastruktur

„Heerstraßen sind hier keine. Alle Wege ohne Ausnahme sind schlecht", schreibt der schon ausgiebig zitierte einzige Blankenheimer Landrat schlicht und ergreifend in der Schwerz'schen Agrarenquete.[105] Das alte Wegenetz bestand aus ausgefahrenen unbefestigten Hohlwegen, im Winter oder bei starkem Regen war es schlicht unpassierbar. Große Verbindungslinien gab es zwar, wie die von Koblenz nach Brüssel durch die Eifel verlaufende Poststrasse, doch die Vielzahl von ineinander verschachtelten Kleinststaaten behinderte den Ausbau eines überregionalen Straßenentzes. Klaus Kemp[106] nennt einen ganz eigenen Aspekt für den späten Ausbau der Infrastruktur. Nach ihm lebte bis in das späte 19.Jh. die Auffassung *„dass unfahrbare Straßen eine Wohltat sind, nützlich für die Landesverteidigung und, weil sie den Verkehr im Lande aufhalten, Stellmacher und Gastwirte bereichern"*. Schlechte Verbindungen erschweren zudem den Aufmarsch fremder Truppen in Richtung des Rheins.

Historische Hauptader ist die über die Höhenzüge von Trier nach Köln laufende Römerstrasse, die von den Franzosen als „grande route" wiederbelebt wurde und über weite Strecken heute in der B 51 fortbesteht. Sie kommt von Schmidtheim her 4 km westlich von Blankenheim in unser Gebiet, ihre Abzweigung Richtung Bonn verlässt das Gebiet bei Tondorf. Bis 1848 wurde sie als preußische Bezirksstraße ausgebaut.[107] Eine erste grundsätzliche Besserung brachte der Ausbau der

Abb. 20: Bahnbau 1912 bei Mülheim

Ahrstrasse von 1853 bis 1856, der aber trotz staatlicher Zuschüsse die anliegenden Gemeinden finanziell über Gebühr strapazierte.[108] „*Es liegt eine gewisse Tragik in der Tatsache, daß das große Wegenetz der Eifel kaum fertiggestellt war, als Landstraßen schon zu den veralteten Verkehrsmitteln gehörten und von den Schienenwegen überholt waren.*"[109]
Bedeutend für den Verkehr und die wirtschaftliche Entwicklung der Eifel überhaupt war in der Tat der Bau der Eisenbahn. Vielen kam sie allerdings zu spät, vergingen doch seit Vollendung der ersten grösseren Strecke Köln-Aachen 1841 drei Jahrzehnte, ehe die erste Strecke die Eifel durchquerte. Die Verkehrsanbindung war in den 1850er Jahren eines der auf Kreisebene heiß diskutierten Themen, man erhoffte sich davon vor allem die Rettung der bedrohten Eisenindustrie im Schleidener Tal.[110] Die Oberahr war wie bei der Römerstraße aber wieder nur an der westlichen Peripherie angeschlossen, die nächste Bahnstation Blankenheim-Wald lag immerhin über 4 km und einige Höhenmeter vom Hauptort entfernt. Es vergingen nochmals lange 41 Jahre, bis bei Lissendorf abzweigend, über Hillesheim und Dümpelfeld kommend, am 01. Juli 1912 die Ahrtalbahn zwischen Ahrdorf und Dümpelfeld eröffnet wurde. Ein Jahr darauf, am 02. Mai 1913, wurde feierlich die Verbindung Ahrdorf – Blankenheim-Wald eingeweiht (s.a. 2.4.1 und 2.5.1). Es war ein Jahr vor dem Ersten Weltkrieg und die neue West-Ost-Achse hatte eher militärische Gründe denn wirtschaftliche.

Die späte Errichtung hat nicht zuletzt mit heftigen Diskussionen der benachbarten Gemeinden über direkte Anschlussmöglichkeiten zu tun. So hatte Dollendorf zum Beispiel hartnäckig um eine direkte Anbindung gekämpft, musste sich jedoch mit einem Bahnhof im Ahrtal abfinden, der immerhin Bahnhof Dollendorf hieß. Lediglich die Strecke Köln-Trier, mit Halt in Blankenheim-Wald, besteht noch heute. Die beiden früheren Linien sind seit den 1970er Jahren Teil der Vergangenheit.

Wasserleitungen waren bis nach dem I. Weltkrieg in den Dörfern weitgehend unbekannt, lediglich Blankenheim verlegte 1851-57 eine öffentlich zugängliche Leitung quer durch den Ort.[111] Der Anschluß an das Stromnetz erfolgte übrigens auch erst zu Beginn der 1920er Jahre. Telefon und Telegraphie waren lange Zeit nur wenigen vorbehalten: dem Bürgermeister, Ärzten, Notaren, den Poststellen und einigen Wirtsleuten.

2.1.6 Schulwesen

Entwicklung vor 1815

Seit der ersten Hälfte des 16.Jhs. sind öffentliche Schulen im heutigen Kreisgebiet Euskirchen bekannt. Sie konnten jedoch nur von jenen besucht werden, die über das nötige (Schul-)Geld verfügten.[112] Im „Arenbergischen" kann Fürstin Margaretha von Arenberg (gest. 1599) für sich in Anspruch nehmen, als erste Landesherrin die schulische Bildung des einfachen Volkes gefördert zu haben. 1570 stiftete, auf Margarethas Anordnung, der neue Lommersdorfer Pfarrer einen Betrag zu Gunsten einer Schule in Aremberg. In den zum Herzogtum gehörenden Orten der Oberahr werden in der Folgezeit ebenfalls Schulen eingerichtet. So bestellt Margaretha um 1580/90 einen Lehrer aus Warendorf im Münsterland zum „*landschreiber, custor und schulmeister*" in Lommersdorf.[113]

Abb. 21: Blankenheim - Hirtentor um 1900

Erste Studenten aus dem Herzogtum Arenberg (hier insbesondere Lommersdorf) werden bereits im 15. und 16.Jh. genannt. Doch ist auffallend, so Peter Neu, *„dass aus den Arenberger Territorien keine Personen hervorgegangen sind, die als Gelehrte überregionale Bedeutung erlangt hätten."*[114] In Blankenheim lässt 1667 Graf Salentin Ernst (1630-1705)[115] die in Verfall geratene Schule wieder aufbauen. 1682 richtet er eine Schule für Mädchen ein, wo sie unter anderem auch im Schreiben und Rechnen unterrichtet werden. Der Lehrbetrieb lag vielfach in Händen der jeweiligen Pfarrer, deren Küster oder sogenannter Frühmesser.[116] Bereits in der zweiten Hälfte des 18.Jh. versuchte die Herzoglich Arenbergische Verwaltung die Schulaufsicht unter staatliche Kontrolle zu stellen. Es lag also nicht am Desinteresse der Feudalherren, dass um 1750/60 ca. 70 % der Bevölkerung Analphabeten waren.[117] Vielmehr weigerte sich die bäuerliche Bevölkerung, ihre Kinder zur Schule zu schicken. Der Nachwuchs wurde als Arbeitskraft in Feld und Flur gebraucht. Zudem, den Lehrern selbst fehlte es oft am Wesentlichen, bisweilen gar der Fähigkeit fehlerfrei lesen und schreiben zu können.

Während der französischen Besatzungszeit änderten sich die Zustände kaum. Die neue Obrigkeit verstaatlichte zwar 1798 die bisher überwiegend kirchlich geführte, aber bereits kommunal finanzierte Institution Schule. Sie erließ zudem eine Schulpflicht für Jungen vom 7. bis 14. und für Mädchen vom 7. bis zum 12. Lebensjahr, doch die Grundprobleme wurden hierdurch nicht beseitigt: schlecht ausgebildete „Lehrer" in den Dorfschulen, provisorische Schulen, fehlende Unterrichtsmaterialien und Schulmöblierung sowie die mangelnde Einsicht der Bevölkerung in die Notwendigkeit der Bildung der Kinder.

Schule an der Oberahr in preußischer Zeit

1817, zwei Jahre nach Übergang der linken Rheinlande an Preußen, hatte sich das Schulsystem noch nicht geändert. Der Blankenheimer Landrat von Coels beschreibt den Zustand in seinem Amtsbereich: *„Erziehung und Schulsachen werden äusserst vernachläßigt, es gibt im ganzen Kreise nur schlechte Trivialschulen, wo man zur Noth schlecht lesen und Schreiben lernen kann; die Schullehrer sind schlecht besoldet und selbst höchst unwissend."*[118] An anderer Stelle: *„Wenn der Landmann hier zu Lande lesen, schreiben und rechnen kann, so nennt man ihn gelehrt, und er darf Anspruch machen des Dorfes Vorstand zu werden; Es giebt Vorstände denen sogar diese Kenntnisse fehlen (...), Vorurtheile der Groß Eltern sind überall verbreitet und haben feste Wurzeln (...)".*[119] *„Vor allem auf dem Lande waren sich Gutsbesitzer und Bauern noch in den 1830er Jahren oftmals einig in der Ablehnung eines Schulunterrichts, der die Kinder nicht nur der herkömmlichen Denkweisen zu entfremden schien, sondern auch der Feldarbeit entzog."*[120]

Die Entwicklung der Schülerzahlen in der Bürgermeisterei Lommersdorf von 1824 bis 1860 bildet nachfolgende Tabelle ab.[121] Der Anteil der schulpflichtigen Kinder (Elementarschule) lag zumeist bei 20 bis 25 % der Gesamteinwohnerzahl.[122] Erst mit langsam steigender Lebenserwartung, aber auch in Folge Wegzugs sank dieser Wert nachhaltig.

Entwicklung der Schülerzahlen in der Bgm. Lommersdorf

Jahr	Gesamtbevölkerung			Schulkinder			
	M	W	Gesamt	M	W	Gesamt	in % der Bevölkerung
1824	550	554	1.104	90	92	182	17
1834	641	626	1.267	144	156	300	24
1844	755	757	1.512	156	150	306	20
1853	746	734	1.480	166	182	348	24
1860	772	801	1.573	157	166	323	21

Nachdem Preußen zunächst in den linken Rheinlanden die alte Rechtsordnung beibehalten hatte, wurde 1825 eine allgemeine Schulpflicht eingeführt. Trotzdem besuchte in manchem Ort nur jedes zweite Kind eine Schule.[123] 1824 war in Brühl ein Lehrerseminar eingerichtet worden, weitere, so in Kempen am Niederrhein, folgten.[124] In den kommenden Jahrzehnten wurden zudem zahlreiche Schulbauten errichtet. 1872, zur Zeit des Kulturkampfes, wurde schließlich die Kirche – an der Oberahr die katholische – als Schulaufsicht „entmachtet".[125] In den größeren Orten wurden bereits im 19.Jh., auf Grund gestiegener Schülerzahlen, weitere Lehrerstellen eingerichtet. Die Klassenstärke blieb trotzdem auf hohem Niveau. 60 bis 120 Kinder, nicht selten noch mehr, teilten sich einen Klassenraum.[126] Schlecht besoldete und ausgebildete Lehrer „betreuten" bis zu 200 Kinder.

Abb. 22: Lommersdorfer Schulklasse 1910

In den Jahren 1849 bis 1865 stagnierte in Preußen die Höhe der Staatsausgaben für Volksschulen. Ebenso blieb die durchschnittliche Klassenstärke seit etwa 1830 unverändert bei 84 bis 89! Erst in den Jahren 1865 bis 75 erfolgte ein Umdenken. Die jährlichen Ausgaben vervielfachten sich von 240.000 Taler auf 6,2 Millionen Taler.[127] Für 1871 liegt die in der folgenden Tabelle zusammengefasste Aufstellung über den Bildungsstand an der Oberahr vor.[128] Zustände wie in Hüngersdorf, wo damals fast jeder zweite, der älter als 10 Jahre ist, nicht lesen und schreiben kann, sollten in Preußen der Vergangenheit angehören. Im Schnitt war 1871 jeder vierte Bewohner der heutigen Gemeinde Blankenheim jünger als 10 Jahre, und im Durchschnitt waren 7 % nicht fähig zu lesen und zu schreiben.

Schulbildung in der Gemeinde Blankenheim

Ort oder Bürgermeisterei (Bgm.)	unter 10 Jahre	Schulbildung Personen über 10 Jahre alt			Persönliche Gebrechen	
		können lesen + schreiben	keine Angabe[117]	Analphabeten	Blinde + Taubstumme	Blöd- und Irrsinnige
Gemeinde Blankenheim	1.467	3.781	87	303	12	20
- Bgm. Blankenheim	379	1.228	13	67	3	5
Blankenheim	121	458	2	19	2	1
Blankenheimerdorf	137	419	10	22		3
Mülheim	89	182		25		1
Reetz	32	169	1	1	1	
- Bgm. Dollendorf	544	1.308	56	140	1	7
Alendorf	67	163	4	3		
Dollendorf	188	528	10	31	1	3
Hüngersdorf	65	94	1	88		
Ripsdorf	169	401	36	12		1
Waldorf	55	122	5	6		3
- Bgm. Lommersdorf	430	995	17	71	7	6
Ahrdorf	28	108		4		
Freilingen	127	289	11	20	3	1
Lommersdorf	182	405	1	38	2	2
Uedelhoven	93	193	5	9	2	3
- Bgm. Holzmühlheim-Tondorf	114	250	1	25	1	2
Lindweiler	36	49		11		
Rohr	78	201	1	14	1	2

Bei einer einklassigen Schule wurde die erste bis achte Klasse gemeinsam unterrichtet, bei einer zweiklassigen erfolgte eine Trennung nach dem 3. oder 4. Schuljahr. Noch bis zur Mitte des 19.Jh. existierten nur sogenannte Winterschulen. Die in den Dörfern an der Oberahr anzutreffenden Lehrpersonen waren oft kaum über 20 Jahre alt, ledig, und verfügten nicht selten über (noch) keine abgeschlossene Ausbildung an einem Lehrerseminar. Lehrerinnen gehörten erst ab Beginn des 20.Jh. zum Bild einer Schule der Eifel.

Nicht jede Gemeinde war in der Lage, den Lehrer mit Bargeld zu entlohnen. Er kam zur Miete im Dorf unter, Kost und Logis gehörten zum geringen Gehalt. Nicht wenige der jungen Männer zogen es daher vor, in die Wirtschaft abzuwandern oder gar nach Amerika auszuwandern. Im Laufe des 19.Jh. stieg der Lohn langsam an, und in den neuen Schulbauten wurden auch Wohnungen für das Lehrpersonal eingerichtet.

Abb. 23: Schule in Dollendorf

Die Erfahrungen Preußens vor etwa 130 Jahren zeigen, wie wichtig es ist, die Bildung der Kinder mit ausreichenden Mitteln zu fördern.[130] Das System der achtklassigen Volksschule, die vom 6. bis zum 14. Lebensjahr zu besuchen war, hatte bis 1968 Bestand.[131] Nicht wenige der letzten Abgänger dieser Schulform wurden noch in den gleichen Klassenräumen unterrichtet wie die im 19.Jh. von der Oberahr Ausgewanderten.

2.1.7 Informationsquellen

Die Daten und Fakten, auf die sich diese Schilderung des Lebens an der Oberahr stützt, finden sich in den unterschiedlichsten Quellen und Dokumenten. Auf unser Untersuchungsgebiet bezogen hat Bernd Michels, Mitglied der Arbeitsgemeinschaft dieses Buches, in der Zeitschrift des Heimatvereins Blankenheim „Um Burg und Quelle" 1999 die wichtigsten Archive und die in diesen bewahrten Unterlagen zusammengefasst. Eine Übersicht über die in der ehemals preußischen Rheinprovinz vorhandenen Auswanderungsakten erstellte bereits in den 1930er Jahren Hermann van Ham.

Nach wie vor einziger Sammelband zur Entwicklung der einzelnen Orte ist Johannes Beckers „Geschichte der Pfarreien des Dekanats Blankenheim" von 1893. Sie beschränkt sich nicht auf die Gemeinde Blankenheim, sondern behandelt das größere Dekanat in den Grenzen von 1893 und hat so z.b. auch Kronenburg, Udenbreth und Steffeln zum Inhalt. Zu Blankenheim und Dollendorf bietet der „Rheinische Städteatlas" eine vergleichende Zusammenstellung mit Karten aus verschiedenen Epochen.[132] Karl Otermann (1911-1982), ein studierter Landeshistoriker, der 1949-55 in Blankenheim als Lehrer wirkte, hat eine Vielzahl lokalgeschichtlicher Artikel zu verschiedensten Themen und Epochen hinterlassen. Eine umfängliche Sammlung seiner Zeitungsbeiträge ist jüngst erschienen.[133]

Hingewiesen sei nicht zuletzt auf die zahlreichen Veröffentlichungen des seit 1888 tätigen Eifelvereins.[134] Der Heimatverein Blankenheim hat in mittlerweile 102 Ausgaben der Zeitschrift „Um Burg und Quelle" zahlreiche Artikel vornehmlich zur jüngeren und älteren Blankenheimer Geschichte publiziert. Auch in Dollendorf und Uedelhoven gibt es vergleichbare – wenn auch örtlich eingeschränktere - Ansätze. Ortschroniken und Bildbände erschienen inzwischen zu einigen der Dörfer an der Oberahr. Den Anfang machte hier 1950 die Chronik der Pfarrei Lommersdorf; es folgte 1983 Hermann Bungartz' Geschichte Dollendorfs. Nach Vereins- und Zeitungsartikeln wurde dort erstmals die Auswanderung von der Oberahr in einem Buch breiter thematisiert.

2.2 Gründe für die Auswanderung

von Christoph Bungartz und Peter Scheulen

Kaum ein Mensch verlässt gern seine Heimat. Auswanderung braucht immer starke Beweggründe. Dies gilt umso mehr für die damalige Zeit, in der die Landbewohner nicht nur heimatverbunden waren, sondern auch Mobilität in unserem modernen Sinne nicht einmal ansatzweise kannten. Wegen dieser Konzentration des ganzen Lebens auf einen relativ kleinen Raum war auch die mentale Bindung an Familie, dörfliche Gemeinschaft, Kirche, Brauchtum und Feste ungleich stärker als heute. Umso elementarer müssen wir uns den Entschluss vorstellen, alles Gewohnte weit hinter sich zu lassen und in eine unbekannte „Neue Welt" aufzubrechen. Der Politiker und Ökonom Georg Grünwald schrieb 1847 in seiner Abhandlung über „Die Deutschen Auswanderungen": *„Der Bauersmann, dem bisher sein heimatliches Dorf seine Welt war, und der sich schon bei seinem Auftreten in der nächstgelegenen Stadt einer gewissen Befangenheit nicht erwehren konnte, wird sich nicht so leicht entschließen, sein kleines von seinen Urvätern schon erbautes Gut zu veräußern, um in einem fernen Weltteile unter neuen, ungewohnten Verhältnissen einer ungewissen Zukunft entgegenzugehen, er wird nicht die für sein Vermögen unverhältnismäßig hohen Reisekosten daran verwenden, wenn ihn nicht die Not dazu zwänge. Fragen wir aber die Auswanderer selbst, die mit schwerem Herzen Lebewohl sagen, sie werden fast alle antworten, daß nur die Unmöglichkeit, sich mit ihren Familien zu ernähren und ihre Kinder zu versorgen, sie forttreibt."*[135]

Die Gründe, die Heimat zu verlassen, waren vielfältiger Natur und in Deutschland vor allem regional sehr unterschiedlich. So gab es 1849/50 vor allem im Südwesten eine politisch motivierte Auswanderungswelle nach der gescheiterten Revolution und der Auflösung des ersten deutschen Parlaments in der Frankfurter Paulskirche. Allein aus Baden sollen damals 80.000 Menschen ausgewandert sein.[136] Bereits im späten 17.Jh., als Europäer nur die amerikanische Ostküste besiedelten, waren aus verschiedenen deutschen Staaten religiöse Minderheiten, meist evangelisch-freikirchliche Gruppen, ausgewandert; die ersten kamen 1673 aus Krefeld. Schließlich waren während des amerikanischen Unabhängigkeitskrieges 1776-81 deutsche, insbesondere hessische Söldner bzw. von ihren Landesherrn „verkaufte" Untertanen nach Nordamerika gelangt; ihre Zahl wird auf 20.000 geschätzt, etwa 5.000 von ihnen blieben in der Neuen Welt. Nur das 19.Jh. aber kannte Auswanderung als ein Massenphänomen, als Politikum. Und es ist unstrittig, dass die großen Auswanderungswellen jener Zeit in erster Linie ökonomische Ursachen hatten.

Schon die Allgemeine Deutsche Real-Encyclopädie von Brockhaus/Leipzig aus dem Jahr 1827 fragt nach Gründen für die steigenden Auswanderungszahlen und lässt weder die Überbevölkerung allein gelten noch einen *„Trieb"* des Menschen, sich irgendwo ein *„ungewisses Glück"* zu suchen. Ein Hauptgrund sei vielmehr eine ausgeprägte Hoffnungslosigkeit im Volk. Kaum jemand glaube daran, dass sich die Lebensbedingungen verbessern würden. Hinzu komme ein *„Mangel an Vertrauen zu der Fürsorge der Regierungen"* und ein Gefühl, *„dass es keine Freiheit mehr für den Armen gebe, dass die arbeitende Klasse, der zahlreichste Teil des Volkes, nicht für sich arbeite, sondern nur für Hof, Heer und Staat."*[137] Ein Ende der irdischen Drangsal wurde jedoch nicht mehr wie zu früheren Zeiten nur mehr im Jenseits erwartet, Not und Elend nahmen die Menschen nicht mehr nur mit Gleichmut oder gar Fatalismus hin. Eine regelrechte Politikverdrossenheit, wie man heute sagen würde, verband sich mit dem Willen, das Schicksal in die eigenen Hände zu nehmen und die Chancen der Freiheit auszuloten. In einem damals weit verbreiteten Büchlein mit „Ratschlägen für Auswanderer" hieß es: *„Die Vortheile, welche Amerika dem Einwanderer verspricht und bietet, sind: ein leicht zu erwerbender Boden, volle Freiheit der Beschäftigungen und Gewerbe, milde Abgaben, allgemeine politische und religiöse Freiheit, zu denken und zu glauben, was er will, seine Meinung unbefangen zu äußern und seine Einsichten zum Besten seines neuen Vaterlandes geltend zu machen in Schriften und als frei erwählter Vertreter des Volks."*[138]

Drei große Wellen kennzeichnen die deutsche Auswanderung nach Amerika. Zwischen 1845 und 1858 verließen 1,3 Millionen Menschen das Land, das auswanderungsstärkste Jahr war 1853: Die amerikanischen Einwanderungsbehörden registrierten 215.009 Deutsche. Eine zweite Welle folgte zwischen 1859 und 1879 mit insgesamt mehr als 1,5 Millionen Menschen. In den 60er Jahren gingen 1867 die meisten Menschen fort (133.426), in den 70ern erreichte die Abwanderung 1873 ihren Höhepunkt: 149.671 Deutsche überquerten den Atlantik. Und schließlich folgte eine dritte Welle, die größte, zwischen 1880 und 1895. Das Rekordjahr für das ganze 19.Jh. war 1882 mit 250.630 Immigranten; insgesamt verließen mit der letzten großen Welle mehr als 1,9 Millionen Menschen ihre Heimat.[139] Zwischen 1840 und 1914 wanderten 5,3 Millionen Deutsche nach Amerika aus.

2.2.1 Aufbruch aus Not

In seiner Schilderung des Ahrtals, einem der Klassiker der Eifel-Literatur, schreibt Gottfried Kinkel 1846: *„Einstweilen aber wird man sich nicht wundern dürfen, wenn in einem Landstrich, wo auch der getreueste Fleiß den Bewohner nicht vor bitterer Sorge schützt, die Sehnsucht nach einer glücklicheren Heimat erwacht. ... Greise und Kinder zogen mit, Häuser und Güter wurden um die Hälfte des Wertes losgeschlagen: Ohne Auswanderer war auf der Oberahr keine Ortschaft. Ganze Dörfer wollten ihre Stätte räumen; das Dorf Hümmel, nahe beim Aremberg, gedachte seine ganze Dorfgerechtigkeit aufzulösen, seine Gemeindewälder dem Herzog von Aremberg zu verkaufen und auszuziehen, der Priester vorauf mit Kreuz und Fahne."* – ein Vorhaben, das, wie wir heute wissen, aber unausgeführt blieb.[140]

1853 wurde eine Kommission des Landtags eingesetzt, die die Gründe des ökonomischen Niedergangs der Eifel seit der Franzosenherrschaft ermitteln sollte. In deren Bericht heißt es: *„So groß ist die Armut vieler dieser Bergbewohner, dass sie an Irland erinnert, und dass sie fast an der Linie angekommen, wo die Hungersnot beginnt. Sehr viele von ihnen kennen keine andere Nahrung als Kartoffeln und Brot, welches aus einer Mischung aus Hafermehl und Kartoffeln besteht, und man kann ohne Übertreibung sagen, dass zwei Drittel der gesamten Bevölkerung nur einmal im Jahre Fleisch genießt, während das andere Drittel, das die wohlhabende Bevölkerung in sich begreift, nur an Sonn- und Feiertagen sich dessen Genuß gestatten darf. Fast alle Bauern sind verschuldet; in den großen Dörfern sind etwa vier bis fünf, und in den kleineren keiner von ihnen auszunehmen. ... Gerichtsvollzieher und Steuerboten sind in den größeren Orten gewöhnliche Erscheinungen. Kein Wunder, wenn bei derartigen Verhältnissen die Bewohner ihren Blick zu dem Lande wandten, wo sie mit ihrer Hände Arbeit ein menschenwürdiges Dasein zu erhalten hofften."*[141]

Schon diese wenigen Zitate zeigen überdeutlich, dass in der Eifel des 19.Jh. die Menschen vor allem aus wirtschaftlichen Gründen auswanderten: Missernten und wiederholte Hungersnöte, zuletzt in den frühen 1880er Jahren, machten das ohnehin oft kärgliche Leben über alle Maßen schwer. Persönliche Gründe wie Überschuldung, strafrechtliche Verfolgung oder Meidung des Wehrdienstes bei jungen Männern spielten ebenso eine Rolle, wenn auch eine untergeordnete. Reine Abenteuerlust dagegen oder auch politische Gründe, das Streben nach bürgerlichen Freiheiten oder etwa die Revolution von 1848, können für die ländlichen Gebiete der Eifel kaum angeführt werden. Die große Politik aus Berlin und Frankfurt spielte an der Oberahr im Alltag keine Rolle. In den allermeisten Fällen trieben die schiere Not und die Angst vor völliger Verarmung die Menschen aus ihrer Heimat fort.

2.2.2 Niedergang in Landwirtschaft und Industrie

Da die Kartoffel für die ärmere Landbevölkerung in vielen Regionen Europas das wichtigste Nahrungsmittel war, kam die in den 1840er Jahren auftauchende Kartoffelkrankheit einer Katastrophe gleich. Diese zunächst in Flandern und der Normandie beobachtete Fäule des Kartoffelkrauts führte vor allem in Irland zu einer verheerenden Hungersnot und raffte dort zwischen 1845 und 1847 800.000 Menschen hin, 10 % der Bevölkerung. In den Jahren zwischen 1845 und 1868 suchte die Kartoffelkrankheit auch mehrfach, mitunter Jahr um Jahr, das Gebiet der Oberen Ahr heim. Gegen die heute als Pilzkrankheit identifizierte Braunfäule war damals kein Mittel bekannt.

Abb. 24: Ehem. Haus Bärbelen in Dollendorf

„*Die Mehrzahl der Kartoffeln waren pockig oder faul*", heißt es in der Dollendorfer Bürgermeisterei-Chronik 1845, „*wässrig und – auf Haufen geschüttet sowie beim Kochen – einen sehr üblen Geruch verbreitend.*" Die Erträge gingen teilweise um die Hälfte zurück. Und in Jahren, in denen die Fäule ausblieb, machten Trockenheit oder ungünstige Witterung einen Großteil der Getreideernte zunichte.[142] Die Bürgermeistereien kauften des öfteren Getreide, Mehl und Kartoffeln aus den Königlichen Magazinen, um sie an die bedürftige Bevölkerung zu verteilen. In den südlichen Landkreisen zur Mosel hin war die Situation teilweise noch dramatischer.

In den Chroniken der Bürgermeistereien wurden die Ereignisse eines jeden Jahres kurz und lakonisch festgehalten. Auf wenigen Zeilen drängt sich dort oft ein Bild des Jammers zusammen. „*Im Januar fiel viel Schnee, abwechselnd mit Regen, welche Witterung bis zum Frühjahre fortdauerte*", heißt es in der Lommersdorfer Chronik für das Jahr 1840; „*nachdem die Kartoffelgroßsaat beendigt war, trat wieder nasse Witterung ein, so daß viele Kartoffeln in der Erde faulten und nicht aufkeimten; hierauf trat Kälte ein, theils mit Nord - Ost, theils mit Nord-West Winde, die sozusagen den ganzen Sommer fortdauerte, und die Sommergewächse und Gemüse in ihrem Wuchse sehr hinderte; - im Herbst trat wieder sehr früh nasse Witterung ein, worauf strenge Kälte folgte bis zum Jahresschluß.*" Sieben

Jahre später sieht es kaum besser aus: *„Ungeachtet aller Sparsamkeit waren die geringen Erndte-Erträge selbst bei den bemittelsten Familien nicht ausreichend, denn es ist factisch, daß sogar Ackerwirthe, die in nur mittelmäßigen Jahren außer ihrem Bedarfe jährlichs circa 5 bis 10 Malter Getraide veräußern konnten, selbst ankaufen mussten."*

Besser als „mittelmäßig" fällt die Ernte fast im ganzen 19.Jh. nicht aus. *„Die geringen Erndte-Erträge des verflossenen Jahres",* lesen wir 1852, *„waren die Ursache einer wieder allgemeinen, an das Jahr 1847 zurückerinnernden Noth. Viele, der ganz vermögenslosen Klasse und dem Mittelstande zugehörigen Familien entbehrten der nöthigsten Lebensmittel; die dadurch schnell zu einem hohen Preise stiegen."* Und im Jahr vor der großen Auswanderungswelle 1868 berichtet die Chronik unmissverständlich von den Nöten der zurückliegenden Monate: *„Durch diese ungünstigen Witterungsverhältnisse war keine günstige Erndte zu erwarten, die dann auch hinsichtlich ihres Ertrages unter mittelmäßig ausfiel. Kartoffeln, Obst und Gemüse deckten ebenfalls nur kaum den nöthigen Bedarf. Die Preise der Lebensmittel hielten sich auf ihrer Höhe; ebenso die Viehpreise, die einzige Hülfsquelle für die armen Bewohner hiesiger Gegend zur Bestreitung ihrer Steuern und sonstigen Bedürfnisse, da nur sehr wenige Haushaltungen in den hiesigen armen Gemeinden zu finden sind die einen Überschuß an Getreide hatten. Die Löhne der Tagelöhner, Handwerker und des Gesindes blieben trotz der schlechten Erndte für den Ackersmann auf der Höhe der Vorjahre stehen; so daß wohl mancher Hausvater hierorts mit sich zu Rathe gegangen sein mochte, wie und auf welche Art er seine fehlende Arbeitskraft oder vielmehr die dadurch entstehenden Kosten decken konnte."*

Doch die dürftige Entwicklung der Landwirtschaft war nicht der alleinige Grund für die Not, nicht einmal der wichtigste. Die Hoffnungslosigkeit in weiten Teilen der Eifel erreichte ihren traurigen Höhepunkt mit der Krise der weit verbreiteten traditionellen und sehr kleinteiligen Hütten- und Eisenindustrie. Ihr Niedergang brachte zahlreiche Erwerbsquellen zum Versiegen. Viele Menschen suchten in dieser Zeit nach neuen Verdienstmöglichkeiten in Kleinproduktion und Hausarbeit. Doch nichts davon konnte das verlorene Beschäftigungspotential kompensieren und Missernten überbrücken. Hinzu kamen strukturelle Faktoren, neben dem Anstieg der Bevölkerungszahlen vor allem die in der Eifel übliche Realteilung der Höfe mit ihrer Zerstückelung der landwirtschaftlichen Flächen in immer kleinere, oft nicht mehr wirtschaftliche Parzellen. Viele der in der Eifel überzähligen Arbeitskräfte gingen als Saisonarbeiter oder dauerhaft in die angrenzenden Regionen. Andere jedoch versprachen sich mehr davon, jenseits des Atlantiks ein neues Leben ohne Lohnabhängigkeit zu beginnen.

Zwischen 1840 und 1914 wanderten nach jetzigen Erkenntnissen 817 Personen aus den Bürgermeistereien an der Oberahr aus. Darüber hinaus verließen hochgerechnet noch einmal etwa 1.800 Menschen die Region um innerhalb Deutschlands ihren Broterwerb zu finden (vgl. die statistische Auswertung in Kap. 2.5). Wie schlecht es um 1850 den Menschen an der Oberahr ging, zeigt etwa auch, dass Gustav Fingerhut, ein Mitbesitzer der Ahrhütte, der 40 Menschen zehn Tage lang zur Anlage von Kiefern- und Fichtenkulturen beschäftigte, öffentlich in der Zeitung als Wohltäter gepriesen wurde. Doch diese Beschäftigungsinitiative war nicht mehr als ein Strohfeuer. Die Verschuldung war auch bei den einfachen Leuten enorm. Bauern, Tagelöhner und Arbeiter waren teilweise bis zu zehn Jahren mit Steuern, Zinsen und Pacht im Rückstand.[143] Die Bauern hatten Schwierigkeiten, ihre landwirtschaftlichen Produkte auf den Markt zu bringen, und die hohen Holzpreise machten Brennmaterial für viele Familien unerschwinglich. Holzdiebstahl wurde erbarmungslos verfolgt. 1847 schreibt ein Bürgermeister aus der Eifel seinem Landrat über die verzweifelte Bevölkerung: *„Alle Ermahnungen sind bei diesen Leuten fruchtlos. Ihr Vorsatz zur Auswanderung steht fest, und alle haben einstimmig erklärt, daß Mangel an Lebensmitteln, gänzliche Verdienstlosigkeit, besonders aber das harte Holzdiebstahlgesetz und die unerbittliche Strenge der benachbarten und einheimischen Forstschutzbeamten, sowie deren wahre Sucht, wegen des geringsten Schadens, selbst noch unter einem Silbergroschen, die Strafe der Wiederholungsfälle zu provozieren, die Eingesessenen zur Auswanderung nötigten."*[144]

Abb. 25: Pferdegespann mit Langholz

2.2.3 Auswanderung als Politikum

Die Haltung der Politik und des Staates zur Auswanderung war in Deutschland durchaus ambivalent. Bis in die 1840er Jahre hinein stand die Verleitung oder Beihilfe zur Auswanderung vielerorts unter Strafe. Der Kreis Bonn z.b. drohte 1820 mit einer „*Gefängnißstrafe von einem Monat bis zu zwei Jahren*" für die Verleitung von „*Unterthanen*" zum Auswandern.[145] Als die Flut aber nicht mehr einzudämmen war, gab es immerhin auch Bestrebungen, die Auswanderer vor Betrügereien etc. zu schützen. Nun war es vor allem strafbar, Auswanderungswilligen falsche Tatsachen über die Verhältnisse in der Neuen Welt vorzuspiegeln. Im Südwesten Deutschlands, wo die Emigration bereits sehr viel früher als in der Eifel eingesetzt hatte, entwickelten sich sogar kommunale Unterstützungsprogramme für Auswanderer. Vergleichbares hat es an der Oberahr nicht gegeben.

Politiker und Ökonomen diskutierten, in Deutschland wie überall in Europa, ob die Auswanderung womöglich eine Art „soziales Sicherheitsventil" sei, durch das angesichts knapper Ressourcen bestimmte Landstriche vor der Überbevölkerung bewahrt werden könnten. Ob also die Auswanderung nicht sogar wünschenswert sei und die Volkswirtschaft entlaste - wenn die Armen gingen, würde das Land reicher, wenn die Unzufriedenen und Aufrührer gingen, würde es sicherer. Von den 1830er Jahren an stieg die Zahl der Befürworter einer aktiven Auswanderungspolitik, sei es aus sozialer Fürsorge, sei es aus pragmatischem oder gar zynischem Kalkül. Die Nationalversammlung in der Frankfurter Paulskirche debattierte 1848 mehrere Eingaben zur Anerkennung eines Grundrechts auf Auswanderung (geplant als Artikel 6 einer neuen Verfassung), zur staatlich finanzierten Abschiebung des Proletariats und zum Ausbau deutscher Kolonien. Das Gesetz, das schließlich verabschiedet wurde, regelte aber nur einen gewissen Schutz der Auswanderer von der Proviantierung über die finanzielle Absicherung, der Abwehr von Übervorteilung durch Werber und Quartiergeber in den Hafenstädten bis zu einer minimalen Hygiene an Bord der Auswanderungsschiffe.[146] Eine einheitliche Auswanderungspolitik kam nicht zustande, und das Problem wuchs in den Folgejahren an. Erst 1897 wurde ein Reichsgesetz „*über das Auswanderungswesen*" erlassen.

Zudem stellte sich heraus, dass die Hoffnung, die Ärmsten der Armen einfach loszuwerden, trog. Allein die hohen Kosten für die Überfahrt sorgten dafür, dass nur auswandern konnte, wer noch über ein gewisses Vermögen verfügte. Diesen Befund bestätigt auch die vorliegende Untersuchung. Die Auswanderung stoppte also nicht den Prozess der Verelendung der untersten Bevölkerungsschichten; mehr noch: sie erhöhte den Kapitalabfluss aus Deutschland. 1848 erschien in der „Zeitschrift des Vereins für deutsche Statistik" eine Untersuchung, in der es hieß, die 507.142 Personen, die zwischen 1832 und 1842 in New York eingewandert seien, hätten ein Kapital von rund 22 Millionen Dollar mitgebracht.[147]

Rechtliche Rahmenbedingungen in Preußen

Der preußische Staat hat, zumindest allen amtlichen Verlautbarungen nach, seine ablehnende Grundhaltung trotz regional zunehmender Übervölkerung und ständigem Machtausbau von 1840 bis 1914 durchgehend beibehalten. Stand auch das Tor zur Welt manchmal etwas weiter offen, in der Öffentlichkeit – etwa in Zeitungsaufrufen und von der Kanzel herab – wurde Auswanderung stets wortgewaltig bekämpft, nämlich in Bausch und Bogen als eine Verführung des Volkes hingestellt.

Als sich im Jahre 1815 die übersichtlicher gewordene deutsche Staatenlandschaft nach dem endgültigen Sieg über Napoleon neu formierte, wurde ein Recht auf dauerhafte Übersiedlung in andere deutsche Staaten immerhin als „Empfehlung" in der Bundesakte vertraglich geregelt.[148] Damit war natürlich noch keine Aufnahmeverpflichtung verbunden, auch nicht an das Verlassen des Deutschen Bundes überhaupt gedacht. Schließlich war bis dahin jeder Wegzug eines Untertanen aus den oft allzu kleinen Territorien vor allem als ökonomischer Aderlass für den Landesherrn angesehen worden. Noch um 1800 forderten viele deutsche Kleinstaaten, wenn sie den Wegzug überhaupt gestatteten, eine sogn. „Nachsteuer" als Kompensation. Nun aber war mit der neuen Möglichkeit dauerhafter Übersiedlung auch eine neue Staatsangehörigkeit verbunden, derer man sich durch gute Führung und sichere wirtschaftliche Verhältnisse würdig erweisen musste. Wollte also ein Kölner sich in Frankfurt etablieren oder ein Dessauer nach Leipzig verziehen, so war dies rechtlich vergleichbar mit dem Wechsel nach Übersee.

Die amtliche Praxis, mit der die Auswanderung gehandhabt wurde, war trotz einer fehlenden grundsätzlichen Regelung um einiges liberaler als die politische Rhetorik. 1818 gestand Preußen seinen Untertanen eine gewisse Auswanderungsfreiheit zu. Wer ging, verlor allerdings alle Rechte und Pflichten als preußischer Staatsangehöriger. Juristisch gab es drei Möglichkeiten der Auswanderung.

Auswanderung mit Konsens oder Reisepass

Man beantragte über den örtlichen Bürgermeister die Auswanderung. Bei jungen Männern wurde geprüft, ob sie den Militärdienst abgeleistet hatten, beim Hausvorstand, ob es finanzielle oder familiäre Verpflichtungen gab, und nach einer

Belehrung über den Verlust der Staatsangehörigkeit bekam der Antragsteller die Entlassungsurkunde. Sie dokumentierte den „Konsens", also die staatliche Erlaubnis zur Auswanderung. Man beantragte einen Reisepass und entschied sich ggf. in der Neuen Welt, dort zu bleiben. Auswanderung ohne Konsens: Man ging, ohne um Erlaubnis zu ersuchen, also illegal. Dies konnte mehrere Gründe haben: Flucht vor dem Militärdienst oder auch Unwissenheit darüber, dass prinzipiell jedes Familienmitglied über einen Konsens verfügen musste.

2.2.4 Flucht vor dem Militärdienst

Obwohl es ab etwa 1840 leichter wurde, die staatliche Zustimmung zu erhalten, ist ein Großteil der Auswanderer aus unserem Untersuchungsgebiet offenbar ohne Konsens gegangen (vgl. Kap. 2.5.7). Für manche jungen Männer von der Oberahr lag es nahe, sich nicht um eine Genehmigung zu kümmern – sie wollten mit der Auswanderung dem preußischen Militärdienst entgehen. In Preußen herrschte seit 1814 die allgemeine Wehrpflicht. Für dieses durch Kriege ausgeblutete Land war es von elementarer Bedeutung, über eine große Zahl militärisch ausgebildeter Männer zu verfügen. Eifler waren meist klein, aus einfacher Schicht und von geringer Bildung. Untere Dienstgrade konnte Preußen überall rekrutieren, Offiziersanwärter waren hier kaum zu finden. De facto wurde in der Eifel oft nicht mehr als ein Drittel eines Jahrgangs einberufen, doch jeder junge Mann sah sich mit der Möglichkeit konfrontiert, fünf Jahre seines Lebens als Soldat zu dienen. So lange nämlich dauerte der Militärdienst – drei Jahre in einer Garnison und weitere zwei als Ersatzreserve am Heimatort. Eingezogen wurden Männer frühestens mit 17, spätestens mit 20 Jahren. Bis zum 50. Lebensjahr konnten sie noch zu Manövern oder zum so genannten Landsturm herangezogen werden.

Vor diesem Hintergrund verwundert es nicht, dass die Amtsblätter des Regierungsbezirks Aachen zwischen 1830 und 1890 immer wieder voll sind von Gestellungsbefehlen, Anzeigen und Strafandrohungen. Einige Beispiele: *„Der Militärpflichtige Carl Anton Hoffmann, Tagelöhner, *15.08.1826 in Dollendorf, welcher sich bei der diesjährigen Militär-Ersatz-Erhebung nicht gestellt hat, wird hiermit aufgefordert, binnen drei Monaten ab dato, also spätesten dreißigsten März nächsten Jahres vor mir zu erscheinen und sich über sein nicht entschuldigtes Ausbleiben zu rechtfertigen, widrigenfalls die gesetzlichen Strafmittel gegen ihn angewandt werden sollen. Schleiden 27.12.1847"*[149]

„Auf Anstehen des öffentlichen Ministeriums sind durch Gerichtsvollzieher-Urkunde vom 29. dieses Monats der Huf Johann (...) als gegenwärtig ohne bekannten Wohn- und Aufenthaltsort im Inlande, vorgeladen worden, in der öffentlichen

Sitzung des Königlichen Zuchtpolizeigerichtes zu Aachen vom 2. Oktober, vormittags 9 Uhr, persönlich zu erscheinen, um hinsichtlich der ihnen zur Last gelegten Beschuldigung: „im Laufe der letzten Jahre als Militairpflichtige ohne Erlaubnis ausgewandert zu sein," das Rechtliche erkennen zu hören. Aachen den 31. Juli 1861 Der Königliche Ober-Prokurator. In Vertretung: Der Staats-Prokurator, Oppenhoff."[150] *- „Valentin Zensen aus Ahrhütte, Gemeinde Freilingen, geb. ebd. 18.7.1866, welcher hinreichend verdächtigt erscheint, als Wehrpflichtiger in der Absicht, sich dem Eintritte in den Dienst des Heeres usw. zu entziehen, ohne Erlaubnis entweder das Bundesgebiet verlassen oder nach erreichtem militärpflichtigem Alter sich außerhalb des Bundesgebietes aufzuhalten (...). Derselbe wird für den 22.4.1890 vor die Strafkammer des Landgerichtes Aachen geladen (...). Aachen, den 25.1.1890 - Königl. Staatsanwaltschaft."*[151]

Nicht alle diese Anzeigen lassen sich allerdings als eindeutige Belege dafür interpretieren, dass die jungen Männer wirklich illegal das Land verlassen haben. Bei den Recherchen zu diesem Buch konnten wir feststellen, dass die Angaben in den Amtsblättern oft auf falschen oder unvollständigen Informationen basierten. Da Behörden, Meldestellen und Ämter kaum miteinander vernetzt waren, wurde nicht selten nach jungen Männern gesucht, die entweder mit Konsens ausgewandert oder womöglich schon gestorben waren. Andere waren in der Tat seit Jahren über alle Berge.

Im Folgenden ein Datenabgleich am Beispiel des Aachener Amtsblatts von 1859: *„Das Königliche Landgericht zu Aachen hat durch Urteil vom 31.12.1858 gegen die nachbenannten widerspenstigen Militärpflichtigen folgende Geldbußen bzw. Gefängnisstrafen erkannt.*

Nr. 91: Johann Josef Lenz, Alendorf, z.Zt. in Amerika, 50 Thaler u. evtl. 1 Monat Gefängnis. Lenz ist bereits vor sechs Jahren, 1852, mit seiner Familie ausgewandert.

Nr. 94: Peter Heck, Alendorf, z. Zt. in Amerika, 50 Thaler u. evtl. 1 Monat Gefängnis. Heck wanderte 1853 mit seiner Familie aus.

Nr. 98: Andreas Huff, Blankenheimerdorf, z. Zt .ohne bekannten Wohn- u. Aufenthaltsort, 50 Thaler u. evtl. 1 Monat Gefängnis. Huff wanderte 1853 mit seiner Familie aus.

Nr. 99: Johann Heß, Blankenheimerdorf, z. Zt.ohne bekannten Wohn- u. Aufenthaltsort, 50 Thaler u. evtl. 1 Monat Gefängnis. Heß ist 1846 mit Konsens ausgewandert.

Nr. 101: Arnold Kremer, Blankenheim, z. Zt .ohne bekannten Wohn- u. Aufenthaltsort, 50 Thaler u. evtl. 1 Monat Gefängnis. Kremer ist bereits am 1.12.1834 verstorben.

Nr. 102: Arnold Bierter, Blankenheimerdorf, z. Zt. ohne bekannten Wohn- u. Aufenthaltsort, 50 Thaler u. evtl. 1 Monat Gefängnis. Bierter ist 1842 mit Konsens ausgewandert.
Nr. 106: Daniel Scheerer, Blankenheim, z. Zt. in Amerika 50 Thaler u. evtl. 1 Monat Gefängnis. Scherer ist 1853 mit der Familie ohne Konsens ausgewandert.
Nr. 107: Peter Josef Cremerius, Blankenheimerdorf, z. Zt. ohne bekannten Wohn- und Aufenthaltsort, 50 Thaler u. evtl. 1 Monat Gefängnis. Die Person konnte nicht ermittelt werden.
Nr. 110: Nikolaus Mies, Dollendorf, z. Zt. in Amerika, 50 Thaler u. evtl. 1 Monat Gefängnis. Mies wanderte 1855 ohne Konsens aus.
Nr. 111: Johann Reinartz, Dollendorf, z. Zt. ohne bekannten Wohn- und Aufenthaltsort, 50 Thaler u. evtl. 1 Monat Gefängnis." Reinartz ist bereits vor 13 Jahren, 1845, mit der Familie ausgewandert."[152]

Manche Namen der Gesuchten tauchen im Lauf der Jahre immer wieder auf, einige Personen sind offensichtlich regelrechte Karteileichen, und nicht jeder, der sich aus dem Staub gemacht hat, ist in Amerika. Von daher dürfen die Eintragungen in den Amtsblättern als Quelle nicht überschätzt werden. Und kein Fall ist dokumentiert, wo das Militär das Auswanderungsgesuch eines Wehrpflichtigen vor Ableistung seines Dienstes oder eines älteren Reservisten ausdrücklich abgelehnt hätte. Doch einige junge Männer haben sich in der Tat dem Militärdienst durch Auswanderung entzogen. Gleichwohl dürfte dies an der Oberahr nie der alleinige Grund gewesen sein, der Heimat den Rücken zu kehren.

Bisweilen wurde der Militärdienst auch mittels Auswanderungskonsens umgangen, ohne dass die betreffenden jungen Männer überhaupt auswandern wollten. Das war der Regierung natürlich ein Dorn im Auge. Das Gemünder Wochenblatt vom 26.09.1850 (Nr. 39) druckt auf der Titelseite folgende Mahnung des Preußischen Innenministers zu Berlin, gerichtet an *„sämmtliche Herren Bürgermeister des Kreises": „Es ist bei mir zur Sprache gebracht worden, dass hier und da mit Auswanderungs=Consensen insofern ein Missbrauch getrieben wird, als die Inhaber solcher Consense, ohne von der nachgesuchten Erlaubniß wirklich Gebrauch zu machen, die Entlassungs-Urkunde nur dazu benutzt haben, um sich der Militairpflicht, sei es im stehenden Heere und der Reserve oder in der Landwehr zu entziehen."* Später, in den kriegerischen Jahren zwischen 1864 und 1871 (Deutsch-dänischer, Österreichichisch-Preußischer, Deutsch-Französischer Krieg) wurde die Ableistung des Militärdienstes zur Bedingung für einen Auswanderungskonsens gemacht. Die Masse der deutschen Auswanderer ging jedoch in jener Zeit bereits ohne jede Genehmigung fort.

2.2.5 Werber, Schlepper, Bauernfänger

Die Not erzeugte neue Angebote. Die Sehnsucht nach Veränderung, der Wunsch der vielen, das Land zu verlassen, ließ eine ganz neue Branche entstehen: für Werber, Agenten und Reeder wurde die Auswanderungswelle zum großen Geschäft. Professionelle Auswanderungswerber überzogen das Land und hielten in Gasthäusern groß angekündigte Vorträge, in denen die amerikanischen Siedlungsgebiete gepriesen wurden als Land, wo Milch und Honig fließen. Dabei standen übrigens südamerikanische Länder zunächst im Vordergrund, vor allem Brasilien. In der Eifel waren die verschiedensten Werber unterwegs – im eigenen oder im Auftrag einer größeren Agentur. Diese Agenturen nannten sich oft Vereine zum „Schutz" der Auswanderer,[153] aber wo die Grenze zwischen verantwortungsbewusstem Schutz und eigennütziger Geschäftemacherei verlief, lässt sich heute oft kaum noch feststellen. Vielfach verfolgten die Vereine von Deutschland aus eine offensive Besiedlungspoltik in einzelnen US-Bundesstaaten, verbunden mit Bodenspekulation und der Möglichkeit für Auswanderungswillige, Anteile am Verein zu erwerben und sich so die Überfahrt zu finanzieren. Dabei fuhren die Auswanderer mitunter los, bevor ihre Ansiedlungsmöglichkeiten in Amerika feststanden und es gab böse Überraschungen. In der Neuen Welt angekommen, fanden sie weder die versprochenen Kontaktpersonen vor noch irgendwelche anderen Vorkehrungen; die Suche nach einer neuen Heimat begann von vorn.[154]

Abb. 26: Beim Auswanderungsagenten um 1850

Unter den Werbern waren ebenso obskure wie eloquente und weitgereiste Gestalten, die als Makler für die Reedereien in Bremen und Hamburg, aber auch für Linien aus Belgien und den Niederlanden Verträge abschlossen und die Anzahlungen gleich kassierten. Nicht selten kam es vor, dass ganze Familien alles verkauft und hinter sich gelassen hatten, um dann in den Auswanderungshäfen mit wertlosen Schiffskarten zu stranden.

In einem Brief, den ein Redakteur der „Deutschen Zeitung" aus Wisconsin im Jahr 1886 in die Heimat schrieb, wird deutlich, welche Interessen dabei auch die junge amerikanische Nation verfolgte. *„Nordamerika, d.h. die Vereinigten Staaten, darfst Du Dir als ein großes großes Land vorstellen, welches vielleicht erst zur Hälfte besiedelt ist, und in welchem also noch ganz ungeheure Complexe von Land zu verkaufen sind, das sich teils in den Händen der Regierung des Bundes und der Einzelstaaten, teils in denen der Eisenbahngesellschaften (denen Millionen Acker geschenkt wurden, um durch diese und jene Gegend eine Bahn zu bauen) sowie im Besitz von größeren und kleineren Spekulanten befindet. Alle diese Landbesitzer geben sich nun große Mühe, durch Agenten, Zeitungen und andere Schriften usw. in Deutschland, Österreich, der Schweiz und Schweden und Norwegen Einwanderer nach Amerika zu locken. Jeder Staat will gern recht bald bevölkert sein, und jeder Landbesitzer und Landagent will möglichst bald und viel verkaufen, und so wird jeder Staat als der beste und jede Gegend als die vorteilhafteste angepriesen, so daß der Deutsche, welcher drüben viel von diesen Blättern, Büchern mit Bildern und Karten und all dem anderen gedruckten und geschriebenen Zeug liest, ganz verrückt wird, und wenn er hierher kommt, leicht einem Schwindler in die Hände fällt und in's Elend gerät, wie es auch Hunderten und Hunderten in unserm von so vielen Deutschen bewohnten Staate Wisconsin gegangen ist."*[155]

Getrieben von der eigenen Not und gedrängt von den verschiedensten Interessenvertretern war es für die Auswanderungswilligen selten leicht, eine nüchterne oder gar objektive Entscheidung zu fällen.

2.2.6 Franz Raveaux – Agent und Revolutionär

Für den zweifelhaften Ruf der Werber und Agenten findet sich ein Beispiel auch an der Oberahr. Im Juni 1842 wurde in Blankenheim ein gewisser Franz Raveaux angezeigt, gemeinsam mit zwei Kumpanen unter Vorspiegelung falscher Tatsachen und unhaltbarer Versprechungen *„die ruhigen und zufriedenen Bauern in die verderbende Sucht der Auswanderung"* hineingetrieben zu haben. Raveaux (1810-1851) verkaufte in jenem Sommer Billets im Auftrag einer Antwerpener Schifffahrtsgesellschaft. Er war eine besonders schillernde Figur. Mit 32 Jahren hatte er bereits eine Karriere als Schulabbrecher, preußischer Dragoner, spanischer Offizier, belgischer Revolutionär und Kölner Porzelanofenhändler hinter sich. Später, 1848/49, sollte er als Abgeordneter die Stadt Köln in der Deutschen Nationalversammlung in der Frankfurter Paulskirche vertreten, ein überzeugter Republikaner und Anwalt der kleinen Leute. In seiner Heimatstadt Köln gilt

Raveaux heute als Begründer des politisierten „bürgerlichen Karnevals", und auch für Blankenheim beanspruchte er in seinen späteren Jahren, 1842 den Kölner Karneval eingeführt zu haben.

Die Anzeige erstattete ein gewisser Theodor Knoblich, Königlicher Steuerempfänger aus Antweiler, bei der Regierung in Koblenz: „*Schon seit einiger Zeit treiben sich hier in der Gegend drei Individuen herum. Ersterer Franz Raveaux von Blankenheim, zweimal falierter Kaufmann und Peter Josef Wichterich von Pesch bei Münstereifel, ein verdorbener Gerber nebst einem Dritten, dessen Name mir unbekannt geblieben. Genannte Individuen reisen zwar zu Fuß, treten aber für den Bauer eine blendende Eleganz entfaltend auf und geben vor, nach Amerika reisen zu wollen. ... Der Nachtheil für das Vaterland wird vergrößert und die Anzahl der betrogenen Auswanderer steigt mit jedem Tag. Nachdem Besagte hier eine Anzahl Einwohner zur Auswanderung bethört, so werden dieselben nach Antwerpen geschifft, und dort sind sie der Willkür dieser Betrüger freigegeben und nachdem dieselben geropft und auf einem schlechten Handelsschiff untergebracht haben, wissen sie für ihre Person so viele Hindernisse zu finden (Krankheit der Frauen, Mangel an Papieren, ausstehende Gelder pp.) um nicht mitzufahren und mit der Beute der Betrogenen das vorige Spiel wieder anzufangen.*"[156]

Abb. 27: Franz Raveaux

Ruppige Methoden müssen das gewesen sein. Die Behörden, die der Anzeige gegen diesen umtriebigen und aufmüpfigen Mann nachgingen, fanden allerdings keine Beweise – Raveaux konterte mit Anerkennungsschreiben von zufriedenen Kunden, die er über Antwerpen verschifft hatte; er ließ die lobenden Worte drukken und auf den Dörfern an der Oberahr verteilen. Schließlich revanchierte er sich für die üble (oder vielleicht doch begründete) Nachrede bei den Blankenheimern noch mit einem Spottgedicht gegen die Honoratioren der Stadt.[157] Er mokierte sich über eine schon länger zurückliegende Bürgermeisterwahl, bei der der Apotheker über den Posthalter gesiegt hatte, obwohl letzterer reichlich versucht hatte, die Verantwortlichen mit Hühnern, Hasen und anderen Kostbarkeiten zu bestechen. Da viele der Beteiligten noch lebten und sich in dem Gedicht allzu ungünstig porträtiert sahen, handelte sich Raveaux eine Kriminalklage und eine Bestrafung zu 15 Franken ein. So machte er seinen Chancen als Geschäftsmann in der Eifel selbst ein rasches Ende. In seinen Verteidigungsschriften benannte Raveaux allerdings nur Auswanderer aus Orten außerhalb der Oberahr – es scheint, als hätte er hier nicht den erwünschten Erfolg gehabt.[158] Schon 1843 verließ Franz Raveaux die Region, um sich als Zigarrenhändler in Köln zu versuchen, danach in die Politik zu gehen und schließlich – als die 48er Revolution gescheitert war – nach langer Flucht durch Frankreich und die Schweiz in Belgien zu sterben. Er wurde 41 Jahre alt.

Die wirklichen oder unterstellten Betrugsmaschen der verschiedensten Werber und Agenten zogen überall rasch Regierungsmaßnahmen und sonntägliche Warnungen von der Kanzel nach sich. Die erste Euphorie der 1820er Jahre bekam einen Dämpfer. In Trier erschien zum Beispiel bereits 1828 die Schrift *„Einige Nachrichten über Brasilien, zur Belehrung der Auswanderungslustigen, besonders in der Eifel"*, mit der der Prümer Landrat versuchte, die Eifler in ihrer Heimat zu halten. Die preußische Regierung bot sogar als Alternative zur Auswanderung nach Übersee Siedlungsland in der Gegend von Posen an[159] – vergebens. Die Welle der Auswanderung war nicht zu stoppen. In den vierziger Jahren beginnt auch an der Oberahr der große Aufbruch in die Neue Welt. *„Wie eine ansteckende Krankheit"*, schreibt der Historiker Heinrich Neu, *„griff diese Sucht von einem Eifeldorfe auf das andere über."*[160]

2.2.7 Die Anziehungskraft der Neuen Welt

Immer wichtiger wurden im Lauf der Jahre die Erfahrungsberichte derer, die bereits in Amerika waren. Ihnen schenkte man mehr Vertrauen als den nebulösen Versprechungen der Werber und Agenten. Briefe naher Verwandter und Nachbarn machten die Runde, ihre Lebensnähe und Authentizität haben sicher manchen Ängstlichen und Zögerlichen umgestimmt und obrigkeitliche Warnungen in den Hintergrund geschoben. Der Auswanderungsforscher Joseph Scheben (vgl. Kap. 3) berichtet von einer Familie Fuchs aus Langenfeld nahe der Hohen Acht, deren Briefe aus Buffalo in Abschriften bis an die Mosel verbreitet wurden und in der Hocheifel Anfang der 1840er Jahre ein regelrechtes „Auswanderungsfieber" auslösten.[161] Und in der Chronik der Bürgermeisterei Dollendorf für das Jahr 1868 lesen wir: *„Die Auswanderungslust wurde auch in hiesiger Bürgermeisterei wieder rege und sehen wir daher mehrere Familien - im ganzen dreißig Seelen – Hab* *und Gut verkaufen und nach Amerika ziehen. Anlass zu diesen Auswanderungen gaben durchweg die eingelaufenen günstigen Nachrichten von früher dahin ausgewanderten Verwandten und Bekannten, welche in Amerika ein besseres Fortkommen als hier gefunden haben wollen. Wenn das Glück diesen Auswanderern auf fremden Boden günstig ist, so steht zu erwarten, dass sie für die Zurückbleibenden nicht verloren sind, sondern durch ihre Sympathien für uns dazu beitragen werden, die Beziehungen Deutschlands zu einem großen Lande zu mehren, welches noch viele unbenutzte produktive Kräfte in sich schließt."*[162]

Die Geschichtswissenschaft spricht für die erste Hälfte des 19.Jh. von einer „pushing power" – die ökonomische Not drängte die Menschen aus der Heimat fort. Für die zweite Hälfte des Jh. tritt die „pulling power" in den Vordergrund – die schiere Anziehungskraft der Neuen Welt.

2.3 Abschied von Zuhause. Vier Beispiele
von Ralf Gier

Die Mehrheit der Ausgewanderten aus unserer Region entstammt Familien, die seit jeher als Kleinbauern und Handwerker in der Eifel lebten. Über Jahrhunderte blieben die Bewohner der Eifeldörfer an der Oberahr sesshaft. Geheiratet wurde meist im Dorf oder in der näheren Umgebung. Nur wenige zog es vor 1840 in die Ferne, wozu damals bereits Aachen, Köln oder Trier gehörten. Im folgenden Kapitel werden mehrere Familien und Einzelpersonen vorgestellt. Sie stehen exemplarisch für verschiedene Lebens- und Auswanderungsmuster.

Für Joseph Faymonville und Johann Heribert Volheim stellte die Auswanderung das Ende eines langen sozialen und gesellschaftlichen Abstiegs in der alten Heimat dar.

Die Auswanderungsgeschichte der Familien Daniels und Giefer sind typische Beispiele für eine Kettenwanderung, das Nachziehen von Familienmitgliedern zu bereits zuvor Ausgewanderten.

Die Familie Robischon war seit mehreren Jahrhunderten auf Wanderschaft, ihre letzte große Reise führte sie nach Amerika.

Die Brüder Mathias und August Sigel stehen beispielhaft für die Gruppe der Einzelauswanderer.

1842 bis 1852/53 setzten sich die Auswanderer von der Oberahr noch überwiegend aus Familien und ganzen Familienverbänden zusammen. Eltern verließen mit ihren Kindern, Enkeln, Geschwistern und manchmal auch den eigenen Eltern die Heimat. Mitte der 1850er Jahre begann hier ein Wandel, die Zahl derer ohne Anhang, so genannte „Einzelauswanderer" wurde größer. Oftmals besaßen sie in der neuen Welt noch nicht einmal eine direkte Anlaufstation in Form von zuvor ausgewanderten Familienangehörigen. Die Auswanderung einzelner, überwiegend männlicher Oberahr-Bewohner löste in den letzten beiden Jahrzehnten des 19.Jh. quantitativ endgültig die Auswanderung von Familien ab.

2.3.1 Familien Faymonville und Volheim –
Sozialer Abstieg und Auswanderung

Joseph Faymonville

Joseph Faymonvilles Leben ist eine Geschichte des Abstiegs. Von seinem 20. Lebensjahr an ist er Hüttenmeister und -besitzer, Bürgermeister und Gutsbesitzer, kleiner Landwirt und schließlich Schreiber. Mit 62 Jahren, 1846, entschließt er sich noch zur Auswanderung. Als er am 11.06.1784 auf der Hammerhütte als Sohn der Eheleute Johann Hermann Joseph Faymonville und Maria Walburga Catharina geb. Rüth von Aspe zur Welt kommt, blickt seine Familie auf eine lange Tradition als Reitmeister in der Eifel zurück. Schon Groß-, Ur- und Ururgroßeltern waren als Hüttenmeister an der Ahr- und Hammerhütte beteiligt. Seine Großmutter Anna Maria Faymonville geb. Ganser stammte aus einer gräflich Blankenheimer Beamtenfamilie.

Abb. 28: Blankenheim von Osten um 1900

Joseph wurde durch seine Herkunft früh mit öffentlichen Positionen betraut. So war er von 1804 bis 1817 Bürgermeister von Kronenburg. Er nahm sein Amt sehr ernst und scheute weder Zeit noch Kosten. In den Jahren 1806 bis 1808 unternahm er mehrere Reisen nach Paris, um dort - erfolgreich – um eine Senkung des Grundsteuersatzes zu verhandeln. Doch die Lebensführung, die Nachlassregelung nach dem Tod des Vaters 1813 und der Hausbau 1816 verschlangen zu viel Geld. Umgekehrt sanken nach der Niederlage Napoleons und dem teilweisen Wegfall des Absatzgebietes für seine Hüttenprodukte die Einnahmen. 1817 trat er zu Gunsten eines angeheirateten Vetters vom Amt des Kronenburger Bürgermeisters zurück.

Ein erster Anlauf zum Verkauf des ererbten Anteils an der Ahrhütte (1/8 = 3 Tage) erfolgt 1821, doch Joseph Faymonville verweigert letztlich dem höchstbietenden Josef Arth den Zuschlag. Im zweiten Anlauf veräußert er seine Beteiligung an Johann Theodor Peuchen von der Jünkerather Hütte. Seine finanziellen

Verpflichtungen waren aber wohl zu hoch. 1825 verlässt Joseph Faymonville die Hammerhütte mit seiner Frau und drei Kindern in Richtung Blankenheim. 1826 versucht er dort, erneut das Amt eines Bürgermeisters zu erlangen. Ohne Erfolg. Neuer Blankenheimer Bürgermeister wird Baron Anton von Manteuffel, der noch in Freilingen wohnende Lommersdorfer Bürgermeister. Joseph Faymonville wird sein Sekretär, außerdem Mitglied des Schöffenrates und Abschätzungskommissar. Vielleicht, weil Manteuffel seinen Wohnsitz nach Blankenheim verlegt und ab 1826 beide Bürgermeistereien in Personalunion führt, zieht die Familie Faymonville 1830 nach Lommersdorf.

Tillmann Joseph Faymonville, das 1820 geborene älteste der Kinder Faymonville, lebt 1844 bereits mehrere Jahre im belgischen Lüttich als Gerbergeselle. Nach Schilderung seines Vaters ist er erfolgreich und mit der Aussicht, Mitbeteiligter eines Weißgerber-Geschäfts zu werden. Zuvor war er 1839 in die Garde-Artillerie[163] eingetreten. In Lüttich lebt im Frühjahr 1844 bereits längere Zeit auch Margaretha, seine älteste Schwester. Vater Joseph schreibt über seine Tochter, dass diese sich *„nicht mehr aufs platte Land anschicken kann"*. Tillmann Joseph Faymonville ist augenscheinlich so wohlhabend, dass der Vater mit seiner gesamten Familie nachziehen möchte. Er beantragt die Auswanderung nach Belgien und für seine Söhne die Befreiung von den *„Militär-Verhältnissen."*

Joseph Faymonville führt zur Begründung des Auswanderungsantrages für sich und seinen Sohn Johann Wilhelm aus: *„In Lüttig habe ich mir in Folge meines früheren mehrjährigen Aufenthalts daselbst die Achtung und das Vertrauen mehrerer vornehmer Handelshäuser in einem solchen Grade erworben, daß die Gewissheit mit allen Zuverlässigkeiten auf meiner Seite ist, mittelst meiner Fähigkeiten dort in jedem mir beliebigen Sache, sey es auf öffentlichen Bureaux, auf Handlungs-Comptoirs oder selbstständig, ein viel stärkeres Verdienst zu finden, als ich je .... und in der Umgegend erwarten darf, indem ich ... der französischen Sprache nach den Regeln vollkommen mächtig bin.*

Mein jüngerer Sohn, Johann Wilhelm wird sich bei dem älteren in der Weissgerberei beschäftigen, und so auch seinem Glücke näher gebracht werden, als wenn er in hiesiger Gegend verbliebe, wo ein Gerbergesell nicht über 1 Thaler nebst Beköstigung wöchentlich zu erwarten hat, und somit einem schlichten Tagelöhner gleichgestellt ist."

Doch seine Schreiben sind widersprüchlich. Am 16.04.1844 bittet er noch um schnellstmögliche Bearbeitung, da seine Kinder Tillmann Joseph, Johann Wilhelm, Margaretha und Catharina Josepha *„zum schleunigen Beginn der Gerberei sowie zur vorläufigen Einrichtung der nöthigen Vorbereitungen zur Landwirtschaft"* gegen Mitte Mai 1844 abreisen müssen und er mit seiner Frau, der jüngsten Tochter und dem im Haushalt lebenden Schwager Joseph Mayer später nachreise. Am 26.04.1844 hält der Bürgermeister (dessen Sekretär und vermutlich auch Federführer Faymonville war) fest, dass der Schwager Joseph Mayer schon seit Jahren am Niederrhein lebe.

Die Entlassungsurkunden der Eheleute Joseph Faymonville nebst den Kindern Johann Wilhelm und Margaretha, sowie jener des Tillmann Joseph Faymonville und der Eheleute Hubert Köller, datieren auf den 31.07.1844. Maria Theresia wird nicht genannt. Alle Schriftstücke basieren auf der Annahme, dass die Familie nach Lüttich in Belgien ausreist, das Wort Amerika ist nirgends zu lesen. War das Auswanderungsersuchen nach Lüttich nur vorgetäuscht?

Nach der Bürgermeistereichronik reist Joseph Faymonville mit seiner Frau und zwei Kindern wenige Wochen nach dem Verkauf allen Grundbesitzes in Lommersdorf am 10.05.1846[164] nach Amerika ab und folgt so seinen drei 1844 ausgewanderten Kindern. Doch wer waren die drei zunächst Ausgewanderten? Vermutlich Tillmann Joseph, die Eheleute Köller und wohl Margaretha? Und lebte 1846 tatsächlich noch Maria Theresia bei ihnen, oder was war aus ihr geworden? Diese Unklarheiten werden wohl bleiben. Faymonville besaß 1846 neben dem Wohnhaus in Lommersdorf nur noch knapp 2 Morgen Garten-, Wiesen- und Schiffelland.[165] Der Blankenheimer Kaufmann Mathias Michels erwarb alles für einen Kaufpreis von 214 Berliner Talern. Doch der Besitz war nicht frei von Belastungen. Faymonville hatte bei fünf Schuldnern Verpflichtungen, so dass Michels nur 102 Taler, 23 Groschen und 6 Pfennig auszahlte.

In Amerika schrieben die Kinder Faymonville sehr unterschiedliche Lebensläufe. Während Margaretha, die älteste Tochter, 1849 in Chicago vom Blitz erschlagen worden sein soll, lebte ihre Schwester Catharina Köller noch 1880 dort. Das Schicksal der jüngsten, Maria Theresia, konnte nicht geklärt werden. Johann Wilhelm, den 1825 geborenen Sohn, zog es 1850 weiter in den Westen. In Fresno, Kalifornien fand er eine neue Heimat. Er begann als Notarschreiber und wurde Chronist der Stadt. Darüber hinaus führte er als Makler eine Beschreibung aller Liegenschaften der County. Diese Aufstellung war die einzige außerhalb des amtlichen Katasters. Kurz vor dem Tode seiner Mutter kehrte er im April 1872, von der Familie tot geglaubt, erstmals nach Chicago zurück. Am 11.2.1888 verstirbt er nach langer Krankheit in Fresno (s. 3.2.3).

Wilhelms älterer Bruder Tillmann Joseph ist in Chicago, wie zuvor in Deutschland, als Gerber tätig. Bernard, 1860 geborener Sohn aus zweiter Ehe des T.J. Faymonville, beginnt seine berufliche Laufbahn 1874 in Chicago in einer

Abb. 29: Bernard Faymonville

Versicherungs- und Immobilienagentur. 1877 wechselt er nach Fresno und eröffnet ein eigenes Versicherungsbüro, das zu den größten des Landes heranwächst. 1882 wird er bei der Versicherungsgesellschaft „Firemans Fund and Insurance" Spezialagent und Experte für die Pazifikküste. Er zieht nach San Francisco. Zwischen 1887 und 1900 steigt er vom zweiten Sekretär zum Vizepräsidenten der Gesellschaft auf. Nachdem er sich in der Abwicklung der Schäden des großen Brandes von 1906[166] in San Francisco bewährte, wird er in den Verwaltungsrat der „Firemans Fund and Insurance" gewählt. 1914 - 1917 ist er der sechste Präsident der Gesellschaft. Bernard wird Präsident der Feuerversicherer der Pazifikküste, der Feuerwehr seiner Heimatstadt und des Inspektionsbüros der Feuerversicherer. Am 11.11.1918 stirbt Bernard Faymonville bei einer Partie Golf.

Bernards Sohn Philipp Ries Faymonville (1888-1962) sollte auf andere Weise in die Annalen eingehen. Geboren in San Francisco, Stanford-Student und Besucher der West Point Militärakademie, treffen wir Philipp zu Ende des I. Weltkrieges in Sibirien an, wo er als Lieutenant Colonel[167] zur Führung der „American Expeditionary Forces Siberia" gehört. Diese im Sommer 1918 von Präsident Wilson initiierte Spezialtruppe sollte die wirtschaftlichen Interessen der USA in einer Region wahren, die in Folge der japanischen Besetzung sowie der Anwesenheit von „Verlierern des Weltkrieges, Gesetzlosen und Mördern" zu einer unsicheren Angelegenheit geworden war.

Philipp, der die russische Sprache und Seele augenscheinlich verstehen lernte, wird nach einer Zeit als Gesandter in Japan (1924), 1934-39 Militärattache in Moskau, 1940-41 Ordonnanzoffizier der 4. Armee und 1941 Mitglied der „Special War Supplies Mission" in der UdSSR. Während des Krieges wird er in Moskau der erste Leiter des amerikanischen Landpacht-Programms. Durch seine Kontakte und Kenntnisse steigt er nach dem II. Weltkrieg zum Berater der Regierung auf. 1948 scheidet Brigadier General Philipp Ries Faymonville, der „rote General", aus dem aktiven Dienst aus. Nach dem sozialen Abstieg des Vaters in der Alten Welt, gelang seinen Kindern, Enkeln und Urenkeln in der Neuen Welt ein eindrucksvoller Aufstieg.

Abb. 30: Kommando der AEF Siberia 1918

Johann Heribert Volheim

Johann Heribert Volheim war Sohn einer in Eiserfey lebenden, angesehenen Familie. Auch sein Lebensweg ist von sozialem Abstieg gekennzeichnet, er kommt sogar mit dem Gesetz in Konflikt. Sein Vater Franz Joseph tritt als langjähriger erster Beigeordneter und Bürgermeister von Weyer bei Mechernich in Erscheinung, seine Mutter Margaretha geb. Geich wird als Tochter des Halfen (Pächter) auf der Eschweiler Burg geboren. 1835 heiratet Volheim in Weyer Anna Elisabeth Schneider. In Urkunden bezeichnet er sich als Privatmann, das heißt, er lebt von den Einkünften aus Eigentum. Seine Schwester Maria Catharina war seit 1831 mit Johann Theodor Achatz Latz verheiratet, dem Gewerken (Mitbesitzer) auf der Ahrhütte, der Hütte Altwerk bei Eiserfey und der Müllenborner Hütte.

Vermutlich durch diese Verbindung gelangt Volheim im Jahre 1841 an die Stelle des Gemeindeförsters von Freilingen und Lommersdorf. Mit drei Kindern ziehen die Eheleute nach Lommersdorf, drei weitere werden dort geboren, wovon jedoch nur eins die ersten sechs Monate überlebt. Zu der Zeit, als der Schwager Latz stirbt (23.04.1841), verliert der Forst als Einkunftsquelle seine/ihre alte Bedeutung. Die Eisenhütten gehen mehr und mehr zurück oder drosseln die Produktion, die Holzkohle wird nicht mehr in bisheriger Menge gebrannt.

Von Heribert Volheims sozialem Abstieg in den folgenden zehn Jahren als Gemeindeförster legen nachstehende Zeilen des Lommersdorfer Bürgermeisters Nelles vom 12.03.1852 Zeugnis ab. *„1851. Der von 1841 ab für die Gemeinden Lommersdorf und Freylingen fungierende Förster Heribert Volheim übertrat die ihm angewiesenen Schranken in polizeilicher und moralischer Beziehung. Die auf Veranlassung der von den Gemeinden erhobenen Klagen, von Königlicher Regierung demselben häufig gegebenen Verweise und Ordnungsstrafen blieben meistens unbeachtet und schienen nicht nur zu einer Besserung wenig beizutragen, sondern das überhand nehmende Unwesen desselben sogar noch zu vermehren. Bei den fortgesetzten und gegründeten Beschwerden fand sich die Königliche Regierung endlich zur Einleitung des Disziplinar – Verfahrens gegen den Inculpaten*[168] *bestimmt. Unter Verurtheilung in die Kosten wurde derselbe kraft eines Bekenntnisses vom 28. Dec. pr. seines Amtes entsetzt und der Schutz der Waldung bis zum Ablaufe der gesetzlichen Berufungsfrist dem Corpsjäger Warler von Blankenheim provisorisch übertragen. Das Recursgesuch*[169] *des Suspendirten wurde durch einen vor den Königlichen Staatsministern von Manteuffel, Simons, von Stockhausen, von Raumer, von Bodelschwingh, von Westphalen gefassten Beschluß vom 04.10.1851 in Erwägung: „dass der Angeschuldigte in Folge der Verfügung der Königlichen Regierung zu Aachen vom 04.04.1848 wegen Trunkenheit und wegen Beleidigung des Bürger-*

meisters und Gemeinderathes protokollarisch amtlich verwarnt und mit einem Verweise belegt, dass er demnächst nach eingeleiteter Disziplinaruntersuchung durch Entscheidung der Königlichen Regierung vom 20.03.1850 wegen wiederholter Trunkenheit und wegen eigenmächtigen, ordnungswidrigen Verfahrens mit Ordnungsstrafen im Gesamtbetrage von 7 Talern bestraft worden, dass er allgemein in dem Rufe eines Säufers stehe und hiernach mit Rücksicht auf die früheren Verwarnungen anzunehmen, dass er ganz dem Trunke ergeben und unverbesserlich in diesem Laster sey, dass ferner der Angeschuldigte, welcher verheirathet und Vater von drei Kindern ist, des ehebrecherischen Umgangs überführt worden und dass sein unsittlicher Verkehr in der Gemeinde allgemein bekannt und notorisch sei, etc. etc. etc."

...verworfen und somit die desfallsige Cassations-Entscheidung[170] der Königlichen Disziplinarkammer bestätigt. Seiner Existenz und bürgerlichen Ansehens beraubt, veräußerte der Delinquent seine wenige, in einigen dürftigen Mobilien bestehende Habe[171] und wanderte mit seiner höchst unglücklichen Familie nach Nordamerica aus. Welchen nachtheiligen Einfluß ein derartiger Lebenswandel auf die selbst damit schon vertraute Jugend ausübte, ist leicht denkbar und es war der Entfernung eines so tief an Religiosität gesunkenen Mannes in dieser Beziehung für die Gemeinde schon doppelt wünschenswerth und vortheilhaft."[172]

Johann Heribert und Margaretha Volheim treten mit den Söhnen Hermann, Franz und Hubert über Antwerpen die Reise in die Vereinigten Staaten an. Mit dem Zweimaster Fanny stechen sie im Frühjahr 1852 in See und erreichen am 19.07.1852 New York. Ihr weiteres Schicksal ist unbekannt.

2.3.2 Familien Daniels und Giefer – Kettenwanderung

Die aus Freilingen auswandernden Familien Daniels (1842-45) und Giefer (1852-74, 1893, 1923, 1926) sind typische Beispiele für eine Kettenwanderung. Das heißt, ein Familienmitglied oder eine Familie verließ zuerst das Land, gründete jenseits des Atlantiks eine neue Heimstatt, und weitere folgten in den nächsten Jahren und Jahrzehnten. Bisweilen zog der Erstankommende auch bei Ankunft der Verwandten weiter nach Westen und die Nachkommenden übernahmen das bisherige Heim oder zogen zumindest in denselben Ort.

Familie Daniels – fünf Geschwister, zwei Familien

Vor dem Lommersdorfer Bürgermeister erklären am 23.04.1842[173] sieben Bewohner aus Freilingen und Lommersdorf, dass sie beabsichtigten auszureisen, um in

Amerika eine bessere Zukunft zu finden. Der Antrag bezieht sich auf insgesamt 15 Personen, unter ihnen das Ehepaar Nicolaus Daniels und Veronica Hamacher mit drei Kindern und zwei der Brüder des Nicolaus, Matthias und Jacob. Doch nach Erhalt der Ausreisegenehmigung (02.06.1842[174]) verlässt zunächst nur der 18 Jahre alte Matthias das Land.

Nicolaus Daniels, der älteste Bruder der Geschwister, veräußert bereits am 01.04.1842[175] seinen neu erbauten Hof, der Besitzwechsel war für den 01.06.1842 vereinbart. Neun Tage nach Vertragsabschluß wird der Kauf rückgängig gemacht, ehe Haus und Hof am 24.04.1842[176] erneut verkauft werden. Erwerber und Antritt waren unverändert, doch Familie Daniels blieb. Zwei Wochen nach Erhalt des Auswanderungskonsenses erwirbt Nicolaus Daniels mit Verträgen vom 16.06. und 19.06.1842[177] fast alle Anteile eines alten, unweit der Kapelle an der Lommersdorfer Straße gelegenen Freilinger Hofes. Daniels bewohnt mit den Anteilen der neun von ihm ausgezahlten Erben, unter ihnen die ebenfalls auswandernde und seitdem verschollene Familie Malaise, nur das halbe Haus. Unklare Rechtsverhältnisse zeichnen sich ab. Das Haus wird durch Daniels umgebaut und in zwei Wohnungen aufgeteilt und ist so vielleicht das erste Haus der Gegend in Wohnungseigentum.

Im Frühjahr 1844 sind die Baumaßnahmen beendet, zugleich reift offenbar wieder der Gedanke, das Land zu verlassen. Nicolaus, dessen Familie keinen weiteren Zuwachs erhalten hatte, beantragt erneut die Genehmigung zur Auswanderung. Diesmal sollen neben seiner fünfköpfigen Familie und dem jüngsten Bruder Jacob auch die ältere Schwester Margaretha mitreisen. Nicolaus verkauft seine Hausanteile und den weiteren Besitz an die jüdischen Kaufleute Wilhelm Wolf und Samuel Levy aus Münstereifel (04. und 05.06.1844[178]). Der Auswanderungskonsens datiert auf den 01.06.1844[179], fast auf den Tag genau zwei Jahre nach dem ersten.

Sein Haus, im Volksmund Zeye genannt, bleibt den weiteren Besitzern keine dauerhafte Heimat. 1850 verkaufen Levy und Wolf es an den Handelsmann Hubert Jucken, der es bereits 1864 im Wege der Zwangsversteigerung an den Kaufmann Johann Lavreysen verliert.[180] Der nächste Besitzer ist kurz darauf Bernard Giefer, von dem im zweiten Teil dieses Kapitels berichtet wird. Während Giefer 1871 auswandert, ist der Verbleib von Jucken und seiner Familie ab 1864 unbekannt. Ging auch sie für immer fort aus Deutschland?

Als am 21.04.1845[181] Hubert Daniels das elterliche Haus der fünf Geschwister an den Blankenheimer Kaufmann Martin Mungen veräußert und kurz darauf die Reise nach Nordamerika antritt, geht mit ihm der letzte der Familie. Mungen erwirbt den vollständigen Besitz des Hubert Daniels, gut 16 Morgen Land, Haus und Hof für 470 Taler. Mungen zieht die auf dem Besitz lastenden Verbindlichkeiten ab und zahlt 281 Taler und 16 Groschen aus. Zu den Schulden zählten auch Restkaufbeträge bei Levy und Wolf. Nicolaus Daniels verfügte zum Zeitpunkt seiner Auswanderung über ein Kapital vergleichbarer Größe.

Abb. 31: Freilingen von Südwesten 1900

Die Geschwister Daniels lassen sich nach und nach alle unweit Brighton, Kenosha County, Wisconsin nieder (s. 4.1.2). Nicolaus erwirbt am 01.07.1848 40 acres (knapp 65 Morgen) im Kenosha County, weitere 40 acres erwirbt er für seinen Bruder Hubert.[182] 1853 folgt den Geschwistern Daniels mit Johann Hamacher ein Schwager nebst Familie und Bruder.

Der aus Ripsdorf ausgewanderte Lehrer Joseph Krings schreibt 1857, dass in der Pfarrgemeinde Brighton drei verheiratete Brüder Daniels leben. Alle *„haben zu ihrem Eigentum große Stücker Land, und sind wohlhabende Ackersmänner".*[183] Jacob heiratet 1851 und betreibt eine Kolonialwarenhandlung, bleibt aber ohne eigene Kinder, bei ihm lebt zeitweise Nicolaus Daniels, der älteste Sohn seines Bruders Matthias. Hubert schreibt noch 1888 an Verwandte seiner Frau in Dollendorf. Vermutlich hatte das Ehepaar Daniels keine weiteren Kinder. Nicolaus und Mathias Daniels hatten dagegen zahlreiche Nachkommen, ihre Familien blühen noch heute.

Familie Giefer

Wohl kaum eine Familie aus unserem Untersuchungsgebiet stellt einschließlich Nebenlinien mehr Auswanderer als die Giefers.[184] 46 Mitglieder[185] aus Ahrdorf, Ahrhütte, Alendorf, Dollendorf, Freilingen, Niederadenau, aber auch schon zuvor in die Industriereviere an Rur und Inde Verzogene, treten zwischen 1852 und 1926 die Reise nach Nordamerika an.

In Freilingen lebten seit 1831/35 zwei ungleiche Brüder Giefer. Beide kamen von der unteren Ahrdorfer Mühle, 1831 Joseph, um seinen neuen stattlichen Hof zu gründen, 1835 Hubert, nachdem er sein Vermögen verloren hatte. Hubert, der ältere, übernahm 1829 die von den Eltern ererbte Mühle in alleiniger Regie, geriet in finanzielle Schwierigkeiten und musste seinen Besitz 1835 überschuldet verkaufen. In Freilingen erwarb er einen kleinen Hof. Mit seiner vielköpfigen und sich stetig vergrößernden Familie lebte er mehr schlecht als recht. Spätestens nach dem Tode seiner Frau 1854 zog Hubert mit mehreren Kindern nach Eschweiler an der Inde, 1857 verstarb er dort als Bergmann. Huberts ältestes Kind, Franz Xaver, verließ 1854 nach seiner Heirat und der Geburt des ersten Nachkommen als erster die Heimat, er lebte zu dieser Zeit in Niederadenau im Kreis Ahrweiler.[186] Vor Franz Xaver ging bereits 1852 Margaretha mit Familie, 1857 folgen ihr Bruder Mathias und 1866 Georg. Bei weiteren Geschwistern ist der Verbleib ungewiss; verließen auch sie das Land?

Huberts Bruder Joseph heiratete die Müllerstochter Elisabeth Sons von der Dollendorfer Mühle und kam damit in ein wohlbestelltes Haus. Durch die beiderseitige elterlicher Mitgift, nicht zuletzt in größeren Anteilen des ehemaligen Freilinger Burggutes bestehend, sind Elisabeth und Joseph ein wohlhabendes Paar, über 100 Morgen Land zählen sie als ihren Besitz. Ihr 1830 errichtetes Wohnhaus gehörte zu den größten Höfen Freilingens. 1862/63 sterben die Eheleute Joseph Giefer binnen weniger Monate. Noch 1863 teilen ihre sechs Söhne das Erbe. Hubert heiratet nach Lommersdorf, er betreibt eine Schreinerei, ist 1872-84 erster Beigeordneter der Bürgermeisterei und 1872-86 Ortsvorsteher von Lommersdorf. Wilhelm und Lambert Joseph bleiben im elterlichen Haus, wobei ersterer die ehemaligen Gesinderäume, Stall und Scheune übernimmt und Lambert Joseph den vorderen Teil bezieht. Mathias, der jüngste, erlernt das Brauerhandwerk,

Abb. 32 und 33: Familie Franz Xaver Giefer um 1890; Franz Xaver Giefer

bleibt jedoch zunächst bei einem seiner Brüder, vermutlich Ludwig, im Haushalt. Ludwig (1862) und Bernard (1864) erwerben im Ort bestehende Häuser. Alle außer Mathias gründen Familien und bekommen Nachwuchs.[187]

Den Geschwistern geht es gut. Mathias verfügt über gut 30 Morgen, seine verheirateten Brüder über 50-65 Morgen eigenes Land, deutlich mehr als der Durchschnitt. Nur wenige Höfe im Ort sind größer.Und doch folgen auch sie ihren zuvor ausgewanderten Verwandten.Mathias Giefer beantragt die Auswanderung und wird am 10.03.1868 aus dem preußischen Staatsverband entlassen[188], 1863-66 hatte er im Militär gedient. Er gibt an, Verwandte in Amerika zu haben. Doch wieso verlässt die mit ihm auswandernde Familie seines Bruders Ludwig ohne Genehmigung die Heimat?

Über Hamburg reist Ludwigs Familie und Mathias in die USA. Mathias trifft am 15.04.1868 auf der „Hammonia" in New York ein, Ludwig sechs Tage zuvor auf der „Saxonia". Beide werden begleitet von weiteren Auswanderern der Region, so aus Dollendorf, Lommersdorf und Ripsdorf.

Ludwig lässt sich in Hampton, Dakota County, Minnesota nieder. Mit Hilfe des Erlöses von 10.433,08 Mark[189] aus dem Verkauf der Immobilien und des Inventars seines Freilinger Hofes[190] (abzgl. der Zessionars- und Reisekosten verblieben sicher etwa 8.000 Mark) gründet er eine Farm. 1910 feiern die Eheleute goldene Hochzeit, Ludwig stirbt 1913, zwei Jahre nach seiner Frau.

Abb. 34: Drei Generationen Giefer

Mathias Giefer

Die Versteigerung der 28 Parzellen (gut 31 Morgen) von Mathias, dem jüngsten der Brüder Giefer, erbrachte 1868 umgerechnet 5.116,05 Mark.[191] Auch nach Abzug von ca. 15 % für den Zessionar (Finanzier) sowie der Reisekosten war dies eine stattliche Summe für den ledigen Auswanderer. 1870 trifft Mathias in Kansas ein und übernimmt dort ein zugewiesenes Stück Land. Doch auch hier bleiben die Bauern der Eifel nicht von Natureinflüssen verschont. Eine Grashüpferplage lässt ihn weiterziehen, zunächst nach Newton, Kansas und von hier mit dem Zug nach Minnesota. Wegen der Plage kommt der Zug drei Tage nicht von der Stelle.

1876 kehrt Mathias zurück nach Kansas, diesmal gemeinsam mit seinem Bruder Bernard. Er muss feststellen, dass ein alter Armeekamerad, Carl Steinbüchel, nun sein Land bewirtschaftet. So muß Mathias sich nach einem neuen Stück umsehen, welches er schließlich westlich Andale, Kansas findet. Der Name Andale geht zurück auf zwei junge, „tüchtige" Kaufleute, Anderson und Dale. Sie kamen aus dem Osten und gründeten mit dem Geld der Siedler eine Bank. Eines Morgens verschwanden beide mit den Einlagen und kehrten nie mehr zurück. Mathias bleibt unverheiratet. Als er im November 1914 verstirbt, hinterlässt er eine große Zahl an Nichten und Neffen beiderseits des Atlantiks. Doch zur Auszahlung seines Erbes an die Angehörigen in Deutschland kommt es zunächst nicht. In Europa wütet der Erste Weltkrieg, in den die USA am 06.04.1917 eintreten. Deutsches Vermögen wird in den USA wie in anderen am Krieg beteiligten Staaten beschlagnahmt. Doch der amerikanische Kongress beschließt 1921, diese Beträge nicht unter „Wiedergutmachung" zu verbuchen, sondern wieder freizugeben. Die Rechte der deutschen Erben nahm der Bund der Auslandsdeutschen in Berlin wahr.[192]

Bernard Giefer

Drei Jahre nach seinen Brüdern Ludwig und Mathias tritt Bernard Giefer die große Reise an. 1864, im Jahr seiner Heirat mit Margretha Butscheid aus Lommersdorf, erwirbt Bernard das schon früher genannte Haus „Zeye" in Freilingen. Als 1870 der Deutsch-Französische Krieg ausbricht, befindet sich auch Bernard bei den preußischen Truppenverbänden. Er kehrt nach Deutschland zurück als Bewachung von zwei Goldtransporten. Nach Freilingen entlassen, sagt Bernard zu seiner Frau: *„Lass uns alles verkaufen, was uns hier gehört und nach Amerika gehen, so dass niemand mehr von uns in einen Krieg ziehen muss"*.

Am 02.09. und 15.09.1871[193] versteigern die Eheleute Giefer in drei Verträgen ihr Immobiliar (63 Flurstücke, Haus und Hof, zusammen 55,60 Morgen), den Grasaufschnitt und die Frucht auf den Wiesen und Feldern sowie das Mobiliar, also alle beweglichen Güter. Letztere bestanden aus 95 Partien, vom Eimer und einer Gieskanne über eine Hausuhr bis zu fünf Hühnern.

Abb. 35: Familie Johann Joseph Giefer 1918

Die Versteigerung ergab im Einzelnen :

	Taler	Groschen
Mobiliar	183	18
Immobiliar	3879	20
Aufschnitt	329	25
Summe	4393	3

Umgerechnet lag die Summe bei stolzen 13.179,90 Mark. Um über das Kapital sofort verfügen zu können, wählte Bernard Giefer einen erprobten Weg. Kaum einer der Ansteigerer konnte bar zahlen. Viele besaßen ohnehin kaum Bargeld. So bedurfte es häufig Finanziers, nicht selten Auswärtiger, um dem Verkäufer zu Bargeld zu verhelfen. Hätte ein Verkäufer nämlich warten wollen, bis die Erwerber seines Besitzes alle Schulden und Kaufpreise getilgt hätten, wäre er wohl für immer in der Heimat geblieben.

Der Finanzier, im Rechtsdeutsch Zessionar genannt, zahlte dem Versteigerer den kompletten Steigpreis aus, abzüglich eines Betrages von etwa 15 %. Im Anschluss zahlten die Ansteigerer ihren Steigpreis ganz oder, was wahrscheinlicher ist, in Raten an ihren Kreditgeber, den Zessionar. Sicher machte dieser hierbei ein gutes Geschäft, auch wenn der eine oder andere nicht oder erst nach Jahren zahlen konnte. Denn die meisten waren auch schon vor der Versteigerung verschuldet. Sei es bei den Pfarrkirchen, privaten Geldverleihern oder den Nachbarn. Das Verfahren der Kapitalbeschaffung durch Einzelversteigerung und Übertragung des Anspruchs gegen den Steigerer auf einen Zessionar (neuer Gläubiger) wurde ab 1845 vermehrt angewandt. Zuvor erwarb der gleiche Personenkreis, aber auch ortsansässige Händler und Bauern die Liegenschaften selbst, um sie dann später möglichst gewinnbringend, also Stück für Stück, weiterzuveräußern. Zessionar des Bernard Giefer war der Mayener jüdische Kaufmann Benedict Löb, der auch schon bei Ludwig und Mathias in dieser Funktion auftrat. Siebenmal stießen wir auf seinen Namen während der Recherchen zu diesem Buch. Die Zessionare wussten an ihr Geld zu gelangen. Sollte jemand nicht zahlen können, so veranlassten sie nicht selten mit Hilfe der Gerichte die Pfändung und Versteigerung von dessen Vermögen. Viele mussten wegen der fortschreitenden Verschuldung die Heimat verlassen und hatten doch zu wenig für einen Neuanfang in Amerika.

Bernard reist mit seiner sechsköpfigen Familie am 29.09.1871[194], dem Tag seiner Entlassung aus dem Deutschen Staatsverband, in Freilingen ab. Zur Abwicklung der Überfahrt hatte er einen Kontrakt mit einem Agenten der Hamburg-America-Linie geschlossen. Mit dem neuen Dampfer „Vandalia" erreichen sie am 25.10.1871 von Hamburg kommend New York. Zunächst versuchen sie, in Hoboken, New Jersey, im Bäckerei- oder Brauerei-Geschäft einen neuen Lebensunterhalt zu finden. Doch ihre Arbeitgeber sind nicht gerade ehrlich. Margaretha sieht, was auf sie zukommt und sichert 3.000 $ in ihrem Gürtel. Nach nur einem Jahr ziehen sie weiter. Die Familie reist nach Hampton in Minnesota, wo schon Bernards Bruder Ludwig lebt. Sie erwerben 80 acres Land (129,5 Morgen), um Kartoffeln anzubauen. Schon bald nach 1876 ziehen sie erneut weiter. Nun ist Kansas das Ziel. In Wichita angekommen, gelangen sie auf Empfehlung in die Siedlergemeinschaft „Germania", die heute St. Mark genannt wird. „Germania" war bekannt als Handelsposten und Landverkaufsstelle für die nach dem Heimstättengesetz siedelnden Deutschen (Homesteader). Die Homesteaders übernahmen in der Handelstation die aus Wichita ankommenden Waren mit ihren Karren und Wagen.

St. Mark liegt, wie das zuvor genannte Andale im Sedgwick County, westlich Wichita. Da es noch keine Brücke über den breiten Fluß Arkansas gab, mussten bei hohem Wasserstand die Waren zur Versorgung der Siedler auf den Schultern durch den Fluß getragen werden. 1899 sterben Bernard und Margaretha in Aleppo, Kansas.

Lambert Joseph Giefer

Als letzter der Gebrüder Giefer wandert 1874 Lambert Joseph Giefer aus. Vom Militär befreit, war die Entlassung aus dem Deutschen Staatsverband am 08.04.1874 in seinem Fall nur eine Formalie. Der Bürgermeister schrieb in seinem Antrag vom 08.03.1874[195] an den Landrat, dieser solle *„gütigst so schleunig wie möglich Auswanderungskonsens erwirken ..., da solche in kürzester Frist ihre Reise anzutreten wünschen."* Schon zuvor war sämtliches Immobiliar, bestehend in 58 Flurstücken, Haus und Hof versteigert worden. Die 51 Morgen erlösten 12.541,50 Mark.[196] Hinzu kamen Mobiliarverkäufe. Zessionar war hier der wie Benedict Löb in Mayen wohnende jüdische Kaufmann Moses Rosenthal.

Mit der „Frisia" verlässt die sechsköpfige Familie im Mai 1874 Hamburg, am 04.06.1874 erreichen sie New York. Die Familie siedelt unweit der Verwandten in Hampton, Minnesota (auch ein Bruder der Anna Maria Giefer, Gerhard Hommertzheim, wanderte dorthin 1872 aus). Am 30.11.1878 wird Lambert Joseph bei Hampton von Geröll erschlagen, vermutlich in einem Steinbruch. Seine Witwe heiratet den aus Deutschland stammenden Zimmermann Joseph P. Schmitz und zieht mit diesem nach Okarche, Oklahoma. Hier stirbt sie 1921. Ludwig, Lambert Joseph und Bernard haben in den USA eine große Schar an Nachkommen, die sich wie die Abkömmlinge der anderen Anverwandten Giefer von der West- bis zur Ostküste verteilen.

Abb. 36: Maria Theresia Giefer um 1928

Am Ende der Kettenwanderung der Familie Giefer finden sich noch drei Nachzügler. 1893, 1923 und 1926 wandern ein Sohn und drei Enkel des in Freilingen gebliebenen Wilhelm Giefer aus. Sie zählen zu den letzten, die fern der Heimat ein neues Zuhause suchten. Der 1893 ausgewanderte Hubert kehrt wenige Jahre später zurück (s. 5.1), die 1923 und 1926 ausgewanderten Enkel Barbara Rollmann geb. Plötzer sowie Wilhelm und Nikolaus Giefer blieben in der Neuen Welt aber ohne Nachkommen.

2.3.3 Familie Robischon – Wanderung über Jahrhunderte

Durch die Nähe zu zwei Herrschaftshäusern, dem Sitz des Hauses Arenberg und jenem der Grafen von Manderscheid-Blankenheim, sowie durch den Einfluss und die Bedeutung der Herzoglich Arenbergischen Ahr- und Stahlhütte war der Landstrich an der Oberahr lange Einwanderungsland. Vielleicht in gleichem Maße, wie nach 1840 die Menschen von hier wegzogen. Vor allem im 17.Jh. zog die größere Stahlhütte viele Wallonen in das Land. Die Hütten pflegten, auf Grund der herzoglichen Beziehungen aber auch der Herkunft der Hüttenpächter, enge gesellschaftliche und wirtschaftliche Kontakte zum heutigen Belgien. Zumeist blieben die wallonischen Hüttenarbeiter nur wenige Jahre, einige ließen sich an der Ahr nieder, heirateten und gründeten Familien. Ähnlich Gast- oder Wanderarbeitern zogen auch Hüttenarbeiter und Gewerke[197] von anderen Hütten der Eifel an die Oberahr, so aus Eisenschmitt, Eiserfey oder Hammerhütte. Nachkommen dieser Familien zählten zu den Auswanderern des 19. und 20.Jh. in die neuen Industrieregionen an Rhein und Ruhr, bei Aachen-Eschweiler und nach Amerika.

Exemplarisch für diese Gruppe der Auswanderer steht die Familie Robischon. Urvater Jakob Robischon, Schmelzer und Hammerschmied, gelangt, vermutlich aus Frankreich kommend, 1555 in den Schweizer Kanton Solothurn, wo er als Pächter der Eisenausbeute in der Vogtei Falkenstein sesshaft wird. Seine Abkömmlinge bleiben überwiegend im Hüttenfach tätig.

Nachfahre Lorenz Robischon arbeitet auf der badischen Hütte in Albbruck am Hochrhein, sein Sohn Johann wird 1723 auf der Neuhausener Hütte zu Füßen des Rheinfalls von Schaffhausen geboren und heiratet 1745 in Almens Anna Maria Hehli aus Lauterach in Vorderösterreich. Bald darauf beginnt das junge Paar seine Reise zu den Hütten der Pfalz und des Rheinlandes. Über die Hütten- und Hammerwerke bei Trippstadt in der Pfalz (Alter Hammer 1748) erreichen sie 1748/49 die Eifel. 1750 - 1753 sind sie auf der 1748 gegründeten Eisenhütte

Abb. 37: Ahrhütte 1905

der Familie de Veyder in Malberg nachweisbar, bevor sie auf die Hammerhütte gelangen und sich später im benachbarten Stadtkyll ansiedeln.[198] Nachkommen leben bis in die Mitte des 19.Jh. unweit der umliegenden Eisenhütten, der Jünkerather, der Stahl- und Ahrhütte, als Sandformer, Schmelzer und Hammerschmiede.

Zwei ihrer Kinder wohnen später an der Oberahr. Anna Maria (gest. 1825) als verheiratete Frau Hammes in Ripsdorf, ihr Enkel Michael Hammes wandert 1868 mit Familie nach Wisconsin aus. Peter (gest. 1816), als Hammerschmied auf der Jünkerather Hütte tätig, ist zuletzt in Alendorf wohnhaft. Enkel und Urenkel Peters aus Schüller, Krs. Daun (1868 nach Wisconsin), Esch, Krs. Daun (1881) und Ahrhütte (1883) treten im 19.Jh. die Reise nach Amerika an. Auf die Ahrhütte geht Peters Sohn, der Hammerschmied Friedrich Ferdinand Robischon (1801-63). Zunächst vermutlich auf dem Hüttengelände wohnend, errichten seine Frau und er 1828 auf Dollendorfer Seite ein zweigeschossiges Wohnhaus. Nach dem Niedergang der Ahrhütte verdingt er sich als Tagelöhner und Bergarbeiter. Von dem ältesten seiner vier Kinder, dem 1825 geborenen Sohn Johann, ist überliefert, dass er am 16.09.1849 durch *„einen Schuß, welcher theils aus Übermuth theils aus Betrunkenheit des Wilhelm Sons und Philipp Roesgen geschehen getödtet"*[199] worden sei. Sein Bruder Johann Joseph wurde wie sein Vater Hammerschmied auf der Ahrhütte.

Ein Abfallprodukt der Eisenproduktion war die Kalkgewinnung. Nach dem Ausblasen des Hochofens nutzte Johann Joseph Robischon seine Kenntnisse und beantragte 1859, er war seit wenigen Monaten mit Barbara Metzen aus Leudersdorf verheiratet, die Errichtung von zwei Kalköfen auf der linken Ahrseite. Einer wird aufgeführt. Doch es ist nicht der einzige Ofen, der in Ahrhütte angelegt wird, und die Arbeit in den Steinbrüchen ist hart und fordert Opfer an Leib und Leben. So verunglückt Friedrich Ferdinand Robischon am 13.09.1863 dort tödlich.

Am 01.08.1883 lassen die Eheleute Robischon ihr Haus in Ahrhütte und zahlreiche Immobilien in den Gemeinden Dollendorf und Freilingen versteigern. Einschließlich Aufgeld und Steuervergütung ergibt die Versteigerung einen Erlös von 5.622 Mark und 42 Pfennig.[200] Als Gelderheber und Zessionar überträgt der Vorsitzende der Raiffeisenbank Lommersdorf, Hubert Riethmeister, den Betrag am 06.10.1890 auf den Ahrweiler Credit Verein.

Die seit 1880 mit dem Freilinger Peter Mathei verheiratete älteste Tochter Anna Catharina Robischon bewohnt das Haus in Ahrhütte zur Miete weiter, ihr Mann übernimmt den Kalkofen. Wirtschaftlich ist die Kalkproduktion ein Fehlschlag, Mathei kann mit der örtlichen Konkurrenz der Gebrüder Rick nicht mithalten,

Abb. 38: Familie Johann Joseph Robischon 1890

sucht Kreditgeber und findet sie in seiner Freilinger Verwandtschaft. Doch spätestens der frühe Tod seiner Frau 1889 bricht ihm wirtschaftlich endgültig das Genick. Er selbst, aber auch seine Freilinger Schwägerin mit ihren zehn Kindern, müssen allen Besitz verkaufen und ziehen an die Bergwerke und Hochöfen an der Ruhr. Mathei stirbt als Bergmann 1907 in Essen. Seine zwei Kinder kommen zunächst bei Verwandten unter. Gertrud verbringt um dieJhwende sogar mehrere Jahre bei ihren Großeltern in Utica im US-Bundesstaat New York. Vielleicht hätten sie mit ihren Verwandten 1883 die Eifel für immer verlassen sollen.

Das Ehepaar Robischon mit seinen neun weiteren Kindern verlässt kurz nach der Versteigerung im Spätsommer 1883 Ahrhütte in Richtung Antwerpen. Mit der „Pennland"[201] erreichen sie am 09.11.1883 New York. An Bord ist auch ihre Nichte Anna Schumacher, Tochter der früh verstorbenen Anna Catharina Robischon und des Ziegelbäckers[202] Hubert Ludwig Schumacher. Annas Vetter Peter Jacob Schumacher wandert 1881 nach San Francisco aus und lässt sich dort als Metzger nieder.

Familie Robischon wird in Utica sesshaft. Mehrere Söhne werden als Geschäftsleute erfolgreich. Doch nach dem Ersten Weltkrieg ist auch in Amerika die wirtschaftliche Lage schlecht. Zahlreiche Farmen werden unter Wert, für 2.000 Dollar aufwärts, angeboten. Und auf Grund der Prohibition musste am 01.07.1919 auch die gut gehende Wein- und Spirituosen-Handlung von Peter Robischon in

Abb. 39: Familie Johann Joseph Robischon 1908

Utica nach 25 Jahren geschlossen werden. Sein Umsatz belief sich 1918 auf 1 Million Mark! Josef betreibt eine Automobilhandlung, ein noch in den Kinderschuhen steckendes Gewerbe, und Mathias ein Süßwarengeschäft gegenüber der St. Josef-Kirche. 1923 beabsichtigt Gertrud Mathei in Waldorf, mit ihrem Ehemann und neun Kindern zu ihren Onkeln und Tanten auszuwandern. Die bereits genehmigte Ausreise scheitert aber an Geldmangel. Ende 1925 wird ein neuer Versuch gestartet, nun avisiert der deutsche Konsul in Köln den Oktober 1926 als nächstmöglichen Ausreisezeitpunkt. Letztlich blieb die Familie aber in der Eifel.

2.3.4 Mathias und August Sigel - Einzelauswanderer

Die Gruppe der Einzelauswanderer bestand überwiegend aus Männern zwischen 20 und 45 Jahren. Über eine Erlaubnis zur Auswanderung, die sie auch legal aus dem Militärdienst entließ, verfügte kaum einer von ihnen. Eine Ausnahme ist hier Mathias Giefer (s.2.3.2), der an Bord der „Hammonia" am 15.4.1868 in New York eintraf. Auf seinem Schiff befanden sich auch zwei Brüder aus Lommersdorf, der 1836 geborene Mathias Sigel und der neun Jahre jüngere August – sie sind zwei typische Einzelauswanderer. In ihrem Fall sind die einzelnen Schritte bis zur Auswanderung – vor allem der Verkauf von Hab und Gut – besonders genau dokumentiert.

Großvater Caspar Sigel und auch ihr Vater Johann Joseph Sigel standen zwischen 1833 und 1851 Lommersdorf als Bürgermeister vor, Joseph Faymonville (s.

Abb. 40: Briefkopf des Peter Joseph Robischon 1919

2.3.1) war bis 1844/46 deren Sekretär. Johann Joseph musste sein Amt schließlich niederlegen, auf Grund der ungern gesehenen Verquickung mit seinem Gewerbe als Gastwirt.[203] Der Landrat hatte ihn vor die Wahl gestellt: Bürgermeisteramt oder Schankwirtschaft. Seit diesem Zeitpunkt war Lommersdorf nur noch formal selbstständige Bürgermeisterei. Dem Bürgermeister von Holzmülheim, der seit der Auswanderung des Tondorfer Bürgermeisters 1841 auch schon Tondorf mitverwaltete, wurde nun auch Lommersdorf übertragen. Lommersdorf war zu dieser Zeit noch von dem oberhalb des Ortes gelegenen Bergwerk geprägt. Kaum ein Haus in Lommersdorf oder Freilingen war ohne wenigstens einen Bergmann oder Arbeiter. Bergwerksorte wie Lommersdorf verfügten über zahlreiche Gastwirtschaften und – heute kaum mehr vorstellbar – Hausbrauereien, Potosi in Wisconsin, wohin viele Auswanderer von der Oberahr gingen, war ein vergleichbares Bergarbeiterdorf (s. 4.1.3).

August erlernte, was nahe liegend war, das Brauerhandwerk. 1866, er ist 21 Jahre alt, lebt er in Niedermendig in der Osteifel als Brauergeselle.[204] Dort, unweit von Maria Laach, ließen sich zahlreiche Brauereien nieder (auch Kölner Zweigniederlassungen), um in Zeiten fehlender moderner Technik die natürlichen Kühlmöglichkeiten in den aufgelassenen Stollen zu nutzen. Im Januar 1867 kehrt August jedoch ohne Anstellung nach Lommersdorf zurück. Nun, da der Vater tot ist, führt sein ältester Bruder Johann Hubert, * 1831, den Hof. Catharina (1841-1903) ist als einzige verheiratet,[205] Elisabeth, (1845-1883), Augusts Zwillingsschwester, die zuvor ohne bezahlte Arbeit in Lommersdorf lebte, ist nun als Dienstmädchen in Wisskirchen bei Euskirchen beschäftigt. Josepha, geboren 1839 und zuletzt Haushälterin, lebt wieder auf dem elterlichen Hof. Mit ihr hatte Mathias, der zweitälteste der Geschwister Sigel, als Dienstknecht in Köln gearbeitet. Nun lebt er als Gast- und Ackerwirt in Lommersdorf.

Vier der sechs Geschwister waren oder sind 1866/67[206] auswärts in Stellung. Die drei Schwestern heiraten in benachbarte Dörfer[207] und in die heutige Kreisstadt Euskirchen[208], zwei Brüder wandern nach Amerika aus. Lediglich der Erstgeborene bleibt in Lommersdorf und übernimmt den elterlichen Hof. Für die Gründung mehrerer Familien im heimatlichen Dorf waren offenbar weder die wirtschaftlichen Gegebenheiten im Allgemeinen noch die familiären Verhältnisse ausreichend.

Diesen Bedingungen trug Familie Sigel bei der Erbteilung im August 1863[209] Rechnung. Nach dem Tod des Vaters (14.5.1858) hatten die sechs Geschwister mit ihrer Mutter Haus und Hof gemeinschaftlich betrieben. Der Ertrag wurde „verbraucht und verzehrt". Die Mobilien und Moventien[210] wurden bereits 1862 für 700 Taler verkauft, der Betrag überwiegend zur Schuldentilgung verwandt. Es entstanden während der *„gemeinschaftlichen Bewirtschaftung"* aber auch wieder neue Verbindlichkeiten. Letztlich wurde von der Hand in den Mund gelebt. Trotz Verkauf von Besitz reichten der Ertrag des Landes und die Arbeitslöhne der auswärts arbeitenden Geschwister nicht, um dem Schuldenkreislauf zu entrinnen. Bei der Erbteilung schenkte Witwe Sigel ihren halben Anteil am Besitz ihren sechs Kindern, sie selbst behielt sich die Nutzungsrechte an dem von ihren Eltern ererbten Land und ein Mitbewohnungsrecht vor. Als Beitrag zu ihren *„Unterhaltungskosten"* war sie zudem berechtigt, jährlich 6 Taler einzufordern.

Abb. 41: Haus Siebgen in Lommersdorf 1907

Zwei Häuser und weitere Immobilien im Gesamtwert von 3.940 Talern gelangten 1863 zur Verteilung. Unter Rücksicht auf die *„wegen der sogenannten Dreifelderwirtschaft bestehende Flureintheilung"* wurden sechs „annähernd gleiche" Lose gebildet. Häuser und Waldungen erforderten diese Rücksicht nicht. Sie wurden im Anschluss ebenfalls in sechs Lose aufgeteilt. Ihr Gesamtwert von 690 Talern überstieg um ein Geringes die Schulden von 650 Talern. 400 Taler (Los 1) bzw. 175 Taler (Los 2) des Wertes ruhten hier auf den beiden Häusern. Die jeweiligen Beträge waren nach erfolgter Losverteilung zwecks Tilgung der Verbindlichkeiten einzuzahlen.

Der Notar bemerkte, dass die zur Verteilung kommenden Lose sehr unterschiedlich seien, doch im Gesetz war die Bildung gleicher Lose nirgendwo vorgeschrieben und die Parteien wünschten die „ungleiche" Aufteilung. Mathias Sigel erhielt Los 6 im Wert von 681 Talern unter Herausgabe von 24 Talern an seine Geschwister, ferner musste er durch das zweite Teil-Los 15 Taler zur Schuldentilgung beitragen. Seinem noch minderjährigen Bruder August wurde Los 4 übertragen. Dieses hatte einen Wert von 628 Taler zzgl. 28 Taler 20 Groschen Wertausgleich, er übernahm 20 Taler an der Schuldentilgung.

Ende der 1860er Jahre geht das Bergwerk in das letzte Jahrzehnt seines Bestehens, Verdienst und Anzahl der Bergleute sinken bereits seit Jahren stetig (s. 2.5.1). So wirft der Hof nebst Gastwirtschaft und vielleicht einer kleinen eigenen Brauerei zu wenig ab, um die Geschwister zu ernähren. Im Februar 1868[211] verkaufen Mathias und August ihr ererbtes Land.

Mathias erlöst aus dem Verkauf von 24 Grundstücken[212] mit einer Gesamtfläche von 23.758 m^2 739 Taler 5 Groschen (umgerechnet 2.236,50 Mark). Lediglich auf eine Tannenkultur von knapp einem Morgen Größe erfolgt kein Gebot. Die 18 von August zum Verkauf ausgesetzten Grundstücke (13.052 m^2 [213]) erzielen 445 Taler 25 Groschen (1.355 Mark). Auch sein gleich großer Anteil Tannenwald findet keinen Käufer. Vermutlich wurde mit den ungleichen Erbteilen das Ziel verfolgt, dem Ältesten und Hoferben das Überleben zu ermöglichen und zugleich, entsprechend dem Alter der Erben, langjährige Mitarbeit auf dem Hof und Unterstützung durch auswärts verdienten Lohn zu berücksichtigen. Den Erlös übertragen Mathias und August auf Josua Löb, Kaufmann aus Mayen und Bruder des Benedict Löb (s. 2.3.2 und 2.5.8), der ihnen den Kaufbetrag abzüglich einer Zessionssumme auszahlt. Die Ankäufer mussten den Steigpreis in fünf gleichen Raten, jeweils zum 11.11., von 1868 bis einschließlich 1872 an Löb zahlen. Bei dem ersten Termin war ein Aufgeld von 10 % und zu den Folgeterminen 5 % Verzinsung einzurechnen. Die Zahlungen waren grundsätzlich in Mayen zu leisten. Löb wird jedoch auch jährlich *„um die Erfallszeit zu Lommersdorf in dem Sigel'schen Wirtschaftslocale einen Hebetermin abhalten.“*[214]

Wenn auch die von Löb an die Brüder Sigel auszuzahlende Zessionssumme erst nach Abschluss der Versteigerung berechnet wurde, deren Ergebnis spielte sicher eine entscheidende Rolle. So kann davon ausgegangen werden, dass Löb ca. 15 % des gesamten Steigpreises zur Deckung seiner Finanzierungskosten und möglicherweise ausfallender Zahlungseingänge einbehielt. Für August verblieben hiernach 379 von 445 Talern und für Mathias 628 von 739 Talern. Bei vertragsgemäßer Abzahlung durch die Ankäufer erlöste Löb aus der Steigsumme von 1.185 Taler einschließlich Aufgeld und Zinsen 1.308 Taler. Unterstellt, dass er die im Februar 1868 ausgezahlten ca. 1.000 Taler selbst mit 4,5 % finanzierte, erwirtschaftet er bei Kosten von 117 Talern einen Gewinn von 191 Talern, was einer Verzinsung von annähernd 20 % entspricht.

August arbeitet inzwischen wieder in seinem erlernten Brauer-Beruf, er tritt die große Reise nach Amerika von Eschweiler bei Aachen aus an. Zuvor erteilen die

Brüder am 22.03.1868[215] einem Vetter, Johann Rainer Sigel, Vollmacht, ihre Rechte z. B. bei Grundstücksgeschäften in der Heimat wahrzunehmen. Warum nicht ihrem ältesten Bruder? Gut eine Woche später legt die „Hammonia" in Hamburg ab. In Amerika mit geringen finanziellen Mitteln gelandet, treffen die Brüder Sigel die Verhältnisse dort nicht wesentlich besser an als in der Heimat. Zwei ihrer Briefe sind erhalten.[216] Der eine von Mathias datiert auf den 17.04.1875, der andere von August vermutlich aus gleicher Zeit. Beide sind an den bevollmächtigten Vetter gerichtet und haben eigentlich nur eines zum Inhalt: die Frage nach Geld.

Im Amtsblatt der Regierung Aachen vom 03.11.1870[217] fand sich hierzu ein Eintrag über die „*Beschlagnahme des Vermögens wegen Militärentzug durch gesetzwidrige Auswanderung*" des Mathias Sigel; nach seinem Alter bei der Auswanderung und unter Berücksichtigung seiner Lehr- und Gesellenzeit kann August noch nicht gedient haben. „*Lieber Vetter. Wie ich gesehen habe ist nicht mehr viel zu bekommen von unserem Vermögen. Mache das beste was du kanst mit dem Tannen Walde und verkaufe es so gut wie du kanst und schicke uns das Geld hierhin denn wir konnen es gebrauchen. Ich habe noch immer gedacht das noch eine zimliche Summe zu uns thätt kommen welches auch eigenlich sollte sein denn wir haben nicht vill mitgenommen. Hiermit schließe ich mein Schreiben und Grüße Euch alle herzlich. Euren Vätter Bruder und Schwager August Sigel*"[218]

Während August ganz offensichtlich mit einem höheren Erlös aus dem Verkauf eines Waldes gerechnet hatte, äußert Mathias, dass Gelder auch in andere Richtung geflossen sein müssen. Denn zu einem Handel, den der Vetter mit dem eigenen Bruder „fädelt", schlägt Mathias eine Geldsendung in die Heimat aus. Im Gegensatz zu seinem Bruder schreibt er jedoch auch ein paar persönlichere Worte, erwähnt die schlechte Wirtschaftslage in den USA, den Mangel an Arbeitsplätzen, die schlechten Arbeitslöhne und – die Lommersdorfer Kirmes, welche offensichtlich kurz bevorsteht.[219]

„*Chicago, 17 April 1875. Lieber Vetter - Deinen Brief habe ich erhalten, und darinn gesehen das die verhältnisse nicht von aller besten sind. Es ist auch nicht viel besser in Amerika, der Arbeitslohn ist ganz herunter gegangen, und das schlimste ist, du kans von einer Fettorie* (d.h. factory = Fabrik) *gehen zu der andern, und du kanst keine Arbeit bekommen. Nun lieber Vetter wie du sachs* (= sagst), *dahs die Sachen müssen gefädelt werden, mit dem Bruder Johann, damit bin ich vollständig einverstanden wir werden kein Geld nach Deutschland schikken, wir überlassen Dir die Sache ganz, und thue best Du kans wenn Du noch etwas heraus kans bekommen so nehme es. Die Kultur verkaufe, best wie Du kanst, und schicke das Geld an mich. Nun jetz kömt ja auch die Kirmes wieder, und darauf wünsche ich Euch viele freude und vergnügen, ich werde als ein guthes Glas Bier thrinken, auf Euer wohl und die Kirmes, grüße nun alle meine verwanten und bekannten. Dein Vetter Mathias Sigel. Schreibe baldigst Antwort"*[220]

Mathias und August Sigel verfügten wie die meisten Einzelauswanderer der Region über zu wenig Kapital, um in der Neuen Welt den Aufbau einer Farm in Minnesota oder Wisconsin zu planen (s. 2.4 und 2.5.4). Sie zogen nach Chicago, in eines der industriellen Ballungszentren, um dort in einer der zahlreichen Fabriken zu arbeiten. Mathias heiratet am 11.3.1873 eine Maria Müller, er stirbt am 10.12.1902 in Chicago. Auch August lebte wohl noch um die Jahrhundertwende in Chicago. Sein weiteres Schicksal ist nicht bekannt.

2.4 Abreise und Überfahrt
von Ralf Gier

Die Auswanderung von der Oberahr ist in erster Linie eine Kettenwanderung. Der oder die zuerst Reisenden, ob mit Fuhrwagen, Eisenbahn, Segel- oder Dampfschiff, waren jeweils Pioniere. Von ihren Erfahrungen profitierten alle, die ihnen folgten. Auch wenn es heute schwer vorstellbar erscheint, die Briefe der Auswanderer kursierten binnen kurzem durch die Dörfer und boten so, in Ermangelung anderer Quellen, Informationen und Entscheidungshilfen. Nicht unähnlich der „stillen Post" im Gesellschaftsspiel wurde bisweilen aber auch ausgemalt und verändert.

2.4.1 Abreisevorbereitungen – Ankunft im Abfahrtshafen

War der mitunter über Jahre reifende Entschluss zum Verlassen der Heimat gefallen, so galt es zunächst, alle Formalien zu erledigen. Nicht alle Auswanderungswilligen verstanden hierunter auch, die Auswanderung genehmigen zu lassen, denn dies bedeutete die Entlassung aus dem preußischen Untertanenverband und somit den Verlust aller Bürgerrechte (s.a. 2.5.8).[221] Nicht unbedeutend ist die Zahl derer, die ohne Konsens die Heimat verließen. Nach einer Rechtsänderung 1867 bedurften nur noch die Militärpflichtigen einer Ausreisegenehmigung, doch zu diesem Zeitpunkt waren bereits zwei Drittel aller Oberahr-Auswanderer außer Landes. Die Rechtsänderung selbst bewirkte also faktisch nichts. Denn in fast allen auswandernden Familien waren militärpflichtige Väter oder Jungmänner, und die Einzelauswanderer waren in der Mehrzahl Männer.

Der Antrag zur Ausreise nahm den formalen Gang der Behörden über Bürgermeister und Landrat zur Königlichen Regierung nach Aachen. Währenddessen wurden zu Hause weitere Schritte unternommen. Vor allem galt es Kapital zu beschaffen für Reise, Unterkunft und Start in der Neuen Welt. Der Abschluss von Reisekontrakten mit Schifffahrtsgesellschaften bzw. deren Agenten beendete diesen Teil der Vorbereitungen. Es kam die Zeit des Abschiednehmens. Ob hier kleine Feste mit den Nachbarn gefeiert wurden oder eher im Stillen abgereist wurde? Die einschlägigen Quellen versagen. Da die Auswanderer oft in Gruppen abreisten, wurde sicher so manche Träne vergossen. Viele Großeltern, Onkel, Tanten und Geschwister sahen die Verwandten nie wieder, lasen später keine Zeile von ihnen, erfuhren bisweilen vielleicht nicht einmal vom Ableben ihrer Angehörigen.

Zahlreiche Notariatsurkunden berichten, dass der- oder diejenige mit unbekanntem Wohnort in Amerika sei. Grundstücke waren mitunter noch Jahrzehnte nach Abreise oder Tod in den amtlichen Unterlagen unter den Namen Verschollener oder Ausgewanderter verzeichnet. Den Behörden – in unserem Fall den preußischen in Aachen und Berlin - war es natürlich nicht gleichgültig, wer ging, wie viele Arbeitskräfte das Land verließen, auf welchen Wegen sie reisten und was sie mitnahmen. Das Präsidialbüro der Königlichen Regierung in Aachen fragte bei der Rheinischen Eisenbahngesellschaft (RE) in Köln an, ob sie über detaillierte Fahrgastzahlen verfüge. Die RE sah Fahrgastkontrollen, zumal solche, die Auswertungen nach Geschlecht, Reiseziel und mitgenommenem Vermögen ermöglicht hätten, nicht als ihre Aufgabe an. Jedoch konnte sie Angaben zu den Reisenden insgesamt und deren Zielen machen.

Am 23.11.1852[222] teilte die RE dem Präsidialbüro mit:
„Wir beförderten vom 01.01. d.J. bis Oktober im ganzen 30.690 Auswanderer nämlich:

nach	Hafen	Erwachsene	Kinder	Total
	Antwerpen	7802	2573	10375
	(Gent pr Liverpool)	198	111	309
	Le Havre	16774	3232	20006
	Summe	24774	5916	30690"

Doch der Königliche Landrat und Polizeidirektor von Aachen erhob – wohl wissend, dass die private Aktiengesellschaft ihm nicht die Zahlen würde liefern können, welche das Berliner Ministerium forderte – bereits seit dem Frühjahr eigenes Datenmaterial.

Dies wurde allerdings dadurch erschwert, dass die Auswanderer in Aachen „*nicht einmal aussteigen*" durften. Der Polizeidirektor gelangte am 07.12.1852[223] zu dem Schluss: „*hiernach besteht die bei weitem größte Mehrzahl der Auswanderer aus Würtembergern, Badensen, Hessen, Bayern, Nassauern, Schweizern. Dem Königreich Preußen resp. der Rheinprovinz gehört ein sehr geringer Theil an. Dieselben sind dem Vernehmen nach fast alle nach Nordamerika übergesiedelt, und gehören, was ihre Vermögens-Verhältnisse anlangt, durchgängig zur geringeren Mittelklasse; die wohlhabende Classe ist hier äußerst spärlich vertreten. 300 Personen vom Hunsrücken sind sogar auf Kosten der betheiligten Gemeinden übergesetzt worden.*"

Unter den in Aachen Durchreisenden des Zeitraumes April bis Oktober 1852 fanden sich am:

15.04.1852	14 Personen aus dem Kreis Adenau
27.04.1852	14 Personen aus dem Kreis Euskirchen
29.05.1852	597 Personen aus Württemberg, Baden, Bayern und Hessen darunter 300 vom Hunsrück
15.05.1852	6 Personen aus dem Kreis Euskirchen
30.07.1852	13 Personen aus Münstereifel

Die große Auswanderungswelle desselben Jahres von der Oberahr (136 bekannte Personen) war offensichtlich bereits zuvor in Aachen durchgezogen. In der obigen Auswertung finden sich keine Bewohner der Kreise Schleiden, Prüm und Daun.

Auch in den Folgejahren war das Präsidialbüro in Aachen an Gründen für die Landflucht interessiert. Gab es gar Kräfte, die diese von außerhalb förderten oder für das Land negativ beeinflussten? Johann Anton Richard Graf Beissel von Gymnich,[224] 1802 auf Schloss Schmidtheim im Süden des Regierungsbezirks Aachen, also dem Zentrum der Auswanderung, geboren und 1829-1863 Landrat des Kreises Schleiden, beantwortete die Frage des Regierungspräsidenten von Kühlwetter[225] nach der auch 1855 noch ungebrochenen Auswanderungslust wie folgt[226]:

„...beehre ich mich... zu berichten, daß die Auswanderungslust nicht aus Veranlassung von besonderen Agenten, sondern lediglich durch die aus Amerika von bereits Ausgewanderten an ihre Verwandten gelangenden, Glück und Segen verheißenden Briefe hervorgerufen worden ist. Da nun selten eine Familie alleine die weite Reise unternimmt, so besprechen sich dann mehrere Familien unter einander, die Auswanderung in Gemeinschaft zu bewirken, besonders dadurch die Kosten sich geringer stellen, weil sie ihre Habseligkeiten viel geringer in Maße befördert erhalten, selbst auch an Kosten für die Überfahrt viel weniger zahlen und weil diese Familien in America selbst eine Art Colonie bilden resp. gründen. Deshalb sind auch alle die in anliegender Nachweisung aufgeführten Personen mit ein und demselben Schiff nach Nordamerika ausgewandert. Alle diejenigen, welche aus dem hiesigen Kreise in früheren Jahren nach Amerika ausgewandert sind, geben an, dort weit glücklicher, wohlfeiler und sorgenfreier zu leben und dies ist der einzige Grund ihrer Auswanderung. Zu wünschen wäre, daß die Lust zur Auswanderung sich vermindere indem nicht allein vieles baares Geld, sondern auch Arbeitskräfte, an welchem beiden es ermangelt, dem Kreise entzogen werden. von Beissel"

Von Beissel beschreibt, wie die Auswanderer in den Dörfern eine Gemeinschaft bildeten und welche Vorteile eine gemeinsame Reise hatte. Seine These wird dadurch belegt, dass von den 39 Personen aus dem Bereich der heutigen Gemeinde Blankenheim, welche Beissel als Auswanderer des ersten Quartals 1855 auflistet, 32 an Bord der „George Hurlbut" am 25.06.1855 New York erreichen. Insgesamt reisen mindestens 38 Auswanderer der Oberahr auf diesem Schiff. Weiter befanden sich 1854 mindestens 17 der 20 bekannten Ausreisenden dieses Jahres auf der „Herzogin von Brabant" und 1868 jeder zweite auf der „Borussia" (12 von 62) und der „Saxonia" (19).

Die Reisewege zum Abfahrtshafen

Die Wahl der Reisewege wurde maßgeblich durch die technische Entwicklung beeinflusst, zu Lande wie zu Wasser. Drei von vier Auswandernden der Oberahr verließen Europa über Antwerpen. Die hohen niederländischen Zölle wurden umgangen, und die Anreise zum Abfahrtshafen war die kürzeste. Bremen und Hamburg wurden interessant durch Kontrakte mit Auswanderungsagenten der jeweiligen Häfen. Voraussetzung war hier der Bau einer Bahnverbindung Köln-Bremen bzw. Hamburg. In Köln, Koblenz und Aachen ließen sich Agenten nieder, die mittels eines Netzes von Unteragenten in den Landkreisen den Schifffahrtsgesellschaften ihre Kundschaft zuführten. Die Passagen beinhalteten oft auch die Anreise zum Schiff. Vermutlich reisten aber die meisten Oberahr-Auswanderer ohne Kontrakt mit einem Reisevermittler.

Abb. 42: Eisenbahnviadukt bei Freilingen 1916

Vor Eröffnung der Eisenbahnverbindung Köln – Aachen – Antwerpen am 15.10.1843, der ersten Zugverbindung Deutschlands mit dem Ausland, reisten Auswanderer zu Fuß oder mit ochsenbespannten Karren bis in die belgische Hafenstadt. Über Pferd und Wagen verfügten wohl nur die wenigsten. Das in Holzkisten verpackte Mobiliar, welches zumeist aus den wenigen Kleidern und vielleicht etwas Geschirr oder Besteck, Gebetbüchern, Bibeln und den nötigsten Papieren bestand, wurde auf Karren verladen. Die Auswanderer selbst marschierten neben den Wagen her. Die Babys wurden getragen, die kleinsten durften sicher hin und wieder auf dem Karren aufsitzen. Letztlich wurden bei 3-4 km/Std und einem Tagesziel von 15-20 km, zu mehr waren die Ochsen schwerlich zu bewegen, bei einer Wegstrecke von etwa 300 km für die Anreise nach Antwerpen zwei bis drei Wochen benötigt.

„An dieser Stelle sei ein Blick auf die Verkehrsverhältnisse in der Eifel vor gut 170 Jahren erlaubt. An Straßen im heutigen Sinne vermochte noch niemand zu denken, die wenigen Verkehrswege waren eng, kurvenreich und wiesen Steigungen bis zu 21 % auf. Die ausschließlich einspurige Fahrbahn bestand – soweit sie überhaupt vorhanden war – meistens aus einer Lage groben Steinschotters, der mit Split und Sand verdichtet war."[227]

Eine mögliche Reiseroute dieser Pioniere von 1840/43 führte von Blankenheim über Stadtkyll, Malmedy und Spa in das belgische Königreich.[228] Weitere Etappenorte waren Lüttich, Sint-Truiden, Tirlemont, Leuven und Mechelen, ehe Antwerpen oder das etwa 60 km westlich gelegene Gent erreicht wurden. Nach der Eröffnung der Eisenbahnverbindung Köln-Antwerpen war zunächst Düren das Ziel der Trecks; für die Fahrt von Düren nach Antwerpen reichte nun ein halber Tag. Jetzt genügte es, 5-6 Tage vor der erwarteten Abfahrt des Schiffes das heimatliche Dorf zu verlassen. Doch durch den Ausbau der Eisenbahn wurde der Weg zum nächsten Bahnhof immer kürzer. Am 06.10.1864 wurde die Strecke Euskirchen - Düren eröffnet, beim Bau der Strecke Köln-Trier war am 27.06.1865 Mechernich, am 01.11.1867 Kall und am 19.06.1868 Sötenich erreicht. Die offizielle Betriebseröffnung zwischen Sötenich und Gerolstein erfolgte am 15.11.1870, der Zugbetrieb blieb jedoch zunächst Militärtransporten vorbehalten, der Deutsch-Französische Krieg 1870/71 war in vollem Gange. Die Gesamtstrecke Köln-Trier wurde erst am 15.07.1871 für den Personenverkehr freigegeben.

Die Auswanderer von der Ahr reisten im Zug 4. Klasse, auch als Holzklasse bezeichnet. Kein Komfort, dicht gedrängt, mit sicherlich einigem Feder- und anderem Vieh zwischen den Gepäckstücken. Trotzdem war es vielleicht noch der angenehmste Teil der Reise nach Nordamerika. Entsprechend der besseren Eisenbahnanbindung verkürzte sich die mit Ochsen und Karren zurückzulegende

Strecke. Über Münstereifel nach Euskirchen waren noch zwei bis drei Ochsentage einzuplanen. Der Bahnhof Blankenheim-Wald war nach 1871 in wenigen Stunden zu erreichen. Als 1913 die Ahrtalbahn Blankenheim-Wald mit Ahrdorf verbindet, war die Auswanderung schon kein beherrschendes Thema mehr an der Oberahr.[229]

In Antwerpen wie in jedem anderen Auswandererhafen mussten oft noch mehrere Tage, mitunter auch Wochen verbracht werden, bevor das Schiff ablegte, das die Menschen in eine neue Zukunft führte. Nicht immer wartete dann das über einen Agenten gecharterte Schiff auf die Reisenden. So buchten 1857 einige Auswanderer aus Stadtkyll über den Kölner Agenten Carl Maibücher eine Passage auf dem Dampfschiff „Belgique". In Antwerpen angekommen, mussten sie jedoch feststellen, dass dieses von der belgischen Regierung angemietet war und ihr Agent sie nun auf einem Segelschiff nach Amerika verfrachten wollte. Eine wohl nicht nur deutlich längere (bis zu 50 statt etwa 15 Tage), sondern auch teurere Passage. Wie der Streit um die Umbuchung ausging, ist den Akten leider nicht zu entnehmen.[230]

Die Anreise nach Bremen und Hamburg wurde möglich durch Eröffnung der Eisenbahnverbindungen Köln-Minden und Minden-Hannover am 15.10.1847. Hannover und Hamburg-Harburg waren seit dem 01.05.1847 verbunden. Von dem an der Strecke Hannover-Minden gelegenen Wunstorf aus war ab dem 12.12.1847 Bremen erreichbar, die eigentliche Abfahrt erfolgte jedoch von Bremerhaven[231],

Abb. 43: Hamburger Hafen um 1847

welches erst ab 1862 mit dem Eisenbahnnetz verbunden war. Zuvor waren die Auswanderer auf Schleppkähnen von Bremen nach Bremerhaven transportiert worden. Diese für tote Fracht vorgesehenen Boote benötigten je nach äußeren Verhältnissen einen bis drei Tage bis zum Ziel.[232]

1871 wurde schließlich die Direktverbindung der Rheinischen Eisenbahngesellschaft von Wanne-Eickel im Ruhrgebiet nach Hamburg eröffnet. Le Havre konnte mit der Eisenbahn über Aachen, Lüttich und Paris erreicht werden. In den ersten neun Monaten des Jahres 1852 wählten über 20.000, also zwei Drittel der über Aachen Ausreisenden diese Route. Der Hafen hatte große Vorteile: er verfügte das ganze Jahr über Tiefwasser, und es gab pro Woche mehrere Überfahrten in die USA. Die Anreise war sicher länger, die Schiffspassage aber günstiger und schneller.

Doch die Auswanderung durch Frankreich war nicht immer frei von zusätzlichen Auflagen, die viele nicht erfüllen konnten. So mussten die Auswanderungswilligen in den 1840er Jahren den Nachweis ausreichender finanzieller Mittel erbringen. In Zahlen bedeutete dies: 400 Fr. für das Familienoberhaupt, ebenso viel für jede weitere Person über 18 Jahren und 200 Fr. für jede Person unter 18 Jahren. Weiter bedurfte es der Vorlage eines mit einem Schiffskapitän eingegangenen Vertrages. Es galt zu verhindern, dass „arme" Deutsche in Frankreich strandeten, weil ihnen die Mittel zur Weiterfahrt fehlten.[233]

Liverpool war lediglich Zwischenstation. Die Auswanderer hatten sich zumeist in Gent, Bremen oder Hamburg eingeschifft. Dieser Weg wird auch als „indirekte Auswanderung" bezeichnet. Bezogen auf Hamburg führte sie nach Hull an der englischen Ostküste, von da mit der Bahn nach Liverpool. Erst dort wurde das Schiff nach Amerika bestiegen. *„Diese Route war zwar umständlicher und gefährlicher*[234]*, sparte aber bis zu einem Drittel der Fahrtkosten"* und der Fahrtzeit. *„Bis in die Mitte der neunziger Jahre betrug der Anteil der indirekten Auswanderung oft mehr als ein Drittel",* war bezogen auf die Oberahr-Auswanderer aber von deutlich geringerer Bedeutung. *„Ab 1893 verringerte sich der Anteil der indirekten Auswanderung durch den Einsatz moderner und preiswerter Großschiffe drastisch und war schon 1900 auf 4,2% gesunken."*[235]

1844 wanderte aus Münstermaifeld[236], welches zur Eifel[237] gezählt werden kann, Familie Jacob Klee sr. mit insgesamt neun Personen nach Nordamerika aus. Jacob Klee jr. (1827-1911) schrieb 50 Jahre später in Indiana seine Erinnerungen nieder, etwas verklärt, aber eindrucksvoll. So oder ähnlich werden Abschied, Abreise und Überfahrt in die Neue Welt auch bei unseren Oberahr-Auswanderern aus Blankenheim, Dollendorf oder Lommersdorf abgelaufen sein. Mit Kommentierungen werden nachfolgend seine Schilderungen wiedergegeben.[238] Familie Klee reiste noch zu Zeiten der Segelschiffe.

Abreise und Überfahrt

"Das Frühjahr 1844 näherte sich uns. Unser Ackerland zu Münster (d.h. Münstermaifeld) erzielte hohe Preise, 400 Preußische Dollar für den Morgen. Vater besaß 15 Morgen Ackerland. Nun ist die Zeit da, es zu verkaufen, wir müssen nach Amerika gehen!' Welch ein Ereignis! Was für ein bedeutender Tag, als der immerwährende Widerstand von Mutter, dieser jahrelange Streit, zum Ende kam. Das war auch ein Ereignis in der Stadt. Wir waren die erste Familie, die im Begriffe war, nach Amerika auszuwandern. Die Nachricht zog wie ein Lauffeuer durchs Land: Eine reiche Münsterer Familie macht sich auf nach Amerika. Es wurden sofort Schritte unternommen, um unsere Auswanderung vorzubereiten. Haus, Land und anderer Besitz wurden an einem Tag auf einer Auktion versteigert. Ich denke, das Haus mit Scheune und Stall wurde für 3 700 $ verkauft. Unser Gepäck bestand aus 12 Kisten und einem Lehnstuhl.

Ungefähr zwei Monate brauchten wir, um fertig zu werden. Welch aufregendes Gefühl ergriff uns alle, als der Tag der Abreise heranrückte! Unser Vaterland, unsere Stadt, unsern Geburtsort verlassen, niemals mehr zurückkehren können, ein letztes Lebewohl unseren Verwandten, Nachbarn und Freunden sagen! Ach, sich völlig lossagen von dieser unserer kleinen Welt, nichts mehr erfahren über sie, nur mehr mit Erinnerungen an den Ort leben! Und dann kam das Gefühl der Furcht angesichts der langen Reise, die uns bevorstand: der schreckliche Ozean, das fremde Land, in das wir kommen sollten, die Gefahren und das mögliche Unheil, das uns auf dem Weg zustoßen könnte. Man darf nicht daran denken. Aber das Rad, einmal in Bewegung gesetzt, war nicht mehr aufzuhalten. Und nach geraumer Zeit waren alle Vorbereitungen getroffen. Am letzten Tag in Münster sprach unser junger Mann mit seiner Schwester Käthe beim hochwürdigen Herrn Pastor der Pfarrei vor, um sich zu verabschieden.

Der letzte Tag unseres Aufenthalts in Münster hat begonnen. Als wir kurz nach Mitternacht mit einigen Kameraden von einem Abschiedsbesuch bei einem Onkel in einem Nachbardorf zurückkehrten, war unser Haus bis in den letzten Winkel voll von Leuten. Hunderte kamen und gingen, sagten uns Lebewohl, eine große Anzahl harrte aus, bis wir auf die Kutsche stiegen. Ach, wie die Leute um uns standen beim Abschiedsgruß. Macht's gut, ihr Lieben, Freunde und Nachbarn, lebt wohl! Auf Wiedersehn, liebes altes Münster! Dann ein Peitschenknall, die Pferde zogen an, und wir fuhren los. Eltern, 3 Töchter, 4 Söhne (...) Wir befanden uns nun in der Stadt Köln, wo wir einen Tag oder zwei blieben. Wir besuchten den Dom, und dann fuhren wir mit der Eisenbahn nach Antwerpen, einem belgischen Seehafen."

Ankunft und Aufenthalt im Abfahrtshafen

Im Hafen angekommen, galt es, die Wartezeit bis zur Abfahrt des Schiffes zu überbrücken. In den Hafenstädten entwickelte sich im Laufe des 19.Jh. eine florierende Wirtschaft rund um das Geschäft der Auswanderung. Schifffahrtsagenturen, Reedereien und Händler auf der einen, Gastwirtschaften, Hotels und Pensionen auf der anderen Seite. Und so manch zwielichtige Gestalt mittendrin. Nicht wenige, die ihre Heimat verließen, um nach Amerika zu gelangen, verloren in den Tagen und Wochen, die sie in einer Hafenstadt verbrachten, Geld und Hoffnung. Die Zustände in den Hafenstädten waren bisweilen chaotisch. Mit Reglementierungen wurde versucht, der Schar von Gästen auf Zeit mit all ihren Habseligkeiten Herr zu werden.

Als in Hamburg zu Ende des 19.Jhs. neben dem Amerika-Kai Auswandererunterkünfte (1892) und südlich der Elbbrücken Auswandererhallen (1900)[239] mit eigenem Bahnhof errichtet werden (andere Auswandererstädte errichteten ähnliche Einrichtungen, wenn auch von deutlich geringeren Dimensionen), ist die Hauptauswandererwelle aus Deutschland schon verebbt. Nun reisen hauptsächlich Osteuropäer über Hamburg aus. Die Stadt selbst sehen sie nicht mehr.

Abb. 44: Bremerhaven mit Auswanderer-Sonderzug

Die Kosten der Überfahrt

Der Vergleich von Passagepreisen zeigt, dass die Tarife über konkurrierende Reedereien und drei Jahrzehnte hinweg relativ konstant blieben. Familie Peter Hermes musste 1855 für zwei Erwachsene, zwei Kinder unter 10 Jahren und ein Baby[240] von 18 Monaten 203 Taler[241] (verbleibendes Barvermögen: 500 Taler) allein für die Schiffspassage einplanen. Familie Hubert Klöckner für die Eltern, ein Kind über 10 Jahre, drei Kinder unter 10 Jahren und ein Baby 303 Taler (restliches Barvermögen 900 Taler) und der Familienverband Bove – Wirtz aus Waldorf für acht Erwachsene, drei Kinder unter 10 Jahren und ein Kleinkind von 20 Monaten 588 Taler (restliches Barvermögen 800 Taler). Hinzu kamen Kosten für Unterkunft und Anreise zum Abfahrtshafen sowie die Weiterreise in Amerika. Nur wenige verfügten über Startkapital in größerem Umfang für die Existenzgründung in der neuen Welt.

Der Tondorfer Bürgermeister Johann Gerhard Blum gab am 09.06.1841 an, aus dem Verkauf seines Besitzes 1.890 Taler erlösen zu können. Die Überfahrt nach New York würde für ihn und seine Familie (Eltern, zwei Kinder über 21, drei Kinder zwischen 10 und 20 und zwei Kinder unter 10 Jahre alt) nach dem Tarif des G. Strecker, Mainz 500 Taler vereinnahmen.[242]

Passagepreise im Vergleich[243]

Jahr	Reederei	1. Kl.	2. Kl.	ZwD.	Währung
1850	Dampfer/ Rob.M.Sloman	150	80	50	Preußische Taler[244]
1856	Dampfer/ Hapag	120	90	55	Preußische Taler
1873	Dampfer/ Adler-Linie	165	100	55	Preußische Taler
1879	Dampfer/ Norddeutscher Lloyd	500	300	120	Mark[245]
1850	Segler/ Black Star Company		67	42	Preußische Taler
	für Kinder von 1-12 Jahren:				
1850	Segler/ Black Star Company		47	31	Preußische Taler
	Abfahrt ab Köln über Liverpool[246]				
1858	Dampfer/ Norddeutscher Lloyd	140	85	55	Preußische Taler
	für Kinder unter 10 Jahren:				
1858	Dampfer/ Norddeutscher Lloyd	75	60	45	Preußische Taler
	für Säuglinge bis 1 Jahr alle Kl. 3 Taler[247]				
1848	Segler/ Hamburg-Amerika-Line[248]	450	210	120	Mark
1853	Dampfer-Hinfahrt	360	270	165	Mark
1853	Dampfer-Rückfahrt	180	90	90	Mark

Um diese Kosten besser einordnen zu können, sind Vergleichszahlen hinsichtlich der Verdienste eines Tagelöhners und mitgenommener Taler der Auswanderer hilfreich. So betrug 1868 der gewöhnliche Satz für Tagelöhner bei täglich 10-12 stündiger Arbeitszeit einschließlich Kost und Logis jährlich[249]:

Jahresverdienst eines Tagelöhners 1868:

Kreis	Knecht	Magd	Junge
Prüm	40-60 Taler	24-36 Taler	18-30 Taler
Daun	24-60 Taler	20-30 Taler	15-20 Taler
Bitburg	30-80 Taler	16-24 Taler	12-16 Taler
Wittlich	40-60 Taler	20-30 Taler	10-30 Taler

Eine Überfahrt auf dem Zwischendeck entsprach also dem Gegenwert des Jahresgehalts eines guten Knechts. Auf unser Untersuchungsgebiet im ehemaligen Kreis Schleiden bezogen sind keine Abweichungen zu erwarten. Wie viele Jahre der Entbehrung mag es gekostet haben, das Geld für die Ausreise zu sparen?

1855 listete Landrat Beissel die mitgenommene Menge Bargeld der Auswanderer auf. Neben sechs Familien mit insgesamt 35 Familienmitgliedern verlassen 15 Einzelpersonen mit Wissen des Landrates die Oberahr. Die zwei aus Uedelhoven abwandernden Familien verfügten über 700 bzw. 900 Taler Barvermögen, die drei Waldorfer zusammen über 800 Taler. Die 15 ledigen Auswanderer, darunter zwei Frauen, verfügten mehrheitlich über 50-60, wenige über 80-100 und nur Franz Peter Dahmen über 150 Taler Barvermögen, Jacob Görgens jedoch nur über 40 Taler.[250] Nur Gerhard Reetz aus Ripsdorf, der ebenfalls alleine ausreist, verfügt laut Beissel über „*muthmasslich*" 900 Taler. Die Überfahrt verbrauchte oft fast alle Barmittel der Auswanderer. In der neuen Heimat mussten sie Jahre in Abhängigkeit arbeiten, um sich den Traum einer eigenen Farm erfüllen zu können.

Bestimmungen zum Schutz der Auswanderer

Preußen als Auswanderungsland wollte vor allem wissen, wer das Land verließ, warum und womit. Die Frage des Wie war nachrangig. So verwundert es nicht, dass die ersten Bestimmungen „zum Schutz" der Auswanderer von Amerika ausgingen. Als der Zustrom aus Europa anschwoll, interessierte man sich jenseits des Atlantik dafür, wer die Menschen waren, die ins Land kamen. 1820 wurde dort das erste Einwanderungsgesetz erlassen. Noch enthielt es überwiegend Bestimmungen betreffend den Transport auf See, die Versorgung mit Nahrungsmitteln an Bord und die Aufnahme von Personendaten. Doch bald schon kam ein anderes Motiv ins Spiel, das schließlich dauerhaft die Situation der Auswanderer bei Ab- und Überfahrt verbessern sollte: Das Land und seine Wirtschaft wuchsen, Amerika brauchte gesunde Pioniere und Arbeitskräfte.

Die Auswanderung mit englischen Schiffen und erst recht über englische Häfen (indirekte Auswanderung über Liverpool) genoss keinen guten Ruf. Die Verpflegung war mangelhaft, die Schiffe bei der Passage vom Festland zur Insel waren für Massentransporte ungeeignet, die Bedingungen und Sitten an Bord rüde. Diese „Qualität" schlug sich allerdings in einem günstigen Preis nieder, so dass die Transportquote englischer Schiffe unverändert hoch blieb. Um sich hiervon abzuheben, aber auch die Situation in den eigenen Mauern im Griff zu behalten, erließ Bremen 1832 als erster deutscher Hafen Vorschriften zum Schutz der Auswanderer. Sie sahen u.a. Mindestgrößen an Raum im Zwischendeck vor, bestimmten aber auch, dass von nun an der Kapitän für die Proviantierung verantwortlich wurde. Verpflegung für eine 90tägige Überfahrt war an Bord zu nehmen. Die Schutzvorschriften wurden maßgeblich für Bremens guten Ruf unter den Auswanderungswilligen und wurden so Vorbild für andere Hafenstädte.

Die Hamburgische Staatsregierung erließ 1837 eine Verordnung, über die „*Conzessionspflicht des Unternehmens, Normen über Schiffseinrichtung und Verproviantierung.*"[251] 1842 erfolgte eine Anpassung an die in Bremen gültigen Schutzbestimmungen. 1845 wurden die Reeder verpflichtet, die Passagiere zu versichern und Sicherheitssummen zu hinterlegen. Bremen richtete schließlich 1851 ein „Nachweisungsbüros für Auswanderer" ein. Ähnlich dem modernen Verbraucherschutz übernahm das Büro die Beratung der Auswanderer in mündlicher wie schriftlicher Form. Ab 1848 entstanden in den größeren Städten so genannte Auswanderungsvereine, Vorreiter waren hier Gießen 1833 und Düsseldorf 1843.[252] Jetzt konnte sich jeder vorab über alles Wesentliche der Ausreise, Überfahrt und Ankunft informieren und war nicht mehr auf windige Geschäftemacher angewiesen.

Am 01.01.1887 veröffentlichte die Hamburger Regierung eine Vorschriftensammlung in Gesetzesform „*betreffend das Auswandererwesen*", auf welcher das 1897 erlassene „*Gesetz über das Auswandererwesen*" für das gesamte Deutsche Reich aufbaute.[253] Dieses Gesetz[254] sollte alle Fragen detailliert klären, von der Größe der Schlafkojen über eine Trennung nach Geschlechtern - zumal bei Einzelreisenden, sanitäre Einrichtungen und Verpflegung. Es schrieb letztlich jedoch lediglich bestehende Zustände als allgemeingültig fest.

Wer in den Auswanderungsgebieten an Rhein und Mosel für sein Produkt als Reeder oder Auswanderungsgesellschaft werben wollte, benötigte die Einwilligung der jeweiligen Regierung in Aachen, Köln, Koblenz oder Trier. Auf dem Wege der zeitlich befristeten Lizenzierung versuchte der Preußische Staat, Einfluss auf diesen Wirtschaftszweig zu nehmen.[255] Die Konkurrenz der Reedereien untereinander hatte dafür gesorgt, dass die Bedingungen in den Hafenstädten und an Bord eines Schiffes sich stetig verbesserten. Die gestiegene Qualität der Überfahrt, relativ konstante Preise und kürzere Reisezeiten sorgten zudem dafür, dass Auswanderung gegen Ende des 19.Jh. keine Reise ohne Wiederkehr mehr war.

Gesundheit und medizinische Kontrollen

Ein Aspekt wurde bis gegen Ende des 19.Jh. auf europäischer Seite vernachlässigt: die körperliche Verfassung, der Gesundheitszustand der Ausreisenden. In dem durch Kleinstaaterei geprägten Deutschland wäre der Versuch einer wirksamen Kontrolle bzw. Prüfung zum Scheitern verurteilt gewesen, auch ohne das Fehlen der praktischen Grundlage, einer ausreichenden medizinischen Versorgung. Denn Verordnungen der Stadt Bremen galten z.B. nicht in Hamburg, Preußisches Recht war nicht für Württemberg bindend. Die Auswanderung wurde, wenn überhaupt, als Politikum, überwiegend aber als Wirtschaftsfaktor gesehen. Die Auswanderer seitens der beteiligten Stellen als Handelsware, mit der sich Geld verdienen ließ (Reeder, Händler, Makler...) oder aber Sozialausgaben einsparen (z.B. Staat im Falle von Hungersnöten und Überbevölkerung). Wer auch nur in der Lage war, seine Passage zu bezahlen, durfte die Reise antreten.

An diesen Zuständen änderte sich erst etwas durch Einwirkung von außen (Reglementierungen der amerikanischen Einwanderungsbehörden, s.u.) und Katastrophen im Inneren. 1892 schleppen osteuropäische Auswanderer die Cholera nach Hamburg ein. Diese letzte große Epidemie forderte bei 16.956 Erkrankungen 8.605 Opfer[256] und brachte die Auswanderung über Hamburg, aber auch Bremen nahezu völlig zum Erliegen. Erst durch Druck der Reedereien[257] auf den Staat wurden an

Abb. 45: Abreise im Hamburger Auswandererhafen

den ostdeutschen Grenzstationen erste Gesundheitsprüfungen und Desinfektionen durchgeführt, die Kosten trugen HAPAG und Lloyd. In den Hafenstädten selbst erfolgten weitere Untersuchungen. Erst wenn die Ankömmlinge als gesund eingestuft wurden[258], durften sie in die Baracken für Auswanderer. Dieses strengere Verfahren war auch im Interesse der Schiffahrtsgesellschaften, mussten sie doch für die Rückreisekosten eines jeden Auswanderers aufkommen, der in Amerika nicht an Land durfte.[259]

Für die Auswanderung von der Oberahr war diese Entwicklung in den deutschen Auswandererhäfen Hamburg und Bremen letztlich ohne Bedeutung. Lediglich von einem der 27[260] zwischen 1892 und 1914 von hier Abreisenden (3 % aller Auswanderer) ist bekannt, dass er über Hamburg abfuhr (Philipp Hubert Siebgen auf der „Fürst Bismarck",[261] HAPAG, 1893) und von einer weiteren Person die Abfahrt von Bremen (Karl Mohren, 1895). In diesem Zeitraum wanderten noch drei Familien und 14 Einzelreisende aus, unter diesen vier Frauen. Das Durchschnittsalter der Erwachsenen lag bei 30 Jahren, die jüngsten Einzelreisenden waren 17 und 18 Jahre alt, fast alle folgten früher ausgewanderten Verwandten und Bekannten.

Abb. 46: Auswanderersegler um 1850

Antwerpen

Hamburg entwickelte sich zu Ende des 19.Jh. zwar zu dem bedeutendsten Hafen des Deutschen Reiches, und dies auch bei der Verschiffung der Auswanderer, doch der wichtigste Hafen für die Überseeauswanderung aus der nördlichen Eifel blieb das belgische Antwerpen. Es lag näher, und die Verkehrsanbindung war erheblich besser. Antwerpen ist ein traditionsreicher Seehafen, obschon es etwa 90 km landeinwärts liegt.[262] Die Stadt durchlebte Besatzungen, Zerstörungen und Plünderungen, doch am verheerendsten für seine Entwicklung war 1585 die Einnahme durch Farnese, Fürst von Parma. Die Schelde, welche Antwerpen mit dem Meer verband, *„ein tiefer, breiter und zu jeder Jahreszeit schiffbarer Strom"*[263], wurde geschlossen. Die Stadt fiel um 1600[264], als die ausländischen Kaufleute die Stadt verließen, in einen fast 200jährigen Dornröschenschlaf. Erst mit der Besetzung durch die napoleonischen Armeen 1795[265] änderte sich dies grundlegend. Neue Kais wurden errichtet und nach 1814 mit den niederländischen Kolonien neue Ziele gewonnen. Ab 1830, nach der Unabhängigkeit Belgiens von den Niederlanden, entstanden Kanäle und in der Folge die ersten Eisenbahnverbindungen zur besseren Anbindung des französischen, vor allem aber auch preußischen Hinterlandes.[266]

Als am 16. 7.1863 durch internationalen Vertrag die Freiheit der Schelde festgelegt wurde, was den Aufstieg zum Welthandelshafen erst möglich machte[267], ging die Auswanderungswelle von der Oberahr bereits zurück. Nun verteilten sich die Passagiere von der Oberahr auch auf die deutschen Häfen Bremen und Hamburg. Die Personenschifffahrt von Antwerpen nach Amerika wurde überwiegend von ausländischen Reedereien bedient, dies waren lange Zeit vornehmlich englische, aber auch amerikanische oder holländische Linien, erst später auch HAPAG und Norddeutscher Lloyd. Unter den größeren Gesellschaften hatte lediglich die Red Star Line ihren Sitz in Antwerpen.[268]

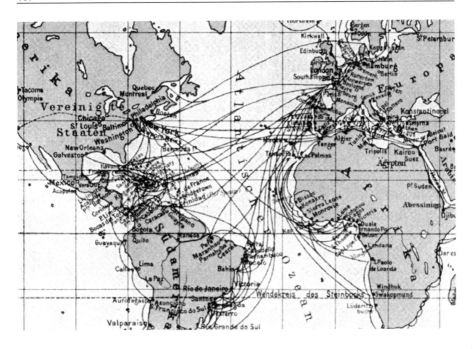

2.4.2 Überfahrt

Abb. 47: Routenkarte der Hamburg-Amerika-Linie

Segler – Dampfsegler - Dampfer

Bis in die Mitte des 19.Jh. überquerten vorwiegend Frachtsegler den Atlantik, die zur Auslastung Auswanderer nach Amerika mitnahmen. Ihr Zeitplan wurde diktiert vom Wetter und der Liegezeit bis zur vollständigen Beladung der Decks. Als sich erste größere Auswanderungstrecks von der Oberahr in Richtung Antwerpen bewegten, waren Abfahrten nach Plan noch nicht selbstverständlich. Vier bis acht Wochen auf dem Schiff bzw. unter Deck galt es einzuplanen. Drei Monate von der Abfahrt an der Ahr bis zur Ankunft in Wisconsin, Minnesota oder Illinois waren nicht ungewöhnlich. Die Zahl der Passagiere lag meist zwischen 100 und 300. Die Frage von Geschlecht, Alter, Zahl der Kinder und nationaler Herkunft spielte bei der Auffüllung des Zwischendecks und der Frachträume keine Rolle. Die Rückfahrt wurde mit amerikanischen Handelsgütern für Europa gesichert. Die Segler waren Jahrzehnte im Einsatz, oft setzte erst ihr Untergang der Nutzung ein Ende. In Zeiten der Dampfschiffe und der größeren Industrialisierung verkürzte sich auch die Nutzungsdauer. Technik wie Ausstattung überlebten sich nun deutlich schneller. Die steigenden Ansprüche der Passagiere erforderten Verbesserungen.

Während die ersten Schiffe der HAPAG („Hamburg-Amerikanische Packetfahrt-Aktien-Gesellschaft") nach 1847 noch Segler waren, „an Größe" und „Art der Erscheinung" „den Karavellen[269] des Kolumbus"[270] näher, verkehrte bereits 1807 ein Raddampfer auf dem Hudson-River bei New York. 1819 überquerte die „Savannah" teils mit Dampf, teils unter Segeln den Atlantik. Sie benötigte für die Strecke vom Staat Georgia nach Liverpool noch 31 Tage.[271] Ein Jahr zuvor noch hatte der englische Professor Lardner eine Querung für undenkbar erklärt: „Der Gedanke, eine Ozean-Dampfschifffahrt zu unternehmen, gleicht vollkommen dem, eine Reise nach dem Mond für ausführbar zu halten."[272] Erst in den 1820er Jahren beginnen, zunächst mit Seglern, reguläre Paketschifffahrten nach Amerika. 1826 ab Bremen und 1828 von Hamburg nach New York.[273] Bei der Handelsmarine ist ein Paketschiff „ein zwischen zwei Häfen regelmäßig verkehrendes Schiff, das zur Beförderung von Stückgütern, Paketen und Postsachen dient."[274] 1879 verlässt zum letzten Mal ein Auswanderer-Segler Hamburg.

Abb. 48: Dampfer „Gellert"

1840 eröffnete die englische Cunard-Linie eine, wenn auch staatlich subventionierte, Dampferverbindung, und 1847 bestand eine regelmäßige Dampfschifffahrt-Verbindung zwischen Deutschland und Amerika.[275] 1849 nahm der Hamburger Reeder Robert Miles Sloman die im englischen Hull erbaute „Helene Sloman" als ersten Hamburgischen Seedampfer auf der Strecke Hamburg – New York in Betrieb. Doch bei ihrer dritten Fahrt ging sie bereits verloren. 1856 folgten die Schwesterschiffe „Hammonia" und „Borussia"[276] als erste Dampfschiffe der HAPAG. Sie verfügten gleichwohl noch über zwei bis vier Masten. Mit Anfang der 1880er Jahre nahmen erste Schnelldampfer den Betrieb auf der Nordamerika-Route auf, 1887 beschloss auch die HAPAG den Bau solcher Schiffe. Im Sommer 1889 wurden die ersten übernommen. Zwei Jahre folgt die „Fürst Bismarck", auf welcher der 17jährige Philipp Hubert Siebgen aus Lommersdorf 1893 in die USA reiste. Zu dieser Zeit galt es als bemerkenswert, dass dieser Doppelschrauben-schnelldampfer auf einer deutschen Werft gebaut wurde. Die HAPAG ließ bisher fast alle Dampfer in England bauen. *„Nur die Frachtdampfer werden weiterhin fast stets auf den billigeren und rascheren englischen Werften gebaut."*[277]

Überfahrtszeiten im Überblick

Segelschiffe
ausgehend 41 Tage 9 ½ Std.
rückkehrend: strömungsbedingt 29 Tage 9 ½ Std.
Rekord: 26 resp. 19 Tage

Dampfer (Hamburg-Amerika-Linie: HAL):
Jahr	Schiff	Strecke	Zeit
1858	„Hammonia":	Southampton – New York	13 Tage 1 Stunde
1859	„Hammonia":	New York – Southampton	12 Tage 6 ½ Stunden
1867	„Hammonia"	II: Southampton – New York	9 Tage 3 Stunden
1869	„Westphalia":	Hâvre – New York	9 Tage 6 Stunden
1891	„Fürst Bismarck":	Southampton – New York	6 Tage 11 ¾ Stunden
1900	„Deutschland":	New York – Plymouth	5 Tage 7 Stunden 38 Min.
1907	„Deutschland":	New York – Plymouth	5 Tage 7 Stunden

1912 besaßen die „Mauretania" und die „Lusitania" von der englischen Cunard-Linie das „Blaue Band" mit einer Stundengeschwindigkeit von 25 Knoten und einer Gesamtfahrzeit von 4 Tagen 12 bis 18 Stunden.[278]

Doch nicht nur die Geschwindigkeit stieg, auch das Fassungsvermögen und die Zahl der mitgenommen Passagiere. Nahm ein etwa 40 m langer und 9 m breiter Segler wie die „Charlemagne" (Baujahr 1828) noch etwa 250 Passagiere an Bord, so waren es bei dem gut doppelt so großen Dampfer „Borussia" (1854) 510, bei der „Rotterdam" (1878, 120 x 12m) 940 und der „United States" (1903) 1.700. Die „Titanic", das vielleicht berühmteste Auswandererschiff (Liverpool), bot Platz für 3.300 Passagiere und Besatzungsmitglieder. Bei ihrer Atlantiküberquerung waren 2.224 Menschen an Bord, 705 überlebten die Kollision mit dem Eisberg (14.4.1912).[279] Weniger bekannt ist, dass unter den Toten mehrheitlich Auswanderer waren. Von ihnen überlebte nur jeder vierte die Katastrophe. Die Besatzung gab den Passagieren der ersten Klasse Vorrang beim Besteigen der wenigen Rettungsboote.

Doch der Untergang der „Titanic" war nicht die erste Katastrophe auf See. So starben bei einem Brand der „Austria" (HAPAG) am 13.9.1858 453 von 542

Passagieren[280], und am 1.1.1855 sank vor Cuxhaven der aus New York kommende Segler „George Canning" (Sloman) mit allen Passagieren, darunter Johann Müller aus Mülheim (s.a. 5.1).Ungezählt sind die Segler, die in stürmischer See untergingen, ungezählt die vor der Verschrottung gesunkenen Dampfer. Oft wurden die Schiffe nach einigen Jahren durch den Reeder als Gebrauchtschiff oder zur Abwrackung in andere Länder verkauft, so nach Italien, Norwegen oder Russland. 1908 belief sich das Durchschnittsalter der Schiffe der HAPAG auf 8 Jahre und 9 Monate. Veraltete Schiffe, sogenannte Seelenverkäufer, sollten der Vergangenheit angehören.

Von Oberahrauswanderern genutzte Schiffe[281]:

Schiff	Reisejahr	Pers.	Schiff	Reisejahr	Pers.
Adele	1864	6	Hohenzollern	1883	6
America	1869/82	2	JZ	1852	14
Antarctic	1852	17	Laura	1862	8
Atalanta	1868	5	Lydia	1853	12
Australia	1881	3	Maria	1852	11
Borussia	1866/68	13	Maria Theresia	1852	22
Bremen	1868/70	8	München	1926	2
Catharine	1853	5	Neptune	1852	19
Charlemagne	1852	20	Parthia	1873	6
Cimbria	1872	2	Pennland	1883	16
Donau	1869/73	9	Peter Hattrick	1853	3
Edwina	1851	10	Rhynland	1885	2
Fanny	1852	5	Rotterdam	1889	2
Frisia	1874	12	Saxonia	1868	19
Gellert	1883	3	Silas Greenmann	1853	20
Georg Hurlbut	1855	38	Vandalia	1871	6
Germania	1868	6	Waesland	1882	2
Hammonia	1868	3	Westerland	1887/93	14
Herzogin von Brabant	1854	17	Vierge Marie	1853	9

Die Geschichte eines Schiffes, der nach Ende der großen Auswandererbewegung 1923 in Dienst gestellten „München", darf aus mehreren Gründen nicht vergessen werden. Zwei der letzten Oberahr-Auswanderer reisen 1926 auf der „München" in die USA, die Brüder Wilhelm und Nikolaus Giefer. Die Geschichte der „München" hat einen tragischen Ausgang genommen.

Der Dampfer „München", auf der Stettiner Vulkan-Werft für den Norddeutschen Lloyd erbaut, wurde am 25.11.1922 vom Stapel gelassen. Das 15 Knoten schnelle, etwa 161 mal 20 m große und 13.325 Bruttoregistertonnen (BRT) fassende Schiff verfügte über 171 Plätze in der Ersten, 350 in der Zweiten und 558 in der Dritten Klasse. Vom 21.06.1923 bis zum 30.01.1930 bediente die „München" die Route Bremen- New York, dort sank sie am 11.02.1930 nach einem Brand im Hudson River, wurde leer gepumpt, geflickt und zurück nach Bremen gebracht.

Abb. 49: Dampfer „München" – spätere „Steuben"

Ihr Umbau brachte auch eine Neuausrichtung, nun verfügte das Schiff über 14.690 BRT sowie 214 Kabinen. Unter dem Namen „General von Steuben" befuhr der Dampfer vom 05.02.1931 bis zum 16.11.1934 die Route Bremen – Southampton – New York. In der Folge als Kreuzfahrtschiff eingesetzt, wurde er 1938 in „Steuben" umbenannt und 1939 für die deutsche Kriegsmarine nach Kiel verlegt. Als die „Steuben" am 9.2.1945 von Pillau, dem Königsberger Seehafen, nach Kiel zu ihrer letzten Fahrt antrat, hatte sie mehr als 5.000 Menschen an Bord, die Hälfte Verwundete und ca. 2000 Flüchtlinge. Tags darauf wurde das Schiff vor Stolpmünde[282] von einem sowjetischen U-Boot [283] getroffen. 2.000 Passagiere (andere Quellen sprechen auch von 2.700[284]), fanden mit dem sinkenden Dampfer den Tod in der Ostsee.[285]

Reedereien

Die Hochseeschifffahrt war im 19.Jh. in englischer Hand, Deutschland spielte im Konzert der Seefahrtnationen bis zur Mitte des 19.Jh. keine große Rolle. Zudem fand die deutsche Schifffahrt zur See, nicht zuletzt in Ermangelung einer schützenden Kriegsmarine, überwiegend auf der Ostsee statt. Die Verschiffung von Auswanderern nach Übersee war als Folge zunächst ein Geschäft englischer Reedereien. Erst spät erkannten deutsche Städte und auch Länder das wirtschaftliche Potential, die Entwicklungsmöglichkeiten und auch die strategische Bedeutung einer Handelsmarine.

Englische Linien wie die Cunard und White Star aus Liverpool, die Holland-Amerika-Linie (Rotterdam oder auch die Antwerpener Red Star transportierten ungezählte Deutsche nach Amerika. Noch 1909 waren unter den 46 größten Reedereien der Welt lediglich sechs in Deutschland beheimatet[286], hingegen zehn in Liverpool und neun in London. Zu dieser Zeit (1903) war die englische Handelsmarine die größte der Welt und etwa achtmal so groß wie die deutsche.[287]

Nach ersten Versuchen Ende der 1820er Jahre nahm schließlich der Hamburger Robert Miles Sloman[288] 1836 eine reguläre Verbindung Hamburg - New York auf und 1849 das erste Dampfschiff in Betrieb. 1847 erfolgte die Gründung der HAPAG, auch Hamburg-Amerika-Linie genannt.[289] HAPAG und der 1857 in Bremen gegründete Norddeutsche Lloyd entwickelten sich bis zur Jahrhundertwende zu den beiden größten Reedereien der Welt. Nach der deutschen Niederlage im Ersten Weltkrieg mussten sie jedoch einen Großteil ihrer erhaltenen Schiffe an die Siegermächte abtreten.[290] Ein Neuaufbau gelang in den 1920er Jahren, nicht zuletzt auch wieder durch steigende Auswandererzahlen.

Bereits im 19.Jh. gab es immer wieder Zusammenschlüsse auf Kartellbasis. 1886 wurde ein erste Vereinbarung[291] mit den englischen Linien zwecks Schaffung „normaler Verhältnisse" getroffen, der 1892 gegründete „Nordatlantische-Dampfer-Linien-Verband"[292], eine Verbindung der HAPAG, des Lloyd, der Holland-Amerika-Linie, der Simon-Union-Linie und der Red Star hatte Absprachen der Fahrpreise und der Passagierzahlen zum Ziel. Die jeweiligen Gewinnmargen sollten keinen größeren Schwankungen unterliegen und ein kostenträchtiger Konkurrenzkampf sollte vermieden werden.

Die Schiffsreise - Der erste Tag auf See

Kehren wir zurück zum Leben und den Erlebnissen der Auswanderer. Jacob Klee aus Münstermaifeld trifft im Frühjahr 1844 in Antwerpen ein. Seine Reiseerinnerungen schildern auch die ersten Stunden auf dem Segelschiff

„Nachdem wir eine Woche in einem Auswanderungshotel verbracht hatten, gingen wir an Bord des Schiffes. Als die Flut kam, wurde das Schiff von seinem Platz gezogen, damit es sich vom Hafenbecken in die offene Schelde bewegen konnte. Und allmählich bekamen wir Fahrt. Die Reise flußabwärts war langsam und

Abb. 50: Dampfer der HAPAG „Hammonia" und „Borussia"

eintönig, es traten keine Strömungen auf. Der Fluß hatte genügend Wasser, und so weit das Auge blicken konnte, sah man grüne Ebenen. Am Nachmittag des folgenden Tages näherten wir uns dem offenen Meer. Die Ufer wichen zurück, und die Meereswellen schlugen bereits in die Flußmündung. Und nun sehen wir genau vor uns das gewaltige Wasser, sehen die weißen Schaumkronen, die mit den Wellen in beständigem Rhythmus tanzen. Ach, du meine Güte, zur Rechten vor uns, unmittelbar an der felsigen Meeresküste ist noch eine Stadt: Friessingen (gemeint ist Vlissingen), *der einzige Ort, den wir seit Antwerpen sehen. Aber wir halten nicht an, wir sind ja auf dem Ozean. Die Ufer geraten in weite Ferne. Leb wohl Europa, wir sehen dich nicht wieder!*

Aber so ist es nun mal: Während noch jeder an Deck war, als wir uns der offenen See näherten, verschwindet nun einer nach dem anderen. Jene, die man noch sieht, scheinen in Not zu sein. Ihre Augen starren, als ob sie in tiefer Meditation versunken wären. Was ist los? Keine Heiterkeit mehr, keiner sagt was, bis dann einer eine schnelle Bewegung zur Seite des Schiffes macht und sich über die Reeling lehnt und, hast du's nicht gesehen, der Fisch drunten im Wasser bekommt seine Mahlzeit. Auf diese Weise erleichterte sich einer nach dem anderen und verschwand dann wieder unter Deck. Von unten hört man seltsame Geräusche, kein herzhaftes Lachen, doch sehr der Darstellung von Gustav Dore's Bild vergleichbar in der Szene von Dantes „Hölle". Es war ein „Karneval" von Abführen und Erbrechen, begleitet von schaurigen Stimmen. Das war schlimmste Seekrankheit."[293]

Leben an Bord – Psychische und körperliche Belastungen

Die Auswanderer von der Oberahr waren zu arm, um sich eine Kajüte in der ersten oder zweiten Klasse leisten zu können. Sie teilten sich mit der Masse derer, die das „Alte Europa" verließen, das Zwischendeck. Reiseberichte schildern immer wieder die Folgen und den Verlauf der klassischen Seekrankheit, doch dies war nur ein kleiner Teil der körperlichen und psychischen Belastungen.

Friedrich Wilhelm Gerstäcker[294] beschreibt in seinem „Brieftagebuch einer Überfahrt"[295] 1837 die Zustände in einem Zwischendeck: „*Denke Dir nun in diesem Raum 10 bis 15 Auswanderer, bei schlechter Witterung bis zu 100 Menschen eingeschlossen, denke Dir ihre Ausdünstungen, das Lachen, Toben, Übergeben, Lamentieren, Kinderschreien etc. etc. und Du wirst dann ein ziemlich getreues Bild dieses Raumes haben.*"

Im Zwischendeck, einer zusätzlich eingebauten Ebene zwischen Oberdeck und Laderaum, verbrachten die Auswanderer Wochen unter schwierigsten Bedingungen: Zu fünft in enge Stockbetten[296] gepfercht, stand jedem Erwachsenen Raum in einer Breite von ca. 46 cm und einer Länge von ca. 1,83 m zu; Kindern noch weniger und Kleinkindern kein eigener Platz. Sitzgelegenheiten und Tische gab es nicht und viele Gepäckstücke stapelten sich zwischen den Bettstellen. Matratzen, Bettzeug, Ess- und Kochgeschirr mussten die Passagiere selbst mitbringen. Es gab nur wenige Toiletten auf dem Oberdeck, und man wusch sich mit Seewasser aus Fässern.[297] Weder Toiletten noch Waschgelegenheiten waren Mitte des 19.Jh. nach Geschlechtern getrennt.

„*Die gesamte Einrichtung beschränkt sich auf Holzverschläge, welche Spötter passend mit Apfelbörten und Schweinekoben vergleichen.*"[298] Aggressionen waren unvermeidlich und blieben auch nicht ohne Opfer. Krankheiten, Seuchen mit zahlreichen Toten waren Folge der hygienischen und sozialen Zustände. So sterben auf dem Segler „Leipnitz" der Hamburger Reederei R. Sloman, während der 70tägigen Überfahrt 100 Auswanderer.[299] Heinrich Justus Franke[300], ein Auswanderer aus gutem Hause, schrieb 1846: „*mein Kostüm während der ersten 12 Tage war mit Ausnahme, dass bei Nacht ein Paar Stiefel und ein Paar Gummistiefel fehlten, bei Tag und Nacht völlig gleich. Ich ging abends mit Haut und Haaren in die Koje, d.h. ich zog nichts von den 2 Hemden, 1 Unterjacke, 1 Weste, 2 Schlafröcken, 3 Hosen und 2 Paar Strümpfen aus.*"

Die Passagiere sind verlaust, leiden unter Seekrankheit, mangelndem Licht und schlechter Belüftung. Zumeist existiert nur eine Luke sowie die Treppe nach oben. Bei schlechtem Wetter oder Sturmwind von dort alles verriegelt, zum Schutz der Passagiere, aber auch um die Seeleute in ihrer schweren Arbeit nicht zu behindern. Eine ärztliche Versorgung ist zu dieser Zeit noch nicht gewährleistet, jedenfalls nicht auf dem Zwischendeck. Übergriffe auf die weiblichen Passagiere sind an der Tagesordnung, Kinder werden geboren, Totgeborene in aller Stille auf See bestattet.

Der aus Unna in Westfalen stammende Pianist Friedrich Wilhelm Linzen reist 1857 Zweiter Klasse auf einem Segler über Bremen nach Peoria in Illinois aus. Über die Lebensverhältnisse der Passagiere auf dem Zwischendeck, insbesondere auch der jungen Mädchen und Frauen, schreibt er: *„Ich will mich auf keine Spezialitäten einlassen und nur soviel sagen, dass in ein und derselben Coje, zu 5 Personen eingerichtet, junge Mädchen, junge Kerls und nebenbei vielleicht noch ein Bube von 12 bis 14 Jahren, deren wir einige an Bord hatten, lagen, welche aus allen möglichen verschiedenen Randstaaten zusammengekommen waren und sich nie zuvor gesehen hatten. Dasselbe Verhältniß bestand in einigen Cojen der 2ten Cajute. Soviel steht fest, daß von den Mädchen, welche wirklich noch unschuldig zur See gehen, 2/3 America nicht als Jungfrauen zu Gesicht bekommen. Sehr viel scheint mir die schlechte Schiffskost insofern schuld daran zu sein, als die Matrosen besseres Essen als die Passagire bekommen, sich dieses zu Nutze machen und den Mädchen von ihrer Kost offeriren, welche dieselbe dann in der Matrosencajüte verzehren & hernach der Verführung nicht entgehen. Dazu kömmt noch das Zusammenleben in dem engen Räume, wo zuletzt alles Sittlichkeitsgefühl verloren gehen muß.“*[301]

Abb. 51: Leben unter Deck 1882

Während in Bremen 1850 mit einer Sterblichkeitsrate an Bord von Auswanderungsschiffen von 1-3 % gerechnet wird[302], sind Zahlen aus anderen Jahren deutlich höher. Für das Jahr 1847 liegt nach amerikanischen Zählungen die Quote der unterwegs Verstorbenen bei 17 %, in den 1860er Jahren sind es nur noch etwa 1 %.[303] Wie hoch die Zahl derer ist, die aus der Eifel nach Amerika abreisten und die Überfahrt nicht überlebten, ist schwer zu beziffern. 3% aller Auswanderer der Oberahr entsprechen 25 Frauen, Männer und Kinder. Vermutlich ist die Zahl aber höher, gesichert sind drei auf einem Schiff verstorbene Auswanderer. Zahlreiche Spuren konnten jedoch noch nicht wieder aufgenommen werden, und durch das Fehlen amerikanischer Personenstandsdaten nach deutschem Muster wird sich diese Lücke vermutlich nie schließen lassen. Für die neuen Staaten in Nordamerika bedeuteten die Zuwanderer lebenswichtiges Potential zum Aufbau des Landes. Nach einer gesetzlichen Festlegung aus dem Jahre 1855 musste jeder Reeder, auf dessen Schiff ein Passagier den Tod fand, an die amerikanischen Behörden 10 Dollar zahlen.[304]

Mit dem Beginn des Dampfschiffzeitalters, ersten gesetzlichen Regelungen, Weiterentwicklungen auf technischer Seite und der hieraus folgenden Verkürzung der Reisezeiten verbessern sich auch die hygienischen Bedingungen. Den Zwischendeckpassagieren werden ein eigener Arzt, Koch und nach Geschlechtern getrennte Sanitäreinrichtungen zur Verfügung gestellt. Die räumlichen Verhältnisse verlieren etwas an Schrecken, und einzelne Möbel wie einfache Sitzgelegenheiten und Tische halten Einzug im Zwischendeck.

Ein letzter Blick zurück nach Europa

Wer in Antwerpen sein Schiff bestieg, gelangte nach etwa einem halben Tag nach Vlissingen. Doch diese Stadt wurde meist nur passiert. Lesen wir weiter in Jacob Klees Erinnerungen.

„ Unser Schiff trug den poetischen Namen „Harriette de Bomm". An Bord waren um die 275 Passagiere, die meisten davon Bauern. Am zweiten Tag, wir passierten den englischen Kanal, da gab's auf einmal eine Erschütterung. Das Schiff hatte Grund berührt oder hatte einen Felsen gestreift, was eine ohrenbetäubende Folge von Befehlen durch den Kapitän hervorrief. Aber das Schiff bewegte sich weiter, und alles war in Ordnung. Es dauerte nicht lange, da erreichten wir den offenen Ozean mit der tiefen See und jenen großen gewaltigen Wellen, die unserm Bewußtsein die Macht der Natur veranschaulichten. Wellen in solcher Größe und Erhabenheit, das sind Eindrücke, die niemals aus unserm Gedächtnis verschwinden können.

Im Passagierteil des Schiffes gab es zwei Reihen von Rängen, einer über dem anderen an jeder Seite des langen Raumes. Diese Ränge waren in Kojen aufgeteilt, aber nicht abgetrennt. Jene, die einen privaten Bereich haben wollten, konnten dem Nachbarn gegenüber ein Bettuch aufhängen. Wir belegten zwei solcher Kojen, sie waren gerade hoch genug, um aufrecht zu sitzen oder zu liegen, etwa zwei

Fuß hoch. Wir richteten unsere Bettstellen in diesen Kabinen ein und ließen sie so liegen, bis wir unser Schiff verließen. Das übliche Zeremoniell fand hier nicht statt, ein jeglicher Kleiderwechsel hatte im Schutz der Nacht stattzufinden. Eines Tages schlossen sich unsere Nachbarn längsseits hermetisch ab. Was bedeutete dies, waren doch angesichts der Schatten der Nacht die Vorhänge unnötige Zugabe! Ein neuer Laut machte sich vernehmlich, und niemand brauchte die Frage zu stellen von wem. Es war gewiß sehr unangenehm, für sieben lange Wochen derart zusammengepfercht zu sein, gab es doch keine andere Möglichkeit der Belüftung als die Treppe zum Oberdeck. Bei Seegang wurde diese Passage geschlossen, um zu verhindern, daß Wasser hineinfloß. Etwa ein- bis zweimal in der Woche mußte jeder an Deck, wenn nämlich das „Haus" zur Desinfektion ausgeräuchert wurde. Drei aufeinanderfolgende Wochen hatten wir stürmisches Wetter mit ungünstigen Winden. Das verursachte Einschränkungen und Trübsal. Zweimal am Tag wurde der Segelkurs geändert. Wechselte der Kurs bei Nacht, war jedermann gezwungen, auch seine Lage im Bett zu wechseln, wegen der veränderten Schräglage des Schiffes.

Die am meisten aufgesuchte Stelle und der Mittelpunkt allen Geschehens für die Passagiere befand sich genau in der Mitte des Schiffes auf dem Oberdeck. Da stand der Herd, ungefähr sieben Fuß Lang, ein Ort, wo die Passagiere hinkamen, um zu kochen – ich schätze ungefähr vierzig verschiedene Familien. Und solch ein Gedränge um die Plätze, es war amüsant, dies zu beobachten, vorausgesetzt, du hattest schon gegessen. Die Passagiere hatten ihren eigenen Vorrat selbst, während das Schiff Brennmaterial und frisches Wasser lieferte.

Doch es dreht sich nicht alles um angenehmes Wetter, die Passagiere erlebten auch eine wirklich lustige Zeit an Deck. Wir konnten Musik hören, es gab eine Blaskapelle, deren Repertoire aus vier Musikstücken bestand, doch war ihr Spiel bezaubernd, anziehend und tänzerisch. Da gab's die lustigen Seeleute, guter Humor zeichnete sie aus. Es gab viel Spaß und Zeitvertreib.(...)

Mit dem Segeln über den Ozean verknüpften sich die Vorstellungen von Wind und Wellen so sehr und so selbstverständlich, daß wir im voraus auf mögliche Stürme eingestellt waren. Doch welche Überraschung, als uns eines Morgens völlige Windstille umgab! Hell schien die Sonne, nirgends ein Wölkchen, schlaff hingen die Segel, und die See war glasklar. Da waren wir also und konnten uns nicht einen Zoll breit bewegen, und wie qualvoll wurde dies bald.(...)

Unsere Seereise ging bald ihrem Ende entgegen. Darüber waren wir froh, denn unsere kleinen Nierenkartoffeln, der Kabeljau, Reis, Wein und andere Leckerbissen, die wir zum Neid der anderen Passagiere besaßen, waren aufgebraucht. Schiffszwieback, Kaffee und Reis gab es noch genug und großartigen Scotch,

wovon wir täglich zu uns nahmen. Nur der Hunger trieb uns dazu. Der reinigende Prozeß zu Beginn und die Athmosphäre auf See sorgten für den Appetit. Hat man sowas schon erlebt!"[305]
Auf den Seglern war es nicht unüblich, dass die Passagiere den Seeleuten bei ihrer oftmals schweren Arbeit zur Hand gingen. Die Aufgaben an Bord waren zahlreich, und - erwünschter Nebeneffekt - es wurde allzu großer Langeweile unter den Passagieren vorgebeugt; und auch zur Finanzierung der Überfahrt konnte die Mitarbeit beitragen. Um ansonsten das Zusammenleben der Auswanderer und der Besatzung zu regeln, wurden Schiffsordnungen[306] erlassen. Ein unerlässliches Hilfsmittel, um chaotischen, Leib und Leben gefährdenden Situationen an Bord weitestgehend vorzubeugen, zumal die Passagiere überwiegend seeunerfahren waren und nicht schwimmen konnten.

Verpflegung an Bord

Noch bis ins 19.Jh. sorgten die Passagiere auf den Seglern selbst für die Proviantierung, seitens der Reederei wurde lediglich das Süßwasser gestellt. Bei der großen Zahl der Auswanderer an Bord und der schwer zu vorhersagenden Länge der Fahrt reichte dieses Wasser jedoch kaum zur Reinigung von Körper und Kleidung. Ein amerikanisches Gesetz von 1820 (s. Schutzbestimmungen) verpflichtete die Reeder zwar erstmals zur Proviantierung der Auswanderer, doch es entfaltete nur geringe Wirkung, da Menge, Qualität und Art des tatsächlich mitgenommenen Proviants nachträglich nicht mehr kontrolliert werden konnten.[307]

Bei einer Reisedauer zwischen vier bis gut acht Wochen waren die meisten Auswanderer überfordert, vor der Abfahrt den erforderlichen Proviant abzuschätzen. Zu geringe und Fehleinkäufe waren keine Seltenheit. Auch falsche Beratung oder Betrügereien in den europäischen Seehäfen werden dazu geführt haben, dass Lebensmittel eingekauft wurden, die für eine so lange Seefahrt nicht geeignet waren. Getränke- und Essensvorräte verdarben auf halber Strecke und führten zu Erkrankungen. Mangelerscheinungen, nicht zuletzt bei den Kindern und Babys, auf Grund falscher und unausgewogener Nahrung waren die Regel.

Für die Verpflegung an Bord war laut Bremer und Hamburger Schutzbestimmungen (1832, 1842) der Kapitän verantwortlich. In Antwerpen, Le Havre oder Rotterdam galt dies spätestens 1855 nach Erlaß entsprechender Bestimmungen in den USA.[308] Der durch den Kapitän an Bord eines Seglers genommene Proviant war für 13 Wochen[309] auf See berechnet. Die Nahrung entsprach der Matrosenkost, sie war einseitig, aber nahrhaft und vor allem lange haltbar: Hartbrot, Hülsenfrüchte und gepökeltes Fleisch.

Ein Speiseplan konnte wie folgt aussehen: [310]
„Morgens wurde Kaffee, abends Tee ausgeschenkt, Brot und Butter wöchentlich verteilt.

Montag	*gesalzener Speck, Erbsen mit Kartoffeln*
Dienstag	*Salzfleisch, Reis, Pflaumen*
Mittwoch	*geräucherter Speck, Sauerkohl und Kartoffeln*
Donnerstag	*Fleisch, Kartoffeln, Bohnensuppe*
Freitag	*Hering, Gerste, Pflaumen*
Samstag	*gesalzener Speck, Erbsensuppe, Kartoffeln*
Sonntag	*Salzfleisch, Mehlpudding, Pflaumen"*

Für viele der Auswanderer aus Eifel und Hunsrück wird ein solcher Speiseplan ausgewogener und abwechslungsreicher als der heimatliche gewesen sein. Wer es sich leisten konnte, deckte sich vor Reisebeginn noch mit eigenen Lebensmitteln ein.

Im Regierungsbezirk Aachen warb 1850 auch die UNION (Deutsch-Englisch-Amerikanisches Büro zur Beförderung von Auswanderern nach Amerika) um Passagiere. In Deutschland wurde sie durch Wilhelm Rieger, Frankfurt a.M. vertreten und kooperierte mit der New Yorker Paketschifffahrtgesellschaft „Black Star Company".[311] Die UNION führte ihre Passagen über Liverpool und versprach so acht Tage kürzere Reisezeiten.[312] Der Reisepreis der „Black Star Company" (s. 2.4.1) enthielt nicht nur die vollständige Fahrt vom jeweiligen Rheinhafen (Koblenz, Köln, Mainz) nach Amerika, sondern auch mögliche Logierkosten in Liverpool, ein in New York an die Regierung zu zahlendes *„Kopf- und Hospitalgeld"*[313] sowie den gesetzlich vorgeschriebenen See-Proviant.

Im Einzelnen waren dies folgende Einzelpositionen für jeden erwachsenen Passagier:

„25 Pfund Schiffszwieback, 10 Pfund Weizenmehl, 50 Pfund Hafergrütze, 20 Pfund Reis, 1 ¼ Pfund Tee, 5 Pfund Zucker, 5 Pfund Zucker-Sirup, 10 Pfund gesalzenes und geräuchertes Fleisch ohne Knochen, 1 Orhost Wasser (ca. 35 Liter) und das nötige Brennmaterial zum Kochen."

Statt Hafergrütze und Reis wurden *„in der geeigneten Jahreszeit"* 5 Pfund Kartoffeln für jedes Pfund dieser Früchte mitgenommen. Weiter sah der Firmenprospekt vor, dass diese Lebensmittel zweimal wöchentlich den Reisenden verabreicht wurden. Jeder erwachsene Reisende erhielt wöchentlich für die Dauer der Reise:

„2 ½ Pfund Schiffszwieback, 1 Pfund Weizenmehl, 5 Pfund Hafergrütze, 2 Pfund Reis, 4 Loth Tee, ½ Pfund Zucker, ½ Pfund Zucker-Sirup, 1 Pfund gesalzenes und geräuchertes Fleisch ohne Knochen, 3 engl. Quart (circa 3 ½ Liter) Trinkwasser pro Tag und das nötige Brennmaterial zum Kochen."

Proviantangaben 1851 je 100 Passagiere:

Lebensmittel in Pfund	Bremen/ Hamburg	England	Le Havre	Antwerpen	Holland
Brot	6.500	2.500	4.000	4.500	1.500
Mehl, Reis und Hülsenfrüchte	3.500	8.000	500	4.000	4.000
Kartoffeln	4.000		20.000	10.000	3.500
Fleisch und Speck	4.550		1.400	750	1.000
Butter	4.875		400	600	
Sirup	150	500			
Kaffee	150				
Tee	20	125			

Für Kinder von einem bis zwölf Jahren wurde zwei Drittel dieser Rationen geliefert bzw. mitgeführt. Ferner wurden jedem Reisenden vor Besteigung des Seeschiffes 8 Pfund gesalzenes und geräuchertes Fleisch geliefert. An Gepäck durften die Passagiere ohne Zuzahlung 2 Zentner pro Erwachsenem und einen Zentner für jedes Kind mitführen. Die Zwischendeckpassagiere bereiteten sich ihr Essen auf dem Oberdeck selbst zu. Bei den wenigen Kochstellen war dies ein langwieriges Unterfangen. Doch was war bei Sturm und derart widrigen Witterungsbedingungen, wenn die Auswanderer unter Deck bleiben mussten? Kalte, trockene Speisen waren dann buchstäblich das tägliche Brot.

1851 verglich die „Leipziger Illustrirte Zeitung" die Mengen an Proviant, die Kapitäne in den europäischen Auswanderungshäfen an Bord zu nehmen hatten. Die Mengenangaben für je 100 Passagiere zeigen, dass in den norddeutschen Häfen besonderer Wert auf Ausgewogenheit und Reichhaltigkeit gelegt wurde.[31]

Erst 1897[315] trat eine für das Deutsche Reich in den Grenzen von 1871 geltende gesetzliche Regelung (§24) in Kraft: *„Die Beköstigung darf nicht den Auswanderern überlassen bleiben. Denselben sind in mindestens drei täglichen regelmäßigen Mahlzeiten die Speisen gehörig zubereitet, in angemessener Abwechslung und in dem aus dem Verhältnis zu dem vorschriftsmäßig mitzunehmenden Proviant sich ergebenden Mengen zu verabreichen; auch ist die vorgeschriebene Menge Trinkwasser sowie das zum Essen und Trinken nötige Geschirr zu liefern."* 1912 muss sich auch der Zwischendeckpassagier vor Reiseantritt nicht mehr um Geschirr, Besteck, Matratze und Verköstigung sorgen. Als Kunde der HAPAG darf er die Schlafdecke und das Essgeschirr bei Ankunft im Hafen als sein Eigentum mit von Bord nehmen.[316] Es war ein weiter Weg vom Zwischendeckpassagier 1840 bis zum Auswanderer auf einem Dampfer des Jahres 1912.

Die Reise nähert sich dem Ende – Amerika vor Augen

Jacob Klees Reise von Münstermaifeld nach New York neigt sich dem Ende zu. Wie werden die Auswanderer den Tag herbeigesehnt und doch auch mit Angst betrachtet haben, an welchem sie erstmals amerikanisches Festland sahen. Was würde sie erwarten?

„Das Seeleben mit all seinem Unbekannten und seinen überraschenden Zwischenfällen wurde bald eintönig. Wir sehnten uns nach Abwechslung, um aus der engen Bedrängnis des Schiffes herauszukommen. Sieben Wochen verbrachten wir nun auf dem endlosen Wasser, da machte es keinen Unterschied, ob wir schnell oder langsam segelten. Für die Augen gab's ja keinen Anhaltspunkt, stets war die See nur vom Horizont begrenzt und wir mitten drin. Welch ein ermutigender Anblick war es, am westlichen Horizont einen hauchdünnen Streifen zu sehen. War es Land, oder was war es? Allmählich wurde es breiter und deutlicher, tatsächlich Land, wie der Kapitän bestätigte. Den ganzen Nachmittag hindurch war jedermann aus dem Häuschen. Dann näherte sich uns ein Segelschiff. Wie schnell und anmutig es seinen Bogen zog und längsseits Steuerbord anlegte. Es war ein Lotsenschiff, und es dauerte nicht lange, da war ein Lotse an Bord. Was war es ein interessantes Bild für uns Passagiere, den ersten Amerikaner vor Augen zu haben! Er schien uns sehr selbstbewußt zu sein. (...)

Am folgenden Morgen hatten wir bereits an dem großen Fluß Hudson angelegt. Zur Linken von uns sahen wir eine Stadt, Brooklyn, und zur Rechten eine andere New York. Man ließ ein Boot herunter und der Kapitän und der erste Offizier gingen in Brooklyn an Land. Vater hatte einem der Seeleute ein Fünffrankenstück in die Hand gedrückt, um uns Brot zu besorgen. War das ein herrlicher Anblick für uns, als bei ihrer Rückkehr das wunderschöne weiße Brot ausgepackt wurde! Und wie wir danach griffen! Kein Verlangen mehr nach dem dunklen Roggenbrot aus Deutschland, dies ist ein großes Land und ein verheißungsvoller Anfang.

Die Passagiere bereiteten sich vor, an Land zu gehen. Dabei warfen sie den trockenen Schiffszwieback über Bord. Ich glaube kaum, daß die Fische danach schnappten. Am folgenden Tag legte ein Boot seitlich an. Das Gepäck wurde zuerst verladen, dann kletterten die Passagiere hinunter, die Taue wurden gelöst, die Segel gesetzt. Lebe wohl, Harriette de Bomm, unser Gefängnis für sieben Wochen! Erneut fuhren wir los, wir sahen Hunderte von Menschen entlang des Kais, die uns zuschauten. Unsere Kapelle spielte ihr bestes Stück, und so landeten wir in angemessener Form, würdig des großen Ereignisses, an den Küsten Amerikas, in der Stadt New York."[316] *(...) „Die Passagiere an Bord treffen nun die letzten Vorbereitungen für den entscheidenden Schritt an Land. Das Gepäck wird überprüft und neu gebündelt, viele ziehen ihre feinere Kleidung an und versuchen mit den dürftigen Bordmitteln ein wenig Körperpflege – und dann fliegt alles, was an Sachen nicht mehr gebraucht wird – unter anderem die Matratzen – über Bord ins Meer.*"[318]

Doch die Eifler wussten um Ihre Herkunft, die Armut der Heimat. So schreibt der Dedenborner Johann Hubert Hermes am 25.1.1846 aus Milwaukee: *„Wer über die See kommt, hat Proviant übrig. Er schmeiße ihn aber nicht ins Wasser, sondern nehme ihn mit.*"[319]

Die Ankunftshäfen

„Hauptankunftshafen in den USA war zunächst Philadelphia, - es folgten New York[320], *Baltimore*[321], *Boston und New Orleans. Mit Eröffnung des Erie-Kanals 1825 stieg die Bedeutung New Yorks als Einwandererhafen, denn von hier wurde eine direkte Verbindung in den für Einwanderer immer attraktiver werdenden Westen angeboten. Auch New Orleans konnte sich (bis zum Bürgerkrieg) als wichtiger Einwandererhafen behaupten, denn auf dem Mississippi wurden preisgünstige Dampfschiffpassagen zur Weiterfahrt angeboten.*" [322]

„In der zweiten Hälfte des 19.Jhs. übernahm New York endgültig die Führungsposition unter den Einwandererhäfen: 75 % aller eingereisten Menschen kamen hier an Land und reisten weiter in Richtung Chicago oder St. Louis. Die Situation für die Einwanderer war ähnlich wie in den Abfahrtshäfen - auch hier versuchte man die ahnungslosen Ankömmlinge zu übervorteilen oder, schlimmer noch, zu betrügen. Es wurden ungültige Eisenbahntickets und manchem sogar wertloses Farmland verkauft. Ende der 1840er Jahre wurde zur Beseitigung dieser Zustände eine staatliche Stelle eingerichtet, die - finanziert über Beiträge der Schifffahrtsgesellschaften - den Einwanderern behilflich sein sollte. Wirksam wurde diese Maßnahme erst in den 1850er Jahren, als ein zentraler Landeplatz für Einwandererschiffe eingerichtet wurde. In Castle Garden wurden die Einwanderer von Beamten beraten, konnten Fahrkarten für ihre Weiterreise kaufen und waren vor dem Zugriff dubioser Geschäftemacher geschützt. 1892 wurde Castle Garden abgelöst von einer großen modernen Landestelle für Einwanderer auf einer Insel vor Manhattan."[323]

2.4.3 Ankunft und erste Wochen in der Neuen Welt

Abb. 52: New York - Broadway um 1900

Die ersten Eindrücke in Amerika müssen für alle Einwanderer überwältigend gewesen sein. Die Größe und das pulsierende Leben New Yorks – und die ersten Afroamerikaner. Nie zuvor hatten die Eifler einen Schwarzen gesehen.

Johann Schroeder aus Dedenborn erreichte 1846 die Neue Welt.

„*Am 1.Juli haben wir zuerst Land von Amerika gesehen. Die Freude die ich damals hatte, kann ich Euch nicht beschreiben. Als ich aus dem Schiff kam und über Land gehen wollte, da meinte ich, die Erde hätte sich immer bewegt, ich meinte, Amerika hätte geschaukelt. Wir befinden uns jetzt in New York, in einer großen und schönen Stadt, in der mehr Handel ist als in ganz Preußen.*"[324]

Für Jacob Klee haben sich mit dem Abstand von 50 Jahren die ersten Eindrücke relativiert. „*Zur damaligen Zeit (1846) gab es am Erscheinungsbild der Stadt New York nichts besonders Auffallendes. Keine Eisenbahn, soviel ich weiß, um in die Stadt zu kommen. Keine bewundernswerten Hochhäuser. Was meine Aufmerksamkeit am meisten erregte, war entlang des Kais der Platz, wo die Produkte dieses Landes zum Verkauf angeboten wurden, Produkte sowohl des Landes als auch des Meeres, wie ich sie bisher nie gesehen hatte: Fische, Krebse und Schildkröten von auffallender Größe und andere für uns seltsam aussehende Erzeugnisse des Landes. Aber was ist denn das, ein Schornsteinfeger? Nein, das ist ein Neger. Man hatte gehört, daß es sie in diesem Lande gab, doch was für eine Überraschung für uns!*"[325]

Friedrich Wilhelm Linzen aus Unna, der 1857 New York erreichte, schildert schnörkellos und ohne jede Romantik die Ankunft im Hafen. Die Einwanderer wurden keineswegs mit offenen Armen empfangen, sondern inspiziert, beargwöhnt und nicht selten auch betrogen.

„*5 Wochen lang hatten wir nichts als Himmel und Wasser gesehen und nun labte sich das Auge an dem üppigen Grün der Hügel und Wiesen, die sich an beiden Seiten des Hudson hinzogen, geziert mit den schönsten freundlichsten Landhäusern. Rund um uns her hunderte von Segeln und Flaggen aller*

Abb. 53: Kirche Mülheim - Stiftung Daniels-Ketges

Nationen; in der Ferne, da, wo die Einfahrt aus der Hudsonbay in den Hudsonfluß ist, die beiden Forts von N. York. Endlich kamen wir dahin und wurden nebst einem andern Bremer Auswanderungsschiffe von einem Dampfer ins Schlepptau genommen, und nun ging's langsam den Hudson hinauf, rechts und links die schönsten Ufer, die man sich denken kann.

Nach und nach kam uns eine entsetzliche Masse Häuser zu Gesicht und wir erfuhren, das sei eine der Vorstädte von N. York; endlich aber das lang und heißersehnte N. York mit seinem Hafen, dem größten der Welt, und in diesem den unabsehbaren Wald von Masten. Mir pochte doch das Herz beim Anblick der neuen Welt und meines neuen Vaterlandes, das so viele mit den glänzendsten Hoffnungen betreten und nun Kummer und Elend dort finden und auf welches auch ich meine Hoffnungen gebaut; und erst da dachte ich wieder zurück an die Heimat und meine Lieben, die ich verlassen, um unter ganz neuen Verhältnissen unter mir völlig fremden Menschen vollständig auf mich allein und meine Kenntnisse angewiesen mein Glück zu suchen.

Und wie ich alles dieses überdachte und sich in meinem Innern die Schwierigkeiten aufthürmten, die mir entgegentreten und mich elend machen könnten pp., da überfiel mich ein Kleinmuth, den ich Mühe hatte zu überwinden. Es scheint mir dieser Augenblick eine Crisis gewesen zu sein, denn nachdem er überstanden, fühlte ich mich kräftig genug, allem Trotz zu bieten, was auch da kommen möchte; und diesen Muth in der Brust und mit dem festen Willen, auszuharren, sah ich heiteren Blickes in die Zukunft. Während unserer Einfahrt kamen viele Bote zu uns heran, gewöhnlich Agenten, die jedoch schleunigst abgewiesen wurden. Noch 2 Unannehmlichkeiten waren zu überstehen, die Quarantaine und die Zollbeamten. als nun ein gelbgeflaggtes Bot mit dem Quarantainebeamten uns seinen Besuch abgestattet, die Passagire Revue passirt & sämmtlich für gesund erklärt waren, legten wir endlich am Montag den 29ten Juny gegen 1 Uhr Mittags, Castle Garden gegenüber im Hafen von New York vor Anker.

Castle Garden ist ein sehr großes Gebäude für Auswanderer; die Emigranten Schiffe legen gewöhnlich hier an und werden dann die Passagire per Dampfer mit *ihrem Gepäcke dorthin geschafft; hier können sie sich einen Tag aufhalten und zugleich die betr. Fahrbillette nach allen Richtungen hin bekommen. Wie die Leute hierbei beschwindelt werden, davon kann man sich keinen Begriff machen; auf welche Weise diese Agenten natürlich nur Deutsche zu ihrem Ziele zu gelangen suchen, was ihnen dann auch gewöhnlich gelingt, will ich durch ein kleines Beispiel erläutern.*

Wir hatten einige Familien Böhmen an Bord, von denen 2 Leute ein gebrochenes Deutsch sprachen; diese ersuchten mich, ihnen zu sagen, mit welcher Bahn ich bis Chicago fahren wolle, / sie machten dieselbe Tour / und für sie dann die Billette zu besorgen, damit sie in New York nur auf der Tour nicht beschwindelt würden. Als ich nun durch einen Freund die beste & billigste Route gefunden, gehe ich nach Castle Garden zurück, um die Böhmen mit zum Agenten zu nehmen, und dort die Billette für die Pennsylvanian Central Bahn zu nehmen, finde bei denselben jedoch einen New Yorker Deutschen, der ihnen begreiflich zu machen suchte, daß eine andere Bahn, für die er ihnen die Billette besorgen wolle, die beste sei. Schleunigst wurde ich mit in den Rath gezogen & erklärte mich entschieden für die Pennsylvanian Central; da nahm mich der Agent bei Seite & offerirte mir $5, wenn ich die Böhmen zu seiner Bahn bestimmen würde, was ich jedoch schleunigst ablehnte. Darauf erklärte er mir: „Wenn die Leute mit einer anderen Bahn fahren, dann bekommen Sie Prügel, darauf verlassen Sie sich." Da sich nun auf dem großen Platz in Castle Garden eine Masse verdächtiger Gesichter herumtrieben, und ich in New York gehört hatte, daß man sich Abends nicht gerne in jener Gegend aufhalte, ließ ich die Böhmen machen, was sie wollten. Ich traf sie später in Chicago wieder und klagten die Leute ganz entsetzlich über die schreckliche Fahrt; nebenbei hatten sie bedeutend mehr bezahlen müssen wie wir."[326]

Von Castle Garden bis Ellis Island

Heute denken wir bei New York als Einwanderungshafen vor allem an Ellis Island. Über die kleine Insel wurden ab 1892 16 Millionen europäischer Einwanderer durchgeschleust, 12 Millionen allein bis 1924. Ellis Island hieß auch „Isle of tears", die Insel der Tränen. *„In der New Yorker Bucht gelegen, gerade mal 500m entfernt von der Insel mit der grünlichen Dame und ihrer Fackel*[327]*, zu der die Armen und Verfolgten dieser Welt gebracht werden sollten, ist Ellis Island für die Amerikaner das Symbol für die Immigration in die USA. 30 % aller Amerikaner können ihre Wurzeln zu einem Emigranten zurückverfolgen, der über Ellis Island in die USA einreiste.*

Um so erstaunlicher ist daher der Umstand, daß Ellis Island nach seiner Schließung 1954 praktisch 30 Jahre vergessen wurde und in einen Dornröschenschlaf versank, obwohl es 1965 in die Obhut des National Park Service übernommen wurde. Und das alles in Sichtweite zur Millionenmetropole New York. Ellis Island liegt nur etwa 2 km entfernt von der Südspitze Manhattans, von hier hat man den besten Blick auf die New Yorker Skyline. Erst in den 1980er Jahren wurde begonnen, den riesigen Gebäudekomplex zu renovieren und zum Museum[328] umzubauen. Als die leitenden HistorikerInnen im Vorfeld der Renovierung zum ersten Mal die Insel betraten, fanden sie noch alles so vor, wie es die Zollbeamten 1954 zurückgelassen hatten. Zum Teil war sogar noch die Originaleinrichtung aus dem 19.Jh. erhalten." [329]

Längst vergessen ist heute, dass im Laufe des 19.Jh. andere Teile der Stadt die ersten Anlaufpunkte bildeten. Einer war „Castle Garden". *„Bereits im Gefolge der napoleonischen Kriege kamen so viele Flüchtlinge aus Europa, dass die finanziellen Lasten für die Bewohner New Yorks zu hoch wurden. Zudem überstieg die Zahl der Immigranten weiterhin die Kapazitäten so stark, dass der Staat New York die erste umfassende Einwandererbehörde schuf, nämlich die 1847 gegründete „State Board of Emigration Comissioners": Seit 1855 wurden Immigranten direkt vom Schiff zur medizinischen Kontrolle und zur Feststellung der Personalien in die Festung „Castle Garden"*[330] *gebracht. Kranke und mittellose Einwanderer schickte man nach „Ward Island".*[331] *Doch auch Castle Garden musste nach zahlreichen Skandalen und aufgrund der Inkompetenz der Beamten angesichts einer wachsenden Zahl von Immigranten im April 1890 geschlossen werden.*[332] *Zudem entzog der Kongress die legislativen Kompetenzen in der Einwanderungsgesetzgebung den einzelnen Staaten und schuf stattdessen eine Bundesbehörde, das „Bureau of Immigration". Mit Ellis Island*[333] *(New York) wurde 1892 die erste nationale Sammelstelle für Einwanderer eröffnet."*[334]

Auswahl der neuen Bürger[335]

Im Hauptgebäude auf Ellis Island fällt zur Rechten gleich die große Treppe auf, die ins Obergeschoss führt. *„Hier mussten alle Einwanderer mit ihrem Gepäck hochsteigen, und hier wurden sie von der US- Einwanderungsbehörde, ohne dass sie es bemerkten, schon zum ersten Mal begutachtet.*[336] *Wer zu viel Mühe damit hatte, seinen Koffer hochzuschleppen, wer zu krank aussah, wer den Anschein machte, geisteskrank zu sein, wurde von den über ihnen stehenden Ärzten aussortiert. Helfer markierten die Beanstandeten, und diese wurden dann mit dem nächsten Schiff zurückgeschickt - Isle of Tears.*

Im Schnitt hatte ein Arzt drei Sekunden Zeit, einen Einwanderer zu beurteilen, drei Sekunden, die über ein Schicksal entscheiden konnten. Oben angekommen, mussten die Einwanderungswilligen sich verschiedenen Gesundheitstests unterziehen. Gesucht wurde vor allem nach dem zu der Zeit in Osteuropa stark verbreiteten Grauen Star, aber auch nach sonstigen Krankheiten. Zwar überstanden über 90 % aller Einwanderer die Tests und konnten weiter in die USA reisen. Aber viele Menschen scheiterten an den Gesundheitstests und wurden erbarmungslos zurückgeschickt.[337] *Unnütze Esser konnte die aufstrebende amerikanische Gesellschaft nicht brauchen. Familien wurden so auseinander gerissen und Existenzen zerstört. Die Einwanderer hatten in der Regel ihren ganzen Besitz verkauft oder sich gar verschuldet, um nach Amerika auszureisen. Die Zurückweisung bedeutete den Fall ins Nichts. Dies muss um so bitterer gewesen sein, da dies alles den Menschen so kurz vor ihrem Ziel, New York, widerfuhr, das sie schon sehen und hören konnten."*[338]

Maria Wallisfurth gibt in der Lebensgeschichte ihrer 1897 taubstumm geborenen Mutter Maria Giefer, Tochter des Rückkehrers Hubert Giefer (s. 5.1) deren Erinnerungen an die Auswanderung wieder. *„Marias Gedanken gehen zu Ihrem Vater... Einmal hat Vater seinen Traum von Amerika verwirklichen wollen. Mit der ganzen Familie wollte er auswandern. Aber Vater bekam die Auskunft, dass Amerika ein Gesetz habe, wonach er seine taubstummen Kinder nicht mitnehmen könne in das neue Land. Erbkranke Menschen, und das waren Maria und Christina durch ihre Taubstummheit von Geburt, bekämen keine Erlaubnis, amerikanische Staatsbürger zu werden."*[339]

1912 schreibt Frank Bernhard Herschel[340], in seiner Geschichte der HAPAG zu den Einreisebedingungen: *„Nach den Vereinigten Staaten von Nordamerika wird nur solchen Personen die Einwanderung gestattet, die nach den Gesetzen dieser Länder dort landen dürfen. Als landungsfähig im allgemeinen wird jeder betrachtet, der erwerbs- und arbeitsfähig ist, von dem also nicht zu erwarten steht, daß er den Staaten zur Last fallen wird. Die Vorweisung einer bestimmten Geldsumme ist nicht vorgeschrieben. Jeder Einwanderer muß aber im Besitze hinreichender Mittel sein, um die Weiterreise nach seinem Einreiseziel zu seinen Angehörigen oder Freunden, sowie seine Beköstigung während der Eisenbahnfahrt bestreiten zu können.*

Besitzt der Einwanderer bereits eine amerikanische Eisenbahnfahrkarte zur Weiterfahrt vom Landungshafen, so wird im allgemeinen ein Barbetrag von 100 Mark für jeden Erwachsenen als erwünscht angesehen. Von der Landung ausgeschlossen werden:

1. Personen, die sich nicht selbst ernähren können,

2. *Personen, die mit ekelhaften, gefährlichen oder ansteckenden Krankheiten behaftet sind (Favus[341], Trachoma[342], Konjunktivitis[343], Tuberkulose[344] usw.),*
3. *Personen, denen von Amerika aus ein bestimmtes Arbeitsversprechen gemacht worden ist,*
4. *Personen, die schwachsinnig, irrsinnig, blind, taubstumm, gebrechlich oder verkrüppelt sind,*
5. *Personen, die Vielweiberei betreiben,*
6. *Personen, die wegen eines gemeinen Verbrechens verurteilt worden sind,*
7. *unverheiratete schwangere Frauen."*

Weiterreise in den Zielstaat

In den Süden der USA ziehen die wenigsten Oberahr-Auswanderer weiter. Der Bürgerkrieg (1861-65), aber auch ein deutlich anderes wirtschaftliches, land(wirt)schaftliches und kulturelles Umfeld mögen hier eine Rolle gespielt haben. Wenige werden in Stadt und Staat New York oder New Jersey, dem ersten Ziel ihrer Auswanderung, sesshaft. Die Mehrzahl zieht nach wenigen Tagen oder Wochen weiter gen Westen, nach Chicago, in die Staaten des Mittleren Westens, Illinois, Minnesota, Wisconsin oder Iowa und gar bis nach Kalifornien.

Der bereits erwähnte Friedrich Wilhelm Linzen reiste mit dem Zug von New York über Chicago nach Peoria. Auf halbem Weg zwischen Chicago und St. Louis gelegen, entwickelte sich Peoria bis heute zu einer Großstadt von 113.000 Einwohnern, behielt jedoch eher den Charme vergleichbarer deutscher Städte wie Trier, Koblenz oder Bergisch Gladbach. Ihr bekanntestes Produkt sind hierzulande sicher die Baumaschinen von Caterpillar. 1846 wandert Sophia Pesch geb. Laurent[345] von Daun aus in die USA. Ihre Jugendjahre hatte sie in Blankenheim als Tochter der Gastwirtseheleute Michael Laurent und Ernestine Helene Faymonville[346] verbracht. Auch ihre Reise endet in Peoria. Ihr Mann Christoph Pesch arbeitet dort 1880 in einer Maschinenfabrik.

Lesen wir in Linzens Beschreibung der Zugfahrt und der Ankunft in einer amerikanischen Kleinstadt des mittleren Westens 1857: *„Ich möchte einem jeden rathen, wenn er von New York nach dem Westen fahren will, nie mit dem Emigrantenzuge, sondern stets mit dem Expreß Zuge zu fahren. Wir haben 8 Tage zur Fahrt nach Peoria gebraucht, während die Express in 2 ½ Tagen diese Tour macht. Durch diese lange Fahrt, welche dadurch entstand, daß wir jeden Augenblick halten mußten, um die Expreß Züge vorbei zu lassen, welche Aufenthalte oft 5 bis 6 Stunden dauerten, wurde diese Reise gerade so theuer wie die Fahrt mit dem Express Zuge. Unsere Reisegesellschaft bestand aus lauter Zwischendecks*

Passagiren, mit denen wir Tag und Nacht in dem Kasten sein mußten; dazu die langsame Fahrt; Hitze & Staub bei Tage; nachts kühl; um leidlich zu schlafen auf dem Boden liegen - Alles dieses zusammengenommen war diese Tour schauerlich.

Unser Weg führte über Philadelphia, Pittsburg, Rochester, Crestline, Columbia, La Porte und Chicago; an allen diesen Plätzen hielten wir 4 bis 7 Stunden lang ohne der Aufenthalte an Stationen, in deren Nähe sich vielleicht einige Häuser befanden zu gedenken. Köstlich waren die Scenen, wenn wir an einem dieser größeren Orte hielten; so kamen wir z.b. des Morgens zwischen 4 und 5 Uhr in Philadelphia an; kaum waren wir aus den Waggons gestiegen, als wir von einer Masse Gasthofbesitzern oder deren Agenten umringt wurden, von denen jeder sein Haus entsetzlich herausstrich und alle anderen schlecht machte; die Passagire wußten aus dem Geschrei nicht klug zu werden und sich auch nebenbei nicht zu entschließen, wohin sie sich wenden sollten. Endlich stürzten sich einige dieser Herren Schreier auf die Leute & zogen sie mit Gewalt hinweg, worauf ein schauerliches Durcheinander entstand mit dem Geschrei der Passagire selbst vermischt; denn der eine hatte den Vater & der andere die Mutter einer Familie ergriffen, die jedoch gerne zusammenbleiben wollten; nachdem sie sich mit ihren Entführern insoweit verständigt & ihnen dieses begreiflich gemacht hatten, entspann sich ein Streit zwischen letzteren, da keiner seine Leute gehen lassen wollte & zum Schlusse prügelten sie sich zum Ergötzen der ganzen Gesellschaft durch. Stampfer (ein Mitfahrer seit Unna) *und mir ging es bei solchen Gelegenheiten gut, da uns Niemand für „Grüne" ansah. („Grüne" sind die just von Europa angekommenen Einwanderer). Am Sonntag Morgen kamen wir in Chicago an; hier erfuhren wir, daß, wenn unser Gepäck angekommen sei, wir am Abend nach Peoria fahren könnten; aber das Gepäck war nicht gekommen & so sahen wir uns genöthigt bis Montag Abend in Chicago, einer entsetzlich langweiligen Stadt, liegen zu bleiben. Endlich gelangten wir am Dienstag Morgen den 7. July in Peoria an.*

Peoria liegt wunderschön unmittelbar am Ausflusse des Peoria Sees, der an der nordöstlichen Seite der Stadt liegt, an der entgegengesetzten Seite zieht sich eine Hügelkette, auf welcher die schönsten Landhäuser sich befinden. Auf mich machte die Stadt zuerst einen nicht sehr angenehmen Eindruck, wie es die neuern Städte Americas für einen eben angekommenen Europäer überhaupt sämtlich thun. Zu diesen entsetzlich breiten unter einem rechten Winkel sich kreuzende und parallel laufende Straßen konnte ich mich nicht recht heimisch fühlen; dazu mitten in der Stadt an den belebtesten Straßen große Plätze, die noch nicht bebaut waren & ein entsetzlich verwildertes Aussehen hatten."[347]

Joseph Krings, 1793 in Ripsdorf geboren, wanderte 1851 über Antwerpen nach Wisconsin aus. Am 18.6.1857 schildert er seiner Schwägerin Margaretha den Verlauf seiner Auswanderung und gibt ihr damit auch eine Wegbeschreibung an die Hand. Vielleicht wollte er sie überreden nachzukommen. *„Am 1ten September 1851. Wir setzten uns zu Düren auf die Eisenbahn, des Nachmittags und des Abends waren wir in Antwerpen. Am 16. September fuhren wir 250 Mann ab, am 27. October waren wir alle glücklich in New- york - .Auf der Schreibstube des Herrn in Antwerpen, zahlte der Mann 33 Taler mit voller Beköstigung die Fahrt, bis Neujork. Da gleich ein Kahr gedungen, seine Sachen gefahren, an die Erie Eisenbahn, um bei der Abfahrt bei der Hand zu seyn; So läßt man sich ein Ticket, das heißt Fahrschein auf der Erie Rail-Roud bei der deutschen Agentur geben bis Milwaukee. Dieses kostet die Person, gemäß Vorschrift, 8 Taler, welches 3 ½ Tag abgemacht ist welche, die Entfernung von 481 Stunden macht bis Milwaukee im Staat Wisconsin.-Von hier wird gefragt die Eisenbahn, auf den Jefferson City und County: Da werdet ihr am sichersten gewiesen bei Zeitungs Expedition wo die deutschen Zeitungen gedruckt werden. Die werden euch die Marsch Routh so deutlich schreiben, daß ihr in einem Tage bei mich ankommt."*[348]

Die von Krings gewählte Route mit der Eisenbahn (Erie-Rail-Road) von New York nach Milwaukee wurde sicher oft eingeschlagen. Vor Eröffnung der Eisenbahnlinie wurde der Schiffsweg über den Hudson-River bis Albany, weiter über den Erie-Kanal[349] bis Buffalo und von dort über die großen Seen nach Cleveland, Ohio, Chicago, Illionis oder Milwaukee, Wisconsin gewählt. Jacob Klee nahm ihn bis Cleveland.[350] Michael Rodenkirch aus Strohn[351] (Kreis Daun) nutzte ebenso wie Johann Schroeder aus Dedenborn[352] (Kreis Aachen) 1846 Eisenbahn[353] und Schiff im Wechsel bis Milwaukee. Schroeder beschreibt die mehrwöchige Weiterfahrt von New York: *„Am 21. (Juli, nach drei Wochen in New York) sind wir mit dem Dampfschiff von New York abgefahren. Am 3. kamen wir in Albany an. Von dort fuhren wir mit der Eisenbahn bis Buffalo. Am 6. sind wir da wieder mit dem Dampfboot über den Erie- und Michigan-See bis nach Milwaukee gefahren. Nun hatten wir unser Ziel erreicht und begaben uns zu unseren Landsleuten."* Schroeders nächster Satzanfang beschreibt knapp und anschaulich, wie sich Wisconsin den Neuankömmlingen präsentierte: *„Als wir in den Busch kamen...".*

2.5 Statistische Auswertung
von Ralf Gier

Das folgende Kapitel beleuchtet unsere Recherche-Ergebnisse unter verschiedenen Gesichtspunkten. Die bloße Zahl der Auswanderer wird erst plastisch, wenn man das Alter, die Herkunft, die Berufe und andere Kriterien benennt. Auch der Verlust, den die Auswanderungswellen für das Gebiet der Oberahr bedeuteten, lässt sich durch eine vergleichende Statistik zeigen. Alle nachstehenden Prozentzahlen sind immer in Relation zu den absoluten Zahlen zu sehen. In Jahren mit geringer Auswandererquote führen auch schon kleine Schwankungen zu größeren prozentualen Abweichungen. In einigen Fällen sind Auswanderer nur als Einzelpersonen in die Auswertung mit aufgenommen worden, obwohl sie mit ihrer Familie ausreisten. Dies gilt, wenn eine Person zwar an der Oberahr geboren wurde, zum Zeitpunkt der Auswanderung aber schon an einem anderen Ort lebte.

In Relation zu den Einwohnerzahlen von 1852 (5.599) verließen 13 % (822) aller Bewohner zwischen 1840 und 1914 die Heimat in Richtung USA. Über dem Durchschnitt liegt hier Ahrdorf mit 30 % (55 von 183), deutlich darunter Blankenheim mit 6,5 % (43 von 661).Bei den auswandernden Bauern handelte es sich um Kleinbauern, die im Schnitt ca. 30-50 Morgen besaßen, wobei die Mehrheit der Hofbesitzer im Untersuchungsgebiet damals über weniger als 15 Morgen eigenes Land verfügten, also Kleinstbauern waren. Die in der Heimat gescheiterten Existenzen bildeten unter den Auswanderern die Ausnahme. Im Vergleich der Möglichkeiten und der Ausgangspositionen mit Bauern und Handwerkern anderer Regionen des Deutschen Reiches wird jedoch sichtbar, wie stark eingeschränkt in ihren Mitteln selbst die leistungsstärkeren Auswanderer an der Oberahr waren.Für die wirklich Armen war an Auswanderung gar nicht zu denken!

Die Auswanderungswellen von der Oberahr ähneln jenen anderer Regionen (z.B. im ehem. Krs. Adenau). Sie legen aber auch dar, dass einzelne Strömungen hier ohne Bedeutung waren. So verließ offensichtlich keiner die Heimat nach der 1848er Revolution oder in deren Folge. 1868 weisen die Zahlen deutschlandweit einen Tiefstand, an der Oberahr jedoch eine Hochphase aus. Sechs Zeiträume bzw. Jahre treten besonders hervor: 1845/46, 1852/53, 1855, 1868, 1874 und 1883, sie liegen somit in den drei bedeutenden Auswanderungswellen Deutscher nach Nordamerika: 1845-58, 1864-73 und 1881-84.[354]

Wie groß wäre die Bevölkerung an der Oberahr, wenn alle am Ort geblieben wären und das Bevölkerungswachstum dem Durchschnitt im Deutschen Reich entsprochen hätte? Um die sogenannten Wanderungsverluste zu beziffern, bietet sich folgendes Rechenmodell an: Erhebungen aus benachbarten Regionen[355] Preußens und dem Deutschen Reich zu Grunde gelegt, wird für den Zeitraum 1840-1914 ein Bevölkerungszuwachs von ca. 10 % angenommen (Geburtenüberschuss zzgl. Wanderungsbilanz). Im Gebiet der heutigen Gemeinde Blankenheim lebten 1852 etwa 5.600 Menschen, ohne Abwanderung wäre diese Zahl bis 1905 auf 9289 angewachsen. Am 01.12.1905 lebten jedoch nur 5.229 Einwohner in den Dörfern an der Oberahr. Eine Differenz von 4.060. Rechnet man auf die Zahl von 817 gesicherten Auswanderern einen Zuwachs von 10 % pro Jahrzehnt hinzu, so lebten 1905 etwa 1.270 dieser 4.060 Personen in den USA. Graafen[356] stellte Vergleichsberechnungen unter Zugrundelegung von 8 bzw. 11 % Geburtenüberschuss auf, um eine annähernd richtige Zahl aller Eifelauswanderer 1840-71 zu erhalten. Auf die Gemeinde Blankenheim bezogen, ergäbe eine Steigerung um 8 % eine Zunahme von 2.865 (Gesamtzahl 8.464), bei 11 % eine solche von 4.451 (10.050). 1871 lag die Bevölkerungszahl jedoch nur um 39 Personen über der Statistik von 1852 (Erhebung von 1843-50). Vernachlässigt man die in die Niederlande[357], Frankreich, Belgien und Großbritannien Ausreisenden, sind die verbleibenden 3.243 (4.060 minus 817) im Wege der Binnenwanderung überwiegend in die näheren und ferneren Industriereviere und Städte wie Mechernich oder Euskirchen bzw. Köln, Bonn, Aachen - Eschweiler und das Ruhrgebiet verzogen. Diese Entwicklung ist bis heute feststellbar, wenn auch durch die stärkere Mobilität in gemilderter Form und unter Fortfall z.B. des Ruhrgebiets als Ziel.

Den Abbruch des Bevölkerungswachstums zeigt diese Übersicht der Bürgermeisterei Lommersdorf für den Zeitraum von 1824 bis 1853.[358]

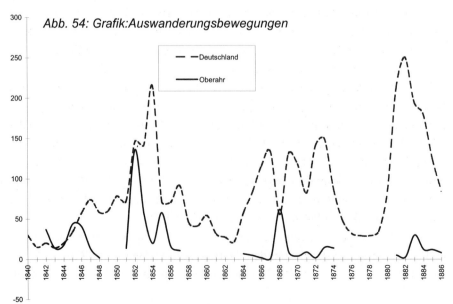

Abb. 54: Grafik:Auswanderungsbewegungen

Jahr	Zu-wachs	in %	Ge-burten	Tod	Geb.-Über-schuss	in %	unehel. Geb.	in % der Geb.
1824-33	139	12,6	448	323	115	10,4	5	1,2
1834-43	246	19,8	570	372	198	15,6	7	1,1
1844-53	-9	-0,6	571	418	153	10,2	12	2,1

An diesen Zahlen ist deutlich die Auswirkung der ersten großen Auswanderungswelle 1842 bis 1853 ablesbar. Die absoluten Geburtenzahlen stagnierten trotz angestiegener Gesamtbevölkerung, die Zahl der Sterbefälle stieg jedoch weiterhin. Die Jungen gingen, die Alten blieben im Dorf. Sowohl 1824 bis 1833 als auch 1834 bis 1843 lagen die Zuwächse der Bewohner deutlich höher als die der Geburten, ein Beleg für die bis zu dieser Zeit vorhandene Anziehungskraft von Hütte und Bergwerk für Zuwanderer. 1843-53 ist dies nicht mehr gegeben. Der leicht abgeschwächte, aber mit 153 immer noch beträchtliche Geburtenüberschuss konnte die Abgänge in Folge des Wegzugs nicht mehr ausgleichen.[359] Die Gesamtbevölkerungszahl ging erstmals zurück. Zugleich fällt die gestiegene Zahl der unehelichen Geburten innerhalb der Bürgermeisterei auf. Lagen diese in den ersten beiden Dezennien jeweils bei etwa einem Prozent, so verdoppelte sich dieser Wert im letzten Jahrzehnt. Zogen hier etwa einzelne junge Männer die Auswanderung einer frühen Heirat und einem Leben in Enge und sozialer Not vor? Was wurde aus den Kindern? Bemerkenswert ist der Fall der 1825 in Prüm geborenen Gertrud Roth. Sie kam vermutlich um 1842/43 gemeinsam mit ihrem Bruder bei dessen Heirat mit Theresia Robischon nach Ahrhütte.[360] 1845 bis 1870 bringt Gertrud sechs uneheliche Kinder zur Welt.[361]

2.5.1 Bevölkerungsentwicklung 1840 - 2003

Die Gemeinde Blankenheim könnte seit vielen Jahren Stadtrechte besitzen, wenn ihre Bewohner nicht in so großer Zahl weggezogen oder ausgewandert wären. Der Exodus der Bevölkerung der Eifel bis heute ist beträchtlich. Die Ursachen wurden bereits an anderer Stelle benannt, doch wie waren die Auswirkungen? Wie stellt sich die Bevölkerungsentwicklung im Untersuchungsgebiet dar? 1826 - 1852 steigt die Bevölkerungszahl trotz erster größerer Wanderungsbewegungen um 26 % von 4.480 auf 5.599 Einwohner. Dieser Anstieg trifft in ähnlicher Größenordnung auf fast alle Ortschaften zu. Größere Ausreißer nach oben sind Ahrhütte, dessen Bevölkerung von 94 auf 203 Bewohner anwächst (einen Wert, den es vor 1945 nicht mehr erreichen sollte) und Uedelhoven. Das abseits gelegene Dorf wächst nach dem großen Brand von 1827 um 44 % von 188 auf 270 Einwohner. Unterdurchschnittlich entwickeln sich die kleinen Dörfer Rohr (+17 %; + 44 auf 302), Mülheim (+ 20 %; + 41 auf 244), Reetz (+ 22 %; + 45 auf 246), Hüngersdorf (+ 18 %; + 31 auf 207) sowie der mit Abstand bevölkerungsstärkste Ort Dollendorf (+ 8 %; + 45 auf 604).

Die nachfolgende Tabelle gibt einen Überblick über die Entwicklung der Einwohnerzahlen in den einzelnen Orten. Die Zahl der angegebenen Auswanderer bezieht sich auf Personen, welche zum Zeitpunkt der Auswanderung ihren letzten Wohnsitz im Untersuchungsgebiet hatten.[362]

Entwicklung der Einwohnerzahlen:

Ort[364] oder Bürgermeisterei (Bgm.)	Einwohner				Auswanderer[365]
	1826	1852[366]	1895	1968	
Gemeinde Blankenheim	4.443	5.599	5.385	7.528	822
- Bgm. Blankenheim	1.343	1.693	1.608	2.705	167
Blankenheim	513	661	581	1.082	44
Blankenheimerdorf	426	542	548	865	80
Blankenheim-Wald	0	0	35	87	0
Mülheim	203	244	232	332	32
Reetz	201	246	212	322	11
- Bgm. Dollendorf	1.636	2.040	1.954	2.615	317
Alendorf	178	227	255	381	67
Dollendorf	559	604	587	777	124
Ahrhütte	57	148	95	123	28
Schloßthal	38	35	52	43	7
Hüngersdorf	76	194	216	266	9
Vellerhof	19	13	28	86	0
Ripsdorf	385	508	470	583	40
Ahrmühle	10	26	25	30	10
Nonnenbach	52	58	61	60	0
Waldorf	179	227	185	256	31
- Bgm. Lommersdorf	1.141	1.480	1.425	1.674	263
Ahrdorf	142	183	144	162	55
Freilingen	289	361	393	474	78
Ahrhütte	37	55	63	91	7
Lommersdorf	485	611	558	637	89
Uedelhoven	188	270	267	330	34
- Bgm. Holzmühlheim-Tondorf	323	386	398	534	76
Rohr	258	288	325	414	57
Rohrweiler	0	14	0	0	0
Lindweiler	65	84	73	120	8

Die Abwanderungen wirken sich erst ab 1852 nachhaltig auf die Bevölkerungsentwicklung aus. Die Gesamtbevölkerungszahl steigt zwar bis 1864/67 noch leicht bis auf 5.730 (+ 2 %), sinkt in der Folge aber kontinuierlich.[366] Besonders deutlich sinkt sie von 1885 – 1905 (von 5.655 im Jahre 1885 über 5.385 in 1895 auf 5.229 in 1905)[367], also in einer Phase, in der die große Übersee-Auswanderung vorüber ist. Besonders deutlich wird dieser Schwund bei Betrachtung des Zeitraums 1852 bis 1864. Während die tatsächliche Einwohnerzahl von 5.599 auf 5.718 um 119 steigt, hätte sie nach der natürlichen Entwicklung (Anstieg 11 % = ca. 616) 6.324 betragen müssen. Mehr als 310 Bewohner verließen in dieser Zeit die Oberahr in Richtung Amerika, was 50 % des Wanderungsverlustes entspricht. Erst ab 1905 steigt die Bevölkerungszahl deutlich an. Bahnbau (1909-13), Erster Weltkrieg (1914-18) und die nachfolgende Besetzung der Rheinlande taten in Verbindung mit der Wirtschaftslage sicher ihr Übriges, die Bewohner der Oberahr in der relativ sicheren Heimat zu halten. Die Einwohnerzahlen stiegen 1905 – 1925 um 15 % (um 794 auf 6.023), 1925 – 1939 um 17 % (um 1005 auf 7.028) und 1939 – 1952 trotz des Krieges um 8 % (um 566 auf 7.594).

In der Folge stagnierte die Bevölkerungszahl durch die einsetzende Landflucht und später auch durch sinkende Geburtenraten, mit leichtem Rückgang bis in die 1980er Jahre. Zuzüge von Ortsfremden und Zurückgekehrten brachten diese Entwicklung zum Stillstand. Nicht zuletzt die Ansiedlung größerer Kontingente an Spätaussiedlern in den 1990er Jahren sorgte jüngst für einen sprunghaften Einwohneranstieg. Am 31.12.2003 zählte das Einwohnermeldeamt der Gemeinde Blankenheim 9.560 Einwohner, in dieser Zahl sind allerdings alle mit Zweitwohnsitz Gemeldeten enthalten. Nach den bereinigten Fortschreibungen des statistischen Landesamtes wohnten am 31.12.2003 8.781 Menschen ständig in der Gemeinde. Somit leben zu Beginn des 3. Jahrtausends so viele Menschen in den 17 Dörfern an der Oberahr, wie es bereits 100 Jahre zuvor hätten sein können. Nicht alle Orte trugen zu der Steigerung auf 9.500 Bewohner bei. Blankenheim und Freilingen (Feriendorf) haben bereits 1978 einen sehr hohen Anteil an Zweitwohnsitzen. Nach 1990 zog durch Landeszuweisung eine sehr große Zahl an Spätaussiedlern aus den Staaten der ehem. UdSSR nach Blankenheim. Ohne diese wäre die Einwohnerzahl heute vermutlich auf dem Stand der 1970er Jahre oder darunter (< 7.500). Abwanderung, nicht zuletzt aus beruflichen Gründen, ist unverändert ein Thema in der Region zwischen Ahr, Urft und Kyll. Die höhere Mobilisierung konnte diese Entwicklung nur vermindern, nicht aber beenden.

Abb. 55: Haus Ketges Mülheim

Wie wirkte sich diese Bevölkerungsentwicklung in den einzelnen Orten aus?

Die Entwicklung in den Dörfern war stark unterschiedlich.[368] Am deutlichsten wird dies am Beispiel Dollendorf, welches noch 1905 das einwohnerstärkste Dorf bildet (707) aber auch die mit Abstand höchste Zahl der Auswanderer (124) stellt. Seine Entwicklung wird durch die Abwanderungen maßgeblich beeinflusst. Heute nimmt Dollendorf hinter Blankenheim und Blankenheimerdorf Rang drei ein, war aber im 19.Jh. zeitweise der größte Ort an der ganzen Oberahr.

1852 – 1864 verändert sich die Bevölkerungszahl in den meisten Orten um + 2 bis – 6%. Doch einzelne Orte schlagen schon hier deutlicher aus dem statistischen Mittel. Während Freilingen (+ 9 %, trotz größerer Wegzüge; + 38 Personen auf 454), Uedelhoven und Rohr (je + 10 %; + 26 auf 296 bzw. + 29 auf 331),

Lindweiler (+ 7 %; + 6 auf 90), Hüngersdorf (+ 20 %;+ 41 auf 248) und Mülheim (+ 26 %; + 63 auf 307) zum Teil erhebliche Sprünge verzeichnen, sinkt die Einwohnerzahl in Reetz (- 12 %; - 30 auf 216) und Waldorf (- 21 %; - 47 auf 180) ebenso deutlich. 1864 – 1867 verzeichnet nicht zuletzt Ahrdorf nach – 6 % (- 11) in dem vorherigen Zeitraum einen weiteren starken Rückgang um - 19 % (- 33 auf 139), ebenso Waldorf mit – 10 % (-18 auf 162). 1867 – 1871 müssen vor allem Lommersdorf (10 %; - 68) und Rohr (12 %; - 40) Verluste hinnehmen. In diesen Orten liegt die Ursache vermutlich im Rückgang des Bergbaus, während Waldorf (16 %; + 26) und Blankenheimerdorf (12 % + 62) größere Zuwächse vermelden. 1871 wird in den statistischen Nachweisungen auch die *„ortsabwesende"* Bevölkerung notiert. Überwiegend werden hier Zahlen von 2 bis 6 % genannt, für das kleine Lindweiler hingegen 8 % (8), ebenso für Rohr (24), und gar 11 % (57) der Freilinger Bevölkerung leben auswärts. Auf die heutige Gemeinde Blankenheim bezogen werden 314 Personen als Ortsabwesende gezählt (5 %). 1871 – 1885: Geprägt vom Deutsch-Französischen Krieg und Deutschlands Aufstieg als Industrienation verzeichnet auch dieser Zeitraum ein sehr diffuses Bild in den Gemeinden. Stagnation bis leichten Bevölkerungsanstieg in Blankenheim, Hüngersdorf, Blankenheimerdorf oder Ripsdorf stehen starke Anstiege (Ahrdorf 19 % + 26, Reetz 8 % + 17, Rohr 7 % + 21 und Alendorf 7 % + 17) und große Rückgänge (Mülheim 19 % - 55 und Lindweiler 22 % - 21) gegenüber. 1885 – 1895: Während in Alendorf die Zahl der Bewohner stagniert und in Waldorf (+ 5) und Rohr (je 3 % + 10) eine leichte Steigung zu verzeichnen ist, weisen alle anderen Orte einen weiteren Rückgang aus. Am deutlichsten ist dieser in Uedelhoven (16 % - 52), Ahrdorf (13 % - 22), Hüngersdorf (- 23), Ripsdorf (je 9 % - 55) und Lommersdorf (8 % - 46). 1895 – 1905 (-1925): Nochmals verzeichnen einzelne Orte zweistellig sinkende Einwohnerzahlen. Hüngersdorf mit 11 % (- 25) und Lommersdorf mit 12 % (- 68). Doch das Ende scheint erreicht. Bis 1925 steigen die die Zahlen fast durchweg deutlich, teilweise um mehr als 30 % (Gmde. Freilingen 35 %; + 145, Waldorf 36%, + 66). Lediglich Blankenheim (+ 4 %, 24), Rohr (+ 5 %, 17), Lommersdorf (+ 7 %, 35) und vor allem Dollendorf mit – 7 % (- 51) fallen hier negativ auf.

Wirkte sich der Rückgang der Erzgewinnung des Lommersdorfer Brauneisensteinbergwerkes auf die Abwanderung aus?

Wie eine Aufstellung der Belegschaft auf dem Bergwerk zeigt, erfolgte erst ab Ende der 1850er Jahre ein stetiger Rückgang. Die Ahrhütte war zu diesem Zeitpunkt bereits einige Jahre außer Betrieb, zugleich setzte jedoch der rasante

Aufstieg der Mechernicher Bleibergwerke mit seinem großen Bedarf an Arbeitskräften ein. Der Niedergang des Bergwerkes setzte eine Binnenwanderung in Gang, für die Amerika-Auswanderung war er entgegen der allgemeinen Annahme von geringerer Bedeutung.

Jahre	Belegschaft	jährl. Fördermenge[369]	
1829-37	62	115.000	Ztr.
1838-47	53	124.500	Ztr.
1848-57	69	161.700	Ztr.
1858-67	43	70.500	Ztr.
1868-77	27	56.900	Ztr.

Allerdings zog diese Entwicklung einen geringeren Bargeldfluss in der Region nach sich. Denn die sich verringernde Zahl der unmittelbar auf Hütte und Bergwerk Beschäftigten, einhergehend mit sinkenden Roheisenpreisen, schmälerte auch den Verdienst der örtlichen Handwerker wie Schuster, Schneider und Schmiede. Hieraus erhöhte sich allerdings nicht zwangsläufig die Zahl der Auswanderer, denn auch hierzu fehlte dann das Kapital. Für die kleine Talsiedlung Ahrhütte bedeutete das Ausblasen des Hochofens jedoch eine Zäsur. Nachdem sich die Einwohnerzahl von 1826 bis 1852 noch mehr als verdoppelte (von 94 auf 203), sank sie danach kontinuierlich über 170 (1871) auf 156 (1885). Nach einer Phase der Stagnation (1895: 158) stieg sie in der Folge auf 214 (1968) und lag 1978 wieder auf dem Wert von 1852 (204). Neue bzw. durch verstärkte Industrialisierung ausgebaute Gewerbezweige (Kalksteinbrüche und Öfen sowie der Eisenbahnbau) verhalfen dem kleinen Ort nach dem Niedergang der alten Industrie zu überleben.

Welche Orte stellten 1840 - 1914 einen besonders hohen Anteil an Auswanderern?

89 %, das heißt 752 der bislang bekannten Auswanderer, hatten zum Zeitpunkt der Auswanderung ihren Wohnsitz noch im Untersuchungsgebiet, von diesen reisten 743 zwischen 1840 und 1914 aus. Sie setzen sich wie folgt zusammen:

Auswanderer 1840 - 1914

Bürgermeisterei	Auswanderer	in %
Bgm. Dollendorf	291	39,2
Bgm. Lommersdorf	234	31,4
Bmg. Blankenheim	146	19,7
Bgm. Holzmühlh.-Tondorf	72	9,7

Mehr als zwei Drittel (69 %, 514 von 743) der Auswanderer reisten allein aus sieben Dörfern ab. Dollendorf stellte mit 116 die größte Zahl, gefolgt von Lommersdorf mit 87, Blankenheimerdorf mit 76 und Freilingen mit 66 Auswanderern. Stärker in Relation zur Einwohnerzahl ist die Auswanderung in Rohr (21,5 % im Vergleich zur Einwohnerzahl von 1852; 65:302), Ahrdorf (24,6 %; 45:183) und Alendorf (26,9 %; 61:227). Abgänge, von denen sich die Orte in ihrer späteren Entwicklung nie richtig erholen.

Hatte der Ausbau der Eisenbahn in der Eifel Auswirkung auf die Abwanderung?

Richard Graafen geht in seiner richtungsweisenden Arbeit „Die Aus- und Abwanderung aus der Eifel in den Jahren 1815-1955" nicht nur auf die Binnen- und Außenwanderung aus der Eifel generell, sondern auch unter Beachtung des Eisenbahnbaus in einer speziellen Region ein. Exemplarisch nahm er die Eifelquerbahn Gerolstein-Mayen zur Grundlage, betrachtete aber auch weitere Strekken wie Gerolstein-Bleialf, Köln-Trier und Kall-Hellenthal.[370] Bei allen von ihm genannten Beispielen stellte Graafen fest, dass der Bahnbau die Abwanderung eher noch beförderte. Lediglich in Orten von *„althergebrachter industrieller bzw. markt- oder verwaltungsmässiger Bedeutung"* stellte er einen positiven Einfluss fest. Doch sind seine Ergebnisse mit jenen im oberen Ahrtal vergleichbar? Eher nein. Für das obere Ahrtal hatte der Ausbau der Straßen Aachen-Koblenz und Köln-Trier sowie im Anschluss der Eisenbahn Köln-Trier den Effekt, dass es Wanderungswilligen erleichtert wurde, „auf die Reise zu gehen". Die Auswanderungsschiffe in Antwerpen, Bremen oder Hamburg waren mit Eröffnung der ersten Bahn schneller erreichbar, ebenso beschleunigte sich das Ein- und Auspendeln der Arbeitskräfte von der Ahr[371], der Bau der Strecken Dümpelfeld-Jünkerath[372] und Ahrdorf-Blankenheim/Wald[373] verstärkte diese Entwicklung noch deutlich.[374]

Abb. 56: Dorfplatz Lindweiler

2.5.2 Altersstruktur der Auswanderer

Bei 97 % (794) der zwischen 1840 und 1914 Ausgewanderten konnte das Alter zum Zeitpunkt der Auswanderung ermittelt werden. Daraus ergeben sich folgende Altersgruppen: 29 % unter 15 Jahre (259), 57 % zwischen 15-40 Jahre (422) und 12 % zwischen 41-65 Jahre (105) Der Gruppe ab 65 gehörte lediglich 1 % der Ausgewanderten (8) an. Bei Betrachtung des Auswanderungszeitraums in Dezennien ergeben sich jedoch teilweise durchaus Abweichungen von diesen Werten.

Altersstruktur der Auswanderer:

Zeitraum	unter 15 J	in %	15-40 Jahre	in %	41-65 Jahre	in %	über 65 J	in %
1754-67	5	71,0	2	29,0				
1840-49	65	38,5	74	43,8	29	17,2	1	0,6
1850-59	110	34,8	165	52,2	39	12,3	2	0,6
1860-69	25	22,9	63	57,8	18	16,5	3	2,8
1870-79	20	34,5	36	62,1	2	3,4		
1880-89	27	26,2	61	59,2	13	12,6	2	1,9
1890-99	12	38,7	16	51,6	3	9,7		
1900-09			5	83,3	1	16,7		
1910-19			2	100,0				
1920-29			5	83,3	1	16,7		

Bei einem Vergleich der Zeiträume 1840-59 und 1880-99 wird der Wandel von Auswanderungen ganzer Familien hin zu Einzelpersonen deutlich. Die Gruppe der 41-65jährigen bleibt prozentual ebenso unverändert (12-14 %) wie jene der über 65jährigen (1 %). Im Gegensatz dazu drehen sich die Anteile der 15-40 und 0-14jährigen um. Erstgenannte Gruppe steigt von 49 % (239) auf 57% (77), die zweite sinkt in gleichem Maße von 36 % (175) auf 29 % (39). Der Anteil der Männer bei den 15-40jährigen liegt immer deutlich über 55 %. 1870-79 bei 80,6 % (29 Männer auf 7 Frauen), 1880-89 bei 78,7 % (48:13). 1893 verlassen mit Radermacher aus Ahrdorf und Reifferscheid aus Alendorf die letzten Familien die Oberahr. Entsprechend finden sich nach 1900 keine Auswanderer mehr in der Altersgruppe unter 15. Die Einzelauswanderer dieser Zeit sind alle zwischen 20 und 65 und überwiegend männlich. Ihr Anteil an der Zahl aller Auswanderer beträgt etwa 2 %.

Vergleiche mit anderen Regionen und amerikanischen Einwandererzahlen zeigen, dass die Auswanderer der Oberahr im Schnitt jünger sind. [374] Vielleicht ein Indiz für die generell geringe Lebenserwartung der Eifler im Vergleich zu Landsleuten aus klimatisch und wirtschaftlich günstigeren Gegenden oder nur für eine höhere Kinderzahl? Träfe letzteres zu, so wäre der Wanderungsverlust (s. 2.5) deutlich höher anzusetzen.

Alter zum Zeitpunkt der Auswanderung
nach Geschlecht von 1840 - 1914

Alter	M	in % aller	W	in % aller
0 - 14	141	19	118	15
15 - 40	272	31	150	20
41 - 65	62	8	43	6
über 65	4	1	4	1

2.5.3 Berufe der Auswanderer

Berufsangaben finden sich überwiegend nur bei den männlichen Auswanderern. 157 Berufsangaben konnten den eingesehenen Dokumenten entnommen werden. Hierunter sind 34 Ackerer, 14 Schreiner, 10 Bergleute, 8 Dienstmägde/Knechte, je 7 Schneider, Schmiede, Schuster, Wagner und Tagelöhner, je 5 Zimmerleute und Müller sowie je 4 Bäcker, Metzger, Maurer und Lehrer. Die übrigen Nennungen verteilen sich auf 23 Berufe, darunter Gerber, Brauer und Weisbinder. Waren diese Auswanderer in der Heimat in der Regel Landwirte im Nebenberuf (oder umgekehrt), so führten viele in Amerika ausschließlich eine Farm, arbeiteten in den Bergrevieren um Potosi, Wisconsin oder aufstrebenden Städten wie Chicago oder Milwaukee. Ein Bild, das auch bei Auswanderern anderer Regionen festzustellen ist.[376] Die geringe Zahl der Tagelöhner sowie Knechte/Mägde und im Umkehrschluss der hohe Anteil an Handwerkern deckt sich ebenfalls mit Untersuchungen in anderen Regionen.

Abb. 57: Eifeler Kaffeetafel um 1910

2.5.4 Kapital der Auswanderer

Die Auswertung der Notariatsrepertorien und Urkunden ermöglicht auch eine Aussage zu dem Kapital der Auswanderer. Sie waren nicht die Ärmsten der Armen. Die Größe ihrer Höfe übertraf mit 30-60 Morgen den Durchschnitt um das 3-5 fache. Während der Hauptauswanderungszeit 1842-1874 betrug das Mittel des Verkaufserlöses aus 46 Verträgen etwa 1.000 Taler (3.000 Mark nach Währungsumstellung 1875). Doch es gibt größere Schwankungen. Während 1868/74 einzelne Auswandererfamilien mit etwa 3.- 4.000 Taler (9. – 12.000 Mark) Taler die Heimat verließen (s. 2.4.2), liegt der Schnitt bis auf wenige Ausnahmen bei etwa 500 - 1.000 Taler (1.500 – 3.000 Mark). Landrat von Beissel hielt 1855 zu amtlichen Zwecken Zahlen in ähnlicher Größenordnung fest (s. 2.5.1).

So erlöste Familie Hubert Baltes, Uedelhoven 1855 beim Verkauf ihres Besitzes 1.438 Taler, nach Abzug durch den Zessionar verblieben 1.237 Taler, von Beissel benennt mitgenommene 700 Taler. Die Reisekosten (s. 2.5.1 Kosten der Überfahrt, 1858) beliefen sich auf ca. 465 Taler. Bei dem Verkauf des Besitzes von Christian Bove aus Waldorf konnten im gleichen Jahr 1.800 Taler erzielt werden. Nach Abzug verblieben ihm und seiner elfköpfigen Familie 1.340 Taler. Nach Beissel reiste die Familie mit 800 Taler Bargeld aus. Ihre Passagekosten dürften bei gleicher Berechnung bei 550-600 Talern gelegen haben.

Einzelreisende verfügten laut Beissel und eigener Erhebung selten über derartige Beträge. Sie konnten nur darauf hoffen, vorab Geldbeträge von ihren Eltern

Abb. 58: Maria Luise Ehlen; Abb. 59: Wilhelm Krusing

aus ihrem dereinst anstehenden Erbe zu erhalten (s. exemplarisch 4.1.5 Gerhard Raths). Ihr Barvermögen lag oftmals nur bei 50 - 150 Talern. Mathias Giefer (2.3.2) ist hier mit ca. 1.400 - 1.500 Talern (1868) sicher die große Ausnahme. Besitzlose Familien (z.b. Volheim, s. 2.3.1) oder Einzelpersonen waren eher die Minderheit. Doch wie stellt sich dieses Vermögen in der Relation dar? Haus und Hof mit 30 - 60 Morgen Land an der Oberahr, Wert 1.000 - 4.000 Taler (umgerechnet 3.000 - 12.000 Mark) verglichen mit einem Haus oder Baugrundstück in Köln? Beispielhaft haben wir fünf Kaufverträge aus den Jahren 1856, 1862, 1888, 1889 und 1902 ausgewertet.

Lage	Verkaufsj.	Kaufpreis	Bemerkungen
Hohe Str. 63[377]	1856	66.750 Mark	Wohn- und Geschäftshaus
Mittelstr.[378]	1862	33.110 Mark	Baugrundstück 613m²
Quentelstr. 2[379]	1888	39.500 Mark	Wohn- und Geschäftshaus
Brüsseler Str. 78[380]	1889	32.000 Mark	Mehrfamilienhaus
Kaesenstr. 19[381]	1902	116.000 Mark	Halbvilla

Für den Preis eines hochwertigen Hauses in der Kölner Altstadt hätte man um 1860 auch den kompletten Ort Ahrhütte nebst einigen Hektar Land erwerben können. 1866 wurde das Ackergut Stollenhof oberhalb Ahrhütte einschl. 96 Morgen Land für 6.500 Taler (19.500 Mark) verkauft. Das Haus Quentelstr. 2, unweit St. Pantaleon in der Kölner Südstadt gelegen, erwarb 1888 Josef Ketges (1846-1918) aus Lommersdorf, Onkel der 1900 - 1914 aus Mülheim auswandernden Geschwister Ketges. Der Geschäftsmann und Kolonialwarenhändler lebte spätestens seit 1871/72 in Köln. Der Wert seines Hauses entsprach dem von etwa 30 - 40 einfachen Bauernhäusern in einem Dorf an der Oberahr.

2.5.5 „Zessionare" - Versteigerungen

Die Auswertung der im Hauptstaatsarchiv Düsseldorf lagernden Repertorien der Blankenheimer Notare für die Zeit von 1840 bis 1920 ergab zahlreiche Hinweise auf Ausgewanderte, über Versteigerungs- und Veräußerungsbelege. Oft ist der Verkauf von Haus und Hof der einzige Nachweis, der sich heute noch für eine Auswanderung finden lässt. Um das Ausreisekapital nach Vertragsabschluß bzw. Beendigung der Versteigerung schnell zu erlösen, bediente sich der Auswanderer eines Zessionars (s. a. 2.3, 2.4 und 4.2.5), der stellvertretend für ihn die Kauferlöse bei dem Ansteigerer einzog. Dieser Weg der Finanzierung wurde vor allem 1845 bis 1874 beschritten.

Abb. 60: Haus Lauch in Dollendorf um 1900

26 Zessionare, welche teils in Geschäftspartnerschaften auftraten, konnten bei 58 Zessionen nachgewiesen werden. Unter Ihnen finden sich sowohl Angehörige alteingesessener Familien als auch Zugezogene der Bürgerschicht. 21 Zessionen wurden von sieben Zessionaren durchgeführt. Hierbei handelte es sich um Händler jüdischen Glaubens aus Mayen und Bad Münstereifel. Benedict Löb[382], Kaufmann aus Mayen war 1860 - 1871 allein in sieben Fällen Zessionar. Lediglich 15 Zessionen erfolgten durch Finanziers, die an der Oberahr wohnten. Unter diesen fällt Mathias Michels besonders auf. Sein Name ist häufig in Versteigerungs- und Verkaufsurkunden von Höfen und Grundstücken an der Oberahr zu lesen, zweimal konnten wir ihn als Zessionar bei Auswanderern feststellen (1853 und 1862). Im Frühjahr 1880 sitzt Michels als Strafgefangener in Aachen ein, Ende 1881 und im Frühjahr 1882 in Halle.[383]

Die übrigen 24 Zessionen verteilen sich auf Zessionare aus der näheren Umgebung (Recherhof[384] 2, Tondorf 4, Schmidtheim 3) und weiter entfernten Orten (Lückerath bei Kall 3, Mayen 8, Münstereifel 12, Hillesheim 4, Steffeln 2). Einzelne Zessionen führten mehrere Kreditgeber gemeinsam aus. Interessant am Rande ist der Fall des zeitweiligen Geometers, Händlers und Kaufmannes Martin Mungen aus Blankenheim. Immer wieder findet sich sein Name als Geldgeber, Ankäufer und Steigerer. Auf diesem Wege gelangt er vorübergehend wie ein Spekulant moderner Prägung an die eine oder andere Immobilie in den Dörfern. Hierbei geht Mungen auch Partnerschaften mit jüdischen Händlern ein. Nach seinem frühen Ableben (15.04.1847), seine Frau stirbt 6 Monate darauf, leben seine vier Töchter als Waisen von der Hinterlassenschaft. 1855 und 1886 wandern schließlich zwei seiner Kinder mit ihren Ehepartnern und Kindern in die USA aus.

2.5.6 Auswanderungsjahre

Die ersten bekannten Auswanderer verließen 1754 Dollendorf mit Ziel Philadelphia. 1767 kehrt Familie Hoffmann mit weiteren vier, in Philadelphia geborenen Kindern allerdings nach Dollendorf zurück. Es ist anzunehmen, dass sie nicht alleine die Reise angetreten hatte. Woher sie Kenntnis der Möglichkeiten erhielt und mit wem, wie und wann sie reiste, bleibt unklar. Die einschlägige Literatur gibt hier keinerlei Aufschluss.[385] Im 19.Jh. ist der erste Auswanderer von der Oberahr Peter Krebs[386], der 1840 Lommersdorf verlässt. Im Folgejahr werden die ersten Ausreiseanträge an die Kgl. Regierung in Aachen gerichtet, darunter auch seitens des Tondorfer Bürgermeisters Johann Gerhard Blum.[387] Seine Auswanderung beendet auch die Geschichte der gleichnamigen Bürgermeisterei. Der Bürgermeister von Holzmülheim übernahm ihre Verwaltung (s.a. 2.3.4). Krebs und Blum folgen ab 1842 zahlreiche weitere Familien.

Zu 746 (90 %) der 822 ermittelten Auswanderer des Zeitraumes 1840 – 1914 konnte ein Auswanderungsjahr belegt werden. 464 (61 %) verließen binnen 8 Jahren die Heimat (1842, 1845, 1846, 1852, 1853, 1855, 1868 und 1883), alleine 136 (17 %) 1852. Die verbleibenden 77 Auswanderer dürften sich gleichmäßig, ohne Auswirkung auf die Ergebnisse, auf die Auswanderungsjahre verteilen. Die örtliche Zusammensetzung der jährlich das Land Verlassenden enthält interessante Aspekte. 1842 (37 Auswanderer) kamen 95 % der Auswanderer aus vier Orten (Blankenheimerdorf 17, Reetz 9, Lommersdorf 5 und Rohr 4), 1843 (21) stellte Freilingen (14) 86 % aller Auswanderer. 1845 (44) bildete sich eine Gemeinschaft (70 %) aus Lommersdorfern (13) und Dollendorfern (18), 1846 eine solche (68 %) aus Blankenheimerdorf (18) und Uedelhoven (10).

Der große Exodus 1852 (136) setzte sich zu 80 % aus Bewohnern der Dörfer Rohr (30), Alendorf (20), Dollendorf (16), Lommersdorf (13), Ahrhütte (11), Ripsdorf (10) und Blankenheimerdorf (9) zusammen. Im darauf folgenden Jahr 1853 (56) stellten wiederum die Dollendorfer mit 16 eine große Gruppe, gefolgt von Blankenheimern (12) und Freilingern (9). 1855 (58) gingen 21 Waldorfer und 18 Uedelhovener, es folgten 1856 ausschließlich Ahrdorfer (16). 1868 verließen 62 Menschen die Dörfer an der Oberahr, hierunter 15 Ripsdorfer und 10 Dollendorfer. 1883 (30), im letzten großen Auswanderungsjahr, stellte Ahrhütte mit zwölf den höchsten Anteil. Exemplarisch ist hier zu erwähnen, dass diese zwölf sich aus einer elfköpfigen Familie nebst Nichte zusammensetzen. Nicht unähnlich bildeten sich die „großen" Auswanderungsgruppen anderer Jahre in den umliegenden Dörfern familienweise. Ganze Familienverbände verließen gemeinsam die Heimat, Geschwister mit und ohne Ehepartner und Kinder, Onkel und Tanten, teilweise gar mit Großeltern.

2.5.7 Auswanderung mit und ohne Konsens

Nach Auswertung der gesichteten Dokumente war zu 817 der 837 Auswanderern (98 %) der letzte Wohnort vor der Auswanderung bekannt. Von diesen lebten 752 (92 %) innerhalb des Untersuchungsgebiets. Wie weit ließ sich noch feststellen, wie viele mit Genehmigung ihrer Regierung das Land verließen?[388] Als Hilfsmittel für unsere Recherchen diente zunächst die CD „Auswanderung aus dem Rheinland".[389] Eine Überarbeitung der auf dieser enthaltenen Datensätze erfolgte durch eine parallele Einsicht in die entsprechenden Auswanderungsakten. Sie ergab jedoch nicht gänzlich zu behebende Mängel. So sind auf der CD auch Personen vermerkt, die um einen Antrag auszureisen nachsuchten, aber dann entweder trotz Genehmigung nicht ausreisten oder nach Ablehnung ohne Konsens das Land verließen. Zahlreiche in den Akten benannte Auswanderer sind in „Statistischen Nachweisungen" der Landräte an die Kgl. Regierung aufgeführt. Sie gingen überwiegend ohne Genehmigung.[390]

Abb. 61: *Margarete Mies und Jakob Stump*

Nach der Erhebung verfügten 200[391] (27 %) der 752 aus dem Untersuchungsgebiet selbst Ausreisenden über einen Auswanderungskonsens. Es zeigt sich, dass die Werte innerhalb der (ehem.) Bürgermeisterämter stark schwanken. Die Bürgermeistereien Blankenheim und Lommersdorf weisen mit 41 % (61 von 148) bzw. 36 % (86 von 236 Auswanderern) den höchsten Grad an Genehmigungen auf. Rohr mit Lindweiler (Bürgermeisterei Holzmülheim-Tondorf) fällt mit 19 % (14 von 72) schon ab. Die Bürgermeisterei Dollendorf mit 13 % (38 von 296) bildet jedoch ein deutliches Schlusslicht bzw. hält den Rekord in „Illegalität". Dies kann in verloren gegangenen (Bürgermeisterei-) Akten. aber auch schlechter Aktenführung vor Ort begründet liegen. Doch auch dieses Bild ist uneinheitlich.

Der Vergleich innerhalb einer Bürgermeisterei ergibt ebenfalls ein widersprüchliches Bild. Reisten aus Freilingen (44 %, 28 von 66) bzw. Lommersdorf (51 %, 43 von 87) ein überdurchschnittlicher Anteil mit Genehmigung aus, so waren es aus Ahrdorf lediglich 9 % (4 von 45). Nicht unähnlich war es in der Bürgermeisterei Blankenheim. Den Hauptort, in welchem auch der Bürgermeister residierte, verließen lediglich 8 % (3 von 38) mit einem Auswanderungskonsens, Blankenheimerdorf hingegen 53 % (41 von 78), Reetz gar 82 % (9 von 11) und Mülheim 36 % (8 von 22). In der Bürgermeisterei Dollendorf sind Genehmigungen nahezu durchgängig Fehlanzeige. Die Werte aus Waldorf (11 %, 3 von 28), Ripsdorf (20 %, 7 von 35) und Dollendorf (15 %, 18 von 121) bestätigen dies, unabhängig von der Entfernung des Bürgermeisters. Die größte Diskrepanz zeigt sich in Alendorf. Dort liegt für lediglich einen der 61 bekannten Auswanderer ein Konsens vor. War hier die größte Skepsis vor den preußischen Behörden? Oder leitete der jeweilige Bürgermeister die Dokumente nicht weiter? Dass die Auswanderungen nicht ohne Kenntnis des Landrates abliefen, beweist die Aufstellung von 1855 (s.2.4.1).

Abb. 62: Eheleute Mathias Vogelsberg

Die Quote der Auswanderungsanträge ist im ersten großen Auswanderungsjahr 1842 beeindruckend. 36 von 37 Auswanderern hatten zuvor um die behördliche Genehmigung nachgesucht. Generell bleibt der Anteil in diesem Jahrzehnt (1840-49) sehr hoch mit 107 von 170 (63 %). Im folgenden Jahrzehnt sinkt dieses Verhältnis drastisch auf 31 von 312 (10 %). 1852 sind es gar nur 7 von 136 (5 %). Der Anteil der Auswanderer mit Auswanderungskonsens bleibt auch in den Folgejahren mit wenigen Ausnahmen[392] niedrig. Diese bildeten meist auswandernde Familien, denen es wichtig schien, geordnet das Land zu verlassen. 1893 reisen die letzten Auswanderer mit Auswanderungskonsens ab. Bemerkenswert ist weiter eine Feststellung, die durch Abgleich mit den Amtsblättern der Regierung Aachen gemacht werden kann. Zahlreiche durch die preußischen Behörden gesuchte und nach erfolgloser Ausschreibung zu einem Bußgeld verurteilte fahnenflüchtige Wehrpflichtige waren entweder mit Genehmigung Jahre zuvor ausgewandert oder bereits seit mehreren Jahren ohne Konsens außer Landes (s. 2.2.5). Nicht selten ist auch der Fall, dass sie im Kindesalter verstorben waren. Ein datenmäßiger Abgleich der an die Musterungsbehörden gemeldeten männlichen Geburten mit den zuzuordnenden Sterbefällen fehlte seinerzeit.

2.5.8 Auswandererhäfen

Große Auswandererhäfen des 19.Jhs. wie Hamburg und Bremensowie der Einwandererhafen Ellis Island (New York) sind seit langem bemüht, ihre einstige Bedeutung in Ausstellungen zu präsentieren, in Publikation zu dokumentieren und auch mittels Internet einem wachsenden interessierten Publikum Daten bereitzustellen. Die erhaltene Aktenlage ist unterschiedlich. Sind in Bremen die Schifffahrtslisten weitestgehend durch Kriegseinfluss verloren, werden diese in Hamburg und Ellis Island aufbereitet und veröffentlicht. Die Datenentnahme ist teils kostenpflichtig oder aber auch schon gedruckt greifbar. So ist das Werk „Germans to America", welches in über 50 Bänden erstmalig die Passagierlisten der New York (und auch anderer nordamerikanischer Häfen) anlaufenden Schiffe unter Angabe von Abfahrtshafen, Ankunftstag, Stand und Alter der Passagiere für ein größeres Publikum zugänglich macht, heute ein Standardwerk. Trotz einiger Mängel wie z.B. in New York „von Bord Gehender". die tatsächlich unterwegs verstarben, sei es durch Krankheit, Kentern des Schiffes oder weil sie ertranken.[393] Weitere Quellen zur Ermittlung des Auswandererhafens waren die Auswanderungsurkunden (HStaD) und lokale Quellen (z.B. Schulchroniken). Für die Zeit von 1840 bis 1914 konnte zu 66 % der Auswanderer (545 von 822) ein Abfahrtshafen benannt werden.[394] Die Anteile der Häfen im Einzelnen dürften in ihrer prozentualen Größe auch auf die übrigen 35 % der Auswanderer zutreffen.

Im Einzelnen verließen 71 % die Oberahr über Antwerpen (388 von 545), 14 % (76) nutzten den Hamburger und 13 % (70) den Bremer Hafen[395]. Die zeitliche Nutzung der einzelnen Häfen ist sehr unterschiedlich. Während Rotterdam (1884 – 1 Auswanderer, 1889 – 2, 1914 - 1), Liverpool (1853 – 20, 1873 – 6)[396] und Le Havre (1852 – 2, 1868 – 5) nur in wenigen Jahren durch Einzelpersonen oder Familien genutzt werden, erfolgt eine Abreise über Hamburg erst ab 1866. Bremen wird überwiegend ab 1852 angesteuert. Wichtigster Hafen ist und bleibt für die Auswanderer der Oberahr bis 1906 Antwerpen. Interessanterweise fanden sich jedoch für die 1870er Jahre keine Ausreisen über Antwerpen. In den Jahren 1870-1874 erfolgten die Fahrten ausschließlich über Bremen (11) und Hamburg (21 zzgl. Liverpool (6)). Vier 1923 - 1926 ausgewanderte Personen reisten über Bremen Hamburg und Kopenhagen aus. Im 20.Jh. lösten die deutschen Häfen Antwerpen ab.

2.5.9 Zielstaaten

Dass bei der Auswanderung von der Oberahr im 19.Jh. auch andere Ziele als Amerika gewählt wurden und teilweise die Ausreise andernorts als geplant endete, soll nicht unerwähnt bleiben. 1847 stellen vier Familien einen Ausreiseantrag mit Ziel Algerien. Der Staat in Nordafrika war 1847 für einige Ausweichziel an Stelle Brasiliens.[397] Da sie nicht den Nachweis erbringen konnten, über ausreichende finanzielle Mittel zu verfügen, wurde ihnen die Ausreisegenehmigung verweigert. Eine weitere, aus Freilingen stammende und nun in Dedenborn bei Monschau lebende Mutter beantragt 1847, mit ihren vier Kindern nach Algerien auszuwandern. Ihr wird die Genehmigung erteilt, sie kann die geforderten Nachweise erbringen. Sie lebt 1847 von ihrem Ehemann getrennt. Letztlich reist aber auch diese Familie nicht aus.

Weitere „Reisende" von der Oberahr finden wir z.B. in Liverpool und Lille, Frankreich (s. 5.3). Einzelne suchten auch noch fernere Ziele. So beantragt 1887 der Kaufmann und Sohn des langjährigen Blankenheimer Bürgermeisters, Hermann Josef Pangels, die Ausreise in die deutsche Kolonie Ostafrika, er lebt zu dieser Zeit in Mülheim/Ruhr. Leonhard Winzen aus dem benachbarten Schmidtheim lebt 1899 als Gastwirt in Nagasaki, Japan. Er ist der vielleicht untypischste aller Auswanderer aus der Region. Winzen, Teilnehmer des deutsch-französischen Krieges von 1870/71 wandert um 1875/76 aus. Seine Reise geht über Belgien und Holland nach Afrika. Schließlich gelangt er nach Japan. Unterwegs „*soll er sich ... einiges Vermögen erworben haben*". Am 17.06.1891 stellt Winzen ein Gesuch um Wiederaufnahme in den Preußischen Staatsverband, er habe „*Grundstücke und Gelder auf der Bank*". Doch Haus und Hof umfassen lediglich vier Hektar und gehören seinem Vater; und nach dessen Tod seinen vier Geschwistern. So wird sein Antrag letztlich abgelehnt.[398]

Verschiedene Wege wurden beschritten, um zu ermitteln, welche Staaten die Auswanderer als Ziel auswählten. Neben privaten Dokumenten (Briefe, Familienschriften etc.) haben wir Censusdaten[399] und die bereits erwähnten Notariatsrepertorien ausgewertet. Für die Auswertung wurde nur der erste in den USA länger bewohnte Staat zu Grunde gelegt. Staaten, welche nach 3 - 5 Jahren oder auch zum Zeitpunkt des Todes bewohnt wurden, blieben unberücksichtigt. Auf dieser Grundlage konnte zu 79 % (660) der Auswanderer ein Zielstaat ermittelt werden. Sie verteilen sich auf nachstehende 23 Bundesstaaten der USA.

Stadt und Staat New York wurden im wesentlichen 1842 und 1883 als Zielstaat gewählt, Missouri 1845, Kansas um 1870 und 1887, Michigan 1853, 1864 und 1868, Iowa 1847, 1852, 1855-1856 und 1873. Überwiegend handelte es sich um

Zielstaaten der Auswanderer

Bundesstaat	Personen	in % aller Auswanderer	in % aller mit bekanntem Zielstaat	Besiedlungszeitraum[400]	
Arkansas	2	0,2	0,3	ab 1880	
Colorado	1	0,1	0,2	vor 1898	
Connecticut	1	0,1	0,2	ab 1854	
Illinois	101	12,1	15,3	ab 1844	bis 1886
Indiana	1	0,1	0,2	ab 1855	
Iowa	26	3,1	3,9	ab 1847	bis 1873
Kalifornien	5	0,6	0,8	ab 1850	
Kansas	23	2,7	3,5	1870 + 1881	bis 1887
Michigan	36	3,2	4,1	ab 1853	bis 1868
Minnesota	157	18,8	23,8	ab 1852	bis 1874
Missouri	18	2,2	2,7	ab 1845	
Montana	1	0,1	0,2	vor 1882	
Nebraska	9	1,1	1,4	ab 1881	bis 1883
New Jersey	14	1,7	2,1	ab 1852	
New Mexico	1	0,1	0,2	vor 1892	
New York	33	3,9	5,0	1842 und 1883	
Ohio	2	0,2	0,3	ab 1895	
Oklahoma	1	0,1	0,2	ab 1874	
Pennsylvania[401]	3	0,4	0,5	ab 1754	
Texas	1	0,1	0,2	vor 1914	
Utah	1	0,1	0,2	vor 1873	
Washington	2	0,2	0,3	1853 und 1888	
Wisconsin	230	27,5	34,9	ab 1842	bis 1868

Familien, die geschlossen die Heimat verließen. Illinois und hier insbesondere das industriell geprägte Chicago wurde 1844, 1846, 1852, 1854-1856, 1868, 1873, 1883 und 1885-1886 ausgewählt. Minnesota hingegen erst ab 1852, bis 1855. 1868, 1874 und 1893 erfolgten weitere Ansiedlungen. Wisconsin als wichtigster Zielstaat wurde im Zeitraum 1842 bis 1855 (176 von 230) besiedelt.[402] 1852 war hier mit 51 Auswanderern herausragend. Insgesamt siedelten drei von vier Auswanderern in Wisconsin, Minnesota und Illinois. Noch heute ist der Mittlere Westen deutsch geprägt (vgl. insbesondere Kap. 3.2 und 4.).

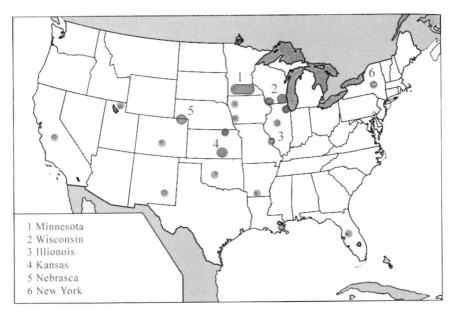

Abb. 63: Karte Siedlungsorte der Oberahr-Auswanderer

2.5.10 Rückwanderer und Daheimgebliebene

Nicht alle in die USA Ausgewanderten blieben für immer dort. Einzelne kehrten zurück, aus Heimweh, weil sie in der Heimaterde beerdigt sein wollten oder weil sie erkrankt waren. Auswanderer auf Zeit, die in der Neuen Welt für ein paar Jahre ihr Ein- oder Auskommen suchten, um dann zurückzukehren, sind in der Eifel wohl selten, zu dünn war das Kapital in Relation zu den Reisekosten. Von wenigen ist bekannt, dass sie mehrmals die Reise antraten, um schließlich für immer in Übersee zu bleiben. Die Höhe der deutschen Rückwanderung insgesamt wird zwischen 6,6 % (Durchschnitt 1850er Jahre) und 22,3 % (1870er Jahre) geschätzt, eine auf die Pfalz bezogene Untersuchung benennt für die Zeit von 1835 bis 1870 zwischen 0 und 9 % offizielle Rückkehrer.[403] In der Eifel bzw. an der Oberahr waren die Zahlen aber augenscheinlich deutlich niedriger.[404] Zudem sind die amtlichen amerikanischen wie deutschen „Rückwandererstatistiken" eher Nachweise über die Zahl der Schiffsreisen, da mit Ausnahmen nicht zwischen Besuchern, Geschäftsreisenden und dauerhaft Zurückkehrenden unterschieden wurde. Insofern sind die teilweise genannten Zahlen, welche von bis zu 50.000 Rückwanderern jährlich sprechen, fragwürdig. Örtlich wie zeitlich begrenzte Untersuchungen kommen hier zu differenzierteren Ergebnissen.[405] Herschel gibt

1912 für die Höhe dieser Zahl eine Erklärung: Saisonarbeiter aus Ost- und Südosteuropa, aber auch Italiener, die für Monate oder auch einzelne Jahre nach Nord- und Südamerika reisen, machen hiernach ein Großteil der Rückwanderer aus.[406]

Oberahrauswanderer, die zu Besuch nach Deutschland zurückkehrten, finden sich vor allem nach 1900, unterbrochen durch den Ersten Weltkrieg. Letztlich ist ihre Zahl aber gering.[407] Für die überwiegende Zahl der Auswanderer war es eine Reise ohne Wiederkehr. Als Rückkehrer wurden all jene gewertet, die, gleich aus welchem Grunde[408], in Deutschland blieben. Wiederauswanderer im Sinne nachstehender Auswertung sind all jene, die lediglich kurzzeitig zurückkehrten, sei es um zu heiraten oder Eigentum zu veräußern, und dann in die USA zurückreisten. Unter „Nicht - Ausgewanderte" wurden alle gezählt, deren Auswanderungsabsicht auf Grund offiziellen Antrages dokumentiert ist, welche die Reise selbst jedoch nicht antraten. Rückkehrer und Nicht - Ausgewanderte gemeinsam ergeben 5 % (45) der Zahl aller bekannten Auswanderer (837). Die Zahl derer, die sich mit dem Gedanken an Auswanderung befassten, den Entschluss aber nicht in die Tat umsetzten, ist sicherlich deutlich höher, doch darüber lässt sich heute nur noch spekulieren.

Abb. 64: Blankenheim Georgstor 1930

Zeitraum	Rückwanderer	Wiederauswanderer	Nicht Ausgewanderte	Besucher
18. Jh.	7			
1840 - 1870	2	3	28	
1871-1900	3	3		3
1901-1914	4			5
1922-1939	1	2		3
Gesamt	17	8	28	11

3 Briefe aus Amerika

3.1 Joseph Scheben und sein Forschungsprojekt
von Peter Scheulen

1939 reichte ein Mitarbeiter des Instituts für Geschichtliche Landeskunde der Rheinlande in Bonn seine Dissertation ein: *„Untersuchungen zur Methode und Technik der deutsch-amerikanischen Wanderungsforschung"* Im Untertitel heißt es weiter *„.. an Hand eines Vergleichs der Volkszählungslisten der Township Westfalia, Clinton County, Michigan vom Jahre 1860 mit den Auswanderungsakten des Kreises Adenau (Rheinland).*"[409] Ein trockener Titel und eine durch den Krieg und die Nachkriegszeit lange vergessene Untersuchung – doch dahinter verbirgt sich eine bahnbrechende Arbeit der Auswanderungsforschung. Ihr Autor Joseph Scheben hat darin erstmals deutsche und amerikanische Quellen zur Auswanderung zueinander in Beziehung gesetzt, um die Wege und womöglich den Verbleib deutscher Auswanderer zu rekonstruieren. Größere Aufmerksamkeit und Bedeutung bekam sein Forschen nicht zuletzt durch Kontakte in die Vereinigten Staaten, insbesondere zu Prof. Josef Schafer, Präsident der „State Historical Society of Wisconsin". Wisconsin war der erste Heimatstaat vieler Auswanderer von der Oberahr geworden.

Abb. 65: Joseph Scheben (1901-1973)

Joseph (Hubert) Scheben (1901-1973) stammte aus Rheinbach.[410] Er hatte nach dem Abitur zunächst in Bonn Theologie studiert, doch durch eine immer stärker werdende Kontaktphobie sah er sich außerstande, den Beruf des Seelsorgers zu ergreifen. Ein kurzer Kriegseinsatz noch als Schüler 1918 war vermutlich ein Auslöser der Krankheit, die Schebens Wirken mehrfach für längere Zeit unterbrach. Seine dem Bildungsbürgertum zuzurechnende Familie war wohlhabend, Joseph Scheben wohnte zeitlebens in einer Gemeinschaft mit seinen ledigen Schwestern. Auch eine Karriere an der Universität mit Lehrverpflichtungen kam kaum mehr in Frage. Scheben, der als hochbegabt geschildert wurde, entschied sich für den Weg des akademischen Forschers. 1929, nach einer längeren Krankheit, begann er mit dem Studium der Geschichte, Wirtschaftsgeschichte und Volkswirtschaft. Zeitweilig studierte er in Marburg, bald kehrte er an die Universität Bonn zurück.[411]

Aus Marburg brachte Scheben die Anregung seines Lehrers Rudolf Häpke mit, sich dem Thema Auswanderung zu widmen.[412] Von nun an wurde die Geschichte der Auswanderung Joseph Schebens Lebensinhalt. Neben der eingangs genannten Dissertation startete Scheben ein Forschungsprojekt, das für uns heute äußerst wertvolle Originaldokumente erschlossen hat. Er sammelte als erster systematisch hunderte Briefe von Auswanderern und damit eine wichtige Quellengruppe für die Situation der Eifler in der Neuen Welt. Sein Ziel ging jedoch darüber hinaus. Er analysierte die Reiserouten und die spätere inneramerikanische Binnenwandung der Auswanderer und ihrer Nachfahren.

3.1.1 Die Arbeit Schebens im politischen Umfeld ihrer Zeit

Im ideologischen Kontext der Zeit des Nationalsozialismus bekam das Thema Auswanderung spürbar Konjunktur. Scheben, der ohne jeden „völkischen" Ansatz schon lange vor 1933 mit seinen Forschungen begonnen hatte, sah sich nun mit weltanschaulichen Debatten konfrontiert, in denen die Auswanderung des 19. Jahrhunderts zu einem tragischen Unfall der deutschen Geschichte uminterpretiert wurde, zu einem vermeintlich schmerzlichen Verlust am Volkskörper und einer Wunde, die es zu heilen galt. Das verlorengegange Potenzial der „Auslandsdeutschen" sollte zumindest als deutsches „Volkstum" erhalten, gewissermaßen „gerettet" und politisch instrumentalisiert werden. Die NSDAP sah hier eine Chance, an einem weltweiten Netz Gleichgesinnter in den deutsch besiedelten Gebieten zu spinnen. Dazu schuf man einen eigenen organisatorischen Apparat zur Betreuung und Anwerbung Auslandsdeutscher, publizierte kostenlose Informationsschriften über das wiedererwachende Deutschland und Propagandasendungen im deutschsprachigen Rundfunk des Auslands, allesamt gespickt mit Appellen zurückzukehren oder wenigstens das Deutschtum hochzuhalten. Dieser Versuch, auch die Fernsten „heim ins Reich" zu holen, unterwanderte nicht zuletzt auch bewusst die Souveränität der Aufnahmestaaten.

An dem von Scheben intensiv erforschten Leben deutscher Auswanderer im Zielland interessierte die neuen Machthaber nur, ob sie ihr Volkstum bewahrt hatten und es politisch nutzbar gemacht werden konnte. Nichts jedoch lag Scheben ferner. Er war vielmehr um internationalen Wissenschaftsaustausch bemüht und betonte, nur mit detailliertem Studium der Quellen des Ziellandes sei Auswanderungsforschung überzeugend zu betreiben. Schebens Doktorarbeit zur Auswanderung passte also mit ihrem Thema durchaus in den Geist der „braunen" Epoche, wie auch die 1938 ins Leben gerufene Forschungsstelle „Rheinländer in aller Welt". Sie war in Düsseldorf angesiedelt und dem Landeshauptmann der Rheinprovinz, Heinz Haake, ein großes Anliegen.[413] Doch die Differenzen zwischen Scheben und den Machthabern waren unübersehbar und führten zu Konflikten.

Zwar fehlen auch aus der Feder des stillen, eigentlich unpolitischen Forschers Joseph Scheben keineswegs Bewertungen der Auswanderung im Sinne nationaler Interessen, doch passten sie zu einem parteiübergreifenden Patriotismus, wie er bis dahin gesellschaftlich akzeptiert war und selbst von Gegnern des Nationalsozialismus gepflegt wurde. Doch die Geister scheiden sich bei der genauen Analyse und der moralischen Bewertung. Scheben hat schon in den frühen 1930er Jahren die Motive der Auswanderer und deren Ansehen verteidigt. Sie hätten keinen Ausweg gesehen, legitimerweise und aus Verantwortung für ihre Familien so gehandelt, seien also keineswegs als schlechte Deutsche, gewissermaßen als vaterlandslose Gesellen abzustempeln. Der allmähliche Verlust ihres Deutschtums und ihrer Muttersprache sei unvermeidlich gewesen Scheben setzte ganz bewusst und damals wohl ziemlich auf sich gestellt ein Gegenbild, als er von *„prächtigen Menschen"* schrieb.[414] Schebens Doktorarbeit von 1939 entsprach nicht den Erwartungen. Sie hatte nichts von „Deutschtümelei" und „Sippenkunde". Die eher als methodische Grundlagenforschung angelegte Arbeit wurde heftig angegriffen. Die völkischen und genealogischen Aspekte unter dem Blickwinkel des „Auslandsdeutschtums" lasse sie außer Acht. Es verwundert nicht, dass eine als von Scheben als „streng geheim" gekennzeichnete Verteidigungsschrift im Kriegsjahr 1941 das letzte gedruckte Wort aus seiner Feder geblieben ist. Man darf annehmen, dass die Anwürfe den sensiblen Gelehrten seelisch aus dem Gleichgewicht geworfen haben, ihm jedenfalls alle Lust an einer Fortsetzung seiner Forschungen nahmen. Inwiefern er von den braunen Kulturfunktionären auch gemaßregelt wurde, bleibt aufgrund der nicht erhaltenen Privatkorrespondenz leider ungeklärt.

Nach 1945 wird es vollends still um Joseph Scheben. Bis zu seinem Tod 1973 hat er nichts mehr publiziert. Es liegt eine nicht geringe Tragik darin, dass der rührige Forscher in seinen letzten drei Lebensjahrzehnten in ein fast mysteriöses Schweigen gehüllt ist. Hermann Bungartz, der in Dollendorf gebürtige Heimatforscher und Initiator dieser Arbeit, hat in den 1960er Jahren mehrere Versuche unternommen, mit Scheben Kontakt aufzunehmen, stets ohne Erfolg.[415] Die Erforschung deutscher Auswanderer galt 1945, nach zwölf Jahren Nationalsozialismus, als ‚belastetes' Terrain. Zwei Forschergenerationen ließen das Feld unbestellt, zumindest was das Rheinland angeht. Nicht in Deutschland, sondern in Illinois erschien 1991 die erste Arbeit über Schebens Forschungen aus der Feder von Hanns Georg Freund. Dass Scheben nach so vielen Jahren gewürdigt wurde, beleuchtet seine Sonderstellung als ein Forscher, der untypisch für seine Zeit nicht nur interdisziplinär arbeitete, sondern auch internationalen Gedankenaustausch pflegte. Scheben hatte Abschriften der gesammelten Briefe an die Nachfahren der Auswanderer geschickt und so offenbar auch in den USA das Interesse an seinen Forschungen wachgehalten. Deutsche Wissenschaftler wurden erst vor wenigen Jahren wieder auf Joseph Scheben aufmerksam. Drei Jahrzehnte nach seinem Tod erschien 2004 endlich eine Edition seiner Briefsammlung.[416]

3.1.2 Der Nachlass Scheben

Schebens Privatbibliothek befindet sich heute im Bonner Institut für Geschichtliche Landeskunde der Rheinlande.[417] Ein Blick auf ihre Titel zeigt, dass er sich auf sehr breiter Basis in sein Thema eingearbeitet hat. Zahlreiche Werke und Fachzeitschriften befassen sich mit Bevölkerungsstatistik, Geografie sowie der innereuropäischen Emigration aus Deutschland. Bemerkenswert ist auch der große Anteil englischsprachiger Literatur aus den Vereinigten Staaten.[418] Scheben hat die Forschungsunterlagen nicht ausdrücklich seinem Institut vermacht. Jedenfalls hat er kein Testament hinterlassen. Seine ihn überlebende Schwester, Dr. Marie Scheben, hat ihn auf gesetzlichem Wege allein beerbt[419] und wahrscheinlich die Unterlagen ihres Bruders dem Institut übergeben. In seinen Arbeiten erwähnt Scheben eigene Forscherkorrespondenz und sogar ihm zugegangene Pfarrchroniken der nordamerikanischen Zielorte, vor allem aber – für uns besonders spannend – die Absicht, als nächstes das Gebiet der Oberahr näher zu bearbeiten. Nichts hiervon gelangte jedoch über einige Briefe hinaus in das Institut oder wäre bekannt bei den jüngst befassten Wissenschaftlern.[420] Der derzeit größte Bestand deutschsprachiger Auswandererbriefe befindet sich an der Ruhruniversität Bochum, am Lehrstuhl für die Geschichte Nordamerikas. Für unser Untersuchungsgebiet finden sich dort aber keine Dokumente.[421]

3.1.3 Schebens Arbeitsweise

Am 30. August 1930 veröffentlichte Joseph Scheben in den „Eifler Nachrichten" einen Aufruf an die Bewohner des Oberahrgebiets. Sie wurden gebeten, Briefe Ausgewanderter „*leihweise dem Institut für geschichtliche Landeskunde der Rhein-*

lande zur Verfügung zu stellen", damit diese in Bonn abgeschrieben und der Forschung zugänglich gemacht werden könnten. Die *„in Privathand befindlichen Quellen zu erschließen, ehe sie zugrunde gehen"*, bezeichnete Scheben als dringend notwendigen Schritt für die historische Forschung, zumal das Archiv des Bürgermeisteramts Blankenheim vernichtet sei. *„Auf diese Weise können zugleich alte Beziehungen zwischen den Auswanderern bzw. ihren Nachkommen und ihren in der Heimat gebliebenen Verwandten wiederangeknüpft werden."* Scheben verweist in seinem Aufruf auch auf eine parallele Initiative der „State Historical Society of Wisconsin". Deren Präsident Josef Schafer hatte das Bonner Institut um Abschriften der zu erwartenden Briefe gebeten und seinerseits angekündigt, aus den Beständen seines Archivs Briefe zur Verfügung zu stellen, die von Eifler Angehörigen nach Amerika gesandt worden waren. Zuvor hatte er in geeigneten Zeitungen und Zeitschriften Suchartikel bzw. solche, die das Interesse einer gebildeten Leserschaft zu wecken geeignet waren, veröffentlicht. Die Beiträge verband er mit einem Sammlungsaufruf, den er auch gezielt an potentielle Verbündete und Multiplikatoren wie Lehrer und Geistliche richtete. Zudem lag die Zeit der Massenauswanderung erst ein bis zwei Generationen zurück, so dass in einigen Familien noch schriftlicher Kontakt zu den Nachfahren der Verwandten in Nordamerika bestand.

Scheben hat die im Laufe der 1930er Jahre zugesandten über 450 Briefe zunächst wohl nach Eingang durchgehend nummeriert, maschinenschriftlich abgeschrieben und die Originale zurückgereicht. Er blieb jedoch keineswegs beim bloßen Sammeln stehen. Eine umfassende Befragung der Familien mit eigens angefertigten Vordrucken ist dokumentiert. Sie wurde aber leider nur für den Kreis Adenau durchgeführt oder abgeschlossen und gliedert sich nach Bürgermeistereien, Orten und Familien.[422] Im Eifelkalender für das Jahr 1932 publizierte Scheben „Amerikabriefe eines Eifler Auswanderers", im selben Jahr erschienen in den Rheinischen Vierteljahrsblättern die ersten Ergebnisse seiner Forschungen.[423] Am 8. Januar 1933, also vor der Machtergreifung, trafen sich in Bonn zahlreiche Auswanderungsforscher, wobei auch die rege Beteiligung aus dem ehemaligen Kreis Adenau und die erwähnten Kontakte nach Amerika genannt seien. Für unser Gebiet ist in dem zweieinhalbseitigen Bericht zu diesem Kolloquium[424] eine Zusammenstellung der Mülheimer Auswanderer erwähnt; sie ist leider verlorengegangen.

Im Eifelkalender 1934 hat Scheben die wichtigsten Passagen seines Aufsatzes aus den Rheinischen Vierteljahrsblättern noch einmal publiziert. Anders als südlichere Regionen, vor allem der Regierungsbezirk Trier, schreibt Scheben, waren die Kreise Adenau und Schleiden unmittelbar nach dem Wiener Kongreß 1814/15 noch nicht von der Auswanderungswelle erfaßt worden. Die *„Auswanderungssucht, um eine solche handelte es sich in der Tat"*, habe an der Oberahr erst Jahre später um sich gegriffen. 1827/28 gelang es Werbern, viele Menschen aus dem Hunsrück zur Auswanderung nach Brasilien zu bewegen. Im Kreis Adenau gab es daraufhin ebenfalls viele Ausreisewillige, aber die Überfahrt war offenbar noch allzu beschwerlich und mangelhaft organisiert. Berichte von Bitburgern und Luxemburgern, so Scheben, die enttäuscht von Bremen zurückkamen, wo sie mit 4000 Auswanderern vergebens auf die Einschiffung gewartet hatten, dämpften das Interesse in der Hocheifel. *„Erst das Jahr 1840 ist der Zeitpunkt, in welchem die Auswanderung in der Hocheifel einsetzt, deren Höhepunkte (...) in den Jahren 1842, 1848, 1852, 1856, 1868, 1872 und 1881 liegen."*[425]

Scheben beschreibt lebhaft das Schicksal der Eifel-Auswanderer in Übersee - mitunter hat man bei der Lektüre den Eindruck, er sei selbst dort gewesen. Er zitiert Auszüge aus Briefen zahlreicher Siedler, die sich in Michigan, Wisconsin, Minnesota, Nebraska und South Dakota niedergelassen hatten. Die frühesten Ansiedlungen von Eifler Auswanderern fand Scheben nach 1840 in Michigan in der Nähe des Erie-Sees: Bewohner aus Rodder bei Antweiler/Ahr, Kesseling und der Kempenicher Gegend. Sie seien, so schildert es jedenfalls Scheben, angezogen worden durch die Briefe einer Familie Fuchs aus Langenfeld nahe der Hohen Acht, deren Berichte in der Eifel viele zur Nachahmung angeregt hätten. Erster Anlaufpunkt war die Stadt Detroit. In den vierziger Jahren seien Eifler Siedler aus Michigan dann weiter westwärts gezogen, einige in die weit abgelegenen Kupferbergwerke nach Eagle River am Lake Superior, andere ins Innere von Wisconsin, von wo aus sie aber ohne Erfolg und nach *„zum Teil erhebliche(n) Verluste(n)"* wieder nach Michigan zurückkehrten. Überhaupt gehören häufige Wechsel des Wohnorts zum typischen Bild jener frühen Siedlungsjahre - spätestens in der zweiten Generation. *„Für Wisconsin kann man im allgemeinen sagen, dass der frisch aus Deutschland Einwandernde gewöhnlich, freilich nicht immer, nur e i n neues Heim gründete, wo er mit Ausdauer seiner Landwirtschaft nachging. Der zweite deutsche Nachwuchs aber lieferte seinen Anteil an der Auswanderung aus Wisconsin zu den weiter westlich gelegenen Territorien und Staaten."*[426]

Für die vorliegende Studie sind vor allem zwei Orte von Interesse, in denen Scheben Siedler von der Oberahr feststellt. *„Einwanderer aus dem Kalkgebiet des Kreises Schleiden um Blankenheim fanden sich in Kenosha County nachbarschaftlich zusammen in der town Brighton.* (vgl. Kap 4.1.2) *Von der Brightoner Gruppe liefen landsmannschaftliche und verwandtschaftliche Beziehungen zum südwestlichen Wisconsin, wo in der Bleiregion um Potosi* (vgl. Kap. 4.1.3) *Berg-*

leute aus Blankenheimerdorf und aus Mechernich den Beruf, den sie in der alten Heimat ausgeübt hatten, fortsetzten."[427] Der Zusammenhalt der deutschen Siedler untereinander, schreibt Scheben, war außerordentlich stark. Neben Sprache und verwandtschaftlichen Beziehungen nennt Scheben einen weiteren Grund, dessen Bedeutung für die Siedlungsgeschichte des Mittleren Westens nicht zu unterschätzen ist. *„Das Band, welches diese Gemeinden zusammenhielt, war betont religiös. Nicht etwa nur bei den Sekten. (...) Nur wenn man den religiösen Gesichtspunkt berücksichtigt, ist auch die Bedeutung zu verstehen, welche die Pfarrschulen gewannen. Der Wunsch der Eltern, die Kinder im Geiste ihres Bekenntnisses erzogen zu sehen, brachte diesen Schulen große Verbreitung. (...) Wie echt und tief das Gemeinschaftsbewußtsein war, ist z. B. daraus zu ersehen, dass man besonders begabte Kinder auf Kosten der Gemeinde studieren ließ."*[428]

Die Eifler Siedler, fast ausschließlich Katholiken, ließen sich zudem oft in der Nähe von Missionsstationen nieder. *„In Wisconsin sind mit wenigen Ausnahmen alle Orte, die nach Heiligen benannt sind, auf Siedlungen deutscher Katholiken zurückzuführen."*[429] So waren Konfession, Nachbarschaftshilfe und verwandtschaftliche Beziehungen über lange Jahre für die Eifler Siedler die Grundlage eines starken Gemeinschaftsgefühls. Schon die Lektüre dieses einen Aufsatzes von Joseph Scheben belegt, wie detailgenau er den Spuren der Eifler Auswanderer nachgegangen ist. Er war in der Tat ein Pionier seines Fachs. Im vorliegenden Buch, das sich ausdrücklich Schebens Vorleistungen verpflichtet sieht, werden die Briefe, sofern sie unser Untersuchungsgebiet betreffen, erstmals thematisch ausgewertet und ausführlich zitiert.

3.2 Die Auswandererbriefe
von Christoph Bungartz

Die von Joseph Scheben gesammelten Briefe und weitere, die im Zuge der Arbeit an diesem Buch aufgetaucht sind, ermöglichen uns heute eine Art direkten Einblick in die Alltagswelt der Auswanderer von der Oberahr. Wie erlebten sie ihre neue Heimat? Empfanden sie sie überhaupt als Heimat? Wie kamen ihnen die Amerikaner vor, die aus anderen Ländern eingewandert waren, vor allem die angelsächsischen Yankees? Mit welchen Gepflogenheiten konnte man sich rasch anfreunden, was blieb lange fremd? Wo suchten sie die ersten Kontakte? Womit verdienten sie ihr erstes Geld? Wie erlebten sie die viel stärker technisierte Landwirtschaft? Welche Rolle spielten Politik und Kirche? Antworten auf diese und viele weitere Fragen finden sich in den Briefen, die die Ausgewanderten den Daheimgebliebenen geschrieben haben. Die Briefe sind Zeugnisse des Übergangs, geschrieben von Menschen, die dabei sind, in einer anderen Welt Fuß zu fassen. Zunächst versuchten sie, es sich so heimisch wie möglich zu machen. Sie blieben im Familienverbund, suchten Anschluss bei anderen Eiflern bzw. Luxemburgern, gingen dorthin, wo schon Bekannte und Verwandte waren oder wohin sie empfohlen wurden, bauten katholische Kirchen, meißelten deutsche Sinnsprüche in die Grabsteine – und fingen eben nur ganz langsam an, Amerikaner zu werden.

Bei der Lektüre und Auswertung der Briefe darf man jedoch die dort geschilderten persönlichen Erlebnisse und Bewertungen nicht mit einer fundierten Geschichtsschreibung verwechseln. Hier schreiben Menschen aus ihrem subjektiven Blickwinkel. Und in jedem Brief stecken nicht nur Informationen, sondern womöglich auch die Absicht zu prahlen und zu schwärmen, zu betteln oder zu jammern. Es wird übertrieben oder verharmlost, dramatisiert oder beschwichtigt. Denn ein Briefschreiber verfolgt häufig, mehr oder minder explizit, auch einen Zweck: Der Sohn bittet den Vater um Geld, die Freundin schwärmt der Freundin von der Freiheit des Teenagerlebens in Amerika vor, um sie womöglich her zu locken, der betagte Lehrer schildert der Verwandtschaft in der Eifel, wie großartig seine Karriere verlaufen ist, und hofft auf Bewunderung aus der Ferne. Trotzdem: der Originalton aus einer längst vergangenen Zeit bietet viele Einblicke, die detailgenauer und lebendiger sind als jede allgemeine Beschreibung eines Historikers. Von den insgesamt 473 Briefen und Dokumenten der Sammlung Scheben stammen 50 von Auswanderern der Oberahr; einige davon sind allerdings erst nach 1920 verfasst und kommen für unsere Untersuchung nicht in Betracht. Von den Briefen waren 70 Jahre später nur noch wenige Originale im Familienbesitz vorhanden. Neben den Scheben-Briefen konnten wir 25 weitere Briefe aus Privatbesitz ermitteln und auswerten.

3.2.1 Die wirtschaftliche Situation

Im Vordergrund aller Briefe stehen die Nachrichten über die ökonomische Lage, sowohl die private wie auch die des ganzen Landes. Zwar fanden viele Auswanderer von der Oberahr zunächst Hilfe oder gar Unterkunft bei Eifler Bekannten und Verwandten, die schon in Amerika waren; doch alles beherrschend ist natürlich die Frage, wie rasch es einer schafft, auf eigenen Beinen zu stehen. Anfangs sitzt den Auswanderern die Überfahrt noch förmlich in den Knochen – und die war etwas anderes als ein Spaziergang von einem Eifeldorf zum anderen. Die Reise nach Amerika, schreibt 1857 Christian Bove, *„ist nicht gerade, als wenn man von Waldorf nach Alendorf sollte gerufen werden."* Und in den *„Vorhöfen des Himmels"* sei man auch nicht gelandet.[430] Viele müssen in den ersten Jahren zunächst einmal die Kosten der Überfahrt abbezahlen, oft genug nehmen sie dafür einen Kredit auf. *„Ich habe meiner Familie hier 130 Dollar abverdient in Zeit von 4 Monaten, was hart genug war für mich; daß ich schon gleich mit Schulden bin nach Amerika gekommen"*, schreibt Joseph Willms 1884 nach Bankenheim. Er ist gerade ein Jahr in Amerika, aber schon reichlich desillusioniert: *„Wenn ich an meinem Handwerk gearbeitet hätte, dann hätte ich noch dreimal so viel verdient. Wenn ich gewußt hätte, was ich jetzt weiß, dann wäre ich gleich in die Stadt gegangen und wäre gar nicht in den Matschpratsch hineingeraten."*[431] Eine eigene Farm ist am Anfang viel zu teuer, daher müssen die Einwanderer zunächst als Handwerker oder Arbeiter Geld verdienen. Als Tischler oder Schmied in der Stadt gibt es durchaus gute Verdienstmöglichkeiten; auf dem Land dagegen ist es nicht überall lukrativ. Joseph Willms hat einen schweren Stand: *„Ich wohne nicht bei meiner Familie; ich wohne drei Meilen von ihnen ab ganz allein in einem Lokhause* (loghouse = Holzhütte) *und zahle monatlich drei Dollar Miete. Meine ganze Beschäftigung ist Holzhacken und stochen. Wir haben jetzt 40 Grad Kälte."*[432]

Viele Briefschreiber schildern den Daheimgebliebenen, was es kostet, den eigenen Lebensunterhalt zu bestreiten. Kauf von Grund und Boden, Bau eines Hauses, Erwerb von Vieh und Gerätschaften, Kartoffel- und Weizenpreise: immer sind dies beherrschende Themen. Und oft wird der Vergleich mit der Heimat gezogen. *„Hier in Amerika kann man viel Geld verdienen,"* schreibt 1870 Johann Peter Schmitz aus Faribault, Minnesota, seinem Bruder in Blankenheimerdorf, *„aber man kann es auch viel brauchen. Wenn ich in Deutschland einen Taler verdiene, mache ich mehr aus, als wenn ich hier 2 Taler habe. In Deutschland kann man sich mehr Freud machen* *mit 5 Silbergroschen als wie hier mit einem Taler. Wenn man hier in ein Wirtshaus geht, dann ist oft ein Taler fort, dann hat man sich noch nicht auf einen Stuhl gesetzt. Und geht man an einen Ball, dann sind 5 Taler fort, so schnell wie der Wind."*[433] 80 Acker Land habe er gerade erworben, schreibt er weiter. Die kosten 600 Taler, ein Haus 300 – wenn man es selbst baut, eine Kuh 40, ein Stubenofen 30 Taler. *"Jetzt müssen wir noch einen Wagen haben, Pflug und Egge und ein paar Ochsen oder Pferde und sonst Ackergereitschaft. Das kostet zum wenigsten alles zusammen 500 bis 600 Taler."* Bis dahin lässt man pflügen, für fünf bis sechs Taler pro Acker. Die Existenzgründung ist beschwerlich, viele seiner Bekannten, *"die lange Jahre hier sind"*, hätten es noch nicht einmal zu bescheidenem Wohlstand gebracht.

Zum Ende des Jahrhunderts hin hat sich für die Familien Schmitz aus Blankenheimerdorf die ökonomische Situation wesentlich verbessert. Johann Peters Bruder Friedrich schreibt 1897 aus Faribault an die Verwandten in der Eifel: *"Wir haben, Gott sei Dank, dieses Jahr wieder genug für zu leben. Wir hatten eine mittlere Ernte. Die Kartoffeln sind sehr gut. Der Weizen hätte besser sein können. Das Welschkorn oder Mais ist gut. Heu und Hafer ist auch genug gewachsen, daß wir Futter genug haben. ... Rindvieh bezahlt sich* (engl.: pays off; d.h. rentiert sich) *jetzt am besten, weil die Butter hat guten Absatz. Wir schicken die meiste Butter nach Neuyork. Wir bekommen jetzt 22 Cent für das Pfund. 25 Cent ist eine Mark. Es sind jetzt hier im Staat Minnesota 445 Butterfabriken. ... Unser Sohn Arnold schafft in der Butter Fabrik. Er tut es lernen."*[434] Eine eigene Farm stand oft erst am Ende eines Einwandererlebens, wenn überhaupt. Friedrich Schmitz, der schließlich mit der Milch- und Viehwirtschaft gutes Geld verdiente, hatte zunächst Ende der 60er Jahre in der Bleigrube von Potosi, Wisconsin, gearbeitet, wohin es viele Eifler Auswanderer zog. Friedrich hatte dorthin seinen Bruder Johann Peter nachgeholt – 1869, 17 Jahre nach der eigenen Auswanderung. Der Bruder verdiente sein erstes Geld als Maurer, während Friedrich schon in Verhandlungen um Schürfrechte stand. *"Ich habe gestern in dem Stollen aufgehört mit Arbeiten. Die Kompagnie hat den Stollen im Kontrakt ausgegeben, 100 Fuß lang, dafür wollten wir 800 Dollar haben. Nun sind andere gekommen, die haben es 125 Dollar billiger angenommen. Dann haben wir es fahren gelassen. Nun bin ich willens, nächste Woche auf einem anderen Platz einen Stollen zu treiben, unser 5 Mann. Wir haben 115 Fuß zu gehen durch harten Felsen, bevor wir Blei bekommen. Da wird der Fuß uns ungefähr 5 bis 6 Dollar kosten."*[435]

Doch es war nicht nur der Kampf um die eigene Existenz, der in den Briefen die wirtschaftlichen Themen in den Vordergrund treten ließ. In der Neuen Welt erlebten die Einwanderer einen Primat der Ökonomie, wie sie ihn aus ihrer Heimat nicht kannten. Es herrschten Gründerzeitstimmung, Frühkapitalismus, Geldgier – zusätzlich angeheizt durch mehrere „gold rushs". Der kalifornische Goldrausch von 1849 war zwar schon vorüber, als die meisten Oberahr-Einwanderer in Nordamerika eintrafen, aber es folgten noch mehrere Funde in Kansas und Alaska, die jeweils viele tausend Menschen in Marsch setzten.[436] Die Kehrseite waren Arbeitslosigkeit, Mietwucher, Überschuldung. *„Wie denn nichts vollkommen in der Welt ist, hat uns das Schicksal einen harten Schlag versetzt."* schreibt Peter Froidevaux 1868 aus Collinsville, Connecticut, an seine Angehörigen in Blankenheim. *„Das Haus nämlich, wo wir seit unserer Verheiratung wohnen, wurde verkauft; und dieser Käufer steigerte die Miete aufs doppelte. Mußte also eine Miete von 7 Dollar per Monat zahlen. Ich kam zu dem Entschluß, ein Haus zu bauen, kaufte einen Platz – einen Acker Land – à 200 Dollar und ließ den Keller fertig machen."* Doch dann verliert er Geld, nachdem in seiner Bank Kapital veruntreut wurde, die bevorstehende Präsidentschaftswahl lässt alle Geschäfte stocken, da niemand weiß, wie sich die Dinge entwickeln werden, und die Lebensmittelpreise befinden sich in einem Dauerhoch. Fazit: *„Das Land und der Keller sind bezahlt; für weiter zu bauen besitze ich ... nicht mehr die Mittel. Ihr könnt Euch leicht denken, in welcher traurigen Situation ich und viele andere sich befinden; das heißt man Spitzbüberei."*[437]

Peter Jacob Schumacher, der von Ahrhütte nach Petaluma, Kalifornien, auswanderte, erlebte als Selbstständiger die ganze Härte des kapitalistischen Konkurrenzkampfs und der sozialen Kälte. *„Es sind hier zu viel Metzger, da sitzt einer auf dem anderen, da geht es bald ab und bald zu, bald hat dieser die meisten Kunden, bald der andere, so streiten sie immer mit den Preisen. Es hat hier ein Metzger im Herbst auch für sich ein Geschäft angefangen, es war ein Sachse, ein feiner Mann und hatte auch eine feine Stelle wo er sich niedergelassen hatte. Dieser machte im Anfang gute Geschäfte, aber auf einmal musste er wieder aufgeben, es war die Ursache dass die andern die Preise herunter setzten, so geht es hier. Der Americaner gibt nichts für andere. Wenn einer hier selbst nichts hat, so kriegt er nichts, man muss sich hier selber helfen. Deshalb soll ein jeder Gott danken dass man gesund bleibt, man ist von jedem Mensch verlassen, noch mehr von den Deutschen als wie von den Americanern. Wenn man sich damit etwas erhofft, dann sind die noch am meisten gut, sogar noch die Metzger. Die deutschen Familien sind gut solange man Geld hat, aldan hört die gute Zeit auch auf, so ist es mit den meisten."*[438] In einem späteren Brief aus dem Jahr 1889 beklagt Peter Jacob Schumacher die schlechte Situation am Arbeitsmarkt und die Ausbeutung der Arbeiter und Ackersmänner durch die Händler und Geschäftemacher, die ein Vielfaches an den Produkten verdienten. Und den bevorstehenden Winter macht er für eine wieder einmal hohe saisonbedingte Arbeitslosigkeit verantwortlich.[439]

Abb. 66: Peter Jacob Schumacher

Geldsorgen gehören in vielen Briefen zum Grundtenor. *„Ich hatte aus dem Briefe von meinem Kamerad Heinrich vernommen, daß Du mir eine Heirathssteuer schikken wolltest, habe aber bis jetzt noch nichts gehört und gesehen davon"*, schreibt Matthias Trapp 1872 aus Nebraska an den Vater in Blankenheim.[440] Peter Klinkhammer mahnt bei seiner Familie in Ripsdorf *„das beste in der Welt, nämlich das Geld"* an, das ihm versprochen worden sei.[441] Und Michael Hammes fragt bei einem Freund in Ripsdorf nach, *„wer eigentlich das Vermögen von der Frau Vogelsberg, das heißt der Rest von Müllers u. Onkel in Cöln in Händen hat (...).* " Bei einem feuchtfröhlichen Abend in Glen Haven, Wisconsin, hatten das Ehepaar Hammes und andere Oberahr-Auswanderer, unter ihnen auch Thomas Vogelsberg, „Reuchers Tommas", das Gespräch offenbar auf ungehobene Ressourcen in der Heimat gebracht – im Brief bittet Hammes den Freund, *„das Geld zu collecten und hierher zu schicken".*[442] Und ein Mülheimer Auswanderer erklärt 1887 aus Chicago, warum er noch nicht alle Schulden daheim beglichen habe, obwohl er lebe wie *„Gott in Frankreich, den(n) ich kann Essen was ich wiel"*[443], nur sei auch noch die Schwester zu versorgen, der Kartoffelpreis gestiegen und der Wechselkurs beim Agenten mit *„blos 4 Mark für den Dolar"* denkbar schlecht.

Im Laufe der Jahrzehnte bessert sich bei fast allen Briefschreibern die wirtschaftliche Situation. Christian Bove weiß schon 1857, dass das erste Jahr wohl für alle das schwerste sei. *„Warum? Weil es noch überall fehlt und das Geld ((...))*[444] *klein ist, wenn sie hierhin kommen. Sind sie aber einmal hier und ((haben)) sich einmal selbst etwas gezogen (...), denn wünschen sie sich unter keinem Preis mehr zurück."*[445] Ähnlich resümiert 1870 Johann Peter Schmitz: *„Die ersten Jahre ist es schwer anzufangen auf dem Land. Wenn man aber auch einmal eingerichtet ist, dann ist es viel leichter wie in Deutschland bei Euch, und es bringt mehr ein als wie bei Euch."* Nach dem Ersten Weltkrieg schließlich hat sich die Lage sogar umgekehrt. Die Auswanderer von einst schicken Geld und Pakete in die Not leidende Heimat, der eine oder andere spekuliert sogar auf künftige Kursgewinne und investiert in die marode und preisgünstige Deutsche Mark.[446] So haben die anfangs oft mittellosen Emigranten aus der Eifler Provinz schließlich auch die Prinzipien des modernen Kapitalismus verinnerlicht.

3.2.2 Heimweh

So sehr die Einwanderer sich in der Neuen Welt assimilierten und mehr und mehr zu Amerikanern wurden, ein Gefühl hielt sich lange: das Heimweh. Viele Briefe changieren zwischen Zweckoptimismus, Tatendrang und der stets wiederkehrenden Melancholie, dem Gefühl der Entwurzelung. Am stärksten manifestiert sich dies in einem kleinen, nicht mehr datierbaren Briefstück der Magdalena Wilms aus Blankenheim, die ihrem Schwager Johann ihr Leid klagt: *„ Wir haben noch nicht viel Glück gehabt hier in dem gelobten Lande. ... wären wir in Deutschland geblieben, wir hätten besser getan dort wie hier. Aber was kann machen? Man muß sich in den Willen Gottes fügen. Wenn ich es allein zu tun hätte, ich wäre schon lange wieder zurückgekommen."*[447] Familie Wilms ist 1883 ausgewandert und lebt in Glen Haven, Wisconsin. Magdalenas Mann Joseph schreibt im Oktober 1883 an seinen *„Freund Joseph im fernen Vaterlande"* und berichtet seinerseits von wirtschaftlichen Sorgen und vom stetigen Heimweh seiner Frau: *„sie weint Tag und Nacht und sagt, wären wir noch einmal in Deutschland."*[448] Nachts träumt auch er von der Eifelheimat, aber tagsüber nimmt ihn der Existenzkampf voll und ganz in Anspruch. Ähnlich schildert es Friedrich Schmitz aus Blankenheimerdorf noch sieben Jahre, nachdem er die Heimat verlassen hat: *„Ich bin oft in meinen Träumen bei Euch gewesen und habe mit Euch gesprochen, und wenn ich erwachte, so war ich wieder in Amerika. Ja ich habe mich jetzt oft 8 oder 14 Tage bei Euch gewünscht und dann wieder hierher."*[449]

Die Angehörigen mögen doch etwas von zu Hause erzählen, heißt es immer wieder – zwischen Brief und Antwort liegt nicht selten ein halbes Jahr oder mehr. Michael Hammes bittet auch nach elf Jahren Amerika um das Neueste von zu Hause, als wäre er gerade erst fortgegangen. Er will wissen, *„was Anton und Joh. Reetz macht, auch kannst Du mir etwas von der A.M.R.* (verm. Anna Maria Reetz) *kritzeln, lebt Deine Mutter noch? hat Peter Krings auch schon sein Testament gemacht? wer ist im „Halfen-Haus"? lebt G. Plützer noch und kann er noch nicht besser gehen?"* So geht es fort, bis plötzlich eine Frage auftaucht, die den Schreiber wohl ganz besonders umtreibt: *„wie oft sprecht Ihr von mir? was wird gesagt über mein Befinden in Amerika?"*[450] Man verlässt die Heimat, man bricht auf in ein neues Leben, in die weite Welt, vieles wird anders – aber das Schlimmste wäre wohl, wenn sich in Ripsdorf keiner mehr an einen erinnerte.

Wer kann, legt ein Portrait-Foto in den Briefumschlag – *„Im nächsten Briefe schicke ich Dir mein Portet, wenn ich Antwort auf diesen Brief habe"*[451] - und fragt auch nach Bildern der Familie in Deutschland. Ganz schlicht, aber anrührend ist die Bitte einer Ausgewanderten, die gern ein Stück Eifel in Amerika hätte: *„Da wir hier keine große Auswahl von Blumen haben, würdet Ihr uns sehr erfreuen, wenn Ihr ein wenig Blumensamen lose einlegt und mitschickt. Nelkensamen nicht zu vergessen. Vorausgesetzt, daß der Brief noch zur Zeit des Säens hier ankommt."*[452] Nach und nach aber verblasst die Erinnerung an die Eifel, und auch die Kontakte reißen ab. Bereits im 19. Jahrhundert schreiben einige der Auswanderer, sie würden die Heimat vielleicht gar nicht mehr wieder erkennen.[453] 1924 klagt Wilhelm Friesen, 82 Jahre alt: *„Von Blankenheimerdorf habe ich schon lange Jahre nichts mehr gehört. Meine Kameraden werden wohl die meisten fort sein."*[454] Schon 1902 schickt Gertrud Pütz aus Mülheim von Chicago aus eine Postkarte nach Deutschland, in patriotischem Schwarz-Weiß-Rot. Das Gedicht, das die Karte ziert, ist ein Bekenntnis zur Heimat, doch es klingt bereits formelhaft wie aus dem Poesiealbum: *„Ich denke dein mein Vaterland / Und aller meiner Lieben, / Weil' ich auch fern vom Heimathsland, / Mein Herz ist deutsch geblieben."*[455]

3.2.3 Zusammenhalt der Eifler Familien

Als Mittel gegen das Heimweh, aber auch als ganz praktische Starthilfe gingen, wie bereits gezeigt, viele Auswanderer in Amerika zunächst zu Freunden und Verwandten aus der Eifel. Nicht selten waren sie ja sogar aufgrund direkter Empfehlungen gekommen. Wer Fuß fassen will, tut sich damit leichter, wenn ihn noch etwas Bekanntes umgibt. Und auch wer weiterzieht, sucht oft den familiären

Kontakt. *„Wir sind letzten Herbst von Illinois nach Minnesota bei meinen Onkel Peter gezogen"*, schreibt im Februar 1889 Maria Anna Klassen aus St. Martin, Minnesota an ihren Onkel Anton Koch in Uedelhoven. *„Meine Schwester Gertrud und mein Bruder Hubert sind in Illinois geblieben. Das ist noch ziemlich weit von hier. Wir sind eine Nacht und einen tüchtigen halben Tag auf der Eisenbahn gefahren."*[456] Johann Peter Schmitz schreibt 1870, dass *„der Peter Jontges* (= P. Jentges, s. 5.3) *hier angekommen ist in Amerika. Ich habe ihn aber noch nicht gesprochen, viel weniger noch gesehen. Er hat uns den Brief geschickt von unsern Eltern, aber anders noch nichts geschrieben."*[457] Ein früher Anlaufpunkt der Emigranten von der Oberahr war das Städtchen Brighton im Staat Wisconsin (s. 4.1.2). Joseph Krings aus Ripsdorf berichtet 1857, wen er binnen kurzer Zeit alles *„in der Pfarrgemeinde Breiden"* (= Brighton) kennen gelernt hat: die Familien Molitor und Lenz aus Alendorf, Vogelsberg aus Ripsdorf, Hecker und Hess aus Blankenheimerdorf; die Brüder Daniels aus Freilingen; Bove Schmidt aus Waldorf; einen Klinkhammer aus Dollendorf; außerdem Familien aus Barweiler, Steinborn (Krs. Daun) und Hillesheim – nicht zu vergessen *„noch einen tüchtigen Schwätzer, dessen Namen mir nicht einfällt."*[458]

Abb. 67: Oberahr- Auswanderer beim Frühschoppen in Nebraska 1906

Ein anderes Nest voller Eifler war Potosi, Wisconsin (s. 4.1.3). Von dort schrieb Friedrich Schmitz aus Blankenheimerdorf im Sommer 1869 an seine Eltern: *„Die Woche sind wir fleißig mit schaffen, und Sonntags, wenn der Gottesdienst aus ist, dann müssen wir auf Visit, oder besser gesagt auf Besuch gehen: einen nach dem andern. Nächsten Sonntag dann haben wir großen Besuch. Dann wollen wir Peter und Pauli feiern. Die Familie Gorgens und Friesen, die Familie Ehlen und Vogelsberg, so auch meiner Frau ihre Familie, Eltern und Geschwister, sind alle eingeladen. So wäre mein innigster Wunsch, Ihr wäret alle bei uns zugegen: Vater und Mutter, Schwestern und Brüder, Schwagern und Schwägerin, so solltet*

Ihr eine große Freude haben. Ihr könnet es Euch gar nicht vorstellen, wie es hier zugeht."[459] Geselligkeit - das war mehr als bloßes Amüsement, das Feiern hatte auch eine identitätsstiftende oder –erhaltende Funktion. Michael Hammes berichtet freudig, er habe mit Frau und Freunden sich *„die ganze Nacht, mit trinken, karten u. tanzen u. singen, so ziemlich nach deutscher Manier ein Vergnügen bereitet."*[460]

Der Zusammenhalt der Familien konnte aber auch in der Neuen Welt nicht von unbegrenzter Dauer sein. Die jüngere Generation zog oft weiter nach Westen. Bewegend ist ein Brief aus Chicago vom 10. Dezember 1872. Darin erzählt Tilmann Joseph Faymonville von einer unverhofften Begegnung am Sterbebett. Er selbst ist zu diesem Zeitpunkt 53 Jahre alt und war 1844 in die USA gekommen. Seine Eltern folgten zwei Jahre später (s. 2.3.1). Im Sommer 1872 stirbt die Mutter, Anna Gertrud Faymonville, 73 Jahre alt. *„Einen großen Trost hatte die liebe Mutter noch kurz vor ihrem Tode, sie hatte nämlich die Freude, ihren zweiundzwanzig Jahre abwesenden und tot geglaubten Sohn Wilhelm 6 Wochen vor ihrem Tode bei ihr zu sehen und zu sprechen. Oft sagte sie: O! wenn ich doch noch einmal meine 4 Kinder hier bei mir sehen könnte, so wollte ich gerne sterben! Wo mag doch wohl Wilhelm sein? – Dieses heiße Verlangen wurde ihr von Gott bewilligt! Ja da kam er am 10. April und blieb 2 Monate bei uns, der tot geglaubte Sohn und Bruder nach 22jähriger Abwesenheit. Ihr könnt Euch die übergroße Freude vorstellen, sie ist schwer zu beschreiben. Dann aber mußte er wieder in seine Heimat Californien zurück, wo er auch wirklich eine gute Heimat gefunden hat."*[461] Eine Geschichte vom verlorenen Sohn, aber auch ein Beispiel dafür, wie sich die Auswandererfamilien im Lauf der Jahre und der Generationen auf dem Kontinent verbreiteten. Mitunter verlor man sich früher aus den Augen, als es einem lieb war.

3.2.4 Landwirtschaft und Wetter, Faszination Technik

„Dieser Winter war sehr strenge", schreibt Christian Bove aus Brighton, Wisconsin an seinen Schwager in Waldorf. *„Von November an hat das Wetter zugestellt und ist zu geblieben. Immer stark gefroren und großer Schnee! Aber trotzdem haben die Geschäfte nicht nachgelassen. Das Vieh ist hier im Winter wie im Sommer unter dem Freien. Nur ein wenig Obdach hat es im Winter, ... (wo es) unter gehen kann in stürmischem Wetter. Und dann steht es noch ... meistens draußen."*[462] Das kontinentale Klima im Mittleren Westen ist extremer als in der Eifel, mehr als 30 Grad Celsius im Sommer und bis zu minus 20 im Winter sind keine Seltenheit, auch darauf mussten sich die Auswanderer einstellen. *„Wir haben 100 Grad Hit-*

ze im Schatten (Fahrenheit = 37,8 Grad Celsius) und 130 Grad Hitze in der Sonne (= 54,4 Grad Celsius), und das ist ziemlich warm für zu schaffen. "[462] So sind das Wetter und die Bedingungen für die Landwirtschaft – von Viehpreisen bis zu neuen Maschinen - weitere stets wiederkehrende Themen in den Briefen. Und natürlich werden vor allem die Unterschiede hervorgehoben. Christian Bove berichtet weiter, sein Sohn Johann, habe dieses Jahr gezogen *„220 Buschel Weizen, 60 Buschel Hafer, ebensoviel Welschkorn* (Mais) *und ungefähr 50 Buschel Kartoffeln. Und mit Wahrheit kann ich sagen, daß ich in meinem Leben solche Kartoffeln nicht gesehen habe; ja, mit zwei haben unserer 5 eine volle Mahlzeit.* "[464]

Friedrich Schmitz, aus dessen Briefen wir hier schon mehrfach zitiert haben, war 1852 von Blankenheimerdorf aus in die Neue Welt aufgebrochen. Der älteste seiner heute bekannten Briefe stammt vom 23. April 1856.[465] Friedrich ist 30 Jahre alt, hat je nach Bedarf und Auftragslage im Sägewerk und in der Landwirtschaft gearbeitet und lebt in Stillwater, Minnesota, das er mitunter *„Stillwasser"* nennt. Sehr detailliert schildert er die Verhältnisse im Pionierland, *„2000 Meilen oder 700 Stunden"* (per Schiff und Eisenbahn) westlich von New York. *„Hier in Minnesota sind noch sehr wenig Einwohner. Nur an den Gewässern ist es bewohnt, wo sie mit den Schiffen hin können fahren. Da ist das Land sehr hoch im Preis. Hier in Stillwater haben sie 50 Dollar für den Acker bezahlt, was vor ca. 4 Jahren der Acker ((zu)) 1 ½ Dollar ist gekauft worden. Minnesota hat sehr gutes Land und gutes Wasser. Es liegt ziemlich hoch und ist im Winter recht kalt hier. Aber ein gesundes Klima. Es ist 5 bis 6 Monate Winter. Jetzt fangen sie hier an zu pflügen und zu sähen. In 3 Monaten ist alles reif. Das ist ein großer Unterschied gegen bei uns."* Nicht minder groß war die Differenz zu den engen Dorfstrukturen in der Eifel. Dort standen die Höfe im Ort, die Felder waren wie auf einem Flikkenteppich verteilt. In Amerika sahen die Farmen so aus wie in der Eifel erst die Aussiedlerhöfe des 20. Jahrhunderts. *„Wenn einer sich hier ein Landgut kauft,"*, schreibt Friedrich Schmitz weiter, *„so baut er gewöhnlich das Haus mitten darauf; so hat er alles nächst bei der Hand. Das Land wird einmal gepflügt. Mit einem Gespann Pferden kann man 2 Acker pflügen. Das Land ist leicht zu pflügen, und die Pflüge sind anders eingerichtet. Wenn das Land zum ersten Mal gepflügt wird, so haben sie einen Extra Pflug, wo 4 bis 6 Paar Ochsen angespannt werden. Damit können sie Wurzeln durchschneiden von 2 bis 3 Zoll Dicke und 1 bis ½ Acker pflügen. Zwei Mann können hier 60 Acker bearbeiten besser wie bei Euch 20 Acker, und brauchen noch nicht zu hart schaffen."*

Joseph Krings aus Ripsdorf, 1851 im hohen Alter von 57 Jahren ausgewandert, hat nach sechs Jahren Amerika eine Anstellung als Lehrer in Jefferson, Wisconsin gefunden. Seine Briefe in die Eifel – ein Beispiel zitieren wir ausführlich weiter unten (s.3.3.3) – sind sehr euphorisch, aber auch reich an Informationen und Beobachtungen. Er ist fasziniert von der großflächigen Landwirtschaft und dem technischen Fortschritt. *„Alles gehet auf leichtere Art und Weise wie in Deutschland."* Es wird nicht mehr in herkömmlicher Art gedroschen und gemäht, die ganze Arbeit besorgt nun eine achtspännige *„Treschmaschin"*. Bis zu 150 Malter Getreide kommen so an nur einem Tag in die Speicher. *„Der reichste Bauer trischt seine sämtliche Früchten in drei Tagen aus unter dem blauen Himmel."* Doch das ist längst nicht alles. Krings berichtet, welche Pflüge eingesetzt und wie Kartoffeln und Korn angebaut werden. Und: *„Das Gras Mähmaschin mit 2 Pferde gezogen, macht in einem Tage 60 Morgen Gras oder Klee ab; auch zugleich gespreit – Nachdem folgt, wenn es zu Heu ist – ein Mann mit einem Pferde oder Ochsen der einen 30zähnigen Reichel (= Rechen) ziehet – und das Häu auf der Mitte und am Ende, zum Aufladen zusammenbringt! O Wunder über Wunder!"*.[466] 1883, 26 Jahre später, sind viele dieser Wunder schon Selbstverständlichkeiten, manche bereits veraltet. Joseph Willms schreibt aus Glen Haven, Wisconsin, nach Blankenheim: *„An der Dreschmaschine gehen 10 Pferde. Der Hafer oder das Korn kommt im Sack gefüllt auf ein Brett vor der Maschine. Die Frucht wird mit der Maschine abgemacht und gebunden."*[467]

Abb. 68: Wilhelm Friesen

Schnellere Erntemaschinen[468], neue Geräte, Zeitersparnis, größere Effizienz: über diese Dynamik der Wirtschaft hinaus ist es die Mobilität der ganzen Gesellschaft, die die Briefschreiber immer wieder staunen lässt. Schon die weiten Entfernungen zwischen Orten und Gehöften machen aus den Siedlern und Farmern Menschen, die permanent in Bewegung sind: *„Hier geht keiner 5 Minuten weit, sondern alles fährt."*[469] Das ist der American Way of Life. Schon die Einwanderer der ersten Generation erleben aber auch die Kehrseite des Fortschritts. Die Automation steigert den Profit, doch sie macht auch viele traditionelle Berufe und Tätigkeiten überflüssig. Peter Jacob Schumacher beklagt die Verhältnisse in der kalifornischen Landwirtschaft: *„Nun kann man sich leicht denken wie es den armen Leuten zumute ist, da jetzt der Winter hier* *anfängt und nichts da* (ist) *zu*(m) *Leben. Keine Arbeit, kein Geld, das ist aber das traurigste hier* (in) *California, das man dann kein Geschäft hat, hat fast für 4 - 5 Monate nichts zu tun, denn der Landmann hat weiter nichts zu tun als zu pflügen und zu säen, was sehr schnell geschehen ist und sehr wenig Leute eint, denn diese Ackergerätschaften sind so eingerichtet, dass es nicht viel Zeit nimmt zu dieser Arbeit und wenig Leute."*[470] Der Landmann, der auf die Kraft seiner Muskeln angewiesen war, war in Amerika schon damals eine aussterbende Spezies. Am Beispiel der Landwirtschaft zeigt sich am besten, dass die Eifler Auswanderer in der Neuen Welt neue Verhältnisse vorfanden. Wenngleich vieles besser war als in der Heimat, das Tempo der Veränderungen und die immer neuen Herausforderungen machten das Leben auch hier zum Existenzkampf.

3.2.5 Politik, Gesellschaft, Kirche

Die Auswanderer von der Oberahr waren aus wirtschaftlichen, nicht aus politischen Gründen nach Amerika gekommen. Die ökonomische Entwicklung und der Vergleich mit den Bedingungen in Deutschland beherrschen als Themen daher auch die Briefe. Zum einen ist das typisch für die Pioniersituation, in der sich die Auswanderer befanden - in den kleinen Ortschaften des Mittleren Westens waren gesellschaftliche und ordnungspolitische Strukturen zu jener Zeit allenfalls im Aufbau. Zum anderen haben die Briefe durchgehend privaten Charakter – und in privaten Briefen stehen das persönliche Befinden, die Lage der Familie, das Wetter usw. ja bis heute im Vordergrund. Die Siedler aus der Eifel fanden in den Vereinigten Staaten Freiheit und Gleichheit in einem Maße, wie sie es nicht nur nicht kannten, sondern wohl nicht einmal vordringlich gesucht hatten. Bürgerliches Selbstbewußtsein statt spätfeudalistischer Abhängigkeit: schon das fehlende „Sie" in der Anrede war eine ganz neue Erfahrung. *„Hier im Lande wird alles per Du angeredet, mag sein, wer will, ob es der Präsident ist oder Pastor, man braucht nicht die Mütze zu ziehen vor keinem."*, schreibt Joseph Willms 1883[471], und in einem späteren Brief meint er: *„Ich denke, ich will hier in Amerika lieber arm sein als wie in Blankenheim. Da muß man den großen Herren unter die Augen sehen, aber hier ist das nicht nötig."*[472]

Manch einem bescheidenen Eifler ist das Selbstbewusstsein der Amerikaner aber auch zu ausgeprägt. *„Amerika ist ein reiches gesegnetes Land, wenn nicht alles übertrieben würde"*, schreibt Friedrich Schmitz 1897 an seine Familie in Blankenheimerdorf. *„Die Zeiten sind wie immer, aber die Leute werden schlimmer, besonders in der Kleidung. Denn die Pracht ist so groß, besonders hier in Amerika. Man sieht keinen mehr zu Fuß gehen, entweder in einer Kutsche fahren* *oder auf dem Zweirad. So auch die Kleidungsstücke sind zu kostspielig. Die Hoffahrt nimmt überhand.*"[473] Der verfassungsmäßig garantierte „pursuit of happiness" – das Streben nach Glück und Wohlstand – zeigte mitunter auch hässliche Auswüchse, zum Beispiel während der „gold rushes", die Tausende von Menschen in der Hoffnung auf schnellen Reichtum in den Westen und bis nach Alaska lockten. Dort war das „Land of the Free" eine reine Ellenbogengesellschaft. Friedrich Schmitz, der sich 1897 im Alter von 72 Jahren über die Hysterie des jüngsten Goldrausches beklagt, hatte in einem früheren Brief von 1859[474] übrigens selbst erwogen, wegen einer gerade gefundenen Goldmine nach Westen zu reisen. Ob er es getan hat, ist nicht bekannt – jedenfalls ist er der einzige Oberahr-Auswanderer, der das Thema überhaupt erwähnt.

Auch der amerikanische Bürgerkrieg, ebenfalls ein Ereignis, das die ganze Nation bewegte, bleibt in den Briefen ausgespart. In vier Jahren, von 1861 bis 1865, hatte der Kampf um die drohende Sezession der Südstaaten und damit um Erhalt oder Zerfall der Vereinigten Staaten ca. 620.000 Menschenleben gekostet und weite Landstriche verwüstet.[475] Im gesamten Konvolut der Sammlung Scheben wird diese Katastrophe nur 17mal erwähnt – die Auswanderer von der Oberahr beziehen sich nirgends darauf. Ein Grund dafür ist zunächst die Tatsache, dass unmittelbar während des Krieges die Einwanderungszahlen drastisch zurückgingen – in Europa riet man ausdrücklich von der Reise ab. Von denen, die bereits im Lande waren, berichtet keiner von direkten Kriegserlebnissen – die Kampfgebiete im Osten und Süden lagen weit entfernt von den Siedlungsorten der Eifler Auswanderer.

Wichtiger als nationale Belange sind für die Neu-Amerikaner immer noch ihre landsmannschaftliche und religiöse Identität: als Eifler unter den deutschen Einwanderern, als Deutsche unter den Yankees, als Katholiken unter der Mehrheit der Protestanten. In Iowa wurden an einem neu gegründeten Ort zunächst eine katholische Kirche und eine Schule errichtet – als Anreiz für Siedler.[476] Und in Faribault, Minnesota, finanziert die ganze Gemeinde das neue Pfarrhaus. Kirchensteuer gibt es in Amerika nicht. *„Unsere deutsche Katholische Gemeinde hat diesen Sommer ein neues Pfarrhaus gebaut von Ziegelsteinen mit 13 Zimmern. Das kostet 4000 Dollar. Ich habe 30 Dollar dazu gegeben. Es sind etliche, die 100 Dollar gegeben haben. Es sind ungefähr 120 Familien in unserer Gemeinde. Sie wird jedes Jahr stärker. Der Erzbischof war letzte Woche hier und hat gefirmt. Es waren 550 Firmlinge in Faribault. In der Deutschen Gemeinde oder Kirche 150, in der Französischen Kirche 150, in der Irländischen 250. Es sind 3 Katholische Kirchen in Faribault."*[477] Die Religionsfreiheit, eine der Säulen der amerikanischen Verfassung, wissen die Eifler Auswanderer besonders zu schätzen, als in Deutschland der Kulturkampf ausbricht. *"Ich kann es nicht unterlassen, Euch und somit allen deutschen Brüdern drüben mein Mitleid mitzuteilen inbetreff der Bismarkschen Regierung über Gott, Religion und Menschen"*, schreibt Johann Bove im März 1873 aus einem Ort in Minnesota mit dem optimistischen Namen Young America an seinen Vetter in Waldorf. Aus dem Brief klingt Anteilnahme, aber auch das Wissen darum, mit der Auswanderung die bessere Wahl getroffen zu haben: für ein Leben in Freiheit und Frieden, während in der Alten Welt, wie Bove fast schon prophetisch schreibt, nach dem deutsch-französischen Krieg die nächste, viel größere Katastrophe am Horizont heraufzieht. *"Ohne Zweifel werden die Regenten Europas stürzen, wie die übrigen gestürzt sind. ... Wehe dir dann, du junges deutsches Blut! Der Krieg (mit) Oestreich und Frankreich ist mir ein Schatten der Zukunft für Europa."*[478]

Die erste Generation der Einwanderer hat sich nur langsam an den American Way of Life herangetastet. Ein schöner Beleg dafür sind die Zeilen des alten Friedrich Wilhelm Klinkhammer aus dem Jahr 1912. Am 4. Juli, dem Nationalfeiertag, hat auch er am Volksfest in seinem Örtchen Cassville, Wisconsin, teilgenommen, ist aber, ermüdet vom *"Treiben der Jugend"*, rasch nach Hause gegangen, um an seinen Neffen in Ripsdorf zu schreiben. Und obwohl er, der schon 73 ist und seit Jahrzehnten in Amerika lebt, sich leise zurückgezogen hat, spricht aus seinen Worten doch der Stolz eines Mannes, der sich mit seinem Amerika identifiziert. *"Heute feiern wir unser National Fest, das 135jährige der Unabhängigkeit der Vereinigten Staaten v.N.Am. Könntest Du und Deine Geschwister heute hier sein, würdet Ihr eine Idee von Amerika bekommen, die Ihr nie vergessen würdet. Obwohl unser Städtchen klein, ist der Aufwand großartig. Die Straßen Parade heute ließ einem Kölner Carnevalszuge nichts nach. Spiele aller Art, Price Boxen, Theater Vorstellung auf einem großen Schiff, das hier auf dem Mississippi Fluß vor Anker liegt, mehrere Musik Kapellen und Gesang Vereine tun ihr Bestes inzwischen Pausen der Redner. Unser Städtchen wimmelt von Tausenden, jung und alt, die hier von 25 Milen (= miles, Meilen) in der Runde versammelt sind."*[479]

3.2.6 Zwischen Hochdeutsch, Platt und Englisch

Es ist kein Zufall, dass die lange überfällige Edition der Briefe, die Joseph Scheben gesammelt hat, in einer sprachwissenschaftlichen Reihe erfolgt ist. Sie trägt den Titel „Sprachgeschichte des Deutschen in Nordamerika", und in der Tat erzählen die Briefe neben all den Erlebnissen der Auswanderer auch vom Wandel ihrer Sprache. Von keinem der Emigranten von der Oberahr ist anzunehmen, dass er des Englischen mächtig gewesen wäre. Das war im 19. Jahrhundert noch kein existentielles Problem, da zunächst alle Auswanderer in der Nähe von Verwandten oder Landsleuten siedelten und sich so in ihrer Muttersprache verständigen konnten. Der Rest war „learning by doing". Im Lauf der Jahre lernen die Neu-Amerikaner mehr schlecht als recht die englische Sprache, und in den Briefen, das zeigten schon kleine Beispiele in diesem Kapitel, schleichen sich immer häufiger englische Wörter ein. Nur selten freilich werden sie richtig geschrieben, oft läßt sich das Gemeinte nur durch lautes Lesen erschließen: „Brökfest"[480] statt breakfast (Frühstück); „Sopper" statt supper (Abendessen); „Lokhaus"[481] statt loghouse (Holzhaus); „Tolar"[482] statt Dollar; „Märi"[483] statt Mary; „Post offes"[484] statt post office (Postamt); „help Ju selfs"[485] statt help yourself (Hilf Dir selbst! bzw. Bedienen Sie sich!). Auch die Ortsnamen werden eher nach Gehör geschrieben und dementsprechend verballhornt: „Nubräska"[486] statt Nebraska; „Minasotha"[487] oder „Winnisota"[488] statt Minnesota; „Breiden"[489] statt Brighton; „Wisskunsen"[490] statt Wisconsin.

Abb. 69: Karte von Michigan und Wisconsin

Auch in Briefen außerhalb der Sammlung Scheben pendelt die Sprache immer wieder zwischen Hochdeutsch, Platt und Englisch. Michael Hammes schreibt nach elf Jahren Amerika, er sei „*interrestet*" (=interested) statt interessiert[491], er spricht von einer „*Kärritsch*" (=carriage, Kutsche) und sagt, in den Augen der übelwollenden Klinkhammer-Brüder, mit denen er im Streit liegt, sei er „*fitt für ins Narren- oder Armenhaus*" (= fit for, reif für).[492] Die Chronik des Ortes Union Hill in Minnesota, die Hubert Bonzelet aus Uedelhoven aufgeschrieben hat und die wir weiter unten abdrucken (s. 4.2.3), bietet ebenfalls viele Beispiele für den typischen Sprachmix der ersten Auswanderergeneration. Viele von ihnen glichen auch die Familiennamen der neuen Landessprache an. Während Daniels, Dorn, Faymonville oder Flesch ihre Namen unverändert führten, wurde aus Hansen das skandinavisch klingende Hanson, aus Müller, Becker und Schmitz, Miller, Baker und Smith. Familie Laurent oder Lorent, welche in der Heimat Lorang gesprochen wurde, schrieb sich nun amtlich Lorenz, und die aus Blankenheimerdorf ausgewanderte Familie Friederichs oder Friedrichs finden wir in amerikanischen Censuslisten als Frederick.

Schon für die zweite Generation verblasst das Deutsche. Die in Cassville, Wisconsin, geborene Agnes Klinkhammer besucht 1914 mit ihrem Vater Friedrich Wilhelm, der 1865 ausgewandert war, die Eifel. Im Sommer, als der Erste Weltkrieg ausbricht, sind sie in Ripsdorf. Was die beiden dort erlebt haben, ist nicht überliefert, wohl aber ein Brief von 1915, in dem Agnes an eine Bekannte in Ripsdorf schreibt und sich in einem schon stark englisch gefärbten Deutsch über die amerikanische Kriegsallianz mit den Briten und Franzosen beklagt. „*Die Englische Zeitungen Kann mann meistens nicht glauben, nur ein paar schrieben die Wahrheit. Viele davon schreiben immer gegen Deutschland. ... Unser President sagt er kann nicht helfen* (= cannot help, kann nichts dagegen tun) *das England Meister ist auf dem Meer und das dadurch Deutschland nichts von uns kriegen kann. ... Ich höffe das Sie diesen Brief lesen können. Wie Sie wissen ist das Deutsch lesen und schreiben schwer für mich, aber ich hoffe Sie konnen es doch verstehen.*"[493]

Deutsche Sprache und Kultur verlieren rapide an Ansehen, als Amerika in den Ersten Weltkrieg eintritt. Die zweite und dritte Einwanderergeneration, die ohnehin schon schlechter deutsch spricht als die Eltern und Großeltern, versucht, sich möglichst gut in den angelsächsischen Mainstream zu integrieren – und schreibt kritische Briefe allenfalls nach Deutschland. Deutsch als Schulfach wird abgeschafft,[494] die Kinder hören Deutsch nur noch zu Hause. Mitunter übernahmen auch schon Auswanderer der ersten Generation so viele englische Ausdrücke und grammatische Konstruktionen, dass das Ergebnis nur noch ‚Denglisch' genannt werden kann. Das beste Beispiel dafür in der Sammlung Scheben stammt von Hermann Meyer. 1868 in Mülheim geboren, offenbar in jungen Jahren ausgewandert, schreibt er im Februar 1928 an seinen Bruder Johann in der Eifel. Er ist 60 Jahre alt und vermischt beide Sprachen in einer Weise, wie wir sie fast nur von englischen Muttersprachlern kennen: die meisten Wörter werden so geschrieben, wie man sie mit englischer Phonetik schreiben würde. Zum Abschluss dieser Revue der Auswandererbriefe hier also einige Zeilen von Hermann Meyer: Er bedauert, nicht nach Deutschland kommen zu können, da sonst sein Geschäft in Smackover, Arkansas, verwaist sei; er verspricht, Geld zu schicken, aber sagt auch, dass er Verstärkung für seinen Laden nicht aus Deutschland holen werde – nur wer Englisch spricht und mit den Kunden reden kann, hat hier Zukunft. Der Brief ist in seiner skurrilen sprachlichen Form ein Dokument, das uns heute schmunzeln lässt, aber er zeigt auch, dass in Amerika die deutsche Sprache auf Dauer keine Chance hatte, weder im Alltag noch in den Briefen in die Heimat. Die seltsamen Satzzeichen stammen offenbar daher, dass Hermann Meyer seine Schreibmaschine durchgehend auf Großschreibung eingestellt hatte.

„LIEBER BRUDER UND FAMILIA:
ICH FINDE HEUTE ZEIT UM EUCH EINIGE WORDE ZO SHREIBEN? ICH CAN NICHT NACH DEUTSHLAND COMEN: DIE SES YAHR: THEN ICH HABE KEINER HERE THERE NACH MEINEM GESHAFTE NACH SIHT UND ICH CAN EINFAGE NICHT AP COMEN? ICH MUSS NACH MEINEM GESHAFTE SELBS SEHEN? SONS WHEN ICH ZURÜK COME HIR: DANN WÜRDE ICH KEINE GASHAFT MEHR HABEN? ... ANSHEINLIG: ES NIMT MIRE SEHR LONG UM EINEN BRIEF ZU EUCH ZU SHREIBEN: DEN DAS IST NICHT SO LICHT FUR MICH: UND DESHALP CAN ICH AUCH FAST EINEN MANN VON DEUTSCHLAND NICHT GUT GEBROUCHEN: DEN ER KAN NICHT DIE LANDES SPRACHE SPRECHEN: ER KAN NICHT SHREIBEN UND LESEN: ER KAN WEIDER NICHTS DUHEN ALS WE ARBEITEN ... WHEN ES NICHT WÄR FUR DAS: SO WOULDE ICH SHON LANGST FUR EINIGE DEUTSHE LEUTE FREIKARTE GESHIKT HABEN: ABER ICH WEISE DAS DIE KÖNEN KEIN GELT FUR MICH MACHEN: HIR IN MEINEM GESHAFT MUST MAN ZU DEN LEUTEN SPREGEN UND DEN WAS FERKOUFEN. (..) BESTEN WUNSHE ON EUCH ALE: VON MIR: (...) "[495]

Abb. 70: Brüder Joseph, John und Matt Schweiss

3.3 Sechs Briefe im Wortlaut
von Christoph Bungartz

3.3.1 „Aller Anfang ist schwer" – Existenzgründung und Geldsorgen

Matthias Trapp, geb. am 18.05.1840 in Blankenheim, wanderte 1870 nach Amerika aus. In einem ersten erhaltenen Brief an seinen Vater Clemens vom November 1871 aus Glenwood, Iowa, klingt er noch verhalten optimistisch, doch der folgende, hier zitierte Brief[496] aus Nebraska zeigt deutlich die Nöte eines Mannes, dem Unterstützung aus der Heimat fehlt und der offenbar auch viel Pech gehabt hat. Zwei Jahre nach seiner Ankunft in der Neuen Welt hat er noch keine guten Perspektiven. Später, 1873, wird sein Bruder Nicolaus zu ihm kommen, aber schon nach zwei Jahren in die Eifel zurückkehren. 1888/90 lebt Matthias Trapp wieder in Iowa, im Ort Granville, Sioux County. 1906 kommt er als ein verhältnismäßig vermögender Mann zu einem längeren Aufenthalt nach Blankenheim – so hat er nach schweren Anfangsjahren wohl doch noch sein Glück gemacht.

Matthias Trapp   *Columbus, 29.4.1872*

Lieber Vater!

Da ich, lieber Vater, schon 2 Briefe an Dich geschrieben, und noch keine Antwort erhalten habe, so ergreife ich die Feder, um nochmals zu schreiben. Ich hatte aus dem Briefe von meinem Kamerad Heinrich vernommen, daß Du mir einer Heirathssteuer schicken wolltest, habe aber bis jetzt noch nichts gehört und gesehen davon. (...) Ich hatte mir 300 Dollar zurückbehalten, für ein Haus zu bauen, habe aber mein Land bezahlen müssen, und ich habe keine 5 Cent mehr. Ich hatte mir 2 Ochsen, 4 Kühe, 2 Schweine und 20 Hühner gekauft, ich habe aber bis jetzt noch wenig Glück in meiner neuen Heimath gehabt, eine Kuh ist mir schon auf der Reise verunglückt, eine habe ich schon verkaufen müssen, meine Ochsen sind gar nicht zu regieren, wenn einen Indianer kommt können 10 Mann sie nicht mehr halten.

Ich habe mir bis jetzt noch (fehlt: kein) Haus können bauen, ich habe mir ein Loch in den Boden gemacht, meine Kleider und Sachen sind fast alle verdorben, und noch das schlimmste, meine Frau ist ins Kindbett gekommen, ... und das ich und sie so krank geworden in dem feuchten Loch, daß ich den Doktor schon vier ((...)) holen mußte, welches mich 40 Dollar kostete und ich komme dadurch gar nicht ((...)) mit meiner Arbeit.

Hier in Nebraska ist schönes Land, aber 30 Meilen muß man fahren eh man im Holz ist, u. dann muß man noch 3 bis 4 Fuß tief 1 Meile weit durchs Wasser fahren, welches sehr gefährlich ist, wenn man allein ist. Auf meinem Land kann ich dieses Jahr nichts pflanzen, denn das ist Heuland. Dieses Jahr wollte ich ein Stück brechen (= pflügen) wenn ich meine Ochsen nicht verkaufen muß, das andere Jahr wird es mit Weizen, Hafer, Gerste und Korn eingesäet, das ist eine lange Zeit, bis man etwas zu verkaufen hat. Aller Anfang ist schwer.

Lieber Vater, ich will doch nicht hoffen, daß Du mich so sitzen lässt, ich bin freilich ohne Deinen Willen fortgegangen, ich war aber 30 Jahre alt, u. habe dem Haus soweit vorgestanden wie ich konnte. ... Wenn Du mir was schicken willst, schicke es mit durch einen Wechsel nach Schikago, der Jaax von Lindweiler kann Dir Auskunft geben, wie Du es schicken sollst.

Es grüßt Dich vielmahl Dein Sohn Matthias Trapp. Viele Grüße an meinen Schwager und Geschwistern.

Adresse: M.Trapp . Columbus, Nebraska . Nordamerika[497]

3.3.2 „help Ju selfs" – Zwischen Heimweh und American Dream

Von Johann Joseph Wilms[498] sind in der Sammlung Scheben zwei Briefe überliefert, ein dritter stammt aus der Feder seiner Frau. Wilms wurde 1858 in Blankenheim geboren. Er arbeitete als Maler und wanderte im April 1883 mit seiner Frau Magdalena, geb. Pauly, und dem drei Monate alten Baby Heinrich Joseph aus. Auf der Überfahrt von Hamburg nach New York erkrankte der Sohn an einer Lungenentzündung, doch im Oktober schreibt Joseph Wilms nach Hause, die Krankheit sei längst ausgeheilt, das Kind kaum mehr wieder zu erkennen. Wilms' Briefe sind geprägt von sehr genauen Beobachtungen, vor allem bei Handwerk und Landwirtschaft, aber aus ihnen spricht auch die Skepsis eines Mannes, der sich das Leben in der Neuen Welt wohl leichter vorgestelllt hatte.

Abb. 71: Reetzer Schulklasse an der Ahrquelle 1913

Die Heimatkundlichen Mitteilungen des Eifelvereins für den Oberahrbezirk von 1955 verzeichnen eine Anekdote über Wilms und einen Kompagnon, die eine mögliche Ursache seiner Auswanderung gewesen sein könnte. Viele Angaben darin sind allerdings keineswegs so sorgfältig recherchiert, wie behauptet wird.

„Durch sorgfältige Nachforschungen erfuhren wir, daß im Jahr 1871 zwei Blankenheimer nach USA auswanderten, es waren Josef Schweiß und Josef Willms. ... Kurz nach ihrer Heimkehr aus dem siegreichen Feldzug von 1870/71 waren sie im Vollgefühl ihres Rechts in eine Schlägerei verwickelt worden, wobei der hochmögende Arbeitgeber Felix L(etixerant) etwas über den Bedarf abbekommen haben soll. Der Volksmund riet zur Flucht, da sonst eine längere Freiheitsstrafe zu erwarten sei. Es bleibt dahingestellt, ob überhaupt eine Strafverfolgung eingetreten wäre. Die beiden entschieden sich aber kurzer Hand für die Flucht und meldeten nach etwa 3 Monaten ihre wohlbehaltene Ankunft jenseits des großen Teiches. Sie haben es drüben zu Reichtum und Unabhängigkeit gebracht, sind aber nie in die Heimat zurückgekehrt. Die Verbindung mit den Verwandten blieb bis zur Jahrhundertwende aufrecht erhalten."[499]

Die Schlägerei mag stattgefunden haben, der unmittelbare Anlass für die Auswanderung kann sie nicht gewesen sein. Nach heutigem Wissen ist Wilms' Kompagnon Schweiss zwei Jahre später, 1873, ausgewandert; er hatte 1872 nach Wiesbaum geheiratet. Wilms ging mit seiner Familie erst zwölf Jahre später – ein flüchtiger Verbrecher war er jedenfalls nicht. Die Familie Wilms lebte zunächst in Glen Haven, Wisconsin. Johann Joseph stirbt 1909 in Guttenberg, Iowa; seine Frau 1930 in Dubuque, Iowa, und der Sohn Heinrich Joseph 1964 in Iowa City. Auch wenn Wilms nicht unzufrieden ist, vom besagten Reichtum und der Unabhängigkeit ist in seinen Briefen aus den Anfangsjahren in Amerika kaum etwas zu spüren.

Abb. 72: Musikkapelle mit F. Hammes Glen Haven 1897

Glen Haven, den 14.10.1883

Lieber Freund Joseph im fernen Vaterlande!
... Mein Geschäft ist sehr gut hier; man verdient den Tag 2 Dollar und ½. Es gibt (d.h. wird) gerade so gearbeitet wie in Deutschland. Arbeitszeit ist 10 Stunden per Tag. Und so ist es auch gerade an Deinem Handwerk. Wagenmacher und Schreinerei ist hier viel wert, weil viele Häuser von Holz oder Bretter bekleidet sind; in der Stadt sind meistens Ziegelsteine auch manche von Hausteinen, aber die meisten von Holz gemacht sind. Es ist eine Art Schweizerartig gebaut. In der Stadt ist es wie in den deutschen Städten auch. Fenster oder Türen werden in der Fabrik gemacht; sie werden bloß von dem Karpenter, das heißt von dem Schreiner zusammengesetzt. Ein kompletter Wagen kostet hier 75 Dollar, aber leichte Qualität; schwere findet man hier nicht, denn Steine sind keine hier auf dem Lande zu finden. Die Pflüge sind verschieden hier. Man hat hier Sitzpflüge, welche dreispännig gefahren werden. Es wird alles maschinenmäßig hier betrieben.

Lieber Joseph, ich war auch in der großen Stadt Chicago. In den Städten ist es alles so wie in Deutschland. Dort konnte ich keine Arbeit bekommen, weil ich zu spät in die Stadt kam. Hier auf dem Lande kann es mir nicht gefallen, eher nicht, bis daß ich mir selbst eine kleine Farm kaufen kann oder renten (to rent = mieten) kann. Meine Frau hat das Heimweh; sie weint Tag und Nacht und sagt, wären wir noch einmal in Deutschland. Und ich bin des Nachts in Deutschland, auch schon verschiedenemal bei Dir; aber des Morgens bin ich wieder im Gelobten Lande Amerika. Und Du lieber Freund weißt, was mich hingezogen hat. Ich habe den Sommer hindurch hart arbeiten müssen für die Reiseunkosten. Es wird manch einem gut von hier heraus geschrieben, aber wenn er hier anlangt, sieht er zu seiner größten Verwunderung, daß alles gestunken und gelogen ist. Aber es reuet mich doch nicht, daß ich hier im Lande bin, denn hier kann man eher zu etwas kommen als wie in Deutschland. Hier auf dem Lande ist mein Geschäft nicht viel wert; aber Wagenmacher verdienen hier viel Geld, man muß aber Englisch sprechen können, das ist die Hauptsache. Ich werde mir Mühe geben. Ich kann schon viel, aber noch nicht alles. Hier im Lande wird alles per Du angeredet, mag sein wer will, ob es der Präsident ist oder Pastor, man braucht nicht die Mütze zu ziehen vor keinem. Es heißt aber auch hier, wenn man hier an einen fremden Tisch ist: help Ju selfs, so auch in andern Sachen. Wer hier nicht schafft, der ist so gut nichts wie in Deutschland. Es geht alles per Dampf hier, schluderich aber schnell. Die Lebensart ist billig hier. Fleisch gibt's hier dreimal den Tag: zum Brökfest (= breakfast*), Dinner und Sopper (=* supper*). Das heißt Morgen-, Abend- und Mittagessen.*

Ein Sack Kornmehl kostet 2 Dollar, und ein Sack Weizenmehl kostet 2 ½ bis 3 Dollar. Hundert Pfund Fleisch kosten 5 bis 6 Dollar, hundert Pfund Potetes, das heißt Kartoffeln, kosten 45 Cents, das ist in deutschem Gelde 18 Silbergroschen. Hier bekommen die Farmer für die Schweine 5 Cents per Pfund, 2 Silbergroschen per Pfund Rindfleisch. Hier läuft das Vieh wild durchs Land, als wenn es keinem gehörte; im Frühjahr treiben sie es fort, und im Herbst kommen sie und sind fett. Die Kartoffeln sind gut, der Hafer ist nicht vom besten. Der Roggen ist auch nicht vom besten, der Weizen daßelbe. Und das Welschkorn war sehr gut, aber es hat zu früh gefroren. Tabak ziehen wir selbst; wenn ich nur wüßte, die Beize zu bereiten. Die Früchte werden hier in 3 Monaten gesäet und geerntet, gedroschen und alles. An der Dreschmaschine gehen 10 Pferde. Der Hafer oder das Korn kommt im Sack gefüllt auf ein Brett vor der Maschine. Die Frucht wird mit der Maschine abgemacht und gebunden. Das Heu ebenfalls wird mit Maschinen abgeladen und aufgeladen. Ein Mann kann mit drei Pferden jeden Tag 5 Ackers; der Mann braucht nicht zu laufen, er sitzt auf dem Pflug.

Bitte schreibe alle Neuigkeiten aus Blankenheim.

3.3.3 „Hier hat dem Herr Pastor seinen Koch Schule gehalten; bis ich kam" – Als Dorfschullehrer im Mittleren Westen

Abb. 73: Hauptstraße Ripsdorf

Der nachfolgende Brief ist das seltene Zeugnis einer kleinen ausschnitthaften Autobiographie. Ihm fehlt die Intimität eines herkömmlichen Briefs: Aus der Anrede, der Durchnummerierung usw. wird klar, dass er zum Vorlesen im größeren Kreise oder zum Weiterreichen gedacht ist – einmal spricht der Verfasser sogar *„das ganze Puplikum"* direkt an. Joseph Krings[500] wird 1793 in Ripsdorf geboren und ist 64 Jahre alt, als er seine Karrierebilanz in die Heimat schickt. Viele Jahre hat er zusammen mit seinem Bruder Johann gelebt, der sich anfangs ebenfalls als Lehrer verdingte, jetzt aber Gärtner ist, wie Joseph in diesem Brief berichtet. Interessant in diesem Dokument ist auch die Schilderung der dörflichen Verhältnisse: Die Gemeinde hat im Vergleich zu einem Eifeldorf riesige Ausmaße, und auch das multikonfessionelle Neben- und Miteinander muss den Daheimgebliebenen in Deutschland mehr als exotisch vorgekommen sein.

Mein Adreß oben an gesetzt. Am 18. Juni 1857.
Mr. Joseph Krings, Lehrer, Jefferson County,
Post O. Wisconsin, Amerika.
Herzlichen Gruß an Alle Verwandten, Bekannten und Blutsverwandten von Eurem christlichen Oheim Joseph und Johann Krings !!! – in Amerika. „Es hat dem lieben, allweisen Gott gefallen, mich zum Lehrer der Jugend, der unwissenden Kinderchen zu erheben und aufzubewahren, in Amerika! Ich danke unserem allmächtigen Schöpfer und Erhalter täglich mit meiner lieben Schuljugend dafür."
1. Lieber Matthias Krings und Alle, Deine zwei Briefe vom 26. Merz u. 8. October 1855, habe ich wohl erhalten, aber zuerst den 16. April 1856 – deshalb das lange Schweigen; weil ich die zwei Briefe kurz nacheinander auf die Mühle zu Ripsdorf geschrieben, und auch jedes Mal die Antwort erhielte, welche ich als ein Kleinod aufbewahren – Heute Morgen frühe bei Sonnenaufgang, sitze ich in meinem Lehrstuhl in großem Höhrsaale, und mustern Euere werthen Briefe durch; um diesen Brief an Euch und das ganze Puplikum, anzufertigen. Ihr werdet denken: Warum ist unser Oheim Joseph nicht auf seiner ersten Anstellung als Lehrer geblieben? Hierauf nehme ich eine tüchtige Prise, Schnupf: Antwort: Hierauf nehme ich den Spruch des Heilandes an seine Jünger zum Deckmantel; da Er sprach: Gehet in die ganze welt und predigt; was ich euch gesagt haben – Gehet von Stadt zu Stadt von Flecken zu Flecken, u. so weiter.
2. Meine jetzige Lehrers=Anstellung geschah am 7ten Juni Sonntag Trinitatis 1857. Der junge Herr Pastor, welchem ich mich als Lehrer vorher in Vorschlag gebracht hatte, verkündete es in der Hoch=Messe auf der Kanzel, und zeigte auf mich und sprach: Da steht der Mann Gottes! der durch die Fügung des Allmächtigen, der gesamten Pfarrgemeinde als Lehrer und Kirchendiener zugesendet wurde; - Dieser Mann soll nach der Messe in der Schule von allen Familien=Vätern als Lehrer anerkännt, festgestellt werden. Auf des Pfarrers Zureden, wurde mein Gehalt fünfzehn Thaler auf jeden Monat festgesetzt. Diese Stelle ist für mich eine

hinlängliche Lehrerstelle, welche das Jahr durch von Dauer ist – Meine frühere Lehrerstellen dauerten nur für die Monaten im Winter – Im Sommer mußte ich bei einem reichen Ackersmanne (Farmer) schaffen – Das hört jetzt auf und ist zu Ende. Dieses ist meine sechste Lehrerstelle in Amerika. Der Bruder Johann hat nur einen Winter Schule gehalten und jetzt ist er Hauptgärtner im Staat Illinois, Hanover, Jo. Daviss County, 3 Meilen vom Fluß Misisippi – 50 Stunden von mir entfernt.

3. Gestern habe ich an ihm, einen Brief auf die Post getragen und ihm Alles gesagt, was sich seit 8 Monaten mit mir zugetragen hätte. Daß ich jetzt als Oberlehrer, bei 80 Kinder, in der katholischen Pfarrgemeinde, eine halbe Meile von der Stadt Jefferson, lebenslänglich angestellt sey – Wenn es nur der liebe Gott haben will! Diese Pfarr besteht aus 280 Familien Häusern, welche im Umkreise 12 Meilen hat – (das ist 4 Stunden). In der Stadt ist keine Katholische Kirche. Sonntags kommen die Bürger per Kutsch u. Wagen u. auch zu Fuß in unsere Kirche; auch werden die Leichen 4 Stundenwegs auf unseren Gottesacker gebracht u. beerdigt. – Kirche, Pastorath, Kirchhof und Schule scheidet nur ein Stangketten Zaun von Bord gemacht – Mein nechster Nachbar ist ein wohlhabender Metodist – der auch 4 Kinder bei mich in die Schule gehen lässt; welcher mich über kurz oder lang in Kost und Logis nimmt – Auf dem Lande stehen die englische Schulhäuser bei Sommerzeit leer – Sie haben kein Lehrer! Deshalb wird meine Schule weit und breit besucht. Sogar aus der Stadt kommen Katholische Kinder zu meiner Schule. Daher habe ich meinem Bruder Johann im Briefe bemerkt: Wenn die Gärtner=Stelle ihm nicht länger gefallen sollte, denn könnte er bei mir eine Winterschule haben. Denn die Mehrheit der Ackerleute (Farmer) sind Deutsche, Baiern und Rheinprovinz. Hier hat dem Herr Pastor seinen Koch Schule gehalten; bis ich kam, da übertrug er mir herzlich gern, durch einen Händeschlag, ihren Schul=dienst.

3.3.4 „Die Mädchen haben den Himmel hier" – Jugend, Wohlstand, Emanzipation

Am 21. April 1887 geht in New York die siebenköpfige Familie Stump von Bord des Antwerpener Auswandererschiffs „Westerland". Jakob Stump und seine Frau Anna Margaretha, geb. Mies, kamen aus Ahrmühle. Die Eltern waren bereits über 50 Jahre alt, die fünf Kinder zwischen 12 und 24. Johann, der 1865 geborene älteste Sohn, reiste erst 1889 in die USA aus. Er absolvierte zuvor noch seinen Militärdienst. Über Stump heißt es in einer Quelle, die sich vor allem auf mündliche Überlieferungen stützt, er habe zu Hause kurz vor dem Ruin gestanden, sei

Abb. 74: Geschwister Stump

aber in der Neuen Welt mit einem Ochsenfuhrbetrieb zu schnellem Wohlstand gekommen.[501]

Den hier abgedruckten Brief hat die älteste Tochter, Elisabeth[502], geschrieben. Er entstand vier Monate nach der Ankunft in Amerika, Elisabeth ist inzwischen 25 Jahre alt. In der Eifel hat sie zuletzt als Dienstmagd in Esch (Kr. Daun) gearbeitet. Die Familie Stump hat sich in Wichita, Kansas, niedergelassen. Elisabeths Brief an eine Freundin in der Eifel strotzt vor Begeisterung über die Verhältnisse in der Neuen Welt. Manches darin mag übertrieben sein – sie sagt, nach vier Monaten könne sie schon so gut Englisch wie Deutsch –, aber der Brief der jungen Frau belegt den Vorsatz der jungen Generation, sich möglichst vollständig zu assimilieren. Das Ziel ist ein Leben in der Stadt – jenseits der Welt der Eltern und auch ohne deren skeptische Zurückhaltung. Elisabeth Stump ist aber dann doch im ländlichen Midwest geblieben, sie starb am 17.10.1937 in St. Mark, Kansas.

Wichita, den 18. August 1887
Liebe Freundin Katharina!
Nach langem Warten will ich Dir noch einmal schreiben, wie es mir zu Mute in Amerika ist. In der ersten Zeit konnte ich mich nicht hierhin gönnen, weil ich kein Mensch verstehen konnte; jetzt kann ich so gut Englisch wie Deutsch sprechen und gönne mich nicht mehr in Deutschland. Es ist nur zu bedauern, daß ich so schwer geschafft habe und wenig Lohn bekommen habe in Deutschland. Jetzt habe ich die Woche 3 ½ Dollar. Das ist auf deutsches Geld 14 Mark. Mehr hier in einer Woche wie in Deutschland in einem Monat. Und habe keine Arbeit, als für 4 Mann Kochen. Mittwochs, Samstag und Sonntag nachmittags kann ich spazieren gehen. Und jeden Abend nach 7 Uhr wird hier nichts mehr getan. Um 6 Uhr ist Sober (d.h. supper) oder Nachtessen; dann ist um 7 alles geschehen. Dann nimmt man sich den Schatz in den Arm und geht zur Stadt herein, solang wie es einem gefällt. Ein armes deutsches Mädchen ist mehr hier als das reichste englische. Alles will deutsche Mädchen haben. Die Kleidertracht ist hier zu teuer. Von einem Kleid, was hier schön gemacht ist, muß man 12 Tolar geben, also 16 Thaler.

Wir wohnen jetzt noch alle in der Stadt und haben ein Haus gerentet (rented = gemietet) für jeden Monat 12 Tolar. Den November gehen Vater und Mutter, Schwestern und Brüder und Onkel auf die Farm oder Land in Deutsch. Ich bleibe in der Stadt. Für junge Leute soll Deutschland verboten werden. Wie die hier ein Leben haben. Meinem Vater und Mutter gefällt es doch nicht gut hier. Es ist hier nicht so schön wie Deutschland in einem Dorf.

Abb. 75: Gertrud und Catharina Ketges mit Amerikanerinnen

Mein Vater bekommt jeden Monat von uns Kindern 100 Thaler Geld. Wenn er auch schaffen geht, ist das noch mehr.

Es wird jetzt hier eine neue Katholische Kirche gebaut; da will er nun mit an schaffen. Unser Peter hat 11 Tolar die Woche; der ist an einem Ziegelofen. Elisabeth 3 ½. Margareta 2 und Magdalena 1 ½. Doch brauchen wir es alle. Wir haben viel notwendig, bevor wir alles haben für auf die Farm: Pferde, Kühe, Wagen und alles, was dazu sein muß. Mein Onkel lebt jetzt wie neu, daß wir bei ihm sind. Der setzt sich in die Kutsch und fährt spazieren. Das ist alles, was er schafft. Hier geht keiner 5 Minuten weit, sondern alles fährt. Hier sind Deutsche blende (d.h. plenty=viele), doch aus unserer Heimat keiner. Von Rohr sind drei Jungen und ein Mädchen; das ist mit uns her gekommen; von Nohn und Sistig; und eine gute Freundin aus Feußdorf von meiner Mutter. Das war ein sehr armes Mädchen gewesen in Feußdorf. Jetzt ist es hier reich anstatt arm. Es hat drei Farmen, 240 Acker, einen sehr guten Mann und 4 schöne Mädcher. Ich bin so gesund und munter wie immer. Die Reise nach Amerika ist gut abgefallen; mit singen und tanzen ist die Zeit herum gebracht worden, bis wir beim Onkel angekommen sind. Das war Freud. Von denen, die mit uns gefahren sind, haben wir lange nichts mehr gehört.

3.3.5 „Siehe, das ganze Land steht Dir offen" – Das neue Leben als Abenteuer

Nun folgt ein Beleg dafür, welch eine Lücke die Auswanderung in eine Eifler Familie reißen konnte. Friedrich Schmitz[503], geboren am 20.12.1825, wanderte ohne Consens nach Amerika aus und erreichte New York am 30.4.1852 an Bord der „Maria Theresia" aus Antwerpen. In der Sammlung Scheben finden sich vier große Briefe aus seiner Feder, ein weiterer stammt von seinem Bruder Johann Peter, der ihm nach Amerika gefolgt ist.Den zurückgebliebenen Eltern fehlte eine fähige Arbeitskraft. Sieben Jahre nach seiner Emigration wird Friedrich Schmitz von den Eltern und Geschwistern gebeten, wieder nach Hause zu kommen. Der Vater ist krank, der Bruder muss evtl. zum Militär – eben dieser Bruder wird schließlich auch nach Amerika gehen. Friedrich betont, er habe eigentlich immer zurückkommen wollen – aber versprechen kann er nichts. Und seine Briefe dementieren eigentlich in jeder Zeile diesen Vorsatz. Denn sie erzählen vom Abenteuer Neue Welt. Der junge Mann aus Blankenheimerdorf ist umtriebig, er wechselt saisonweise den Wohn- und Arbeitsort und verkörpert damit schon sehr früh den Typus des mobilen Auswanderers, der keine Chance unversucht lassen will, sich zu etablieren. 1858 und 1859 schreibt er aus Stillwater, Minnesota, 1869 aus Potosi, Wisconsin, 1897 schließlich aus Faribault, Minnesota. Aus den anderen Briefen wurde in Kap. 3.2. zitiert; hier folgt eine Passage aus seinem zweiten überlieferten Schreiben.

Stillwater, Mäerz 13.3.59
Vielgeliebteste Eltern & Geschwister!

(...)In Eurem Schreiben habe ich gesehen, daß Ihr munter und zufrieden seid. Ihr schreibt aber, daß mein Vater nicht mehr viel arbeiten könnte, und mein Bruder Johann noch immer krank ist, und daß der J. Peter vielleicht Soldat werden muß. Darum wünschet Ihr, weil Ihr die Arbeit nicht allein tuen könnet, daß ich wieder nach Haus komme.Das ist bisheran ... noch immer meine Meinung gewesen; aber versprechen kann ich es jetzt noch nicht für gewiß, daß ich nächsten Herbst komme. Vielleicht, daß ich erst noch nach Kansas reise, wo sie dieses Jahr wieder eine neue Goldgrube gefunden haben. Sie schreiben, daß sie hier den Tag 3 bis 5 Dollar könnten machen. Es ist 3 bis 4 hundert Stunden von hier. Ich bleibe diesen Sommer noch hier in Stillwater und will warten, bis noch bessere Nachrichten davon kommen, denn die Reise dahin kostet ziemlich viel Geld. Und sollte es denn nicht so sein, so wäre das Reisegeld verloren, denn das wird 100 bis 150 Dollar kosten. Die Lebensmittel sind sehr teuer da, weil es ist noch gar nichts bewohnt da, und sie müssen die Lebensmittel über 150 Stunden auf der Achse transportieren. Ich glaube, daß diesen Sommer, wie die Zeitungen schreiben, über 50 000 Mann dahin reisen. (...) Ihr werdet oft denken, wie das doch hier in Amerika zugeht, indem einer hierhin zieht und der andere dorthin. Das ist gerade wie in der alten Zeit: Siehe, das ganze Land steht dir offen; willst du dahin, so gehe; willst du dorthin, so gehe, wie es dir gefällt.

Abb. 76: Blankenheimerdorf - Häuser im Tilgenloch um 1900

3.3.6 „Ihr kehrt bei Eurem Schwager ein" – Lockrufe aus der Neuen Welt

In der zweiten Hälfte des 19. Jahrhunderts waren familiäre Nachrichten zu einem wichtigen Faktor für die Auswanderung geworden. Peter Klinkhammer[504], geboren 1821 in Ripsdorf, verließ im Alter von 30 Jahren die Eifel. Den hier zitierten Brief schreibt er 1863 aus Charlotte, 1870 lebt er in Cassville, die Volkszählung von 1880 registriert ihn als Farmer in Glen Haven – alle drei Orte liegen im Grant County, Wisconsin, im Südwesten des Staates am Mississippi. Peter Klinkhammer stirbt hochbetagt 1914. Er hatte zwölf Kinder aus zwei Ehen. Klinkhammers erste Frau war Anna Maria Broich aus Ripsdorf, die er ein Jahr nach der Ankunft in Amerika heiratete. Ihr Bruder Peter Hubert Broich wanderte zehn Jahre später ebenfalls aus. Ihn erwähnt Peter Klinkhammer zu Beginn seines Briefes – offenbar nach einem Familienstreit. So wie Anna Maria ihren Bruder ‚nachgeholt' hat, so geht es in den vorliegenden Zeilen um den Versuch, auch der Schwester und deren Mann ein Leben in Amerika schmackhaft zu machen. Auch Anton und Johann Friedrich Wilhelm Klinkhammer folgten dem Beispiel – und womöglich auch dem Ruf – ihres Bruders Peter und kamen in den 1860er Jahren nach Amerika. Ein typisches Beispiel für die so genannte Kettenwanderung. Klinkhammers Schwager Winand Cremer wird allerdings dem Ruf nicht folgen. Womöglich haben er und seine Frau es sich überlegt, aber schon 1867 riss das Familienband: Anna Maria starb in Wisconsin; Peter heiratete erneut.

Charlotte, den 11.1.1863
Lieber Schwager Wienand Cremer!
Lieber Schwager, ich hatte ihnen letztens so kurz geschrieben durch den Schwager Peter. Er hat mich bös gemacht. Und ich bin kurz. Und wenn ich bös bin, so bin ich noch kürzer. Ich erfahre, daß Ihr einerseits gerne nach Amerika kämet. Das ist ein guter und kluger Gedanke von Ihnen. Ich weiß, wie es in Amerika ist, und auch, wie es zu Ripsdorf ist. Und den Beweis habt Ihr klar, daß es in Amerika besser ist, weil die selige Mutter mich gebeten hat, wir sollten wieder zurück kommen bis zu ihrem Ende, hier hätten wir auch schon für ein nettes Geldchen können verkaufen und es kostet heraus nicht halb soviel wie hinein, aber ich ziehe Amerika weit vor Deutschland für sich zu ernähren und gut und wohl zu leben. Ich hab es zwar schwer genug bis jetzt gehabt, weil ich gar nichts hatte. Mit gar nichts macht man nirgends so geschwind ein neues Vermögen. Haus und Ackergeräte sind teuer hier. Ein ödes Stück Land kostet auch Arbeit, bevor es edel wird. Und trifft uns Diesjahr auch noch eine Mißernte, so ich noch nie eine gesehen habe, auch kein Mensch hier gedenkt. Und doch haben wir noch immer ein besseres Leben gehabt als der Reichste zu Ripsdorf.

Wenn Ihr nun hierher wollt kommen, ist ein ganz anderes. Ihr bringt etwas mit, womit Ihr anfangt. Ihr könnt Vieles von mir und durch mich haben, was Euch nichts kostet, was Euch mehr wert ist, als Ihr selbst berechnen könnt. Es braucht Euch in keinem Falle schwer zu sein, hierher zu kommen. Ihr kehrt bei Eurem Schwager ein. Da findet ihr Obdach, Essen und Trinken frei, bis Ihr besser tuen könnt. Ihr könnt Euch die Zeit nehmen, ein Stück Land zu kaufen, was Euch gefällt. Dazu kann ich Euch mehr helfen wie 10 Fremde. Ihr müßt nicht denken, daß ich etwas von Euch habe könnte, daß (d.h. weil) ich gerne hätte, daß Ihr hier kämt. Es wär mir meine größte Freude, wenn ich bei meinen Schwager gehen könnte und meine Frau bei ihre einzige Schwester. Des guten Essen und Trinkens, was man hier hat, ist man geschwind satt, wenn man genug davon hat. Man muß auch Gehöchniß (d.h. Behaglichkeit) haben, sagt unsere selige Mutter.

Wenn Ihr nun Ansichten habt für hierher zu kommen, so könnt Ihr mir schreiben. Dann werde ich Ihnen genauen Aufschluß geben, wie Ihr tun könnt. Es grüßt Ihr Schwager und Schwiegerin - Peter Klinkhammer

4 In der Neuen Welt

4.1 Orte
von Christoph Bungartz

4.1.1 Deutsche Einwanderer im Mittleren Westen

Die Einwanderer aus Deutschland haben Spuren hinterlassen, das zeigt allein schon ein Blick auf die Landkarte des Mittleren Westens der USA. Zahlreiche Ortsnamen zeugen von einer deutschen Erstbesiedlung. Den Namen Hamburg zum Beispiel tragen allein 20 Orte und Bezirke, u.a. in Minnesota, Wisconsin, Illinois, Missouri, Arkansas, Indiana, Ohio, Iowa und Michigan. Ähnlich häufig finden sich Berlin, Hanover (mit einem „n"), Heidelberg, aber auch Altona, Bremen, Brunswick (für Braunschweig), Kiel oder Frankfurt.[505] Dabei waren deutsche Immigranten selten die Vorhut der Erschließung des Westens. Sie waren kaum Trapper oder Händler, sie waren Landwirte, Arbeiter und Handwerker. Bis 1830 bevorzugten sie die Staaten New York, Pennsylvania und Maryland an der Ostküste. Über das Ohiotal eroberten sie sich dann den Mittleren Westen und überführten hier oft schon gerodetes Land in intensive, dauerhafte Farmwirtschaft.[506] Die Mehrheit der Deutschen siedelte allerdings in den großen Städten. New York, Baltimore und Philadelphia – hier waren die ersten deutschen Auswanderer im 17. Jahrhundert heimisch geworden –, aber auch Chicago, Cincinnati, St. Louis und Milwaukee hatten große deutsche „communities". In diesen ethnisch noch weitgehend geschlossenen Gruppen blieb Deutsch zunächst, meist für die ersten beiden Generationen, die Alltagssprache, und die deutsche Presse in den USA war unter der nicht englischen die größte, Ende des 19. Jahrhunderts erschienen von 962 Tageszeitungen 81 in deutscher Sprache.[507]

Angesichts dieser starken Präsenz des Deutschen in Nordamerika konnte sich eine historische Legende besonders hartnäckig halten. Bis heute hört und liest man immer wieder, das Deutsche wäre um ein Haar offizielle Landessprache in den USA geworden. Dahinter steckt Folgendes: Am 9. November 1794 brachte eine Gruppe deutscher Einwanderer aus Virginia im Repräsentantenhaus den Antrag ein, Gesetzestexte auch auf deutsch zu publizieren – als eine Art Eingliederungshilfe für neue Immigranten. Mit 42 zu 41 Stimmen wurde der Antrag abgelehnt. Die entscheidende Stimme kam ausgerechnet vom deutschstämmigen

Vorsitzenden des Hauses: Frederick Augustus Conrad Muehlenberg begründete seine Ablehnung mit dem Argument, je schneller die Deutschen Amerikaner würden, desto besser. Diese Abstimmung ist historisch verbürgt. Nicht aber eine zweite aus dem Jahr 1828, bei der es um einen Antrag gegangen sein soll, das Deutsche zur zweiten Amtssprache zu erheben: sie sei ebenfalls mit nur einer Stimme abgelehnt worden und wieder habe jener Muehlenberg dagegen votiert. Es mag sein, dass sich das Gerücht so lange hielt, weil der Unmut mancher Einwanderer über ihren Landsmann ein guter Nährboden dafür war, aus einer Einzelabstimmung eine nationale Schicksalsfrage zu machen. Auch wenn das Deutsche also nie eine realistische Chance hatte, zur Amtssprache zu werden, so haben ja doch zahlreiche Wörter Eingang in den amerikanischen Sprachschatz gefunden: vom „kindergarten" und „coffee-klatsch" über den „doppelganger", das „hinterland" und den „kitsch" bis hin zu „Weltschmerz" und „Zeitgeist".[508]

Eines der Presseorgane, das für Einwanderer aus der Eifel einen besonderen Stellenwert hatte, war von 1859 an das „Katholische Wochenblatt" aus Chicago. Darin konnten sie Nachrichten aus der alten Heimat verfolgen, vor allem über den andauernden Strom der Auswanderung. Im August 1881 zum Beispiel schilderte das Wochenblatt, wie nicht nur Not und Steuerlast, sondern auch der preußische Kulturkampf mit seinem Druck auf die katholische Bevölkerung immer neue Familien den Entschluß fassen lassen, *„jenseits des Meeres eine bessere Heimath zu suchen."* Aber auch die Einweihung einer neuen Orgel in einem Eifeldorf oder das Dienstjubiläum eines alten Lehrers waren der Zeitung ein paar Zeilen wert – das Interesse der Leser dafür war offenbar groß genug.[509]

Abb. 77: Gertrud Ketges mit Auto

In anderen Blättern erschienen immer wieder kleine Aufsätze und Gedichte zur Erinnerung an die Eifelheimat. In Chicago lebte – um nur ein Beispiel zu nennen – Anna Kirchstein, geboren in Prüm 1858, ausgewandert 1877. Noch nach 44 Jahren in der Neuen Welt pries sie unverdrossen die ferne Heimat und das Deutschtum in Versen, die ganz dem Geist des Wilhelminismus verpflichtet waren. Solche Versuche, die Eifler, mehr noch: die deutsche Identität in Amerika zu stärken, waren nicht nur dem Heimweh und der Nostalgie geschuldet. Um die Wende vom 19. zum 20. Jahrhundert kämpften alte und neue Einwanderer um ihren Platz in der amerikanischen Gesellschaft. Während Juden, Süd- und Osteuropäer bei den „Yankees" nicht sonderlich gut angesehen waren, galten Skandinavier und Deutsche als zuverlässig und fleißig.[510] Wer sich also stolz zeigte, ein deutscher Einwanderer zu sein, konnte sich damit auch von anderen, weniger beliebten Volksgruppen absetzen. Heute allerdings klingen die patriotisch gefärbten Verse wie ein letzter Versuch, sich gegen die Assimilation zu wehren, die früher oder später aus allen Einwanderern Amerikaner machte. Die Eifeldichterin Anna Kirchstein verfaßte etwa ein Gedicht zum Lob der deutsch-amerikanischen Frauen in Chicago:

„Wenn Männer heut aus allen deutschen Gauen
Die Stadt durchziehn mit hochgeschwellter Brust,
So sind nicht minder heute Deutschlands Frauen
Sich ihrer Herkunft, stolzer, auch bewußt.

Zwar schreiten sie nicht mit im Festgedränge,
Und nur im stillen wirken sie und walten;
Doch hat ihr Werk unschätzbar hohen Wert,
Denn unsers Stammes Zukunft, hier, gestalten
Die deutschen Frau'n an ihres Hauses Herd.

(...)

Dann wird bald herrlich sich der Zweig entfalten,
Der deutsche Zweig im neuen Vaterland;
Und ihren Kindern werden sie erhalten
Gar reiche Gaben als des Glückes Pfand."[511]

Das „Katholische Wochenblatt" konnte am 8. November 1911 sogar die Gründung einer Ortsgruppe des Eifelvereins in Chicago vermelden. „*Meine werten Landsleute*", hieß es dort, „*Kinder der Eifel, was will ein solcher Verein, diese Ortsgruppe in der Weltstadt Chicago, der Metropole des Westens, wo man ja alle*

Abb. 78: Schule in St. Leo 1903

Nationen der Welt zusammengewürfelt findet? Das einzige Ziel und der alleinige Zweck ist die Liebe und Verehrung unserer Heimat, der trauten Eifelberge, auch hier im fernen Westen, fern der Heimat, wach zu halten, uns durch etwaige Versammlungen und den Bezug des schönen, reichhaltigen Eifelvereinsblattes, das die Mitglieder unentgeltlich monatlich zugesandt bekommen, fester zu verbinden. ... Darum auf Eifelaner! Anmeldungen werden freundlichst entgegengenommen von den Herren J.R. Cremer, 514 Eugenie Str., und Jakob Leo Jung, 7255 Aberdeen Str."[512] Schon 1913 hatte der Eifelverein Chicago 410 Mitglieder – zum Vergleich: Koblenz hatte zur selben Zeit 360, Köln 2.840, Euskirchen 314, Blankenheim 68.[513] Am 31. Januar 1937 wird ein großes 25jähriges Stiftungsfest begangen, zu dem auch die Damengruppe des Eifelvereins ihre Grüße entbietet. Die Festschrift enthält zahlreiche rührende von Mitgliedern verfasste Eifelgedichte, blickt zurück auf frohe Zusammenkünfte, bei denen Jugenderinnerungen ausgetauscht wurden, auf Eifelbälle und Lichtbildervorträge.[514] 1941/42 wurde der Eifelverein Chicago verboten, wie alle deutschen Organisationen nach dem Kriegseintritt der USA. Ob er sich nach 1945 noch einmal neu formierte, konnte nicht ermittelt werden.

Für die Auswanderer von der Oberahr, sofern ihr Verbleib bekannt ist, hatte unter den großen Städten Chicago die stärkste Anziehungskraft. Schon der 1846 aus Lommersdorf ausgewanderte Joseph Faymonville ließ sich in Chicago nieder. In den 1850er Jahren kamen Jakob Wollmerath aus Uedelhoven, die Geschwister Brigitte und Nicolaus Mies aus Dollendorf und die Ahrdorfer Familie

Abb. 79: St. Leo in Minnesota um 1900

Johann Hommer. Zu den Eiflern in Chicago zählten auch Joseph Müller aus Ahrhütte, 1869 ausgewandert, die Familien Michael Daniels aus Mülheim und Johann Weber aus Rohr, die Geschwister Helena, Peter und Gertrud Pütz aus Mülheim. Unter den spätesten Auswanderern sind 1895 der Lommersdorfer Ernst Dreimüller, sowie die Geschwister Catharina, Johann Peter und Gertrud Ketges aus Mülheim. Gertrud, Jahrgang 1878, hat die Eifel erst 1914 verlassen. Der Nachweis, dass sie alle in Chicago gelebt haben, gilt dabei nicht unbedingt für all ihre Lebensjahre in Amerika. Die Mobilität war groß, und manche Familie hat öfters den Wohnort gewechselt.

Die Mehrzahl der Auswanderer von der Oberahr jedoch, deren Weg dieses Buch nachzeichnet, zog nicht in die großen Städte. Um es auf eine knappe Formel zu bringen: Sie verließen die Provinz, und sie landeten wieder in der Provinz. Ihre Zielorte hatten Namen wie Brighton oder Potosi, Wisconsin, Union Hill oder Swan Lake, Minnesota, Marysville, Kansas oder Sydney, Nebraska – Orte, die heute nur auf Landkarten mit größerem Maßstab verzeichnet sind. Wisconsin war damals für viele deutsche Auswanderer besonders attraktiv. In einer Volkszählung von 1990 war Wisconsin der US-Staat mit den meisten deutsch-stämmigen Einwohnern: 53,8 Prozent gaben an, Nachfahren deutscher Einwanderer zu sein. Für diese Vorliebe der Deutschen für „America's Dairyland" – so einer der heutigen Spitznamen des Staates - gab es eine Reihe von Gründen. Der Historiker La Vern J. Rippley weist in seinem Buch „The Immigrant Experience in Wisconsin"[515] darauf hin, dass der Staat Wisconsin in Deutschland tausende Prospekte verbreiten ließ, in denen die Ähnlichkeit von Landschaft und Klima und die günstigen Bodenpreise angepriesen wurden: 1 acre Land (=0,4047 ha) kostete nur 1,25 Dollar.

Und auch der in Deutschland populäre „Rathgeber für Auswanderungslustige" von Traugott Bromme aus dem Jahr 1846 beschreibt das Territorium Wisconsin – Bundesstaat wurde es erst 1848 –

Abb. 80: Familie Michael Daniels aus Mülheim

als fruchtbare, sanft hügelige Landschaft mit einer lieblichen Abwechslung von Wald und Prärie: *„Erst der südöstliche Theil des Landes, von Illinois an bis zum Wisconsinflusse ist in Kultur genommen, und vereinigt, durch seinen trefflichen Boden, seine stämmigen Waldungen und seinen Mineralreichthum alle Vortheile, welche die Staaten Illinois und Missouri bieten. Seines trefflichen Klimas wegen eignet sich das Land vorzüglich für deutsche Ansiedler."* Auch die Verkehrslage ist optimal: *„Das Land ist trefflich bewässert, und hat im Westen an dem Mississippi die Straße nach New Orleans, im Osten durch den Michigan-See, die herrliche Verbindung mit New York und dem ganzen Osten."* 30.000 Einwohner zählte das Gebiet im Jahr 1840, wobei der Norden noch ganz den Indianern gehörte. Im Hauptort (der späteren Hauptstadt) Madison lebten, wie Bromme schreibt, gerade einmal 493 Einwohner. Die Erschließung ging allerdings in Riesenschritten voran: Im Hafen von Milwaukee gingen immer neue Einwanderer an Land, die von New York her den Hudson River hinauf bis Albany, dann über Buffalo und die Großen Seen angereist waren. Straßen und Eisenbahnverbindungen wurden gebaut. Die Farmer aus Deutschland, Skandinavien, der Schweiz und Irland machten das Land urbar: *„Ackerbau und Viehzucht werden hier eifrig betrieben. Mais gedeiht hier weniger gut als in Illinois und den Ohio-Staaten, vortrefflich dagegen Weizen, und selbst in den Mineralgegenden der Prairies gewinnt man die reichsten Ernten. Hafer, Gerste, und Kartoffeln gedeihen ebenfalls sehr gut, und letztere sind von größerer Güte als in irgend einem anderen Theile der Vereinigten Staaten."*[516]

Man kann sich das neue Leben auf dem Lande zumindest für die Mitte des 19. Jahrhunderts nicht primitiv genug vorstellen. In einigen der in diesem Buch zitierten Briefe wurden ja bereits die Anfangsschwierigkeiten der Siedler plastisch geschildert. Die ersten Häuser waren in der Prärie mangels Wäldern häufig nicht aus Holz, sondern aus sogenannten Wasen gebaut, ca. 40x40 cm großen ausgestochenen Grassoden, die zu Mauern aufgeschichtet wurden. Sie isolierten sowohl gegen Hitze als auch gegen Kälte. Auch wenn der Boden vergleichsweise

Abb. 81: Peter Lenz und Familie 1893

preiswert war - für 50 Dollar konnte Mitte des 19. Jahrhunderts schon ein existenzfähiges Anwesen erworben werden -[517], so hatte doch kaum ein Einwanderer von Anfang an ausreichend Kapital, um landwirtschaftliche Geräte und Saatgut zu finanzieren, geschweige denn, sich ein komfortables Haus zu errichten.

Abb. 82: Lenz Farm St. Leo in Minnesota

Für die Landnahme im Westen gab es im Lauf der Jahre wechselnde Verordnungen und Bestimmungen. Bis zur Mitte des 19. Jahrhunderts dominierte eine Mischung aus staatlichem Verkauf, Grundstücksspekulation und illegaler Aneignung. Letztere wurde 1841 durch ein Vorkaufsrechts-Gesetz eingedämmt: Farmer, die ein Stück Land ungesetzlich in Anspruch genommen hatten, bekamen das Vorkaufsrecht zugesprochen, um ihren Besitz wenigstens nachträglich zu legitimieren. Eine aktive und gezielte Besiedlungspolitik der Regierung in Washington manifestierte sich jedoch erst 1862 im Homestead Act", dem sogenannten Heimstättengesetz. Es war das bedeutendste Landverteilungsgesetz der amerikanischen Geschichte und prägte auf Jahrzehnte die Besiedlung des Westens. Das Heimstättengesetz, unterzeichnet von Präsident Abraham Lincoln, besagte Folgendes: Jeder amerikanische Bürger oder Einwanderer, der US-Bürger werden will, kann kostenlos 160 acres (259 Morgen ha) Land in den noch unerschlossenen Gebieten erhalten. Die einzige Bedingung: Er muss dieses Land mindestens fünf Jahre lang bewirtschaften. Dann geht es endgültig in seinen Besitz über. Mit dieser Regelung schuf die Regierung ein Ventil für die Städte des Ostens, die teilweise schon keine Einwanderer mehr aufnehmen konnten. Bis 1880 zogen daraufhin mehr als eine Million Farmer in Zügen und Planwagentrecks westwärts.

Bis 1890 gab es im Westen sechs Millionen neue Siedler. 67.500 km² oder 7 % des Gebietes des Vereinigten Staaten[518] wurden unter diesem Gesetz erschlossen, besiedelt und zu Privateigentum. Das Heimstättengesetz orientierte sich an der quadratischen Landvermessung, wie sie in den USA seit der „Land Ordinance" von 1785 für öffentlichen Grundbesitz geregelt war. Man unterteilte das gesamte Gebiet in quadratmeilengroße „sections", von denen jeweils 36 eine „township" bildeten. Die einzelnen Quadratmeilen (= 640 acres) wurden für die Landvergabe in 160 acres große Teilstücke geviertelt. Diese schematische Aufteilung brachte es natürlich mit sich, dass „Heimstätten" von sehr unterschiedlicher Qualität entstanden. In den feuchten Regionen entlang des Mississippi reichte das Land aus, um eine Familie zu ernähren; in den trockeneren „Great Plains" weiter westwärts herrschte dagegen oft Wasserknappheit. Zudem wehrten sich Viehzüchter gegen die Aufteilung des bisher freien Weidelandes an Farmer; Zusatzbestimmungen erlaubten den Zukauf von Land, das oft auch nicht fruchtbarer war; Spekulanten sicherten sich frühzeitig die „Filetstücke" – kurz: Das Heimstättengesetz, das übrigens erst 1976 annulliert wurde, war keineswegs Garant gegen jede Ungerechtigkeit. Das größte Unrecht dieser Eroberung des Westens aber wurde im 19. Jahrhundert nur von wenigen gesehen: Sie entzog den noch überlebenden indianischen Ureinwohnern endgültig ihre Existenzgrundlage.

Abb. 83:Elisabeth Hotz geb. Hutley 1920

Einer dieser wenigen war Karl May, in dessen Roman „Der Ölprinz" von 1897 das neue Gesetz vorkommt: „*Nach dem sogenannten Heimstättengesetz kann ... jedes Familienhaupt und jeder einundzwanzigjährige Mann, welcher entweder Bürger ist oder Bürger werden zu wollen erklärt, eine noch unbesetzte Parzelle Land von 160 Acres ohne alle Bezahlung erwerben; nur muß er sie fünf Jahre lang bewohnen und bebauen ... Was die Indianer, die Herren dieser Ländereien, dazu sagten, danach wurde nicht gefragt!*"[519]

Die erste deutsche Einwandererwelle von 1845 bis 1858 hatte von der neuen Landverteilung noch nicht profitieren können. Das Farmland war mehr oder weniger günstig erworben worden, und wenn die Familien ein erstes Dach über dem

Kopf hatten, begannen sie in den townships mit dem Bau einer Kirche und einer Schule. In manchen Orten des Mittleren Westens finden sich noch heute die Spuren der ersten Einwanderer von der Oberahr. Die folgenden Abschnitte stellen einige dieser kleinen Orte exemplarisch vor.

4.1.2 Brighton, Wisconsin

Für viele unserer Auswanderer wurde Brighton zur ersten Zuflucht nach der Überfahrt, zum Startpunkt ihres Lebens in der Neuen Welt. Den einen wurde der Ort zur zweiten Heimat, den anderen war er eine Durchgangsstation in Richtung Westen. In der Auswandererliste im Anhang ist Brighton der am häufigsten erwähnte Zielort (insgesamt 75mal). Die kleine Gemeinde liegt im äußersten Südosten des Staates Wisconsin, etwa 20 Kilometer entfernt von der Stadt Kenosha, die im 19. Jahrhundert ein besonderer Anziehungspunkt für deutsche Einwanderer war. Nach Norden fährt man ca. 50 Kilometer bis Milwaukee, nach Süden ca. 80 bis Chicago. Eine Karte von 1887 zeigt im Umkreis der Kirche eine Schule und neun Häuser, eines davon war das „Post Office". Heute gibt es kein Postamt mehr, dafür aber eine Gaststätte. Da das Gemeindegebiet sehr weitläufig war, umfaßte Brighton natürlich noch weitere Farmhäuser; doch allein die dünne Bebauung dessen, was man einen Ortskern nennen könnte, zeigt, dass sich die dörflichen Strukturen hier radikal von denen in der Eifel unterschieden. Ohne Kutsche und Wagen kam man hier kaum vom einen Ende des Ortes zum anderen.

Abb. 84: Brighton - Friedhof und Kirche

Abb. 85: Vier Generationen Dorn in Minnesota

Die erste Kirche von Brighton, nicht mehr als eine Blockhütte, wurde 1845 von einigen Farmern errichtet, die hier Grund und Boden erworben hatten. Die ersten waren Iren und Deutsche. Nach einem verheerenden Tornado wurde die Kirche 1883 neu erbaut. Sie trägt heute noch den Namen „St. Francis Xavier Catholic Church." Die Gemeinde ist eine der drei ältesten in Wisconsin, das Taufregister reicht zurück bis 1848. In der katholischen Schule, errichtet 1857, wurde vormittags auf Deutsch und nachmittags auf Englisch unterrichtet.[520] Am Beispiel Brighton zeigt sich wie in einem Brennglas, dass die Auswanderer sich immer an anderen Auswanderern orientierten. Wenn ein erster Pionier der Familie, ein Bekannter oder Verwandter am Ort war, dann kamen die anderen umso leichter nach. 1842 bildet der 18jährige Mathias Daniels aus Freilingen die Vorhut der Einwanderer aus der Gegend um Blankenheim. Zwei Jahre später folgen seine Geschwister Jacob, Margaretha und Nicolaus mit Familie. Wieder zwei Jahre später treffen aus Ripsdorf Nikolaus Ehlen mit Ehefrau Maria Anna geb. Hess und zwei Töchtern ein. Sie bringen den Schwiegervater Friedrich Hess aus Blankenheimerdorf und dessen gesamte Familie mit, vier Söhne und eine Tochter.

Auch für die Familie Lenz aus Alendorf übernimmt 1847 ein Sohn, der 17jährige Peter, die Pionierrolle. 1851 wird er an der Oberahr gesucht, weil er nicht zur Musterung erschienen ist. Zur selben Zeit folgt ihm schon sein Bruder Thomas nach. Im Herbst 1852 kommt dann auch der Vater Johann Joseph Lenz, immerhin schon 56 Jahre alt, mit seiner Frau Anna Maria Barbara, geb. Molitor, und sechs weiteren Kindern. Familie Lenz hatte den Ozean auf der „Antarctic"[521] überquert, zusammen mit mehreren Familien von der Oberahr. Die Tochter Anna Lenz brachte ihren Vater mit, den 80 jährigen Thomas Molitor. Aus dessen Familie war wiederum auch ein Sohn vorausgegangen, Laurentius Molitor. Bei ihm war der junge

Abb. 86: Eheleute Johann Joseph Lenz

Peter Lenz zunächst untergekommen. Laurentius Molitor war schon 1845 gegangen, gemeinsam mit seiner Schwester Maria und deren Mann Johann Stockart; 1851 war dann die Schwester Anna Gertrud Molitor mit ihrem Ehemann nachgereist; schließlich folgte 1854 dann noch die Schwester Anna Magdalene mit ihrem Mann Valentin Meyer.

Das Netz der verwandtschaftlichen Beziehungen ist also eng geknüpft in Brighton. Im April 1852 geht der Ripsdorfer Thomas Vogelsberg mit seiner Frau Catherina, geb. Trappen nach Wisconsin. Aus Dollendorf kommen 1852 Joseph Klinkhammer mit seiner Frau Margarethe geb. Mahlberg und fünf Kindern. Drei Jahre später, 1855, folgt Klinkhammers Vetter Peter Braden. Aus Alendorf, der Heimat der Familie Lenz, kommt 1853 auch Familie Johann Heck. Aus Waldorf 1854 Johann Bove, ein Jahr später seine Eltern Christian und Anna Catharina, geb. Kutsch, mit Johanns Geschwistern Michael und Catharina.[522] Mit Lambert Dorn aus Ahrdorf und seiner Familie wandern 1868 die letzten von der Oberahr nach Brighton aus.

Über die große Familie Lenz (Lentz) wissen wir verhältnismäßig viel. Denn die dortigen Nachkommen haben in den letzten Jahren umfangreiches Material zusammengetragen und die Geschichte ihres „Clans" rekonstruiert, die „Lenz Story".[523] Johann Joseph und Anna Maria Barbara Lenz blieben nach ihrer Ankunft im September 1852 für immer in Brighton. Fünf ihrer Kinder, die ihnen ja teilweise vorausgegangen waren, machten sich schon bald in Richtung Westen auf. 1860/61 erwarben die Söhne Nicolaus, Thomas, Valentin, Matthias und Johann Joseph jr. Land im südlichen Minnesota; der Flecken in der Prärie, den sie gemeinsam mit anderen Eiflern besiedelten, heißt bis heute Union Hill.[524] Matthias ging nach wenigen Jahren zurück nach Wisconsin, um in Wheatland Township die Farm seiner Schwiegereltern Rosenplanter zu übernehmen. Johann Joseph junior ging 1883 nach Adrian, Minnesota. Die anderen Brüder etablierten sich mit ihren Familien in Union Hill. Peter, der als erster ausgewandert war, und die Schwestern Catharina und Gertrud blieben in Wisconsin. Typisch für die Einwanderer der ersten Generation ist auch, dass sie meist Partner aus ihrer Heimatregion suchten und fanden. Thomas Lenz heiratet 1858 in Brighton Elisabeth

Hotz aus Birresborn; Catharina heiratet ein Jahr später (in zweiter Ehe) Elisabeths Bruder Mathias Hotz. Johann Joseph heiratet 1863 in Union Hill Anna Maria Klinkhammer aus Ripsdorf. Valentin heiratet um 1863 Susanne Mares aus Fließem bei Bitburg. Nur über den jüngsten Sohn, Friedrich Wilhelm Thomas, ist nichts bekannt: Laut Passagierliste kam der Elfjährige mit den Eltern am 3. September 1852 in New York an, doch dann verliert sich seine Spur.

Die Lenz-Kinder lebten als Farmer. Johann Joseph jr., der wohlhabendste Sohn, wurde 1883 Abgeordneter im Parlament von Minnesota. Sein Bild ist noch heute im State Capitol in der Hauptstadt Saint Paul zu finden. Johann Joseph und seine Frau Anna Maria bekamen 13 Kinder, und auch die Geschwister hatten zahlreiche Nachkommen. Schon eine Generation nach der Einwanderung hatte sich ein weit verzweigtes Familiengeflecht entwickelt – es reichte bis nach Saskatchewan in Kanada und an die Westküste der USA. Auf dem in deutscher Sprache geschriebenen Totenzettel von Thomas Lenz, der am 9. Juni 1920 im Alter von 89 Jahren starb, steht stolz und lapidar: *„An seinem Grabe trauerten 4 Kinder, 53 Enkel und 20 Urenkel."*[525]

Viele Nachkommen der Familie Lenz sind Priester und Ordensleute geworden. Die „Lenz Story" verzeichnet 44 Frauen und Männer, die meisten traten den Franziskanern bei, manche den Benediktinern und kleineren karitativen Orden. Für die katholischen Einwanderer aus der Eifel und ihre Familien ist dies offenbar ein sehr selbstverständlicher Lebensweg – er wurde und wird in den USA noch sehr viel häufiger eingeschlagen als in Deutschland. Andere Beispiele aus dem Kreis der Oberahr-Auswanderer sind Michael Baltes aus Uedelhoven Gertrud Göbel aus Freilingen (s.4.2.6) und Hubert Bove und seine drei Schwestern aus Ahrhütte (s.4.2.7). In den 1980er Jahren hat Hermann Bungartz mehrere Reisen in den Mittleren Westen unternommen und noch zahlreiche Spuren der Auswanderer von der Oberahr entdeckt.[526] So wirkt der Friedhof der Saint Francis Saviour Catholic Church in Brighton noch heute wie ein Friedhof aus der Eifel. Vogelsberg, Daniels, Ehlen, Hotz, Koch, Wagner – all diese Namen finden sich auf teilweise noch sehr gut erhaltenen Grabsteinen, denn in den USA ist eine

Abb. 87: Familie Mathias Lenz 1900

Abb. 88: Johann Joseph Lenz

Neubelegung der Gräber nach 15 oder 20 Jahren nicht üblich. Auch das mit einem hellen Eisenkreuz geschmückte Grab der Eheleute Lenz ist mehr als 100 Jahre nach deren Tod erhalten. Die deutsche Inschrift lautet: *„Hier ruhen die achtbaren Eheleute Johan und Barbara Lenz."* Der Grabstein der Familie Ehlen ist schon in Englisch verfasst und erinnert an *„Father Nicklaus and Mother Mary Anna Ehlen"*. Die Gemeinde Brighton hat heute 1.450 Einwohner. Die Bevölkerung ist zu 95,9% weiß, 44,8% der Einwohner geben an, deutsche Vorfahren zu haben, Einkommen und Immobilienwerte liegen über dem Schnitt im Staat Wisconsin, die Arbeitslosigkeit liegt weit darunter.[527]

4.1.3 Potosi, Wisconsin

Wer heute Potosi im Grant County am Ostufer des Mississippi River besucht, wird sich kaum vorstellen können, dass dies einmal die größte Stadt Wisconsins war. Der 831 Einwohner zählende Ort[528] im äußersten Südwesten des Bundesstaates wirbt damit, die längste kreuzungslose Hauptstraße der Welt sein eigen zu nennen: Sie windet sich drei Meilen lang den Hang hinab, ist allerdings auch die einzige Straße im ganzen Ort. Durch seine Lage am Wasser ist Potosi ein beliebtes Ausflugsziel und nennt sich „Catfish Capital of Wisconsin". Die „Hauptstadt der Welse" gilt als ein Paradies für Angler. Im Jahr 2004 durfte Potosi das offizielle Nationale Biermuseum der USA gründen und lief damit der großen Brauereistadt Milwaukee den Rang ab. Potosi kann auf eine lange extensive Brautradition zurückblicken, von der heute aber nur noch das alte Gebäude der Potosi Brewing Company zeugt. Hier wurden einst Marken wie „Potosi Pilsener", „Good Old Potosi Beer", „Kellers Holiday Beer", „Augsburger", „Bohemian Club", „Garten Brau" u.a. produziert. Dies allein ist bereits ein deutlicher Hinweis auf deutsche Einwanderertraditionen - und in der Tat geben heute 60% der Einwohner an, deutsche Vorfahren zu haben. Der Leiter der Initiative für das Biermuseum heißt Steve Vogelsberg – er ist womöglich in zweiter oder dritter Generation ein direkter Nachfahre von Thomas und Catharina Vogelsberg aus Ripsdorf, die im Grant County lebten und zehn Kinder hatten. Der Bürgermeister in Potosis Nachbarort Tennyson hieß 2001 Pat Vogelsberg.[529]

An die große Vergangenheit des Ortes, der ursprünglich „Snake Hollow", also Schlangenhöhle, hieß, erinnert die denkmalgeschützte Anlage der Saint John Mine. Die Mine gilt als eine der ältesten in den USA. Lange bevor die Weißen kamen, gewannen die Indianer im natürlichen Höhlensystem am Ufer des Mississippi schon Blei. Französische Kundschafter berichteten bereits 1690 von Bleivorkommen. Der Siedler Willis Saint John gilt als der erste weiße Betreiber der Mine. Sie gehörte ihm von 1828 bis 1848, in der Hochzeit der Bleigewinnung. Von einem regelrechten „lead rush", einem Bleirausch, sprechen die Historiker für die 20er Jahre des 19. Jahrhunderts; auch die Einwohnerzahl von Potosi stieg sprunghaft an. Um 1840 bekam der Ort seinen ungewöhnlichen, klangvollen Namen. Die Legende erzählt von einer Indianerprinzessin namens Potosa als Namenspatronin. Sie sei die Frau des französischen Pelzhändlers Julien Dubuque (1788-1810) gewesen, des Gründers der Stadt Dubuque auf der anderen Seite des Flusses im heutigen Iowa. Wahrscheinlicher ist, dass der Name an die legendärste Mine in ganz Amerika erinnern sollte, an Potosi in Bolivien, im 17. Jahrhundert die reichste Silbermine der Welt. Im Spanischen bedeutet das Pueblo-Wort „potosi" bis heute Vermögen oder Wohlstand. Das Nest am Zusammenfluss von Grant River und Mississippi wuchs rasch. In Zeiten des Blei-Booms hatte es 1.500 Einwohner. Der Hafen wurde ausgebaut, um die natürlichen Transportwege flussabwärts nach Saint Louis besser zu nutzen. Die Bergleute wurden bald schon „badgers" genannt, Dachse. Der Spitzname des Staates Wisconsin lautet noch heute „The Badger State", so wichtig war einmal der Bergbau. Potosis Stern begann aber schon in den Jahren nach 1849 wieder zu sinken: In Kalifornien war Gold entdeckt worden. Der Goldrausch löste den Bleirausch ab, viele Bewohner zogen weiter in Richtung Westen.

In Potosi, wo man im Winter Bergbau trieb und im Sommer die Farm bewirtschaftete, ließen sich eine ganze Reihe Auswanderer aus Blankenheimerdorf nieder. Der schon mehrfach zitierte Friedrich Schmitz lebte 1869 für kurze Zeit am Mississippi. In einem Brief an seine Eltern, den er zehn Jahre früher im März 1859 schreibt, nennt er gleich vier Bekannte aus seinem Heimatdorf, die in dem Bergbauort leben: Joseph Hess, 1846 ausgewandert, Joseph Ehlen, zwei Jahre später ausgewandert, Peter Jackle, 1851 ausgewandert und Jacob Görgens, 1855 ausgewandert.[530] Görgens Halbschwester Elisabeth Friesen, kam drei Jahre später mit ihrer verwitweten Mutter ebenfalls hierher[531], die jüngeren Brüder Johann Peter und Wilhelm Friesen folgten 1866 bzw. 1868. Vom Schicksal der alten Mutter wissen wir nichts, die junge Generation lebte 1880 in und um Potosi. Die Volkszählung von 1880 nennt des weiteren Petronella Genz aus Rohr und ihren Sohn August Johann Josef; ihr Ehemann Andreas Genz ist 1879 in Potosi gestorben.

Aus Rohr kamen auch die Familie Peter Joseph Uedelhoven und dessen Schwester Petronella, verh. Körner. Der Verbleib vieler Auswanderer ist nicht überliefert – doch es ist gut möglich, dass Potosi für sie ein erster Anlaufpunkt war, den sie später in Richtung Westen verließen. Ganz so wie es Anna Maria Giefer tat, die 1885 im Alter von 18 Jahren von Dollendorf nach Potosi kam; ihre Mutter und ihr jüngerer Bruder wanderten wenig später aus. Anna Maria zog schon bald weiter nach Westen – ihr Lebensbericht ist erhalten und wird im Kap. 4.2.1 vorgestellt. Bergbau- und Brauereiwesen bildeten eine Verbindung zwischen der Gegend um Potosi und der Eifel. Joseph Scheben erwähnt in einem seiner Aufsätze neben den Auswanderern von der Oberahr auch Bergleute aus Mechernich, die im Grant County wieder ihrem alten Beruf nachgingen.[532] Andere Bewohner Potosis stammten aus Wershofen und Ohlenhard.

4.1.4 Union Hill, Minnesota

„Westward Ho!" lautete der Ruf der Siedler, die mit ihren großen Trecks in Richtung Rocky Mountains aufbrachen, um neues Wohn- und Weideland zu erschließen. Auch die Eifler Einwanderer haben sich der großen Wanderungsbewegung nach Westen angeschlossen. Teils noch die erste Einwanderergeneration, spätestens aber die Kinder zogen oft schon nach wenigen Jahren weiter. *„Ich will nicht sagen, dass wir hier sterben"*, schreibt Christian Bovy im Mai 1857 aus Brighton an seine Verwandtschaft in Waldorf. *„Denn wir sind gesonnen, noch 300 Meilen weiter zu ziehen, nämlich nach Minasotha* (= Minnesota). *Da ist das Land noch per Acker* (= acre) *zu 50 Cent zu haben."*[533]

Minnesota ist der westliche Nachbarstaat von Wisconsin. Schon seit dem „Louisiana Purchase" von 1803, bei dem die Regierung in Washington Frankreich weite Gebiete entlang des Mississippi abkaufte, gehörte der östliche Teil des heutigen Bundesstaats zu den USA. 1851, drei Jahre nach Wisconsin, wurde Minnesota als 32. Staat in die Union aufgenommen. Im Sommer desselben Jahres unterschrieben die Dakota-Indianer[534], die von den Weißen Sioux genannt wurden, zwei Verträge, in denen sie auf riesige Gebiete im Mittleren Westen verzichteten, darunter auch auf den größten Teil des neuen Staates Minnesota. Kämpfe, Verhandlungen, Betrug und falsche Versprechen waren dieser faktischen Kapitulation der Ureinwohner vorausgegangen. Einer der beiden Verträge, der „Treaty of Traverse des Sioux", geschlossen im gleichnamigen Ort am Ufer des Minnesota River, sah für die Dakota den Rückzug in ausgewiesene Reservate vor, in denen sie, entgegen ihrer Jahrhunderte alten nomadischen Tradition, als Farmer leben sollten. Der „weiße Mann" versprach im Gegenzug Entschädigungen und

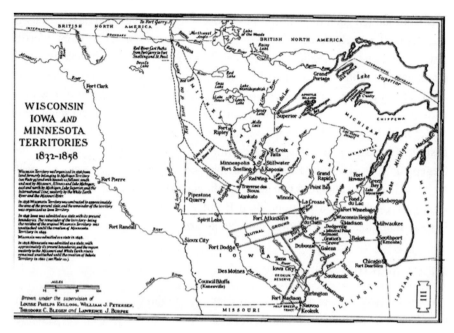

Abb. 89: Karte des Seengebiets 1858

staatliche Starthilfen für Haus- und Ackerbau. Schnell sprach sich herum, dass die „Indianergefahr" nun gebannt sei. Minnesota wurde als neues Siedlungsgebiet offensiv beworben, und schon 1852 strömten die Siedler hierher. In den ersten zehn Jahren waren es etwa 160.000. Die 8.000 Indianer, die vorher die Prärien und Wälder bevölkert hatten, waren umgesiedelt und zunächst „befriedet".

Bald schon zeigte sich, dass die Weißen sich durch die geschlossenen Verträge in keiner Weise gebunden fühlten. 1858 wurde das Indianergebiet nördlich des Minnesota River nochmals verkleinert; doch dafür zugesagte Zahlungen wie auch andere Zuwendungen blieben aus. Den verzweifelten Kampf der Dakota hat 1876 Rev. Alexander Berghold beschrieben, der damals als Geistlicher in Minnesota lebte, von 1866 bis 1868 auch in Union Hill. In seinem für die Geisteswelt des 19. Jahrhunderts überaus kritischen Buch „Indianer-Rache oder die Schreckenstage von New Ulm" zitiert er Proteste der Indianerhäuptlinge bei den Vertretern der Regierung: „Nach dem Vertrage von Traverse des Sioux sollten wir 275.000 Dollars erhalten, sobald wir uns auf dem von der Regierung angewiesenen Lande befänden. Man sage uns, was damit geschehen ist! Jedes Blassgesicht weiß, dass wir uns seit fünf Jahren auf dem vertragsmäßig bestimmten Lande befinden und bis jetzt haben wir noch nichts von ihrem Gelde."[535] Die Regierung wies zwar das

Geld an, aber betrügerische Zwischenhändler und Bürokraten steckten es in die eigenen Taschen. Sie hatten den Indianern Lebensmittel oder Zugtiere zu unverschämten Phantasiepreisen auf Kredit verkauft – und als der Regierungsagent mit Geld aus Washington im Reservat eintrifft, stehen die Lieferanten, wie Berghold schreibt, *„mit ihren Säcken daneben und reißen das Geld vor den Augen des Indianers hinweg, und reichen dem Agenten ihre Papiere und Rechnungen dafür hin, von denen der betrogene Indianer häufig gar nichts weiß."*[536]

Abb. 90: Kämpfe bei New Ulm 1862

Die Lage der Indianer verschlechterte sich immer mehr. Nach einer Missernte und einem außerordentlich strengen Winter waren im Frühjahr 1862 5.000 Dakota vom Hungertod bedroht. Im Sommer desselben Jahres brach ein blutiger Aufstand los. Angeführt von Häuptling Little Crow töteten Dakota einige Händler am Minnesota River und griffen Fort Ridley und die Stadt New Ulm an; New Ulm brannte fast vollständig nieder. Die Armee forderte Verstärkung an, Ende September war der Aufstand niedergeschlagen. 1.700 Indianer wurden während des Winters bei einem Fort interniert, viele von ihnen starben. Wer überlebte, wurde im nächsten Frühjahr auf einem langen Gefangenenmarsch in ein Reservat verbracht.[537] Union Hill im Le Sueur County, heute ein Teil der Gemeinde New Prague, wurde Heimat für viele Einwanderer von der Oberahr.[538] Der kleine Ort liegt 50 Kilometer südlich der großen „Twin Cities" Minneapolis und Saint Paul. Landschaftlich ähnelt die Gegend jener um Brighton, Wisconsin – vor allem aber erinnern Hügel und Wälder an die Eifel. Union Hill war nie Schauplatz kriegerischer Auseinandersetzungen, doch Anfang der 1860er Jahre ging die Angst vor den nicht weit entfernt tobenden Kämpfen auch hier um. Zumal beim Aufstand der Indianer entlang des Minnesota River zahlreiche Siedler umkamen und 1860 auch eine Farmerin aus Union Hill auf dem Feld von Indianern erschossen wurde. Gleichwohl hielten die unsicheren Verhältnisse kaum jemanden davon ab, hier sein Glück zu suchen.

Als erste Siedler auf dem Gelände, das später den Namen Union Hill erhielt, hatte sich schon 1853, kurz nach der Gründung des Staates Minnesota, eine Familie Schoenecker aus Waxweiler niedergelassen, Vater, Mutter und sechs Söhne.[539] Sie empfingen den 1857 nachkommenden Treck aus Wisconsin, mit dem eine Reihe von Verwandten und Bekannten aus Waxweiler und Umgebung eintrafen, so die Familien Barten, Mamer, Heinen, Pint, Solheid und Michels. Von der Oberahr kamen 1860 die schon erwähnten Brüder Nikolaus, Matthias, Thomas, Johann Josef und Valentin Lenz, deren erster Wohnort Brighton gewesen war. Aus Dollendorf stammten die Geschwister Sibilla, Anna und Wilhelm Klinkhammer. Sibilla war mit Wilhelm Hoffmann aus Blankenheim verheiratet, Anna mit Josef Schneider aus Binsfeld, Wilhelm war ledig. Die Familien hatten 1852 bzw. 1853 die Eifel verlassen. Die Hoffmanns kamen mit vier Kindern im Alter von 13 bis 21 Jahren direkt von Dollendorf nach Minnesota. Die Schneiders, sie hatten zwei jüngere Söhne, ließen sich zunächst in Wisconsin nieder und kauften erst Ende der 1850er Jahre das Grundstück neben der Farm der Familie Hoffmann im Norden von Union Hill. Die Kinder zogen später weiter oder heirateten in benachbarte Orte, bis auf die älteste Hoffmann-Tochter Anna Helena. Die Elterngeneration blieb in Union Hill und ist dort begraben.

Ebenfalls in Union Hill beerdigt sind die Lenz-Brüder Nikolaus und Thomas. Auch Barbara Meyer aus Alendorf fand hier die letzte Ruhe. Sie war 1854 mit ihren Eltern Valentin Meyer und Anna Magdalena Molitor zunächst ins Kenosha County, Wisconsin gekommen, vermutlich nach Brighton. Sie heiratete dort 1860 im Alter von 18 Jahren einen gewissen Theodor Zimmer(s) aus Dahlem und vier Jahre später in zweiter Ehe Johann Etten aus Walsdorf. Mit ihm und dessen unverheiratetem Bruder Lorenz ging sie 1867 nach Union Hill. Das Paar hatte acht Kinder, Johann starb 1915, Anna Magdalena hochbetagt im Alter von 86 Jahren im April 1927. Neben den Klinkhammers aus Dollendorf war auch Gerhard Klinkhammer aus Ripsdorf mit seiner Frau Margaretha Vogelsberg über Brighton nach Union Hill gekommen. Bei ihnen waren die Kinder Peter, Joseph und Maria Anna. Die Eltern sind in der Nähe von Union Hill begraben, Peter im Ort, Josephs Sterbeort ist unbekannt. Maria Anna heiratete 1863 Johann Joseph Lenz, zog mit ihm nach Adrian, Minnesota, und ist dort 1935 gestorben. Das Ehepaar Lenz-Klinkhammer hatte 13 Kinder.

Der aus heutiger Sicht wichtigste Einwanderer von der Oberahr war Hubert Bonzelet aus Uedelhoven, auch er ist in Union Hill begraben. Ihm verdanken wir

Abb. 91: Sibilla Hoffmann geb. Klinkhammer

eine Chronik des kleinen Ortes in Minnesota, in der er schildert, wie die frühen Siedler lebten. Hubert Bonzelet wird in einem eigenen Kapitel vorgestellt (s. 4.2.3.). In den Jahren nach 1857 entstand in Union Hill eine lebhafte Eifler Kolonie. Bekannte und Verwandte aus der Umgebung von Waxweiler und Blankenheim kamen nach, etwa die fünf Geschwister Niesen aus Feusdorf mit ihrer Mutter Anna. Zehn Jahre später lebten 44 Familien hier. Victorin Ruhland, ein Nachfahre des Ehepaars Hofmann / Klinkhammer und Heimatforscher in Minnesota, hat festgestellt, dass von der Hälfte dieser Familien beide Ehepartner aus einem Umkreis von gerade einmal 50 Meilen stammten, bei den restlichen Familien kamen der Vater oder die Mutter von dort. 17 Ehepaare hatten einen Bruder oder eine Schwester in einer anderen Familie, neun Familien wurden kurz nach ihrer Ankunft durch Heirat zu Verwandten – 1867 hatten insgesamt 33 der 44 Familien untereinander verwandtschaftliche Beziehungen. Bis heute berühren sich die Stammbäume zahlreicher Einwohner in Union Hill. Ende der sechziger Jahre des 20. Jahrhunderts lebten dort noch 13 Familien, die Abkömmlinge der ersten Siedler waren.[540]

Alle Bewohner von Union Hill waren katholisch. Da die Wege zu bereits existierenden Kirchen in New Prague und St. Benedict weit und beschwerlich waren, gingen sie bald daran, ein eigenes Gotteshaus zu errichten. Bereits Anfang der 1860er Jahre bauten die ersten Siedler eine Blockhaus-Kapelle, in der hin und wieder Gottesdienste von Patres aus St. Benedict gehalten wurden. Sie war aber so klein, dass nur ein Teil der Bevölkerung darin Platz fand. 1865 wurde

Abb. 92: Familie Nikolaus Lenz

eine zweite Kirche gebaut, die aber sehr abseits lag. Im Jahr 1867 wurden daher Hubert Bonzelet, Wilhelm Hoffmann und Joseph Schneider von den Gemeindemitgliedern beauftragt, einen Platz für eine neue, größere Kirche zu suchen. Sie fanden, wie Hubert Bonzelet in der Pfarrchronik berichtet, bald eine geeignete Stelle, da Valentin Lenz und sein Nachbar bereit waren, Land von ihren Farmen abzutreten. Schon ein halbes Jahr später konnte der bereits erwähnte Pater Alexander Berghold, der der jungen Pfarre als Geistlicher zugeteilt war, in einer ganz aus Holz errichteten St. Johannes-Kirche die erste Messe feiern. Zwei Jahre später bauten die Siedler auch eine Schule neben der Kirche. 1875 ließen sich im nahe gelegenen Ort Jordan Franziskaner nieder, die Deutschland wegen des Kulturkampfes verlassen hatten. Sie wurden Seelsorger für viele umliegende Dörfer, darunter auch Union Hill, wo bis in die 1980er Jahre ein Franziskaner Pfarrer war. Schon Anfang der 1880er Jahre war die Holzkirche zu klein, da die Zahl der Gemeindemitglieder ständig zunahm - die meisten Familien waren kinderreich. Union Hill zählte 350 Einwohner. Mit erheblichen Eigenleistungen und finanziellen Opfern der Pfarrangehörigen wurde der Kirchbau, diesmal aus Ziegelsteinen, Anfang 1883 begonnen und bereits zum Jahresende fertig gestellt. Diese Kirche ist heute noch das Gotteshaus der Gemeinde.

Der Strom der Einwanderer nach Minnesota riss nicht ab. Zwischen 1870 und 1880 erhielten die Orte New Prague, Belle Plaine und Jordan Anschluß an die Eisenbahn. Gesellschaften wie die „Saint Paul and Sioux City Railroad", „Saint Paul and Pacific Railroad" oder „Minneapolis and Saint Louis Railroad" erschlossen immer weitere Gebiete. Union Hill hatte keinen eigenen Bahnhof. New Prague, nur wenige Meilen entfernt, war die nächstgelegene Station; doch die Farmer von Union Hill orientierten sich nach Jordan und Belle Plaine, denn New Prague war ein tschechischer Ort, die beiden anderen hatten mehrheitlich deutsche Bewohner.[541] Ohne direkten Anschluß an das Schienennetz blieb Union Hill ein Dorf im Windschatten der großen Einwanderung; andere Dörfer und Städte der Region wuchsen sehr viel schneller. Um 1880 hatte das Dorf neben Kirche und Schule einen „Saloon", zwei kleine „Post Offices" und einen Laden.

Die Bauern durchlebten schwere Zeiten, als Mitte der siebziger Jahre mehrere Sommer nacheinander die Ernte von Heuschrecken vernichtet wurde. 1876 verbreitete die Bande des berüchtigten Bankräubers Jesse James Furcht und Schrecken in der Gegend. Anfang der achtziger Jahre forderte eine große Diphterie-Epidemie in Amerika ihre Opfer auch in Union Hill. Gleichwohl blieb die erste Siedlergeneration am Ort, bis auf wenige Ausnahmen. Johann Joseph Lenz, der Anfang der achtziger Jahre Abgeordneter im Parlament von Minnesota war, pflegte Kontakte zum Oberhaupt der katholischen Kirche in der Hauptstadt Saint Paul.

Erzbischof John Ireland hatte das „Catholic Colonization Bureau" gegründet, eine Initiative, mit der irische und deutsche Katholiken ermuntert werden sollten, den Westen Minnesotas zu besiedeln. Konfessionelle Aktivitäten dieser Art waren damals durchaus üblich; so gab es z.b. auch den „Unterstützungsverein", eine kirchliche Wohltätigkeitsorganisation und Versicherung, die heute noch unter dem Namen „Catholic Aid Association" existiert. Das Colonization Bureau in Saint Paul hatte sich 369.000 acres[542] im Südwesten des Staates gesichert, ein Gebiet, größer als der heutige Kreis Euskirchen, und bot das Land für vier bis fünf Dollar pro acre an – das war weniger als die Einwanderer von der Oberahr 25 Jahre zuvor in Wisconsin bezahlen mußten. Da die Familien wuchsen und mit ihnen der Bedarf an Land, ließ sich Johann Joseph Lenz diese Gelegenheit nicht entgehen. Sein Bruder Valentin und er zogen in die Counties Yellow Medicine und Nobles, wo gerade die Orte St. Leo und Adrian entstanden waren. Der Ruf „Westward Ho!" hatte nichts von seiner magischen Wirkung verloren.

Im Jahr 1916 feierte die Pfarre St. Johannes Evangelist ihr goldenes Gründungsjubiläum. „Fünfzig Jahre, ein halbes Jahrhundert", heißt es selbstbewusst in der Festschrift: *„In der Weltgeschichte eine kurze Spanne; in Amerika aber, und besonders in Minnesota, bedeuten 50 Jahre den Unterschied zwischen Urwald und Kultur, zwischen Armut und Wohlstand."*[543] Es ist bemerkenswert, dass die Festschrift des Jahres 1916 noch in deutscher Sprache geschrieben ist. Bis dahin wurden in Union Hill auch die Totenzettel noch deutsch gedruckt und die meisten Grabsteine deutsch beschriftet. Die Festschrift dokumentiert, wie stark die kleine Dorfgemeinschaft religiös geprägt war. Fünf junge Männer haben den Priesterberuf ergriffen, drei davon aus den Oberahr-Familien Bonzelet, Hoffmann und Klinkhammer. Neun junge Frauen sind den Franziskanerinnen beigetreten. Es gibt acht verschiedene kirchliche Vereine, von der „Herz Maria Bruderschaft" über den „Kindheit-Jesu-Verein" bis zum „St. Anna-Frauenverein". Und die Pioniere von einst haben endgültig Wurzeln geschlagen und halten nichts mehr vom Aufbruch in unbekannte Welten, so suggeriert es jedenfalls der Jubiläumstext: *„Das Streben mancher Farmer nach viel Land und großen Farms, die sie unmöglich in genügender Weise verarbeiten können, einerseits und das Hinausschicken ihrer erwachsenen Söhne in fremde Gegend, ist eine Torheit und zugleich Ungerechtigkeit der Eltern ihren Kindern gegenüber. Es gibt kein besseres Land und auch keine bessere Farms als gerade hier in der Umgegend von Union Hill. Wenn das Land auch etwas teuer ist, es bringt aber auch etwas ein und in der Nähe einer katholischen Kirche wohnen und regelrechten Gottesdienst haben, eine gute Schule zu haben und unter guten Nachbarn zu sein, ist für eine deutsche Familie viel wert."*[544] Das Festhalten an deutscher Tradition und

Sprache wurde schwieriger, als mit dem Ersten Weltkrieg in den Schulen nur noch auf englisch unterrichtet werden durfte. Trotzdem sprachen in manchen Familien die Älteren noch bis etwa 1950 deutsch. Noch Mitte der 1980er Jahre erklang bei Festgottesdiensten das Lied „Großer Gott wir loben dich" in deutscher Sprache, und bei Pfarrjubiläen wurden Lesung, Evangelium und Fürbitten englisch und deutsch gesprochen – als Erinnerung an eine Zeit, in der Union Hill eine kleine Eifler Kolonie war.[545]

4.1.5 New Trier, Minnesota

New Trier ist einer der vielen Orte im amerikanischen Mittelwesten, die die europäische Herkunft ihrer Gründer im Namen tragen. Allein im Bundesstaat Minnesota gibt es ein New London, ein New Ulm, ein New Prague, ein New Munich (= München), ein New Germany; hier, tausende Kilometer von Europa entfernt, liegen Dörfer und Städtchen namens Hamburg, Hanover, Cologne (= Köln), Heidelberg, Flensburg, Fulda, Luxemburg, Oslo, Upsala, Stockholm, Warsaw (= Warschau), Belgrade, Ghent und Odessa. New Trier, 30 Kilometer südlich von Minnesotas Hauptstadt Saint Paul, ist ein Dorf mit etwas mehr als 100 Einwohnern.[546] Auf dem Friedhof findet man hier noch zahlreiche Grabdenkmäler deutscher Auswanderer der ersten Generation.[547] Sie stammten aus dem Trierer Raum, aus Luxemburg und dem deutschsprachigen Teil Lothringens. Auf den Steinen eingraviert sind Namen wie Dohmen, Feidt, Moes, Hoffmann, Mamer, Rech, Reinardy, Siebenaler. Sogar ein Veteran der napoleonischen Kriege ist hier begraben, ein gewisser Heinrich Marschall, Jahrgang 1784. Seinen Grabstein ziert in etwas holperigem Deutsch die Inschrift:
Wer jemals hätte gedacht,
Ich den Krieg des 1. Napoleon mitgemacht,
Hier unten meine Ruhe sein
Unter diesem Marmorstein.

In New Trier steht auch das eindrucksvolle Grabmal von Wilhelm und Amalia Mies. Wilhelm wurde am 23. Januar 1823 in Dollendorf geboren. Der Grabstein vermerkt „Rhein-Preussen, Deutschland" - die beim Wiener Kongreß 1814/15 Preußen zugeschlagenen linksrheinischen Gebiete wurden im 19. Jahrhundert offiziell Rheinprovinz genannt, als vereinfachte Ableitung auch Rhein-Preußen. Die Familie Mies aus dem Haus „Ketten" war mit drei kleinen Kindern im Sommer 1853 über Antwerpen nach New York ausgewandert. Zunächst ließen sie sich in Wisconsin nieder, dann kamen sie nach New Trier. Wilhelm Mies starb am 23. Dezember 1896. „After Life's Fitful Fever, He Sleeps Well", steht auf dem

Abb. 93: Grabstein Wilhelm Mies

sonst ganz in deutscher Sprache beschrifteten Grabstein: Nach des Lebens wechselhaftem Fieber, ruht er nun wohl. *„Hoffnung und Wonne blüht auch aus Schmerzen"* - so lautet darunter der Grabspruch seiner Frau Amalia Mies, die zwei Jahre nach ihrem Ehemann starb. Sie war eine geborene Gitzen und stammte aus Schönecken. Ihr Sohn Caspar Mies, der bei der Auswanderung noch ein Säugling war, starb schon 1869, im Alter von 16 Jahren. Er ist ebenfalls in New Trier begraben. Auch das Grab von Wilhelms jüngerer Schwester Brigitta Mies, die 1911 in New Trier starb, ist erhalten. Sie kam zwei Jahre nach ihrem Bruder, im Juni 1855, in New York an, ging zunächst nach Chicago und von dort nach Minnesota. Noch im Jahr ihrer Ankunft hatte sie einen Einwanderer aus Lothringen namens Columbus Freiermuth geheiratet; das Paar bekam neun Kinder. Gemeinsam mit Brigitta gingen ihre Brüder Johann Peter und Nikolaus nach Amerika, 28 bzw. 20 Jahre alt und noch unverheiratet. Auch sie kamen über Chicago und Wisconsin in die Gegend von New Trier und ließen sich im benachbarten Städtchen Hastings nieder.

Am 16. April 1897 druckte die Lokalzeitung von Hastings „The Daily Gazette" einen Nachruf auf Johann Peter Mies: *„Mr. Peter Mies died at his residence on Sixth Street Tuesday night from dropsy, after a long illness."* Herr Peter Mies starb Dienstag Nacht in seinem Haus in der sechsten Straße an Wassersucht, nach langer Krankheit, heißt es dort. Er stamme aus Dollendorf, Deutschland, habe zunächst in Kenosha, Wisconsin gelebt, dort 1855 Mary C. Baltes bis 1886 ein Hotel betrieben. Nach der Zeit als Hotelbesitzer, ergänzt der Nachruf im „Hastings Democrat" vom 15. April, habe der Verstorbene noch ein Restaurant und einen „confectionery store" betrieben, einen Süßwarenladen. Und im westlich benachbarten Scott County erinnert eine Woche später eine deutschsprachige Zeitung an Peter Mies, *„(...) vielen der alten Ansiedler von Scott County wohlbekannt, da er in den Pionierjahren von New Market seine erste Heimath in Amerika machte."* Mies, heißt es dort weiter, habe auch lange Jahre in „Hastings und Neu Trier" gewohnt. *„Er war einer der Gründer der St.Bonifacius-Gemeinde und des*

Vereins gleichen Namens zu Hastings. Er that Vieles für Kirche und Schule und legte freudig Hand ans Werk, wenn es galt, die Ehre Gottes zu fördern. Die Beerdigung fand am Charfreitag Nachmittag von der St. Bonifacius Kirche aus statt. Der St. Bonifacius-Verein, dessen Mitglied er war, führte den Leichenzug, welcher einer der größten war seit Bestehen der Gemeinde. Frau M.C. Tautges in St. Joseph ist das einzige Kind des Verstorbenen.(...) Alle Bekannten sind freundlichst gebeten um ein stilles Vaterunser für seine Seelenruhe. "[548]

New Trier war Wohnort oder Durchgangsstation auch für Michael Antony aus Ahrdorf, Familie Lambert Joseph Giefer aus Freilingen, die Familie Peter Heinen aus Lommersdorf und Margarete Treinen, die 1881 als 65jährige Witwe Dollendorf verließ. Auf halber Strecke zwischen New Trier und Union Hill liegt der Flecken New Market. Über New Trier dorthin war auch ein Auswanderer aus Uedelhoven gekommen: Hubert Müller. Möglicherweise war er einem Bekannten aus der Großfamilie Baltes aus Uedelhoven gefolgt, die 1855 ausgewandert war und deren Sohn Joseph Peter mit seiner Lommersdorfer Frau Anna Maria nach 1860 in New Trier lebte und dort gestorben ist. Hubert Müller landete, so viel ist bekannt, nach 1862 in der Neuen Welt, wahrscheinlich mit seiner Mutter Christina, geb. Bove, und zwei Schwestern. Am 7. Februar 1871 vermerkt das Kirchenbuch von New Trier seine Heirat mit einer Elisabeth Ludowissi. Er ist 25 Jahre alt, die Braut 19; sie ist in Fredonia, Wisconsin, geboren; Hubert Müller heiratet also schon nicht mehr eine deutsche Immigrantin der ersten Generation, sondern eine geborene Amerikanerin. Bei der Volkszählung von 1880 wird er als Farmer in New Market registriert. Dort stirbt er im Juli 1915. Einer seiner Nachfahren, Paul P. Mueller aus Alexandria, Virginia, hält heute Kontakt nach Uedelhoven.

In vielen Orten der Gegend um New Trier haben Eifler Auswanderer gelebt. In Vermillion etwa, einem Dorf wenige Kilometer nördlich von New Trier mit heute ca. 430 Einwohnern[549], lebten Johann Breuer aus Blankenheim, die Familie Ludwig Giefer (s. 2.3.2) aus Freilingen und die Eheleute Gerhard Raths (s. 5.2) aus Ahrdorf. Gerhard Raths ist einer der wenigen Auswanderer, die mehrfach zwischen Neuer und Alter Welt hin und her „pendelten". Dies lässt sich aus verschiedenen Aufzeichnungen kombinieren. Am 26. Februar 1862 heiratet Gerhard Raths in Lommersdorf Cäcilia Marjan. Zwei Monate später vermerkt ein Notar, Raths, *„ohne Gewerbe, früher in Minnesota, gegenwärtig in Ahrdorf wohnhaft,"* habe 100 Taler von seinen Eltern erhalten. Er muss also bereits vor seiner Hochzeit, zu deren Zeitpunkt er 32 Jahre alt war, in den Vereinigten Staaten gewesen sein. Mit seiner Ahrdorfer Braut – und vielleicht dank der elterlichen Anschubfinanzierung – verlässt er bald schon wieder die Eifel. Am 18. Juni 1862 gehen beide in New York von Bord des Antwerpener Schiffes „Laura".

Fünf Jahre später, Ende 1867, hält sich Raths erneut in Ahrdorf auf. In einer Notariatsurkunde vom 4. Januar 1868 heißt es, Gerhard Raths aus Vermillion, Minnesota, habe mobile Güter und Frucht verkauft. Weiter wurde das Haus des Schwiegervaters für 230 Taler einem Postillion namens Hubert Blum veräußert. Neben Raths werden in dieser Urkunde auch Cäcilia Marjans Bruder Hubert und Vater Lambert genannt. Deren Hab und Gut wurde also zu Geld gemacht – und zwei Monate später finden sich Hubert Marjan mit Vater, Frau, Tochter und dem Schwager Gerhard Raths auf der Passagierliste des Auswandererschiffs „Bremen", das, aus Bremen kommend, am 5. März 1868 in New York einläuft. Ganz offensichtlich war also Gerhard Raths in die Eifel zurückgekehrt, um diese Kettenwanderung seiner Verwandtschaft zu „managen". Nach den Volkszählungslisten von 1880 lebte Hubert Marjan mit Frau und Kindern in Hastings, Minnesota. Seine Schwester Cäcilia lebte verwitwet in seinem Haushalt.

Dieses Hastings, die Kleinstadt nördlich von New Trier, in der der bereits erwähnte Johann Peter Mies starb, ist auch noch für andere Auswanderer von der Oberahr zur Heimat geworden. Hubert Reetz, ein Schmied aus Lommersdorf (geb. in Mülheim), arbeitete laut der Volkszählung von 1880 in einer Brauerei in Hastings. Er war 1874 mit seiner Frau Gertrud, geb. Crusing, und drei kleinen Kindern über Hamburg ausgewandert. In der Neuen Welt hatte das Ehepaar Reetz drei weitere Kinder. Johannes Maus aus Blankenheimerdorf, Jahrgang 1854, ist ebenfalls in Hastings gewesen. Eine deutsche Notariatsurkunde vermerkt, dass er 1884 Geschäftsmann in Blankenheim war und zwei Jahre später „Sekretär" in Hastings. Als „Saloonkeeper" in Hastings erfasst die amerikanische Zählung von 1880 Mathias Dorn und dessen Sohn Johann Hubert. Die Eheleute Dorn aus Ahrdorf waren 1856 mit vier Kindern ausgewandert. Margaretha Dorn starb 1869 in Brighton, Wisconsin – der Ort war offenbar auch für diese Familie der erste Anlaufpunkt in Amerika gewesen. Der Witwer und Wirt Mathias lebte in Hastings mit seinem ältesten Sohn unter einem Dach. Beide zogen nach 1880 noch einmal weiter westwärts: Der Vater starb 1901 in Swan Lake bei New Ulm; der Sohn 1916 in New Ulm.

Angesichts so vieler Spuren in und um New Trier muss der Name eines Ortes wenige Kilometer weiter östlich Eifler Heimatforscher aufhorchen lassen: Miesville. Die Vermutung lag nahe, der Name Miesville gehe womöglich auf einen Emigranten von der Oberahr zurück – immerhin sind 18 Personen namens Mies von dort ausgewandert. Doch dies ließ sich nicht erhärten.[550] Weiter westwärts aber, in Richtung der Rocky Mountains, liegt in der Prärie eine Siedlung, die tatsächlich nach einem Eifler benannt ist: Peetz, Colorado.

4.1.6 Peetz, Colorado

Am 5. September 1964 porträtiert die Regionalzeitung „The Sterling Journal – Advocate" in Colorado den Dollendorfer Einwanderer Peter Joseph Peetz und bescheinigt dem rüstigen 85jährigen, er sehe mindestens zehn Jahre jünger aus. „*Founder of Peetz Recalls Community's Early History*" lautet die Schlagzeile: Der Gründer von Peetz erinnert sich an die frühe Geschichte der Gemeinde. Peter Joseph Peetz aus „*Dohlendorf, Germany*", wie das Blatt schreibt, berichtet dort, wie er zum Namensgeber eines kleinen Ortes im Nordosten von Colorado, gleich an der Grenze zu Nebraska, wurde.[551]

Abb. 94: Peter Peetz und Louise Theresa Ruttner

„*1905 oder 1906*", erzählt der pensionierte Pionier Peetz, „*kam die Burlington Eisenbahn durch mein Land; sie wollten mich zu ihrem Bezirksvorsteher machen. Ich sagte ihnen, dass ich vom Gleisbau nichts verstünde; aber ich sollte es trotzdem machen. Also sagte ich ihnen: ‚Wenn ihr einverstanden seid, dann bin ich es auch.'* ... *Als nächstes wollten sie den Ort nach mir benennen, weil er damals Mercer hieß und es in Colorado oder Nebraska oder sonstwo in der Nähe bereits einen Ort gleichen Namens gab. ‚Nun gut', sagte ich, ‚mir ist es gleich; wenn ihr einverstanden seid, dann bin ich es auch.' Östlich der Eisenbahnlinie hatte ich ca. 100 Morgen Land und westlich ca. 60; genau mitten in meinem Land lag der Bahnhof.*" Die Planung des Ortes übernahm damals die Lincoln Land Company. Peetz verkaufte 90% seines Landes und ermöglichte weiteren Siedlern, sich hier niederzulassen – das ging freilich zunächst nur langsam voran. „*Wenn man oben auf dem Wassertank der Eisenbahn stand und nach Westen blickte, sah man nur ein Haus; es gehörte einem alten Junggesellen, der 5000 Stück Schafe hatte. Östlich lebte eine Familie mit ungefähr 500 Stück Schafen, Bowman hießen sie, glaube ich.*" Peetz war Schreiner, er baute Haus, Schuppen und Ställe selbst; ihm gehörte der erste Brunnen am Ort und später das erste Auto, offenbar eines der legendären T-Models von Ford, die „Tin Lizzy". „*Ich erinnere mich noch, dass ich eines der ersten Autos im Staat Colorado hatte. Ich bekam es für drei Stück Pferde und 50 Dollar. Ich versuchte zuerst, es für einige Parzellen Land zu bekommen, aber der Bursche, der es mir verkaufte, sagte nein, er wolle keinen Dreck. Wir fuhren mit dem Auto durch das ganze Land. Es muss*

1907 oder 1908 gewesen sein, jedenfalls zu der Zeit, als es die ersten Autos gab. Es war einer der ersten Fords, die gebaut wurden; ich habe vergessen, wie sie ihn nannten."
Peter Joseph Peetz lebte von 1879 bis 1972. Er war als Kind mit seiner Familie in die Neue Welt gekommen. Im Sommer 1883 brach das Dollendorfer Ehepaar Johann Peetz und Maria Katharina, geb. Treinen, nach Amerika auf. Der vierjährige Peter und die zwei Jahre ältere Margaretha waren die einzigen Kinder; zwischen 1880 und 1883 waren drei Babys

Abb. 95: Silos in Peetz

gestorben. Am 27. September 1883 kommt die Familie über Antwerpen in New York an. Erste Anlaufstation wird der Ort Marysville im Nordosten des Staates Kansas. Dort lebt Katharina Peetz' älterer Bruder Matthias Treinen, der Dollendorf bereits 1869 verlassen hatte; auch ihre Schwester Eva Maria mit deren Mann Adam Lenzen ist am Ort; und dorthin war 1881, zwei Jahre vor den Peetz, auch Katharinas Mutter, die Witwe Margarethe Treinen, mit zwei weiteren Brüdern gegangen.[552] Als Johann emigrierte, war Wilhelm schon gestorben – eine mögliche Erklärung, warum Familie Peetz zunächst die Verwandtschaft der Ehefrau aufsuchte.[553]

Die Eltern Johann und Katharina Peetz blieben zunächst in Marysville. In einer Notariatsurkunde aus Blankenheim ist vermerkt, dass *„Johann Peetz, Schreiner zu Marysville, County Marshall im Staate Kansas, Nord-Amerika"* sich von seinem Dollendorfer Bruder Franz vertreten ließ, als 1889 Haus und Hof von deren Eltern versteigert wurden.[554] In Marysville bekam die Familie sechs weitere Kinder. 1887 lebte Johann Peetz in Sidney, Nebraska. Er starb dort 1897, Katharina erst hochbetagt 1949.

Bereits 1885 hatte sich Katharina Peetz' Bruder Nikolaus Treinen bei Sidney eine Heimstätte gesichert (s. 4.2.5). Das Städtchen liegt mehr als 400 Kilometer westlich von Marysville. Es ist anzunehmen, dass Nikolaus der „Motor" auch für den Umzug der Familie Peetz war.[555] Drei der jüngeren, in Amerika geborenen Peetz-Kinder, John, Lena und Mike, gingen nach Sidney und heirateten dort. Peter Peetz nahm 1902 in Sidney Louise Teresa Ruttner zur Frau, die als siebenjähriges Mädchen aus Österreich nach Amerika gekommen war. Im selben Jahr übersiedelte das Paar nach Mercer, Colorado, südlich von Sidney. Und aus Mercer wurde schließlich Peetz, wie Peter selbst noch der Lokalpresse berichten konnte. Als Peter Peetz der Zeitung sein Interview gab, lebten er und seine Frau wieder in Sidney. Sie starb dort 1970, er zwei Jahre später.[556]

Peetz liegt inmitten von Weizenfeldern in den äußerst dünn besiedelten Great Plains zwischen dem Missouri und den Rocky Mountains. Es ist einer der entlegensten Siedlungsorte der Auswanderer von der Oberahr. Auch die Orte in Minnesota waren und sind klein, aber sie befinden sich unweit der Metropolen Minneapolis und Saint Paul; und Brighton in Wisconsin ist weniger als eine Stunde Fahrzeit von Milwaukee entfernt. Von Peetz nach Colorados Hauptstadt Denver im Westen sind es dagegen schon 200 Kilometer, die nächsten großen Städte im Osten, Omaha, Nebraska, und Kansas City, sind ca. 650 bzw. 800 Kilometer entfernt.

Zu Beginn des 20. Jahrhunderts, wenige Jahre nach der Gründung, war Peetz ein Nest mit vier oder fünf Häusern und 30 bis 40 Einwohnern. Die größten Ereignisse waren Pferderennen auf der Hauptstraße und ab und zu Ballspiele am Wochenende. Für viele Siedler blieb Peetz nur eine Durchgangsstation in Richtung Westen. Sie verkauften ihre Parzellen, sobald sie, laut Heimstättengesetz, nach fünf Jahren darüber verfügen konnten. Während des Ersten Weltkriegs jedoch erlebte der Ort einen Aufschwung. Die Bevölkerungszahl stieg auf 440; es gab drei Kolonialwarenläden, drei Werkstätten, zwei Banken, zwei Hufschmiede, zwei holzverarbeitende Betriebe, zwei Friseursalons, eine Eisenwarenhandlung, eine Apotheke, eine Druckerei für ein 1916 gegründetes Wochenblatt – und sogar ein kleines Kino. Peetz florierte. Handwerker, Unternehmer und Farmer kamen hierher; die Viehverladestation war die größte in ganz Colorado; Getreidespeicher und Buttereien waren direkt am Ort. 1917 wurde ein großer Wasserturm errichtet; im selben Jahr brannten die ersten elektrischen Straßenlampen. Und 1918 verlegte die Cooperative Telephone Company ihre ersten Leitungen.

Doch nach dem Ersten Weltkrieg, mit Beginn der für die Landwirtschaft krisenhaften 1920er Jahre, fielen die Weizenpreise. Die First National Bank schloss, viele Geschäftsleute gaben auf, etliche Familien packten ihr Hab und Gut und verließen Peetz. Von dieser Abwanderung hat sich der Ort nicht wieder erholt. 1966 hatte Peetz 218 Einwohner, bei der letzten Zählung von 1998 waren es 183. Erwerbsquellen sind heute Weizenanbau, Vieh- und Schafzucht.[557] Seit 1908 gibt es in Peetz eine evangelische Gemeinde – mit eigener Kirche ab 1911. Katholische Gottesdienste wurden von 1903 an gefeiert, zunächst einmal monatlich im Haus von Peter Peetz. 1914 wurde die Kirche der Pfarrei „Sacred Heart" errichtet. Peetz war der Initiator. Er sammelte Spenden und lieh Geld bei der „Catholic Church Extension Society" in Chicago, um den Bau zu ermöglichen. Viele Ge-

Abb. 96: Ortsschild Peetz

meindemitglieder halfen freiwillig. Bis 1925 kamen Geistliche aus der südlich gelegenen Stadt Sterling zur Messfeier, dann bekam Peetz einen eigenen Pfarrer.

Peetz war – auch das unterscheidet den Ort von den bereits vorgestellten Siedlungen in Wisconsin und Minnesota – nicht überwiegend deutsch besiedelt. In der Chronik der Sacred Heart-Gemeinde sind die Namen einiger Pionierfamilien verzeichnet, ein europäisches Völkergemisch: Van Driel, Schumacher, Connelly, LeBlanc, Broz, Nolette, Meyer, Foy, Chartier, Fehringer, van Ann.[558] Viele von ihnen sind weitergezogen, in der ersten oder zweiten Generation. Nachfahren der Familie Fehringer, z.T. verwandt mit den Treinens – ihnen verdanken wir viele dieser Informationen über Peetz – leben heute noch dort. Der Name Peetz allerdings steht heute auf keinem Briefkasten mehr, nur noch auf dem Schild am Ortseingang.

4.2 Lebensläufe
von Christoph Bungartz

Von den allermeisten Auswanderern kennen wir nur ein paar dürre Daten, von manchen gibt es einen Brief, von vielen verliert sich die Spur ihres Lebens im Dunkel der Geschichte. Einige Lebensläufe aber sind so gut überliefert, dass wir uns ein genaueres Bild machen können. Sieben solcher Lebensgeschichten stellt das folgende Kapitel vor.

4.2.1 Anna Maria Schröder – Eine Pionierin erzählt

Joseph Scheben, dessen Leistungen als Auswanderungsforscher bereits ausführlich vorgestellt wurden, veröffentlichte 1936 in der Adenauer Zeitung Auszüge aus Briefen einer Dollendorferin. Anna Maria Schröder, geb. Giefer, berichtet darin, wie es ihr und ihrer Familie in der Neuen Welt erging. Sie hatte einen Aufruf gelesen, mit dem Scheben Eifel-Auswanderer um ihre Berichte gebeten hatte: erschienen war er im St. Josefs-Blatt der Benediktiner-Druckerei in Oregon, das, wie Scheben schreibt, wöchentlich in einer Auflage von über einer halben Million gedruckt wurde und unter deutschen Auswanderern in den USA weit verbreitet war. In der Edition der Scheben-Briefe findet sich dieses Dokument nicht.

„*Mein Name war Anna Maria Giefer*" - so beginnt der Bericht - „*geboren zu Dollendorf im Jahr 1863 am 28. Oktober, ausgewandert im Jahre 1885, anfangs Oktober. Ich reiste von Antwerpen nach Dubuque, Iowa, und von da mit dem Schiff über den Mississippi nach Potosi, Wisconsin, wo ich mit einem hungrigen Magen im Hotel abstieg. Mußte den Postillon bezahlen und wußte nicht, was er wollte, bis er mir ein Geldstück zeigt. Da habe ich ihm mein Portemonnaie hingehalten, damit er sich nehmen solle, was ihm zusteht. Was er genommen hat, weiß ich heute noch nicht und werde am 28. Oktober* (1935) *72 Jahre alt. Da war ich in Amerika.*"

Anna Maria Schröder, berichtet von der Ankunft in Potosi und ihrem weiteren Weg über Illinois, Minnesota, Nebraska bis nach South Dakota; sie schreibt von zahlreichen Versuchen ihrer Familie, sich eine Existenz aufzubauen, von Erlebnissen mit Betrügern und Ehrenleuten, mit Siedlern und Indianern und nicht zuletzt mit anderen Eifler Auswanderern. Ihre letzten Jahre verbringt sie in Florida. Von dort schreibt sie 1935 an Scheben; ihre Kinder leben in Florida, Nebraska und South Dakota, sie ist verwitwet und wieder verheiratet. „*Wenn Sie persöhnlich hier wären, ginge es mit dem Erzählen besser. Es ist hier in Florida wunderschön. Immer Sonnenschein. Blumen blühen jahraus jahrein. Ich habe viele Blumen, und das sind meine Lieblinge."* Der Anfang dieses weiten Wegs war eher dornenreich. Anna Maria Schröder war zunächst nach Potosi, Wisconsin, gefahren, weil dort ein Onkel lebte, der *„Jahre zurück mit einem Segelschiff von Wershofen"* ausgewandert war.[559] In dem Bergarbeiterdorf am Ufer des Mississippi hatten sich viele Deutsche niedergelassen, *„meistens Leute von der Ahr"*, wie Schröder schreibt. Namentlich erwähnt sie Peter und Josef Reuter aus Aremberg. Das Leben hier war rauh: *„Die haben alle dort in den Bergen in der Wildnis gewohnt und Bergbau und Landwirtschaft getrieben"*. Die Deutschen untereinander hielten *„gute Nachbarschaft"*. Da es von Haus zu Haus oft weit war, wurden Hilferufe, erfreuliche und traurige Nachrichten durch Schüsse oder mit Kuhhornblasen weitergegeben: *„Die alle kannten diese Signale"*. Im Winter wurde Feuerholz per Schlitten über den zugefrorenen Mississippi transportiert, dabei sei so manch einer *„mit Pferden und Schlitten eingebrochen und ertrunken."* Kurz: *„Die Alten haben harte Zeiten durchgemacht."* Diesem unwirtlichen Leben wollten die zweite und dritte Generation entfliehen. Aufstrebende Städte wie Dubuque, Iowa, auf der anderen Seite des Flusses waren anziehend für die jungen Leute: *„da gingen die(...) Mädchen und Burschen hin und wurden modern. Und so machte eines dem anderen nach. Jeder suchte reich zu werden. Einigen ist es gelungen. Die meisten haben schlechte Erfahrung gemacht. Wenn Sie niemals in einem fremden Land waren, so können Sie sich keinen Begriff machen, wie es zugeht."*

Nach dem ersten Winter, im Februar 1886, verläßt Anna Maria Giefer Potosi in Richtung Illinois. Sie heiratet und heißt fortan Ruffing - ihr erster Mann Karl Ruffing (1857-1910)[560] war bereits mit ihr *„über den großen Teich gekommen"*. Seine Herkunft ist nicht bekannt. Ein Jahr später lassen er und ein Schwager sich von einem Agenten überreden, weiter westlich Land zu kaufen: in Minnesota. Im Rückblick mit ein wenig Altersweisheit schreibt Anna Maria über diese Erlebnisse wie über Lektionen, die jeder Neuling in Amerika wohl erst einmal lernen mußte. *„(...) wenn die Leute einwandern und kommen hier an, dann denken sie, sie wissen alles besser und sind gescheiter. Bis sie besser gelehrt werden! Wenn sie belogen und betrogen sind, dann gehen die Augen auf."* Sie hat es am eigenen Leib erfahren, aber auch Glück im Unglück gehabt: *„Im Frühjahr sind wir mit allem, was wir hatten, nach Jackson (Minnesota). Als wir da ankamen und wollten auf das Land, da waren wir einem Schwindler in die Hände gefallen. Der hatte unser Geld, und wir hatten nichts. Da haben wir mit unsrer Habseligkeit auf dem Bahnhof gelegen und wußten nicht was nun. Da kam ein feiner Mann* *und fragte, wo wir hinwollten und wo wir herkämen. Und als er fertig mit fragen war, sagte er zu meinem Mann, er wollte ihm eine Farm verrenten* (d.h. verpachten) *mit Vieh und Allem, was dazu gehört, für ein Drittel der Ernte ... Das war ein großes Glück, denn wir hatten auch gar nichts mehr (...). Vier Jahre haben wir dort gewohnt und hatten uns gut herausgemacht; aber wenn es dem Esel zu wohl ist, geht er aufs Eis und bricht sich die Beine."*

In einem solchen Sprichwort, typisch für diesen Bericht, spiegelt sich ein charakteristischer Widerspruch zwischen den Werten der Alten und der Neuen Welt: hier die traditionelle bäuerliche Beständigkeit, die man nicht hoch genug einschätzen kann - dort der neue Pioniergeist, der Drang vorwärts zu kommen, im Leben etwas zu erreichen. Obwohl sich also die Familie auf der gepachteten Farm recht gut etabliert hat, geht es weiter: Man macht alles zu Geld und fährt *„mit ein paar Wagen, auf denen wir alles mitnahmen, was wir wollten, nach Marysville, Kansas. Dort waren Bekannte von uns aus Dollendorf, von Blankenheim und Wershofen. Die von Dollendorf hießen Peter Peetz*[561] *und Johann Nikolaus Threinen, und von Blankenheim, das war ein Kerzenfabrikant, hab den Namen vergessen."* Von Kansas fährt die Familie - inzwischen mit drei Kindern - in den Nachbarstaat Nebraska. Dort ist das Land zu teuer, also kehrt man um, kauft an der Grenze zu Kansas etwa 200 acres, dazu noch eine Heimstätte mit 160 acres[562] - *„wir wollten ja reich werden"* -, aber dort ist es so trocken, dass sich Landwirtschaft nicht lohnt. Die Familie lässt - wie viele andere auch - Hab und Gut zurück und macht einen neuen Anlauf. *„Wir hatten in der Zeitung* (Lincoln Freie Presse) *gelesen",* schreibt Anna Maria, *„daß Dakota für die weiße Rasse aufgemacht wird. Also aufgepaßt! Wir sind dann so nahe an die Grenze gezogen, wie wir konnten. Dort an der Nebraska-Süd-Dakota-Grenze haben wir Land gepachtet und drei Jahre gewartet, bis die Losung vor sich ging."* Diesmal hatten sie Glück. Trotz mancher Widrigkeiten ergatterte Anna Marias Mann eine „Heimstätte". Ausgerechnet einige Indianer, die er bei früheren Fahrten durch das Reservat kennen gelernt hatte, halfen dem weißen Siedler, ein Grundstück zu finden und gleich zu pflügen - als Beweis für den rechtmäßigen Anspruch auf Grund und Boden. In South Dakota, unweit der Grenze zu Nebraska, ließ die Familie sich also nieder - mit *„50 Stück Rindvieh, 30 Stück Pferde, 25 Stück Schweine und paar hundert Hühnern."*

Besonders eindrucksvoll sind Anna Marias Berichte über Indianer. Das gerade erst zur Besiedlung frei gegebene South Dakota war Grenzland, und es kam regelmäßig zu Zwischenfällen. Einmal ist Anna Marias Mann mit den älteren Söhnen beim Brunnengraben - inzwischen hat die Familie vier Kinder. Anna Maria ist mit den beiden kleinsten im Haus. *„Ich schaue zur Tür hinaus und sehe vier* *berittene Indianer gleich aufs Haus zukommen, bewaffnet bis an die Zähne. Erschrocken bin ich, behielt aber kaltes Blut. Zu der kleinen Anna sagte ich: Lauf an den Brunnen, sag John und Franz sollen Vater gleich herauswinden, die Indianer wären hier. Ich ging, stellte mich vor die Tür, hob meinen Arm in die Höhe und machte eine Faust und sagte: Nicht weiter, oder ich schieße euch nieder wie die Hunde. Ich habe mehr Blei und Gewehre wie ihr. Und bei der Zeit kam schon mein Mann. Die sind fort wie der Wind, haben nicht einmal umgeschaut. Die dachten, ich wäre allein. Bange darf man nicht sein. Dann ließen sie uns in Ruhe."* Anna Maria erzählt noch eine Reihe von Begebenheiten und Anekdoten, die zeigen, wie fremd den neuen Siedlern die Welt der Indianer war und blieb. *„Als die Indianer zufrieden gestellt waren, haben sie ein Friedenfest veranstaltet. Dieses ist von 1904 bis 1909 passiert. Da sind sie mit hunderten gekommen. Was es zu bedeuten hatte, wußte ich nicht. So um neun Uhr abends ging das Indianergeheul los - und die Hunde! - es war ohrenzerreißend. Ich dachte, die Indianer machen alle Weißen tot (...), ich wußte vor Angst nicht mehr, was ich tun sollte.(...) Da hörte ich Schritte. Da dachte ich, jetzt sind wir an der Reihe. Da war es Herr Reuter ... Er lachte und sagte, daß es eine Friedensfeier war zwischen den Weißen und Roten. Da war Friedensfeuer, Friedenspfeife und Hundefleisch und Kriegstomahawk".*

Nach dem Tod ihres Mannes Karl Ruffing zieht Anna Maria nach Florida. Sie heiratet erneut, einen Luxemburger namens Schröder. An Joseph Scheben schreibt sie, mehrfach habe sie über Zeitungsannoncen nach Eifler Landsleuten in Amerika gesucht, speziell aus Dollendorf. *„Aber keiner hat sich gemeldet. Ich habe 4 Jungens,*[563] *die mit mir auf der Schulbank gesessen haben. Einer hatte eine schöne Familie, wohnte in St. Paul* (Minnesota). *Der ist von zwei Zügen durchschnitten worden und war gleich tot. Seine ganze Familie ist schon alle tot. Und ein anderer ist auch in St. Paul ums Leben gekommen. Ein anderer war immer krank und hatte Dollendorf besucht wegen seiner Gesundheit; der ist auch in St. Paul im Hospital gestorben. Und der vierte war ein Vetter von mir; der soll in Montana sein; habe lange nichts von ihm gehört."* Die Briefe der Anna Maria Schröder an Joseph Scheben sind in vielem zweifellos vergleichbar mit Berichten anderer deutscher und europäischer Auswanderer. Unverwechselbar aber ist ihr trockener, illusionsloser Eifler Tonfall. *„Ich schließe, und wenn es Sie nicht interessiert, so schmeißen Sie es dem Tiger vor. Und wenn es zu etwas gut ist, lassen Sie es mich wissen. Es grüßt eine alte Landsmännin, ausgewandert aus der Eifel."*

4.2.2 Peter Klinkhammer - Kämpfer für die Sklavenbefreiung

Am 2. Januar 1929 wurde in Union Hill der Veteran des amerikanischen Bürgerkrieges (1861-1865) Peter Klinkhammer feierlich beigesetzt. Das Seelenamt zelebrierte sein Sohn Father William Klinkhammer. Peter Klinkhammer wurde am 25.November 1843 in Ripsdorf geboren. 1852 war er mit seinen Eltern Gerhard Klinkhammer und Margaretha Vogelsberg sowie den drei Geschwistern Josef, Maria Anna und Gerhard nach Amerika gekommen. Sie ließen sich zunächst in Brighton nieder und zogen 1857 nach Union Hill.

Hier teilte die Klinkhammer-Familie mit anderen Siedlern aus dem Oberahrgebiet und aus der Gegend um Waxweiler das harte Leben der Pionierzeit beim Roden und Urbarmachen des Landes. Der Vater engagierte sich beim Bau der Kirche und in der Leitung der neu erstandenen Gemeinde. Ringsum waren dichte Wälder, man war von der Außenwelt abgeschnitten und auf gegenseitige Hilfe angewiesen. Auch Peter Klinkhammer musste schon in jungen Jahren mitarbeiten und seinen Beitrag leisten. Doch schon bald nach dem frühen Tod des Vaters wird er im August 1862 Soldat. In Minnesota kämpft die Armee gegen einen Aufstand der Sioux-Indianer. Klinkhammer wird nach Nashville, Tennessee, verlegt, um im Sezessionskrieg (Civil War) am Kampf der Nordstaaten für die Abschaffung der Sklaverei im Süden teilzunehmen. Mit dem 10. Minnesota-Infanterieregiment kämpft er u.a. in den Schlachten bei Tupelo, Mississippi (14.07.1864), Nashville, Tennessee (15.12.1864) und Spanish Fort, Alabama (März/April 1865).

Abb. 97: Peter Klinkhammer

Dabei wird er für seine Tapferkeit hoch dekoriert. Zum Glück kommt er mit einer leichten Verwundung davon, als eine Kugel seinen Schuh durchbohrt. *„Ich war damals jung, und so konnte ich die Strapazen des Krieges, in dem auch viele Soldaten durch Krankheiten und Seuchen starben, einigermaßen heil überstehen"*, wird Klinkhammer in einem ausführlichen Artikel des Belle Plaine Herald vom 21. Oktober 1926 zitiert. Unter der Überschrift *„Peter Klinkhammer Has Been a Resident* *of Union Hill Nearly Seventy Years"* (P.K. war beinahe 70 Jahre lang Bürger von Union Hill) würdigt die Zeitung einen der *„ältesten Pioniere"* des Ortes, der bald seinen 79. Geburtstag feiern werde. *„Ich war oft einsam dort unten im sonnigen Süden"*, sagt Klinkhammer in diesem Artikel über seine Bürgerkriegserfahrungen, *„und hatte Heimweh nach den kalten Winterwinden, die früher über unsere kleine Hütte in den Wäldern von Derrynane hinwegfegten - darum mag ich wohl dieses Land hier bis heute so sehr."* Nach der Entlassung aus der Armee im August 1866 kehrte Peter Klinkhammer nach Union Hill zurück. Am 7. Februar 1872 heiratete er die aus Wangerin in Pommern stammende Johanna Louisa Witt. Da sein älterer Bruder Josef die väterliche Landwirtschaft übernahm, baute Peter für sich und die junge Familie in der Nähe eine neue Farm auf. Und er leitete ehrenamtlich die Zivilgemeinde und stand dem Pfarrgemeinderat vor.

Besonders stark engagiert er sich, als im Ersten Weltkrieg Meldungen über Gräueltaten deutscher Soldaten in Belgien dazu führen, dass in der Schule von Union Hill und anderen Orten Minnesotas der Unterricht in deutscher Sprache verboten wird. Die deutschsprachigen Schulbücher sollen verbrannt werden. Bis dahin wurde in Union Hill, wo fast nur Deutschstämmige wohnten, morgens in englischer und nachmittags in deutscher Sprache unterrichtet. Peter Klinkhammer protestiert in Zeitungen und Bürgerversammlungen heftig gegen das Verbot und die Willkür-Maßnahmen. Seine Äußerungen gelten bald als „Widerstand gegen die Staatsgewalt": er wird verhaftet und kommt vor Gericht. Zur Verhandlung legt er seine Tapferkeitsmedaillen aus dem Bürgerkrieg an. Der Richter ist entsetzt, dass ein so hoch verdienter Veteran verhaftet wurde, und veranlasst die sofortige Freilassung. Klinkhammer richtet danach noch mehrere Schreiben an die Staatsregierung, in denen er die Zurücknahme des Verbots der deutschen Sprache fordert, jedoch erfolglos. Deutsch bleibt als Unterrichtssprache verboten.

Bereits im Jahr 1896 hatte Peter Klinkhammer seine Frau verloren. Die Eheleute Klinkhammer hatten zwölf Kinder, von denen im Jahr 1926, wie der Belle Plaine Herald schreibt, noch neun lebten - verstreut im ganzen Land. Nach dem Tod der Mutter kümmerte sich die Tochter Mary um den Vater, jahrzehntelang bewirtschaftete er allein mit ihr die Farm und das Haus. Er starb nach kurzer Krankheit am 30. Dezember 1928. Zu seiner Beerdigung waren neben der Tochter Mary und dem Sohn William, der Seelsorger in East Grand Forks, Minnesota war, auch die anderen Kinder erschienen: Joseph kam aus Wolf Point, Montana; Charles aus Ellsworth, Minnesota; John aus Sidney, New York; Gerhard aus Sioux City, Iowa; Margaret, verh. Schwetzer, aus Ellsworth, Minnesota; und Barbara, verh. Giesen, aus Union Hill. Nur Sohn Peter, der in Idaho lebte, konnte offenbar nicht rechtzeitig informiert werden.

„Peter Klinkhammer Civil War Veteran Answers Last Call" lautet die pathetische Überschrift des ausführlichen Nachrufs in der New Prague Times vom 3. Januar 1929: *„Der Bürgerkriegsveteran Peter Klinkhammer folgt dem letzten Appell."* Eine Abordnung der American Legion in Uniform erwies dem Verstorbenen die letzte Ehre und geleitete ihn zum Friedhof. Dort *„blies ein Trompeter den Zapfenstreich für den verdienten Soldaten des Bürgerkriegs, und die Seele des Veteranen hörte den letzten Appell und zog vorwärts, um die große Schar der alten Kameraden zu treffen."* Zum Begräbnis, meldet die Zeitung, hatte sich eine außerordentlich große Trauergemeinde versammelt. *„Er war ein großartiger Mensch, nicht nur während des Krieges, sondern mehr noch in den langen Jahren danach, in denen er sich immer wieder für die Belange der Gemeinschaft der Dorfbewohner einsetzte"*, sagte Albert Ruhland, ein Nachkomme Dollendorfer Auswanderer, im September 1991 Hermann Bungartz in einem langen Gespräch über Peter Klinkhammer. Ruhland (1907-1993) hatte Klinkhammers Einsatz für den Erhalt der deutschen Sprache selbst noch als Schuljunge erlebt und behielt ihn ein Leben lang in bester Erinnerung als allseits geachteten Bürger von Union Hill.

Abb. 98: Union Hill Anfang 20. Jh.

4.2.3 Hubert Bonzelet - Chronist von Union Hill

„Union Hill. Am 21. Feb. starb hier, wohl versehen mit den hl. Sterbesakramenten, Hr. Hubert Bonzelet im Alter von nahe 78 Jahren.(...) Das Begräbnis fand am 23. Februar unter zahlreicher Beteiligung von Leidtragenden, besonders von den Mitgliedern des Dritten Ordens des hl. Franziskus statt, dessen Mitglied der Verstorbene seit 1882 war. Ein feierliches Requiem wurde zelebriert ... An seinem Grabe trauern eine tief betrübte Witwe, sieben Söhne und vier Töchter sowie 38

Enkel. "⁵⁶⁴ Nur wenige der Auswanderer von der Oberahr, deren Spuren in diesem Buch nachgegangen wird, bekamen nach ihrem Tod einen ausführlichen Nachruf in der regionalen Presse. Hubert Bonzelet wurde im Februar 1907 mit einem Artikel im deutschsprachigen *„Minnesota Volksfreund"* gewürdigt, ein deutlicher Beleg dafür, dass hier nicht nur ein wohlhabender Bürger, wie es im Text hieß, gestorben war, sondern auch ein verdienter. Hubert Bonzelet war damals ein hoch angesehener Mann, weil er sich beim Aufbau der Gemeinde Union Hill (s. 4.1.4) ganz außerordentlich engagiert hatte. Aus heutiger Sicht ist er aus noch einem anderen Grund wohl der wichtigste Erstbesiedler des kleinen Ortes südlich von Minneapolis/Saint Paul. Ihm verdanken wir eine ausführliche Chronik, in der er die Ereignisse der ersten Jahre von Union Hill festgehalten hat.

Hubert Bonzelet stammte aus Uedelhoven. Durch Forschungen verschiedener Heimatforscher und Historiker können wir die Linie der Bonzelet in Uedelhoven bis auf einen Corporal Andreas Ponzelet (auch Pontzeleth oder Bonzeleth) von der Burg Kerpen zurückverfolgen. A. Ponzelet starb 1709 auf Burg Kerpen im Alter von etwa 66 Jahren. Er war in Diensten der Herzöge von Arenberg als Führer der kleinen Kerpener Garnison tätig. Um 1672 heiratete er in Uedelhoven Magdalena Hellendahl.[565] Am 27.11.1829 kommt Hubert Bonzelet zur Welt.[566] Er arbeitet als Ackerknecht und Schneider. Im Frühjahr 1855, er ist 25 Jahre alt, verlässt Bonzelet die Eifel in Richtung Antwerpen – offensichtlich als Einzelauswanderer, denn Geschwister oder direkte Verwandte sind in den Schiffslisten nicht verzeichnet. Am 25.06.1855 geht er in New York von Bord. Motive für seine Auswanderung kennen wir nicht, und auch in der Chronik von Union Hill schreibt Bonzelet nichts über seine Zeit in Deutschland. Dort ist er allerdings einmal aktenkundig geworden: Im Amtsblatt der Regierung Aachen findet sich der Eintrag, dass Hubert Bonzelet im Alter von 22 Jahren im Dezember 1851 zu zwei Jahren Zuchthaus verurteilt worden sei - wegen eines *„gewaltsamen Angriffs auf die Schamhaftigkeit".* Hinter dieser juristischen Formel konnte sich u.a. „Notzucht" mit Minderjährigen verbergen.[567] Was genau ihm vorgeworfen wurde, ob er die Strafe ganz oder teilweise abgesessen hat, ob er gar wegen dieser Strafe beschloss, in der Neuen Welt ein neues Leben anzufangen – über all das kann nur spekuliert werden. Bekannt sind ausschließlich sein Ankunftsdatum in New York und sein weiterer Weg in Amerika, auf dem er sich nichts mehr hat zu Schulden kommen lassen, im Gegenteil.

Hubert Bonzelet geht zunächst, wie viele Oberahr-Auswanderer, nach Wisconsin, ins Kenosha County. Bereits kurz nach seiner Ankunft heiratet er in dem Ort Wheatland die deutsche Einwanderin Anna Maria Rosenplanter (geb. 1837 in Lüdinghausen). Deren Schwester Gertrud heiratet zwei Jahre später, ebenfalls in

Kenosha County, Nikolaus Lentz aus Alendorf. 1857 zieht die Familie Bonzelet weiter nach Minnesota, wo in Union Hill gerade eine kleine Eifler Kolonie entsteht (s. 4.1.4). Nikolaus Lentz und seine Brüder folgen in den nächsten Jahren nach – die familiären Verbindungen durch die Schwestern Rosenplanter haben hier sicher eine Rolle gespielt. Hubert und Anna Maria Bonzelet bewirtschaften eine 120 acres (etwa 194 Morgen) große Farm am Rand von Union Hill. Huberts Mutter Christina Müller, deren zweiter Ehemann Christoph Müller 1852 verstorben war, kommt in den 1860er Jahren mit drei jüngeren Kindern ebenfalls nach Minnesota. 1880 verzeichnet sie der Census in New Market, unweit von Union Hill. Die Eheleute Bonzelet führen eine lange Ehe. Sie haben 13 Kinder, von denen eines den Priesterberuf ergreift. *„Am 1. Juli 1905"*, schließt der Nachruf im *„Minnesota Volksfreund"*, *„feierte der Verstorbene mit seiner Gattin das seltene Fest der Goldenen Hochzeit und am selben Tag las ihr Sohn Joseph, jetzt Hochw. P. Honoratus, O.F.M., die erste hl. Messe. P. Honoratus, stationiert zu Island Grove und Montrose, Ills., konnte leider dem Begräbnis nicht beiwohnen."*

In den ersten Jahren in Union Hill erwirbt sich Hubert Bonzelet große Verdienste um den Kirchenbau und die Infrastruktur der Gemeinde. Vor allem davon berichtet seine Chronik, aus der noch 1997, zum 125jährigen Bestehen der Pfarre, ausführlich zitiert wurde. Bonzelet schildert die beschwerlichen Anfangsjahre, den Bau der ersten Kirchen, Anekdoten mit Patres, Priestern und Lehrern und nicht zuletzt die Praxis des „Fund Raising", der Spendensammlung für gute Zwecke, die sich bis heute aus der Tradition der Pioniere in den U.S.A. als Bürgertugend erhalten hat. Verfasst hat Bonzelet seinen Text in gestochen scharfer Schrift, aber in manchmal sehr freier Orthographie und fast ohne jede Zeichensetzung. Doch der Text bleibt, gerade in dieser unmittelbaren, lebendigen Form, ein einzigartiges Zeugnis der Sprech- und Denkweise der Einwanderer aus der Eifel. Man liest die Chronik am besten laut – dann erschließen sich Rhythmus und Satzstruktur am leichtesten. Das Original hat bis auf wenige Ausnahmen keine Einteilung in Absätze; hier wurden sie zur besseren Lesbarkeit eingefügt.[568]

Die Chronik von Union Hill

*Geschichte der St. Johannes Evangelist Gemeinde
Union Hill Le Seur Co.
Union Hill 23. Januar 1900
Also unsere Erzälung begint mit dem Jahre 1857 als die meisten von unserem
Zetlement* (d.h. settlement = Siedlung) *lauter Kölner und Drierschen* (= Trierer) *meistens junge Leute aber alten Bekanten von Wis* (= Wisconsin) *hir nach Minn* (= Minnesota) *kamen und trafen in Schakopee ein Unkel vom jetzigen Nachbar der resumtierte* (d.h. resumed = übernahm den Besitz) *nach dem alten Nachbar wo wir sehr freuntlich aufgenommen wurden da ereichnet sich am anderen Tage das die ganze Gegent in Brant und wir erstickt währen am Rauch und bei dieser Gelegenheit kam ein Wolf in unser Fie* (=Vieh) *zeris ein Kalb in 4 Stücke und diese 4 Stücke wurden zu sammen lelegt* (d.h. wohl: gelegt) *an eine Fenz* (d.h. fence = Zaun) *und der jetzige alte Nachbar setzte sich auf die Lauer und richtig der Wolf kam und Er schoß Ihn dotd und so sint wir durch die Wiltnis geschleif den* (=denn) *damals gab es keine Roth* (d.h. road = Straße) *bis nach dem jetzigem Union Hill kamen.*

Nun wir doch katholisch wollten auch gerne in die Kirche gehen aber wo hin? wir lagen zwischen den 3 großen Stätten, aber es wahren keine Heuser da; nämlich die große Statt New Prague Jordan und Belle Plaine die hat wohl einen schönen Nahmen, das wahr aber auch alle zu der Zeit. Jetz kam aber zu der selben Zeit Hw. Pater Wininger in Benedey (= der Nachbarort St. Benedict) *an, hilt dort 3 Tage Mission in einem Briewat* (= Privat) *Hause nämlich Mr Lenert wo jetz der junge Wolf wohnt. Nun kamen immer mehr Leute von Wis hir an und kam es das auch wir an eine Kirche dachten und wurde geblant wo wir bauen sollten und kam es das bei Henry Lochen eine Blockkirche gebaut wurde ohne den Hw. Bischof zu fragen bis Sie fertig wahr da machte es sich das der Hw. Herrn Bischof in St. Benedey wahr und so wurde beschlossen das der Nick Schoenecker*[569] *zum Hw. Bischof gehen solte um Ihm die Sache vor zu legen wie es heist sollte der Schoenecker dem Hw Hern Bischof Grase zimlich grob vor gekomen sein das his es wir müsten Acker Land dazu kaufen Und als das gekauft wahr sint fast ein Jahr jeden Sontag da hin gegangen und haben den Rosenkraz gebeeten und dan hörte die ganze herlichkeit auf der Hw. Herr Bischof nam Sie nicht an. Was nun, wir musten uns irgent wo anschließen die einen gingen Benedey andere nach St. Johns und nach Belle Plaine. Nun kam das Land in Market im Jahr 60 jetz sollte das bezahlt werden aber woher das Geld holen da haben manche Leute 36 persent* (d.h. percent = Prozent) *bezahlen müßen.*

Nun komen wir an den Idianer Krich (= Krieg) *es wahr ein großen Schrecken unter den Leuten, einer hate mer gesehen wie der andere, es wahr aber keiner in der ganzen Gegent, mache* (= manche) *Familie gingen Abens zusamen, andere nahmen Ax und pitschfork* (d.h. pitchfork = Mistgabel) *mit ans Bet um die Rothheute Doth zu schlagen als sich dan nach nichts sehen lis dan machten die Männer sich auf und gingen nach Belle Plaine um gegen die Idianer zu gehen da wurde Berathen was nun zu thun sei; die Geld hatten haben sich einen guten angetrunken und sind nach Hause gegangen. Nun komen wir bis zum Jahre 67 kam uns Pater Bergholt*[570] *zu hülfe um wür uns eine neue Kirche zu bauen. u. was wahr das eine Freude so wurde bestimbt H Bonzelet Wilm Hoffmann und Joseph Schneider wir sollten ein Blaz suchen gehen und so kamen wir wo jetz die Kirche steht John Unzen versprach uns 3 Acker Land welches ligt Section 1 lings Valentin Lenz versprach uns 5 Acker welches liegt in S 2 nun ging es an die Arbeit das Lumber* (d.h. lumber = Holz) *wurde in Belle Plaine gekauft die Roth* (d.h. road = Straße) *wahr sehr schlecht und so wurden 2 bis 3 Goch* (= Joch) *Ochsen zusammen gekopelt und so ging es durch dick und dün bis wir alles auf der Blatz hatten Baumeister wahr gemant* (= jemand) *von Schackopee desen Nahmen ich nicht mehr weiß bis zum 16 Juli wahr die Kirche verdig* (= fertig) *wahr 30 bei 50 Fuß groß am 15 Juli wahr der erste Gottesdienst von Pater Bergholt*

Nun wie die Kirche da wahr wollten wir auch einen Thurm das meiste Holz wurde beim alten Witt geholt lauter die schönsten Eichen wurden abgehauen der Baumeister gab uns ein Blan welcher recht schön wahr aber als der Thurm da stant sa er mehr aus als wie ein Eleveter (d.h. elevator = Aufzug) *nun wurde eine Glocke gekauft welche 1200 Funt wigt kostet 500 Dollar welche jetz noch in der neue Kirche ist. 4 Kirchengewänder bekamen wir von Herrn Graf Beisel* (= verm. Landrat Graf Beissel von Gymnich aus Schmidtheim) *von Deuschland zum Geschenk wir haten damals jeden Monath Gottes Dinst der 2 Gottes Dinst war am 15 August Maria Himmelf leider sollten wir uns nicht lange freuen über unseren guten Vater Bergholt den* (=denn) *Er reiste bald ab nach Deuschland brachte dan Vater Schenk mit nach Jordan und Er kam nach Belle Plaine und so kam Vater Schenk jeden Monath zu uns Er war ein sehr guten Priester wir bezahlten Ihm jedes mahl $ 10 Dollar Er kam im Herbst 68 in Jordan an leider sollten wir auch seiner nicht freuen ich weiß nicht ganz genau Er war ungefähr 2 Jahr in Jordan werent dieser Zeit hatte Er das Unglück die Pferde liefen Ihm fort Er kam unter den Wagen und zerbrach ein Bein und so haten wir nicht viel Gottes Dinst.*

Dan kam Vater Deustermann Da ging der Tanz aber los das erste mahl als Er kam wollte Er 17 Dollar haben ich sachte (= sagte) *o ho! Er meint da währe nichts zu o ho Er thäte nicht bilger komen und die müsten jedes mahl da sein und wahren die nicht da dan wurde tüchtig geschimpft anstat Gebredig auch wollte Er eine Schule haben was auch recht wahr ich solte mit Ihm gehen im unterm Theil der Gemeinde nach der Hl Meße wurde Gefrüstück bei Casp(ar) Barten Er sachte am Tische jetz sollte ich auch sehen was die Kansas Priester Coleckten* (d.h. collect = sammeln; Kollekte) *konten ja sachte ich ich will Sie auch zum besten Manne bringen welchen wir im unteren Teil der Gemeinde haben nämlich zum H(enry) Lochen. Und jetz ging es zum Lochen als wir hin komen frachte Mr Lochen was wolt Ihr dann hir ja wir wolen Colleckten vür eine neue Schule so ich gebe nichts laß die oberen der Gemeinde thun was wir gethan haben wir haben eine Schule nun sachte Vater Deustermann ich bin nicht hir gekomen um eine Bretich* (=Predigt) *zu höhren das kann ich selbst also sie geben nichts nein dan schreibe ich Ihnen eine 0 hin meinetwegen möge er der* (= von diesen) *zwei schreiben jetz aber wahr das alles vorbei Er wolte nicht weiter gehen dan baht ich Ihn Er solte mir die Lieste geben ich wole mahl versuchen ob ich nicht besser thun könte als ein Kansas Priester jetz wurde Er aber erst böhse nun nun sachte ich nicht böse werden damit wirt nichts ausgerichtet brobiren Sie ich glaube es kann noch alles gut gehen und so gab Er mir die Lieste und ich ging gleich wider zum Lochen. ja sachte Er was ist den nun wieder o sachte ich das wirst Du wohl wißen das geht nicht Vater Deustermann hat recht, es hört eine Schule bei die Kirche ja sachte Er was giebst Du den* (= denn) *ich sachte ich gebe 10 Dollar all recht* (= all right) *sachte Er dan gebe ich auch 10 Dollar Dan ging ich zum M Schoenecker Er gab das selbe Nick Schoenecker auch N(icolaus) Lenz auch Schumer Tho(mas) Lochen L(eonard) Rech und Kramer gaben 5 Dollar auch Bartel Schoenecker als Vater Deustermann wieder kam gab ich Ihm die Lieste ja sachte Er Sie keunen es beßer wie ich so wurde dan die Schule gebaut wo jetz die Kirche steht später als die neue Kirche gebaut wurde wurde einen Käler* (= Keller) *auf die andere Seite gegraben ausgemauhert herüber gemueht* (oder gemueft = gemauert?) *und zum Wonhaus vür die Schwestern eingerichtet.*

Die erste Fronleichnamsdag wurde im Jahr 73 von Vater Deustermann gehalten der Gang wahr bis Thomas Lenz das zweite mahl ging es noch nämlich das Jahr darauf über eine Meile bis zum alten Huss dan his es aber das ist zu weit aber es ging noch immer bis die 2 lätzte Jahr bis Joseph Barten. Nun kamen zu alem Glück die Franziscaner Pater ich glaube es wahr im Jahr 75 vür uns Pater Sebastian und auch einen Lehrer J. Ment Pater Sebastian haten wir nicht lange in dem selben Jahr wahr auch der Hw. Herr Bischof Grase hir um zu fiermen dan kam Pater Rufinus das heist alle 14 Tage auch Er wahr nur ein Jahr hir nach Ihm kam Pater Aloysius Er blieb bei uns bis das gelbe Fieber in Memfis aus brach dan bekamen wir glaube ich Pater Maternus wahr aber auch nicht lange bei uns Er kam im Herbst ich habe ihn selbst in Jordan geholt den ich habe damals die Paters ein Jahr vür 65 Dollar hin und zu rück gefahren Er meinte Er könte das fahren nicht aus halten Er währe kränklich und so kam Pater Aloysius wieder bei uns blieb bei uns bis 79 da kam Pater Beda wahr nur 11 Monath bei uns. 80 kam Pater Fabian es wahr am 11 July als Er das erste mahl bei uns wahr Er wurde sehr schlecht empfangen ich wahr damals Kirchenvorsteher es hat mir sehr leit vür Ihm gethan ales sprechen half nichts Er meinte nach her es häte Ihm auch weh gethan aber Er hätte gedacht was Beda gekont hat muß auch ich könen und so wahr es auch Er hat St. Johns lieb gewonnen und die Leute haben auch ihn lieb gewonnen das Beweist nur das alein was er bei uns zustande gebracht hat die neue Kirche welche beinahe 11000 Dollar kostes Schulden frei da stant als Sie verdig (= fertig) wahr.

Nach dem ersten Lehrer J. Ment kam 76 Lehrer Esser wahr Lehrer bei uns bis Jahr 83 dan bekamen Franziskaner Schwester die Schwestern wahren bei uns bis zum Jahre 88. Nun muß ich wieder zurück gehen bis zum Jahre 84 da haten wir in der Fastenzeit zum ersten mahl das 13 stündinge (= stündige) gebeet ich solte die 3 Pater von Jordan hohlen Nachts kam ein furchbahrer Schnee Stuhrm so ging zu meinem Nachbahren M Schoenecker und sachte wir müßen 4 Pferde anspanen mit einem Gespan könte mann nicht durch komen so haten 4 Pferde an einem Schlitten und so ging es nach Jordan als wir dort ankamen ging Pater Fabian Casimir und Rufinus mti. Ich konnte gleich sehen Pater Rufinus wahr nicht gut aufgelecht Er wahr imer am Brumen nun als die hir auf gestiegen wahren sachte Pater Casimer Rufinus weiß Du was ja was den (= denn) Du hast den schönen Pelzrock an zihe Ihn aus und trehe in um Er wahr mit rothem Pflenel (d.h. flannel = Flanell) aus gefüttert dann meinen die Leute es kähme ein Kardinal um so mehr böse wurde Er und so ging ales gut bis wir balt nach St Johns kamen da ereichnet sich ein Unglück vür uns nämlich auf der Ecke beim alten Hus(s) wahr der Schnee so hoch auf gewet (= geweht) ich hate ein paar junge Pferde forn und ehe wir uns umsehen hate hatten wir um geworfen zum Glück ich fiel oben auf zum Glück die Pferde wahren müde und so kamen Sie mir nicht fort aber nun jemehr sich die Pater sich bemüten auf zu komen destomehr ging das zum Schnee hin ein Pater Rufinus lag unten Casimir auf Ihm dan kam der schwehre Pater Fabian auf die bei zu liegen es wahr ein Glück vür den kleinen Hubert das er zu lätzt heraus fiel sonst hätte die große wohl sagen konen ich meine meine Frau gut by (d.h. good bye = Lebewohl) Hubert. aber jetz wahr es aus mit Pater Rufinus als Er aus dem Schnee heraus kam Er sachte das währen keine Spaßen das hat der Bonzelet gerne gethan das wahr nun gewis nicht wahr und ich glaube Er kann mich heute noch nicht gut leiden so muste denn 13 Stündige Gebeet ein Tag verschoben werden weil das Wetter zu wüst wahr.

Nun muß ich wieder mit der Schule anfangen als die Schwester 88 nicht wieder kamen wahren wir schlecht daran wir konten uns anters nicht helfen als wir namen einen Irishen mit mit namen Dooly zu 5 Monath dan kam Esser im Februar 89 wieder wahr 1 ½ Jahr bei uns wurde krank und Starb wurde am 1 Martz 91 begraben dan bekamen wir Dagobert Kerker von Shesky bis zum July im selben Jahr Sept 91 kam J Howarka von New Prague bei uns nach St. Johns vür Schul Lehrer Er und Lehrer Samper wahren hir bis 95 wo August Schafer hir Lehrer wurde. Lehrer August Schafer hat 2 Jahre die Schule gehalten 97 feierte Er 25Jähriges Lehrer Jubilengum wurde Krank und Starb wurde begraben am 24 Dezember sein Sohn August hat die Schule gehalten bis zum Jahre 98 vom Sep 98 bis 99 wahr Joh Schritz Lehrer jetz ist Joseph Busch von St Benedey Lehrer in St. Johns.

Nun muß ich wieder zu rück komen bis zum Jahre 80 wo der Hw. Pater Mathias eine Hl Mission hir in St. Johns ab gehalten hat ich selbst habe den Hw. selbst in Jordan abgeholt Er meinte als ich hin kam nun häten wir die alte Maschin ein mahl aufgeladen dan würde es wohl gehen muste 2 Rohsenkranz mit Ihm beeten als die Mission vorbei habe ich eine Coleckte auf gehoben hate aber das Ungelück als ich sie bringen wolte es wahr am 15 Nowember es lag zimlich Schnee vor der Kirche schliengte (=schlingerte, rutschte) ich aus und so viel (= fiel) das ganze Geld in Schnee es wahren 33 Dollar und etliche Zent nun bat ich den alten Herrn Pater um entschuldingung Er lachte meinte aber wen (= wenn) ich es nicht alle gefunden hätte das hundertfälldinge Frucht bringen Die Mission wahr mit dem besten erfolge gekrönt als lief was nur laufen konte zur Kirche trost (= trotz) des schlechten Wetter wahr die Kirche imer foll und wie schön wahr es an der Kumunion Bank es wahr ergreifent an zu sehen wie alle sich bemühten sich mit dem lieben Gott aus zu söhnen auch brachte der Hw. vesten Stant mit der Schule wo alle mit ein verstanden wahren es wurde nämlich Beschloßen alle Kinder von 6 Jahr an bis 12 Jahr musten bezahlen ob Sie in die Schule gingen oder nicht und so al dem Trupel (= Trubel) auf gehoben den wir vorhin hatten.

Noch muß ich bemerken ein Benediktiner Pater Bruna (+ 20 Feb 1900) von St Paul wahr bei uns in St Johns hielte eine Coleckte vür die Maria Himmelfarst Kirche jeder muste Ihm 5 Dollar geben Er ging selbst runt was auch die meisten thaten davür bekam jeder ein Bielchen (= Bildchen). Nun müßen wir anfangen die neue Kirche zu bauen Bruder Adrian machte den Blahn Mr Kaiser wahr Baumeister die Kirche ist groß wenn ich nicht ihre C (= circa) in 110 Fuß lang 35 Fuß breit im Kreus 51 ½ Fuß breit. Die Kirche wurde im Jahr 83 gebaut und am heiligen Chriestage wahr der erste Gottes Dinst da trinnen da wurde geschleicht und gefahren[571] *Es wahren damals 48 Mitgelieder in der Gemeinde da von zogen sich 3 zurück nämlich Math Hauer Gottfritt Wittmer und Joseph Klinkhamer ja sachte* (= sagte) *der alte Wittmer die St. Johner gehen alle Bankrot aber der liebe Gott hat geholfen St Johns hat aus gehalten wie ich schon früher bemerk habe die Kirche one* (= ohne) *ales fahren*[572] *und was wir selbst gethan haben zwieschen 10 bis 11 Thausent Dollar.*

Als nun die Kirche verdig (= fertig) *wahr muste unser guten Pater Fabian fort welches uns sehr leit gehtan hat. So kam dan Hw. Pater Athmar im Jahre 85 wen mir recht ist im Monath May ich glaube Criestihimfart Tage wahr Er das erste mahl bei uns in St John hat auch die 12 Jahre die Er bei uns Dicköpfe wahr manche harte Nuß knacken müßen und wen er nicht so gut gewehsen währe würde Er noch mehrere zu beißen bekomen haben nun die Kirche stant da aber jetz felten die Althäre St Johns hat sich aus diese Labernut* (= verm. von Taberna, Kirchenaustattung) *auch nicht viel gemacht die Althäre wurden in Columbus Waisenfreut* (evtl. im Waisenhaus ?) *Ohio gemacht kosten glaube ich 12 hundert Dollar lauter freiwilige Beiträge dan muste die Kirche inseit* (d.h. inside = innen) *Gepentet* (d.h. painted = angestrichen) *werden Meister von dieser Arbeit wahr Peter Mergert von Schackopee kostet 600 Dollar.*

Nun kam aber die harte Nuß vür unseren Pater Athmar zu knacken wir hatten die alte Kirche hergestellt zur Schule welche im Jahr 94 am Johanes Abent abrante jetz ging es los welche wolten eine Brick (d.h. brick = Ziegel) *anderen Främ* (d.h. frame = Holzrahmen) *anderen wolten ein einstöckiges Haus anderen währe lieber gewehsen wen gar nicht gebaut so ging durch einander da muste unser guten Pater die Ohren steif halten da erst hat Er St Johns kennen gelernt doch es hat gut gegangen der Pater hat mit seiner Partie den Siech* (= Sieg) *erungen die Schule wurde von einen Meister von New Prague desen Nahmen ich mehr weiß kostet über 36 hundert Dollar Nun komt Pater Nazarius Er hat das Besement* (d.h. basement = Keller, Fundament) *und die Heitzung gelegt Dan komt unser jetzicher Pater Otho muß alles ausizen und die Schulden bezahlen. Amen*

H. Bonzelet

Hier endet der Hauptteil der Chronik, die Hubert Bonzelet in einem großen vorpaginierten Notizbuch niedergeschrieben hat; später hat er den Text ergänzt, und zwar, wie Victorin Ruhland es rekonstruiert hat, auf den jeweils freien gegenüberliegenden Seiten. Die Ergänzungen beinhalten die weitere Entwicklung der Gemeinde und schildern vor allem Ereignisse des kirchlichen Lebens.

4.2.4 Bernard Giefer – Mörder in Minnesota

Die uns bekannten Lebensgeschichten der Auswanderer von der Oberahr sind zwar oft reich an Abenteuern, aber sie sind alle friedlich. Die einzige Ausnahme bildet die Geschichte des Bernard Giefer aus Dollendorf (CD I / 556). Am 18. August 1892 meldet die „Mankato Free Press" in Minnesota, ein Arbeiter namens Leonard Roway sei nach Mitternacht an einem abgelegenen Bahndamm zusammengeschlagen und ausgeraubt worden. Das Opfer sei bewusstlos und wohl nicht mehr zu retten. Verdächtigt wird ein gewisser Frank Giefer – Bernard Giefer nannte sich in Amerika offenbar nach seinem zweiten Vornamen. Ein Kriminalfall aus dem Wilden Mittelwesten.[573]

Abb. 98: Haus Arenten 1954

Von Bernard Giefer ist außer dieser unrühmlichen Episode wenig bekannt. Er kam 1865 in Dollendorf zur Welt und wanderte 1888 aus. Sein erstes Ziel in der Neuen Welt war Buffalo im US-Bundesstaat New York, dann ging er nach Chicago, schließlich nach Jackson, Minnesota. Seine ältere Schwester Anna Maria, die später Schröder hieß (s. 4.2.1.), hatte die Eifel drei Jahre zuvor in Richtung Amerika verlassen. Die Mutter Anna Catharina Giefer folgte ihren Kindern 1889 - sie war 65 Jahre alt. Zunächst zog sie zu ihrem Sohn nach Jackson. Gestorben ist sie in Potosi, Wisconsin.[574] Am 4. März 1891 heiratet Bernard Giefer die 17jährige Mary Sangl aus Spirit Lake, Iowa. Das Paar übersiedelt ins nahe gelegene Mankato, eine Stadt 80 Kilometer südwestlich von Minneapolis mit heute etwas mehr als 30.000 Einwohnern. In Dollendorf hatte Giefer als Vierzehnjähriger das Schreinerhandwerk erlernt und zwei Jahre lang ausgeübt, dann arbeitete er als Metzger. In Mankato nimmt er wechselnde Jobs an: Er verdingt sich in einer Metzgerei, im Schlachthof, in einer Ölmühle und zuletzt in einer Ziegelei. Im Juli 1892 strengt seine Frau einen Scheidungsprozess an – die Anklage: er habe sie brutal und unmenschlich behandelt. Der Prozess wird allerdings fallengelassen. Nur einen Monat später wird Bernard „Frank" Giefer dann über die Grenzen seiner Stadt hinaus bekannt: als mutmaßlicher Mörder in einem, wie die Lokalpresse schreibt, „*der feigsten Überfälle, die je in der zivilisierten Welt begangen wurden*".

Am Abend des 17. August 1892 sucht Giefer seinen Kollegen Leonard Roway in dessen Baracke unweit der Bahngleise auf. In der Ziegelei Willard & Polchow's, wo beide arbeiten, war zwei Tage zuvor Zahltag, wie immer zur Mitte des Monats. Giefer ist trotzdem schon in Geldnot. Er will sich von Roway zehn Dollar leihen, immerhin das Drittel eines Monatslohns. Später wird er sagen, das Geld habe er seiner Frau schicken wollen, sie lebe bei ihren Eltern in Iowa – offenbar hatte der Ehestreit deutliche Konsequenzen. Roway will nichts herausrücken. Giefer gibt sein Ansinnen auf – oder sucht eine neue Gelegenheit, doch noch an Roways Geld zu kommen. Darüber wird bald schon vor Gericht gestritten. Jedenfalls machen die beiden sich auf zu einem abendlichen Zug durch die Saloons der Stadt. Mehrere Zeugen sehen sie manches Glas leeren. Kurz nach ein Uhr verlässt Roway „Maddigan's Saloon" in der Front Street. Er geht allein zu seiner Hütte. Giefer folgt ihm, und es kommt zu einem Streit. Roway wird später sagen, es sei um Geld gegangen; Giefer sagt aus, Roway habe bei ihm Brennholz stehlen wollen, denn auch er hat in der einsamen Gegend am Bahndamm eine Baracke. Ein Wort gibt das andere, der Streit eskaliert. Plötzlich hat Giefer einen Hammer in der Hand und schlägt hinterrücks auf Roways Schädel ein. Blutüberströmt und bewusstlos geht Roway zu Boden.

Am nächsten Morgen um halb sieben finden zwei Arbeiter aus der Ziegelei den lebensgefährlich verletzten Roway in seiner Hütte. Wenig später taucht auch Giefer am Tatort auf, macht sich aber gleich wieder aus dem Staub. Er geht zurück in die Pension, in der er wohnt, seit seine Frau die Stadt verlassen hat. Dort hat er die Nacht verbracht und wie jeden Morgen vor sechs Uhr gefrühstückt. Dem Wirt hatte er 6,60 Dollar auf den Tresen gelegt, der möge sie Mrs. Giefer in Spirit Lake, Iowa, schicken – als Fahrgeld, damit sie nach Mankato kommen könne. Doch jetzt, um kurz nach sieben Uhr, hat er es eilig. Giefer verlangt vom Wirt das Geld zurück, sagt, er werde sich selbst darum kümmern, zieht sich um, geht und ist wie vom Erdboden verschluckt. In seinem Zimmer findet man wenig später ein Taschentuch mit Blutflecken und ein Foto von ihm. Roway hat Giefer nur kurz gesehen, ihn aber vor den beiden Arbeitern als Täter identifiziert. Später am Tag schafft er es noch, dem Staatsanwalt gegenüber Giefer zu belasten. Der deutsche Einwanderer habe ihn heimtückisch angegriffen, niedergeschlagen und ausgeraubt. Zwei Tage später erliegt Leonard Roway seinen schweren Verletzungen. Die Lokalpresse fordert: *„The hangman should do his duty"* – jetzt ist der Henker dran.

Aber Bernard Giefer ist fort. Die Fahndung läuft an. Im Umkreis von 150 Meilen bekommen alle Sheriffs Postkarten mit einer Personenbeschreibung und eine Reproduktion des Fotos, das er zurückgelassen hat. Schneller können die Polizeistationen informiert werden, die schon telegrafisch erreichbar sind. Man hofft, Giefer in Spirit Lake aufzugreifen, falls er dorthin zu seiner Frau geflohen sei. Sheriff Glynn aus Mankato nimmt die Sache selbst in die Hand. Zwei Tage nach der Tat kabelt er aus Sibley, unweit von Spirit Lake, nach Mankato, er habe ‚seinen Mann' gefasst. Giefers Frau ist bei ihm. Er hat sie aus dem Haus ihrer Eltern abgeholt. Eine seiner ersten Fragen: *„Lebt Roway noch?"* Am folgenden Nachmittag, es ist der 20. August, treffen der Sheriff und der Tatverdächtige mit dem Zug in Mankato ein. Dort wartet eine aufgebrachte Menge. Die Lok hält direkt gegenüber dem Gefängnis, und Giefer wird hinter Gitter gebracht. Schon wenig später legt Giefer ein umfassendes Geständnis ab. Seine Version vom Abend des 17. August unterscheidet sich von der seines Opfers: er habe ihn nie um Geld gebeten, Roway habe ihn wüst beschimpft und provoziert, im Handgemenge sei dann dessen Börse zu Boden gefallen usw. Aber er gibt zu, Roway mit einem Hammer niedergeschlagen zu haben – im Affekt und nach vielen Gläsern Bier und Whiskey. *„Ich hatte nicht die Absicht, Roway zu töten. Ich hatte nichts gegen ihn. Aber wenn ich wütend bin, gerät mein Temperament außer Kontrolle."* Er habe nicht gewusst, dass er Roway lebensgefährlich verletzt habe, beteuert Giefer, und er sei noch nie in einen derartigen Fall verwickelt gewesen. Am Abend der Tat habe er bis auf 75 Cent kein Geld mehr gehabt. Die Zeitung vermerkt, er habe mit starkem Akzent gesprochen und zu Beginn der Vernehmung sogar um einen Übersetzer gebeten. Die Tatwaffe findet ein Arbeiter der Ziegelei. Giefer hatte den Hammer in einen Trockenofen geworfen. Blutspuren an dem Werkzeug liefern den letzten Beweis.

Der Prozess beginnt im Dezember und dauert bis Anfang Februar. Es besteht kein Zweifel an Giefers Schuld. Aber war es ein kaltblütiger Mord oder war es Totschlag? Gelten mildernde Umstände wegen des Alkohols? Hat der Täter das Geld gezielt geraubt oder nur eine sich bietende Gelegenheit ergriffen? Die zwölf Geschworenen fordern am 2. Februar 1893 die Todesstrafe für den Angeklagten – *„murder in the first degree"* lautet ihr Befund, also eindeutig Mord. Der Richter aber zweifelt die Vorsätzlichkeit der Tat an, verweist auf Giefers unsteten Charakter: *„Und wenn ich irre, dann ziehe ich es vor, zugunsten der Gnade zu irren."* Am 3. Februar verurteilt er den deutschen Einwanderer wegen Mordes zu lebenslanger Haftstrafe bei Schwerstarbeit im Stillwater State Prison. Mary Giefer sitzt im Gerichtssaal. Als das Urteil verkündet wird, bricht sie in Tränen aus. Wenige Tage zuvor hat sich ihr Vater in Iowa das Leben genommen. Thomas Sangl, ein deutscher Einwanderer, hinterlässt nach einem schweren Streit, in dem es um nichts ging als Bier und Geld, eine zerrüttete Familie mit fünfzehn Kindern. Fast scheint es, als hätte Bernard Giefer sich eine Frau gesucht, in deren Leben und

Milieu sein eigenes Unglück vorgezeichnet war. Bei seiner Verurteilung ist er erst 27 Jahre alt. Das Paar hat ein einjähriges Kind. 24 Jahre später, am 12. Januar 1917, wird Giefer begnadigt. Was danach geschieht, wissen wir nicht. Seine Spuren verlieren sich. Nur eines mag sicher sein: Als er von der Eifel nach Amerika aufbrach, wird sein Traum von der Neuen Welt anders ausgesehen haben.

4.2.5 Matthias Napoleon Treinen – Baumeister in Kansas

Vom 08. bis 10. Oktober 1871 brannte Chicago. Bei der bis heute als *„The Great Fire"* bekannten Katastrophe in der Stadt am Michigan-See wurden 17.000 Gebäude zerstört; der Schaden belief sich auf 200 Millionen US-Dollar. Nach dem zweitägigen Brand, der trotz allem nur wenige hundert Menschenleben gefordert hatte, strömten zahlreiche Männer nach Chicago, um sich beim Wiederaufbau zu verdingen: Architekten, Landschaftsplaner und Handwerker. In den Jahren nach 1871 wuchs Chicago zur modernsten Metropole der Vereinigten Staaten heran. Unter den vielen *„helping hands"* war auch ein Auswanderer von der Oberahr: der Zimmermann Matthias Treinen. Er hatte schon in der Eifel sein Handwerk erlernt, hier konnte er sich nun grundlegende Kenntnisse des amerikanischen Bauwesens aneignen. Das ermöglichte ihm, später ein angesehener Baumeister im Staat Kansas zu werden.

Über Matthias Treinen berichten seine Enkelin Margaret Treinen Johnson und Mary Ann Treinen Rieken, Urenkelin von Matthias' Bruder Nikolaus, von dem ebenfalls noch die Rede sein wird.[575] Matthias Napoleon Treinen kam am 19. Februar 1850 im Engelen-Haus in der oberen Lindenstraße in Dollendorf als Sohn der Eheleute Joachim Treinen und Margaretha Nicolai zur Welt. Beim frühen Tod seines Vaters war er erst neuneinhalb Jahre alt. Als Fünfzehnjähriger fand Matthias Treinen eine Lehrstelle beim Schreiner- und Zimmermannsmeister Peter Jungbluth, der bekannt war für seine hohen Ansprüche an solides Handwerk: *„Man muß einen Stuhl so stabil bauen, dass man ihn über das Dach eines Hauses werfen kann, ohne dass er zerbricht"*, lautet einer seiner überlieferten Aussprüche. Meister Jungbluth ließ seinen Lehrling hart arbeiten, schon mit seinem ersten Stück musste Matthias Treinen eine ganze Woche verbringen. Im Herbst 1868 stellte Peter Jungbluth den Gesellenbrief aus: *„Ich bestätige hiermit, dass Matthias Treinen aus Dollendorf in meinem Geschäft vom 11. Oktober 1865 bis 11. Oktober 1868 das Tischlerhandwerk erlernt hat und sich während dieser Zeit durch Fleiß und gutes Benehmen ausgezeichnet hat. Mit diesem Zeugnis wünsche ich dem o.g. M. Treinen viel Glück wo immer er auch hingehen mag."*

Abb. 100: Joseph Peter Jungbluth (mit Söhnen ?)

Peter Jungbluth hatte Pläne, nach Amerika auszuwandern, und bot seinem Gesellen an mitzukommen. Matthias sah sich vor einem Dilemma: Sein 19. Geburtstag stand bevor und damit seine Einberufung zum Militär, andererseits berichteten Verwandte aus New Trier, Minnesota, in Briefen begeistert von ihrer neuen Heimat. Es wird überliefert, Peter Jungbluth habe das Problem gelöst, indem er den Gesellen als seinen Sohn ausgab. Auf der publizierten Schiffsliste der „Donau", die am 11. Juni 1869 von Bremen aus New York erreichte, findet sich allerdings nur der Name Matthias Treinen. Der junge Mann fuhr weiter zu seinem Onkel nach New Trier. Hubert Nicolai (1831-1904), der Bruder von Matthias' Mutter Margaretha, war aus Schönecken nach Amerika gekommen. Auf dem Friedhof von New Trier befindet sich sein Grab und das seiner wallonischen Ehefrau Anna Maria, geb. Ruys (1833-1907). Matthias traf also in jedem Fall Verwandte an, bei denen er zunächst unterkam und sich in der Neuen Welt orientieren konnte. Eine Weile arbeitete er auf der Farm des Onkels, dann ging er zu einer Holzverarbeitungsfirma im nahe gelegenen Saint Paul. In der Heimat wurde Nikolaus Treinen – wie manch einer seiner Generation – schmerzlich vermisst. 1874 meldet der Öffentliche Anzeiger: *„Auf Anstehen des öffentlichen Ministeriums sind durch Gerichtsvollzieher / Akt. vom 05. des Mts.* (September) *70 Mathias Napoleon Treinen, 24 Jahre alt, zuletzt in Dollendorf wohnend, zur Sitzung des Königl. Zuchtpolizeigerichts zu Aachen vom 23.10.1874   9 Uhr vorgeladen worden. Beschuldigung: In dem Zeitraume von 1868 bis incl. 1874 sich dem Eintritte in den Dienst des stehenden Heeres dadurch zu entziehen gesucht zu haben, dass sie ohne Erlaubnis das Bundesgebiet verlassen. Aachen, den 8. September 1874."*[576]

Nach seinen bereits erwähnten Jahren in Chicago heiratete Matthias Treinen 1876 die Farmerstochter Magdalena (Lena) Billmann und zog mit ihr nach Marysville im Staat Kansas. In dieser aufstrebenden Kleinstadt – einer Station des „Pony Express" nach Westen - erwarteten ihn, der sich inzwischen als Baumeister und

Zimmermann selbständig gemacht hatte, viele Aufträge. In Marysville und Umgebung entwarf und errichtete er u.a. zwei Kirchen, eine evangelisch-lutherische und eine katholische, vier Schulen, zwei Bankgebäude, ein Gerichtsgebäude mit Gefängnistrakt, ein Geschäftshaus, eine Autowerkstatt und viele Wohnhäuser und Farmgebäude mit Stallungen und Scheunen. Matthias Treinen genoss wegen der Qualität seiner Arbeit ein hohes Ansehen. Er hatte häufig so viele Anfragen, dass er Interessenten abweisen musste. Ein Foto mit ihm und seiner Frau Magdalena zeigt ein offenbar wohlhabendes, etabliertes Bürgerpaar. Auch als er in den 1880er Jahren eine westlich von Marysville gelegene Farm erwarb, blieb er weiterhin als Baumeister und Zimmermann tätig - die Landwirtschaft betrieb seine Frau gemeinsam mit mehreren Hilfskräften.

Die Eheleute Matthias und Magdalena Treinen hatten sechs Kinder: Jakob (*1877), Margaret (*1879), Magdalena (*1883), Katharina (*1885), Matthias (*1887) und Theresa (*1888). Der älteste Sohn, Jakob, starb im Alter von zweieinhalb Jahren an Diphtherie. Matthias, genannt Matt, übernahm mit seiner Frau Anna Meier die Farm, nachdem die Eltern sich zur Ruhe gesetzt hatten. Die Töchter heirateten Farmer in der Umgebung von Marysville. Matthias Treinen starb 1924. Der Auswanderer aus Dollendorf hatte die Neue Welt für sich erobert - fast als wollte er seinem zweiten Vornamen „Napoleon" alle Ehre machen. Mehr noch: er war die Vorhut für die Kettenwanderung einer ganzen Familie. Im Lauf der Zeit folgten ihm seine Mutter und Geschwister - und das Haus in Kansas stand ihnen als Anlaufstelle immer offen.

Die Familie Treinen war aus dem Bitburger Land nach Dollendorf gekommen. 1811 heiratete Johann Treinen aus Rittersdorf die Dollendorferin Anna Katharina Mies und bezog mit ihr das unterhalb des Halfen-Hofes gelegene Haus Backes. Von den beiden Söhnen blieb der jüngere, Johann, im Elternhaus; er heiratete Anna Margaretha Minnerath aus Bolsdorf bei Hillesheim. Alle Kinder aus dieser Ehe blieben unverheiratet - als letzte Treinen starb 1941 in Dollendorf die 1856 geborene Katharina („Backes Kätt"). Der andere Sohn war der bereits erwähnte Joachim Treinen, Vater des späteren Zimmermanns Matthias. Joachim Treinen starb 1860 in Dollendorf im Alter von nur 45 Jahren. Er hinterließ seine Witwe Margaretha mit sechs noch unmündigen Kindern: Maria Eva Amalia Rosa (*1845), Johann Baptist (*1846), Theresia (*1848), Matthias Napoleon (*1850), Nikolaus (*1852) und Maria Katharina (*1855). Es herrschte anfangs sicher große Not im Haus, so dass der Gedanke, es den vielen anderen Auswanderern jener Jahre gleich zu tun, oft erwogen worden sein mag. Nach Matthias verliess 1871 die älteste Schwester Eva Dollendorf. Ihr Verlobter, Adam Lenzen aus Mirbach, war ihr nach Amerika vorausgefahren. Zum Abschied soll er gesagt haben: *„Wenn ich*

Abb. 101: Familie Nikolaus Treinen 1901

drüben genügend verdient habe, werde ich Dir das Geld für die Schiffsreise schikken, damit Du nachkommen kannst und wir bald heiraten können. Falls Du aber Angst vor dem großen Wasser, vor dem Ozean, haben solltest, dann nimm das Geld und suche Dir mit seiner Hilfe einen anderen Mann." Aber Eva Treinen hatte keine Angst vor dem Meer und wollte auch keinen anderen Mann. Am 10. Februar 1872 fand in La Salle, Illinois, die Hochzeit statt.[577]

Eva Treinen und Adam Lenzen ziehen nach Benton, Illinois. Am 4. Juli 1881 treffen hier Eva Treinens Mutter und zwei ihrer Brüder ein, die inzwischen erwachsenen Johann und Nikolaus. Eine Woche zuvor, am 27. Juni, waren sie in New York gelandet. Margaretha Treinen war bereits 66 Jahre alt, als sie ihre Heimat verließ und die Reise über den Atlantik in ein neues fremdes Land wagte. Ihre Tochter Theresia war 1877 mit 29 Jahren in Dollendorf gestorben. Die jüngste Tochter, Katharina emigrierte als letztes Familienmitglied 1883 mit ihrem Mann Peter Peetz.[578]

Am 12. März 1881 hat sich im Dollendorfer Wirtshaus Peter Bongartz die ganze Treinen-Familie eingefunden, um Haus und Hof zu versteigern.[579] Margaretha,

Johann und Nikolaus werden in der erhaltenen Versteigerungsliste am Anfang genannt. Weiter heißt es: *„Zugleich waren hierbei auch miterschienen die Kinder respektive Schwiegerkinder, Schwester und Schwäger der Requirenten, Namens Johann Peetz, Schreiner, und Catharina geborene Treinen, diese ohne besonderen Stand und von ihrem Ehemann zu Gegenwärtigem speziell autorisirt, und Peter Joseph Öliger, Wittwer von Theresia Treinen, Tagelöhner, diese alle zu Dollendorf wohnhaft, und erklärten unter Solidarhaft sich gleichzeitig starksagend für die übrigen in Amerika weilenden Geschwistern Mathias Treinen und Eheleute Peter Adam Lenzen und Eva, geborene Treinen, daß die obigen Angaben der Requirenten rücksichtlich des Eigenthumsverhältnisses an den Verkaufsobjekten auf Wahrheit beruhten und ihnen sowie denjenigen, für die sie sich stark sagten, keinerlei Eigenthumsansprüche an den nachbeschriebenen Realitäten zuständen, welche Erklärung dieselben am Schlusse des heutigen Protokolles durch ihre Unterschrift bekräftigen werden."* In Dollendorf werden 69 Parzellen Land verkauft – Erlös 11.548 Mark. Zwei Wochen später kommen in Blankenheim Hausrat, Holz, Frucht und Vieh unter den Hammer – Erlös 1.426 Mark. Dem Anschein nach war die Familie zur Zeit der Auswanderung vergleichsweise wohlhabend. Mehr ist allerdings den Akten nicht zu entnehmen. Auch wenn die jeweiligen Motive für die Auswanderung im Dunkeln liegen, die Familienkonstellation zeigt doch, wie hier der Sog der Neuen Welt, die Erfahrungen derer, die zuerst gegangen sind, am Ende alle Familienmitglieder in einer regelrechten Kettenwanderung über den Atlantik gelockt haben muss.

Die Mutter Margaretha und die Söhne Johann und Nikolaus bleiben im Sommer 1881 nur wenige Tage bei Eva und Adam Lenzen in Illinois. Sie ziehen weiter nach New Trier (vgl. Kap. 4.1.5.) zu Margarethas Geschwistern und dann nach Marysville zum Sohn und Bruder Matthias. Dort bleiben sie bis zum nächsten Frühjahr. Das erste Jahr in der Neuen Welt ist aber offenbar mit einer Vielzahl von Schwierigkeiten verbunden. Die von Mary Ann Treinen Rieken zusammengetragene Familiengeschichte berichtet, Margaretha Treinen und Nikolaus seien wegen großer Sprachprobleme mit dem Englischen im Juni 1882 nach Deutschland zurückgereist. Schon 14 Monate später, im August/September 1883, seien sie jedoch wieder nach Marysville gekommen. Was sie zur abermaligen Auswanderung bewog - Not in der alten Heimat, Sehnsucht nach der Familie oder gar unerwartete Perspektiven in Amerika - ist nicht bekannt.

1886, drei Jahre nach dieser endgültigen Übersiedlung, heiratete Nikolaus Treinen Katharina Mahr, die aus einer elsässischen Familie stammte. Sie zogen nach Hanover, Kansas, nahe Marysville - und damit nahe bei Matthias Treinen. Im Vorjahr hatte Nikolaus im Nordwesten von Colorado Land eine „Heimstätte"

Abb. 102: Nikolaus Treinen

erworben. 1887 brach Nikolaus, der in der Familiengeschichte „Nick" genannt wird, von Hanover nach Westen auf, um das gekaufte Land in Besitz zu nehmen. Mit ihm reiste oder kurz nach ihm wahrscheinlich sein Neffe Peter Peetz; dessen Eltern, Johann Peetz und Katharina Treinen, die Schwester von Nick, Matthias und Johann nach Sidney. Sie waren 1883 nach Marysville gekommen. Nach Peter wurde später die Siedlung Peetz benannt (vgl. 4.1.6.). Nicks erster Anlaufpunkt war Sidney, Nebraska, wenige Meilen nördlich der neuen Siedlung. Zunächst brachte Nick Getreide und Brennholz, dann, in einer zweiten Tour, kam er mit einem Planwagen, zwei Pferden, drei Kühen, zwei Schweinen, ein paar Hühnern und viel Werkzeug. Auf dem neuen Grundstück baute er ein Holzhaus, das gerade fertig war, als seine Frau mit dem drei Monate alten Sohn Matt(hias) ankam. Die Familie wuchs rasch, fünf weitere Kinder kamen zur Welt. In den Jahren 1890/91 arbeitete Nick beim Bau der Union Pacific Eisenbahnlinie, um den Unterhalt der Familie zu bestreiten. Er war oft wochenlang nicht zu Hause. Später ging in kalten Wintern der Vater mit den ältesten Söhnen die Bahngleise entlang, um von den Waggons herabgefallene Kohlestücke zu sammeln – Heizmaterial in der holzarmen Prärie. 1895 bekam das Haus einen Anbau. Denn aus Marysville war die inzwischen 80jährige Margaretha Treinen eingetroffen. Später zog die ganze Familie von Peetz ins nahe gelegene Sidney. Margaretha Treinen starb dort im Jahr 1900. Nikolaus starb 1941, seine Frau 1953. Auch die jüngste Schwester, Katharina, bezog eine Farm in der Nähe von Sidney – ihr Mann Johann Peetz starb dort bereits 1897, sie überlebte ihn um mehr als ein halbes Jahrhundert und starb 1949 im Alter von 94 Jahren.

Margaretha Treinens Sohn Johann war in Marysville geblieben; er arbeitete lange Zeit im Betrieb seines Bruders Matthias als Zimmermann. 1888 heiratete er Margarete Katharina Lueders, eine Einwanderin aus Hamburg. Die Ehe hatte keinen Bestand; nach acht Jahren kam es zur Trennung. Dann brach auch Johann nach Westen auf und erwarb bei Sidney eine Heimstätte. Seit dieser Zeit war er der gute Geist der Großfamilie und half überall da, wo Hilfe nötig war. Er starb 1930 in Sidney. Sidney, Nebraska, im Cheyenne County, ein Ort mit heute ca.

6.000 Einwohnern am Interstate Highway No. 80, wurde schließlich für fast alle Familienmitglieder der Lebensmittelpunkt. Vor Nikolaus, Johann, Katharina und der Mutter Margaretha war schon die älteste Schwester Eva Lenzen hierher gezogen. Von Illinois kommend hatten Eva und ihr Mann längere Zeit bei Matthias in Marysville gelebt - schwere Jahre, in denen das Ehepaar zwei Kinder verlor. 1886 erwarben die Lenzen eine Heimstätte bei Sidney. Peter Adam Lenzen starb 1919, Eva Lenzen im Februar 1928. Ein Nachruf in der Lokalzeitung „The Telegraph" rühmt ihre edlen Charaktereigenschaften; sie war aktiv in kirchlichen Hilfswerken und offenbar eine geschätzte und angesehene Bürgerin.

Am Ende der Geschichte dieser Dollendorfer Familie, die nach und nach die Eifel in Richtung Amerika verließ, steht als Nachzüglerin Katharina Oeliger, geboren 1875. Auch für sie wird schließlich Sidney zum neuen Heimatort. Katharina war das Kind der Theresia Treinen, die 1877 in Dollendorf starb. Als ihre Großmutter, Onkel und Tanten 1881 auswanderten, war Katharina Oeliger gerade sechs Jahre alt und lebte bei ihrem Vater. Peter Josef Oehliger heiratete ein zweites Mal, und Katharina entschloss sich 1890 im Alter von 15 Jahren, zu ihren Verwandten nach Amerika zu gehen. Nach der Ankunft wohnte sie – wie alle Treinens zuvor – eine Zeit lang bei ihrem Onkel Matthias in Marysville, ohne dessen Vorreiterrolle womöglich kein anderes Familienmitglied nach Amerika gegangen wäre. Später zog sie zur Großmutter und den übrigen Verwandten in die Nähe von Sidney. Dort heiratete sie den aus Mähren stammenden Leopold Rezanina. Die Eheleute erwarben 1898 eine Farm bei Sidney – Katharina Oeliger starb 1935, ihr Mann 1957. Beide sind in Sidney beerdigt.

4.2.6 Gertrud Göbel – Tellerwäscherin, Millionärin, Nonne

Einen sehr eigenwilligen und am Ende doch sehr amerikanischen Weg hat offenbar Gertrud Göbel aus Freilingen beschritten. Gertrud Göbel, nach ihrem Hausnamen Luppertz Trud genannt, wurde am 5. Februar 1882 geboren; sie hatte acht Geschwister – ein Bruder starb noch als Kleinkind - und einen, wie berichtet wird, griesgrämigen Vater. Nach ein paar Jahren der Mitarbeit in Haus und Hof verließ Gertrud Freilingen und fuhr zu ihrer Schwester Margarethe nach Köln. Die Berichte über ihren Lebensweg stützen sich weitgehend auf Erzählungen ihrer Nichte Helene Roznowicz, geb. Göbel.

Abb. 103: Gertrud Göbel 1925

1911 verließ Gertrud ohne jede Ankündigung das Haus der Schwester und reiste nach Hamburg. Dort ging sie auf ein Auswandererschiff und verdiente sich die Reise offenbar, indem sie sich an Bord als Dienstmädchen verdingte. Die Schwester bekam vom Schiff aus ein Telegramm mit der Nachricht, Gertrud sei unterwegs in Richtung Neue Welt. In Amerika, sie soll zunächst in Minnesota gelebt haben, startete sie als Tellerwäscherin und wurde im Lauf der Jahre, so die Erzählung, mehrfache Millionärin - eine sprichwörtliche US-Karriere. Sie war im Gastronomiegewerbe geblieben und hatte es verstanden, ein Hotel nach dem anderen zu erwerben. Man nannte sie „the rider", weil sie alles hoch zu Ross erledigte. Der 1926 ebenfalls aus Freilingen ausgewanderte Nikolaus Giefer erzählte, Gertrud Goebel habe ganze Straßenzüge besessen. Selbst gesehen hat er allerdings nichts davon.

1922 geben die Notariatsurkunden in Düsseldorf Gertrud Göbels Wohnsitz mit Wichita, Kansas, an, vermerken jedoch keinen „Stand", also keinen Beruf.[580]

Zweimal, heißt es in der Überlieferung, besuchte sie die Eifel und unterstützte die daheimgebliebene Familie, der ihr Reichtum unerhört vorgekommen sein muss. Bei ihrem zweiten Heimatbesuch 1925 war sie bereits erkrankt und hatte offenbar schon den Entschluss gefasst, ins Kloster zu gehen. Ihre Wahl fiel auf die Kongregation der Schwestern von der schmerzhaften Mutter,

Addolorata-Schwestern genannt. In Abendberg bei Nürnberg hatten sie seit 1920 eine deutsche Niederlassung.[581] In Nürnberg vertraut Gertrud einem Vermögensverwalter, Pfarrer Sperber, ihren gesamten Besitz an. Anschließend macht sie eine Wallfahrt nach Rom – 1925 war ein Heiliges Jahr – und bittet dort im Mutterhaus der Addolorata-Schwestern um Aufnahme in den Orden. Sie war damals 43 Jahre alt. Bei ihrer Rückkehr aus Rom war ihr Vermögen fast vollständig verloren gegangen – die Gründe hierfür sind nicht mehr bekannt. Von den wenigen verbliebenen Mitteln hat sie einem der Brüder Geld für dessen Scheune gegeben und den teilweisen Umbau des Elternhauses bezahlt. Danach ging sie zurück in die Vereinigten Staaten. In einer Niederlassung ihres Ordens in Roswell, New Mexico, ist Gertrud Göbel 1938 gestorben.

Abb. 104: Haus Komme in Freilingen 1926

4.2.7 Hubert Bove – Ein Schneider wird Priester

von Ralf Gier

Mit dem großen Auswanderungsstrom im Frühjahr 1852 verlässt auch die Familie Peter Joseph Bove aus Ahrhütte die Oberahr. Insgesamt elf Mitglieder, Vater, drei Söhne und vier Töchter, eine Schwiegertochter und zwei Enkelinnen, Mutter Barbara Morlo war bereits 1843 verstorben. Wie für so viele Haushalte an der Oberahr, und zumal in der landarmen Talsiedlung Ahrhütte, reichte der Ertrag der Landwirtschaft kaum zur Bestreitung der eigenen Bedürfnisse. An einen Verkauf von Produkten war nicht zu denken. Die Mehrheit der Familie Bove ist 1852 ohne entlohnte Arbeit, geschweige denn Ausbildung. Gut 150 Jahre zuvor, als Stammvater Johannes Bove genannt Kratz wie zahlreiche Landsleute aus der Wallonie an die herzoglich arenbergischen Hütten zog, war dies noch anders. Ihre Dienste als Gastarbeiter waren begehrt, sie brachten Fertigkeiten von den Fabriken in Namur und Umgebung an die Hütten der Oberahr und verhalfen so diesen zu ihrem ausgezeichneten Ruf. Das in Ahr- und Stahlhütte verarbeitete Erz aus dem Lommersdorfer Bergwerk war begehrt in den Waffenschmieden um Lüttich und auf dem Kölner Roheisenmarkt. Takenplatten, Öfen und Werkzeuge traten von hier ihren Weg ins ganze Rheinland und darüber hinaus an. Für die Einwohner der Region bedeuteten die zahlreichen Hütten und Hammerwerke einen nicht zu unterschätzenden Wirtschaftsfaktor. Familien wie die Bove oder auch die wohl aus Frankreich über die saarländischen Hütten bei Ottweiler, Rhaunen im Hunsrück und Malberg in der Südeifel (s.a. 2.3.3) an die Hütten an Ahr und Kyll ziehende Familie Morlo waren über Generationen auf den oder im Umfeld der Hütten tätig.

1852 war diese Zeit vorüber. Die Ahrhütte hatte ihre Arbeit praktisch eingestellt, die unweit gelegenen Eisenhütten bei Dorsel (Stahlhütte) und in Jünkerath konnten die freigewordenen Arbeitskräfte jedoch nicht aufnehmen. Schon Peter Joseph Bove arbeitete nicht mehr, wie noch sein Schwiegervater, der Hammerschmied Georg Friedrich Morlo, auf der Ahrhütte. Er übte das Gewerbe eines Blaufärbers aus und nutzte somit ebenfalls die Nähe der Ahr mit ihrem klaren reinen Wasser. Sein Sohn Hubert erlernte das Schneiderhandwerk, Georg der älteste führte die kleine Landwirtschaft, Johann, der mit 14 Jahren jüngste der Brüder, arbeitete als Hufschmied in einer Stellmacherei. Die Schwestern verdingten sich vor der Auswanderung teils als Magd, so Maria Catharina in Münstereifel, ansonsten bleiben sie jedoch ohne Ausbildung. Nach der väterlichen Entscheidung, die Heimat zu verlassen, verkaufte die Familie am 21.01.1852 all ihren Besitz für 786 Taler.[582] Das Kapital reichte kaum zur Bestreitung der Reisekosten

(Passage ca. 400-450 Taler). Hier fügte es sich als glücklicher Umstand, dass die Eifler zumeist eher kleinwüchsig waren. Nicht nur, dass beide Enkelinnen nach der Passagierliste unter einem Jahr alt waren (2 und 10 Monate), auch die jüngeren der sieben Geschwister, Anna (von 9 auf 6 Jahre), Johann (14 auf 7) und Hubert (16 auf 11) wurden „verjüngt." So musste nur für sechs der volle Preis gezahlt werden, und für zwei Familienmitglieder entstanden keine Passagekosten.[583] Die Familie reiste ohne behördliche Genehmigung aus. 1857 und 1860 werden die Brüder Johann[584] und Hubert[585] durch Anzeigen in den amtlichen Organen (Amtsblatt und Öffentlicher Anzeiger) aufgefordert, sich zwecks Ableistung ihrer Militärpflicht zu stellen. Da die Aufrufe fruchtlos blieben, wurde ihr „Vermögen" beschlagnahmt.

Abb. 105: Landungsplatz in Hoboken

Im Februar 1852 brach die Familie mit ihren wenigen Habseligkeiten in Richtung Düren zur nächsten Eisenbahnstation auf, am 07.03.1852 verließen sie auf dem Dreimaster „Charlemagne" den Hafen von Antwerpen.[586] Es wurde eine 59 Tage dauernde Odyssee mit allen Beschwernissen, denen sich viele Auswanderer auf See ausgesetzt sahen. In schwerem Sturm, die Neue Welt schon fast in Sichtweite, verlor die Bark am 19.04.1852 alle Masten und wäre um ein Haar auf Grund gegangen, erreichte letztlich aber ohne Verluste an Leib und Leben am 05.05.1852 Castle Point, West Hoboken[587] in New Jersey. Hubert tritt 1857 in Baltimore in die Kongregation des Heiligsten Erlösers ein.[588] Bei seiner Aufnahme schreibt er seine Erinnerungen nieder, ausgehend von jenen an seine Mutter, welche er mit sechs Jahren verlor, über seine Lehr- und ersten Arbeitsjahre, die Entscheidung zur Auswanderung und der darauf folgenden Überfahrt. Seine Schilderungen befassen sich vor allem mit dem Entschluß, Priester zu werden, aber auch mit der religiösen Bindung seiner Schwestern.

Doch lassen wir nun Hubert Bove selbst sprechen:[589]

„Fr. H. J. A. B.   Bericht   Fr. Bove
Geschrieben im Jahre 1857[590]
Ich Hubert Bove wurde im Jahre 1836 den 17. Januar auf der Ahrhütte, einem Dorfe in Preußen Regierungsbezirk Aachen Kreis Schleiden, geboren. Von Kindheit an wurde ich zum Gebete und Fasten angehalten und musste fleißig in die Kirche gehen. Als ich aber das sechste Jahr erreicht hatte, wurde mir meine gute, fromme und theure Mutter von Gott auf einem rauhen Wege, durch eine langdauernde Krankheit, von dieser Erde weggeführt, welche Tag und Nacht nicht aufhörte für uns Kinder zu beten und dabei häufige Thränen zu vergiessen, damit wir hernach nicht auf der Erde herum irren möchten, wie so viele Kinder thun. Und wenn wir sie fragten warum sie weine? sagte sie: „O meine lieben Kinder! Wenn ihr einmal alt werdet, dann werdet ihr es sehen." Auch war sie immer die erste bei den Kranken, denn sobald sie hörte, daß jemand im Dorfe krank sei, hatte sie schon keine Ruhe mehr, bis daß sie bei ihm war, um ihm alle mögliche Dienste erweisen zu können, mocht es auch für eine Krankheit sein, was es für eine wollte, alles war ihr gleich viel.

Nach dem Ableben meiner theuren Mutter blieb mein Vater mit 7 Kinder, wovon nur eines zur ersten u. H. Communion gegangen war, zurück um uns nun gut ernähren und cristlich aufziehen lassen zu können, mußte er Tag und Nacht schafen. Sobald ich aber das 13. Jahr erreicht hatte, empfing ich die erste H. Communion und musste dann ein Handwerk lernen, nämlich: ein Schneiderei. Dieser Man bei welchem ich die Schneiderei lernte war ... sehr fromm, denn so oft wir einige Minuten frei hatten, mußte ich mit ihm in die Kirche gehen. Als ich aber bis im 3. Jahre an der Schneiderei geschafft hatte, ereignete es sich, daß mein Vater nach Amerika reisen wollte, ich mußte also auch mit, was ich auch von Herzen gern thate, und so ereignete es sich, daß wir auf die hohe See kommen. Wir hatten viel Sturm, und oft schien es wir werden zu Grunde gehen, denn wir verloren alle unsere Masten mit den Segeln, auch wurde uns die Spitze des Schiffes zweimal von den Wellen hinweggeschlagen, so dass unser Schiff aussahe wie ein Fanalboot.[591]

Bei allen diesen Gefahren ist kein einziger auf dem Schiff gestorben und alle kommen wir nach 60 Tagen, die wir auf der hohen See zubragten in New York aus. Was aber die Uhrsache war, dass wir bei diesen Gefahren glücklich in N.Y. angelandet sind, kann ich nichts anderem zuschreiben, als dem Rosenkranze der täglich gemeinschaftlich auf dem Schiffe gebetet wurde. Als wir nun in New York angelangt waren, suchte ich mir gleich wieder Arbeit bei einem Schneider ganz unten in der Stadt. Mein Vater aber mit meinen Brüder und Schwestern reiste ohne mein Wissen mit einem Bauer in das Land 15 Meilen von N.Y. entfernt. Auch wusste ich nicht wo sie waren und wie es mit ihnen steht, bis nach 2 Monate. Als ich mich nun so ganz allein unter fremden Leuten sah, dachte ich an meine liebe Mutter die Kirche.

Aber ich wusste nicht ob eine Kirche, nach welcher ich verlangte in N.Y. sei oder nicht. Auch alle Leute bei welchen ich wohnte wussten mir es nicht zu sagen denn sie waren selbst nichts mehr. Was wollte ich also machen um diese guten Mutter zu finden? Wo ich mich auch immer nur hinwandte war ich unbekannt und in der Gefahr mich zu verlieren. Ich dachte also, die erste die beste Straße und so ginge ich jeden Sonntag Stadt auf und Stadt ab und kamm in verschiedene Kirchen, große und kleine, Deutsche und Englische, aber die ich suchte, konnte ich nicht finden. Und so ginge ich 5 bis 6 Sonntage nacheinander von Morgens an bis Nachmittags 3 bis 4 Uhr suchen, allein allemal vergebens. Als nun der 6. oder 7. Sonntag heran kamm, dachte ich bei mir selbst, du bist jetzt schon so oft suchen gegange, du kannst auch noch einmal suchen gehen, wenn du dann keine Katholische Kirche findest, dann ist es das letzte Mal. Ich ginge also wiederum, wie es mir aber zu Muthe war kann ich keinem sagen. Als ich nun wiederum den ganzen Morgen gesucht und noch keine Katholische Kirche gefunden hatte, und im Begriffe war wiederum nach Hause zu gehen, fragte ich mich selbst mit betrübtem Herzen: sollst du denn keine Kirche finden? und schaute noch einmal um mich herum. Jetzt sah ich ein großes vergoldetes Kreuz über die Häuser hervor ragen, ich ging also eilens dieser Richtung zu obschon ich schon viele Kirchen mit Kreuzen gefunden hatte. Als ich nun hienein komme, sah ich das es eine Katholische Kirche war, nämlich die St. Alphonsus Kirche und noch mit größtem Erstaunen eine Deutsche indem jerade der H. P. Petsch am Predigen war.

Als nun die hl. Messe vorüber war ging ich ganz ruig nach Hause und bemühte mich jeden Sonntag die hl. Messe anzuhören, Doch die Vorsehung Gottes war noch nicht damit zufrieden, sie wollte mich noch weiter brüfen; indem einige Monate nachher mein Vater in die Stadt kamm, um mich und meine Schwester (diese Schwester ist einen tag vor mir von hause abgereist zu den Ursulinerinnen, und hat am 9 Juny 1857 das Ordens Kleid derselben empfangen in New Orleans), welche auch in der Stadt wohnte, aber nicht wußte, wo ich wohnte, und ich nicht wußte, wo sie wohnte, aufzusuchen. Nachdem er uns nun gefunden hatte reisten wir mit ihm wo er mit meinen anderen Schwestern und Brüder wohnte, aber wir mußten bald wieder unter fremde Leute.

Ich reiste nach Newark, welches näher zu meinem Vater war als N.Y. Dort bekomm ich gleich wieder Arbeit aber bei einem Abergläubigen, mit welchem ich viel wegen meines Glaubens zu kämpfen hatte. Als ich nun 5 Monate bei diesem geschafft hatte, glaubte ich mich allein ernähren zu können; und mit diesem Gedanken reiste ich zu meinem Vater und ein Tag darauf mit ihm nach Westhoboken bei einen guten Bekannten, welcher uns Arbeit verschaffen wollte. Sobald wir nun dort angekommen waren pachteten wir uns eine kleine Wohnung und dann gab ich mich fleissig ans Arbeiten. Als wir nun wenige Wochen so schafften, kommen auch meine Schwestern eine nach einander und wollen nicht mehr von uns weggehen. Die eine sagte sie müsste Freitags Fleisch essen, die ander sie dürfte Sonntags nicht in die Kirche gehen, die andere sie wohnte zur weith von der Kirche, sie könnte nicht beichten, nicht die hl. Communion empfangen u.s.w. Wir behielten sie also wegen ihres Elendes bei uns, aber wir mußten uns dann auch oft mit schwarzem Kaffee und trokenem Brode begnügen; denn keine von diesen 3 Schwestern kannte etwas von der Schneiderei; und so mußte ich meine 3 Schwestern mit meinem Vater ernähren. Aber sie waren alle drei sehr gelehrig und fleißig, und so fing es an von Tag zu Tag besser zu gehen. Nun hatten wir unseren Zweck bald erreicht, wir konnten jeden Sonntag in die Kirche gehen und die hl. Messe anhören; aber wir konnten noch nicht beichten, und die hl. Communion empfangen gehen, wenn wir wollten, denn es war eine englische Kirche. Um dieses also zu können, müßten wir nach N.Y. reisen. Als wir nun dahin kamen, wurde uns die St. Alphonsus Kirche angewiesen, die nämlich Kirche welche ich als wir nach Amerika kamen gefunden hatte. Dieser Pater aber, nämlich der Hr. P. Petsch, den ich damals bredigen gesehen habe, wurde jetzt unser Beichtvater. Er liebte uns sehr und nie war es ihm zur Laßt, wenn er uns auch in der Noth zur Hülfe kommen mußte. Auch kamm er öfters nach Westhoboken um uns zu besuchen, aber allemal war er mit dem Gedanken beschäftigt, wie er uns nach N.Y. bekommen möchte; ich und meine Schwester wär schon hingezogen, aber mein Vater wollte nicht. Als nun der Hr. P.P. sah daß er sehr schwer sei uns hinzubringen, so verschaffte er einer von meinen Schwestern eine sehr gute Stelle bei einem Schneider. Als meine anderen Schwestern nun sahen, daß es ihr gut in N.Y. gefiel und nicht mehr nach Westhoboken kommen wollte, wollten sie auch nach N.Y. ziehen, und so verschaffte der Hr. P.P auch noch einer von diesen zweien Schwestern eine gute Stelle bei einer Schneiderei. Und nun hatte der Hr. P.P. seinen Zweck bald erreicht. Er und meine zwei Schwestern waren jetzt immer hinter meinem Vater er möchte doch nach N.Y. ziehen, und so willigte er nach vielen Bitten ein.

Dann reisten ich und meine älteste Schwester nach N.Y. und pachteten uns eine Wohnung und einige Tage danach zogen wir mit unseren Geräthschaften dahin; mein Vater aber blieb zum Glück noch einige Tage in Westhoboken zurück. Als wir nun unsere Geräthschaften von dem Wagen in unsere neue Wohnung trugen entstand auf einmal eine große Stille unter uns, und jeder hätte lieber geweint, als etwas anderes gethan, denn jedem war es um das Herz als hätte er das Heimwehe aber keiner wußte wonach, wär mein Vater bei dieser großen Versuchung zugegen gewesen, er hätte gleich wieder alles nach Westhoboken fahren lassen. Die war aber nicht anderes als eine Versuchung vom Teufel, denn er hätte uns wieder gerne auf dem Lande gehabt, weil er wohl wußte, daß wir hie öfters in die Kirche, öfters beichten und communizieren gehen würden und hernach noch einige aus uns der Welt ganz entsagen würden, daß das wenn wir aber auf dem Lande blieben nicht geschehen würde. Doch wir fasten wieder Muth und machten alles schön in Ordnung, und so bekommen wir wieder vor und nach guthen Muth, so daß als mein Vater kamm alles in schöner Ordnung war. Er aber bekamm die nämliche Versuchung, ließ sich es aber nicht viel anmerken, weil er uns so munter und fröhlich sah. Jetzt aber, weil wir bei der Kirche des allerheiligsten Erlösers wohnten, wählte ich mir den Ho. P. Kelmprech zum Beichtvater, weil der Hochw. P.P. jeden Sonntag in die St. Alphonsus Kirche gehen musste. Als wir nun ungefähr 6 bis 7 Monate in der Stadt waren, bekamm ich auf einmal einen Abscheu vor dem Nehen ich wusste nicht was ich machen soll und zum Glüke, daß meine Schwestern jetzt alles alleine machen konnten ohne dass ich sie mehr zu zeigen brauchte, hätten meine Schwestern noch nichts ohne mich machen können, so hätte ich noch nicht zu dem Zwecke kommen können, den Gott für mich bestimmt hatte. Was für einen Zweck dieses aber sein soll, wusste ich nicht, und meine Gedanken waren nicht das Geringste auf das gerichtet, was aber nach einigen Wochen mit vorgine. Ich hatte zwar immer Gefallen daran gehabt, aber weil es mir eine Unmöglichkeit schien, so dachte ich jetzt so viel weniger daran weil ich ganz arm war.

Ich ging also mit meinem Bruder, welcher sich auch gerade um Arbeit umsah, denn er war es auch müde auf dem Lande zu leben, wo er auch nie in eine Kirche kamm, Stadt auf und Stadt ab, aber alles war für mich umsonst. Mein Bruder konnte zwar überall Arbeit bekommen, aber er wollte keine annehmen bis auch ich Arbeit hätte, aber es war wie gesagt umsonst. Und so kamm es mir auf einmal in den Gedanken, indem ich von Einige gehört hatte, dass die Redemptoristen eingie Studenten aufgenommen hätten und auf Ihren Kosten studieren ließen, auch zu studieren und ein Redemptorist zu werden, da die Redemptoristen mir außerordentlich gefiehlen. Ich offenbarte also meinen Schwestern den Gedanken und fragte sie, wenn ich aufgenommen würde, ob sie mir die Erlaubniß dazu geben würden und so auch mein Vater. Sie gaben mir zwar alle lächelnd die Erlaubnis aber meinten es würde doch nichts daraus werden. Der Gedanke aber vermehrte sich täglich bei mir zum Studieren und ein Redemptorist zu werden. Als ich nun alles mit meinem Vater und meinen Schwestern ausgemacht hatte, dann offenbarte ich erst meinem Beichtvater mein Vorhaben und bat ihn er (...). auch studieren lassen, meine Gedanken wäre ein Redemptorist zu werden. Er nahm mich also gleich auf und gab mir die Bücher welche ich zum studieren bräuchte, damit ich nach dem nämlichen Tag anfangen könnte zu studieren. Ich studierte also ungefähr 9 Monate bei Ihm Selbst und da schichte er mich bei einen Weltpriester, der nicht so viel zu thun hatte, um bei diesem weiter zu studieren. Warent die Zeit hatte ich viele und schwere Prüfungen von ihm zu ertragen und zu überwinden. Einmal als er mich sehr harte prüfte und mich zu Thränen brachte, indem Er vor anderen Leuden sprach ich wäre zu schwach für ein Redemptorist oder vor Brüder werden u.s.w. schickte Er mich in die Kirche, ich solle die liebe Mutter Gottes bitte sie soll mir doch eingeben was am Besten für mich wäre. Ich ging also hin und bat sie einständig mit Thränen in den Augen und so konnte ich auf einmal nicht mehr betten indem es immerfort in meinem Innern mir vorzukommen schien eine Stimme zu hören welche sagte: Gehe, gehe mein Sohn, es ist nur eine Prüfung. Als er mich nun nachher fragte ob ich in einen ander Orden eintreten wolle, sagte ich nein und dann schickte Er mich einige Zeit hernach nach Baltimore wo der Hochw. P. Provencial mich als Noviz aufnahm. Ende"

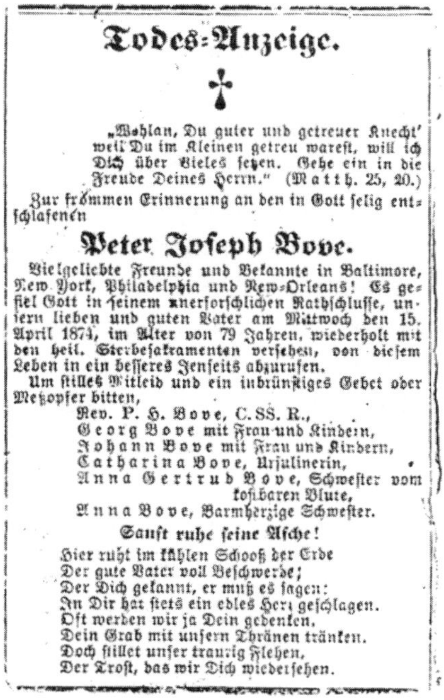

Todes-Anzeige.

„Wohlan, Du guter und getreuer Knecht' weil Du im Kleinen getreu warest, will ich Dich über Vieles setzen. Gehe ein in die Freude Deines Herrn." (Matth. 25, 20.)

Zur frommen Erinnerung an den in Gott selig entschlafenen

Peter Joseph Bove.

Vielgeliebte Freunde und Bekannte in Baltimore, New York, Philadelphia und New-Orleans! Es gefiel Gott in seinem unerforschlichen Rathschlusse, unsern lieben und guten Vater am Mittwoch den 15. April 1874, im Alter von 79 Jahren, wiederholt mit den heil. Sterbesakramenten versehen, von diesem Leben in ein besseres Jenseits abzurufen.

Um stilles Mitleid und ein inbrünstiges Gebet oder Meßopfer bitten,

Rev. P. H. Bove, C.SS.R.,
Georg Bove mit Frau und Kindern,
Johann Bove mit Frau und Kindern,
Catharina Bove, Ursulinerin,
Anna Gertrud Bove, Schwester vom kostbaren Blute,
Anna Bove, Barmherzige Schwester.

Sanft ruhe seine Asche!

Hier ruht im kühlen Schooß der Erde
Der gute Vater voll Beschwerde;
Der Dich gekannt, er muß es sagen:
In Dir hat stets ein edles Herz geschlagen.
Oft werden wir ja Dein gedenken,
Dein Grab mit unsern Thränen tränken.
Doch stillet unser traurig Flehen,
Der Trost, das wir Dich wiedersehen.

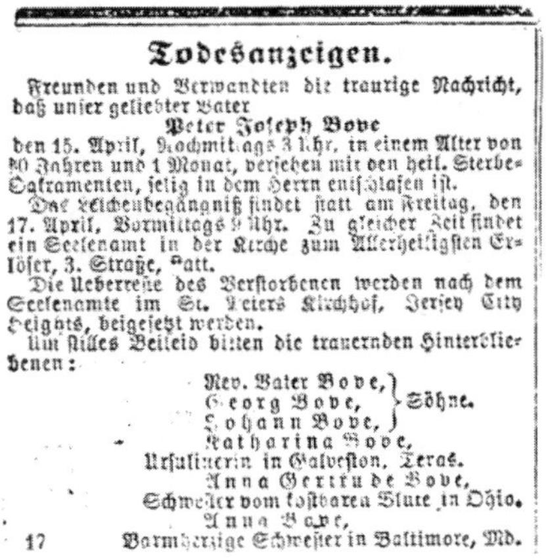

Todesanzeigen.

Freunden und Verwandten die traurige Nachricht, daß unser geliebter Vater

Peter Joseph Bove

den 15. April, Nachmittags 3 Uhr, in einem Alter von 80 Jahren und 1 Monat, versehen mit den heil. Sterbe-Sakramenten, selig in dem Herrn entschlafen ist.

Das Leichenbegängniß findet statt am Freitag, den 17. April, Vormittags 9 Uhr. Zu gleicher Zeit findet ein Seelenamt in der Kirche zum Allerheiligsten Erlöser, 3. Straße, Watt.

Die Ueberreste des Verstorbenen werden nach dem Seelenamte im St. Peters Kirchhof, Jersey City Heights, beigesetzt werden.

Um stilles Beileid bitten die trauernden Hinterbliebenen:

Rev. Vater Bove, Georg Bove, Johann Bove, Söhne.
Katharina Bove, Ursulinerin in Galveston, Texas.
Anna Gertrude Bove, Schwester vom kostbaren Blute in Ohio.
Anna Bove, Barmherzige Schwester in Baltimore, Md.
17

Abb. 106: Amerikanische Todesanzeigen des Peter Joseph Bove

Abb. 107: Hubert Bove

Hubert legte am 15.10.1857 das Ordensgelübde ab und wurde am 01.04.1865 in Annapolis, Maryland zum Priester geweiht. Er wirkte *„hauptsächlich in deutschen Pfarreien seines Ordens und ist deshalb vielen Gläubigen, namentlich in Baltimore, Philadelphia, New York und New Orleans bekannt."*[592] Nach mehrjähriger Krankheit starb Hubert am 04.04.1907 im Noviziathaus in Annapolis. Vater Bove verstarb 1874. Die Anzeige seines Todes in einer amerikanischen Tageszeitung hätte so auch in einer Kölner oder Aachener Zeitung erscheinen können.

Huberts Schwestern[593] treten nacheinander in Klöster ein. Maria Catharina, die älteste, noch vor Hubert am 09.06.1857 bei den Ursulinen. Anna Gertrud folgt ihr am 02.08.1859, als sie dem Orden der Schwestern vom Heiligen Blute in Ohio beitritt. Anna Catharina (gnt. Maria Anna), die jüngste, wird am 17.07.1862 von den Barmherzigen Schwestern in Baltimore aufgenommen. Die Brüder John und George bleiben in West Hoboken, sie werden dort, wie auch zwei der Söhne des George, erfolgreiche Zimmerleute und Baumeister. Zahlreiche Häuser, Schulen und Kirchen errichten sie im Hudson County.[594] George feiert 1899 mit seiner Frau Magdalena Giefer das seltene Fest der goldenen Hochzeit. Unter den mehr als 300 Gästen, eine andere Quelle spricht gar von 500, sind auch die meisten der 10 Kinder, 45 Enkel und 10 Urenkel. Da das Heim der Eheleute zu klein ist, findet die Feier in der gemieteten Heflichs-Hall statt. Zuvor erfolgt in der deutschen, von George errichteten, St. Josephs Kirche die Wiedervermählung. Konzelebrant ist der Bruder Hubert.[595]

5 Rückwanderung
– Gescheiterte Migration

von Ralf Gier

Zum Abschluss unserer Untersuchung gilt es noch einen Aspekt zu beleuchten, der bisher von der Auswandererforschung oft ausgeblendet wurde: die Rückwanderung. *„Neben der desolaten Quellenlage war die Vernachlässigung des Themas lange Zeit dadurch begründet, dass die Wanderung in die USA als Einbahnstraße betrachtet wurde. Die ideologische Verklärung der USA als Land der unbegrenzten Möglichkeiten (...) tat ein übriges (...). Dementsprechend wurde sie oft als Problem der wenigen Gescheiterten und Erfolglosen begriffen.“* [596] Auswanderer kehrten zurück - auf Dauer, besuchsweise oder auch als Geschäftsreisende, an die Oberahr offensichtlich weniger als in andere Landstriche Deutschlands. Dies ist ein Grund, weshalb die einschlägige Literatur für einen Vergleich mit der Situation in der Eifel, hier insbesondere des Untersuchungsgebietes, nur bedingt nutzbar ist.

Die Ausgangssituationen in den einzelnen Regionen waren sehr unterschiedlich. Die Kapitaldecke vor der Auswanderung war an der Oberahr deutlich niedriger als in anderen Gebieten selbst des Regierungsbezirks Aachen, wie nachstehender Aufstellung gut zu entnehmen ist. Die Zahlen beziehen sich auf eine Auswertung des Zeitraumes Januar bis September 1852.[597] Wenngleich die Zahl der Auswanderer aus dem Kreis Schleiden annähernd die Höhe des Kreises Malmedy erreicht, beträgt das mitgenommene Barvermögen lediglich ein Fünftel der Vergleichssumme. Mindestens 136 der 197 erfassten Auswanderer des Kreises Schleiden stammen von der Oberahr. Wo weniger Kapital zur Auswanderung zur Verfügung steht, fehlt es auch zu Besuchs- und Rückreisen.

Vermögenslage der Auswanderer im Reg.-Bez. Aachen 1852:

Kreis Reg.-Bezirk	Familien	darunter			Summe	Einzelne	Summe	Vermögen (Taler)
		M	F	Kd				
Schleiden	38	37	36	112	185	12	197	4.400
Malmedy	33	51	35	84	170	37	207	21.880
Düren	11	12	12	32	56	4	60	11.040
Monschau	6	6	5	19	30	7	37	2.100
Reg.-Bezirk	98	116	97	275	488	75	563	48.820

Für die Auswanderer von der Oberahr war die Überseeauswanderung im 19. Jahrhundert eine endgültige Entscheidung, nicht zuletzt wegen der hohen Reisekosten.[598] Wer dennoch zurückkehrte, musste schwerwiegende Gründe haben.

„*Das Schicksal der meisten Rückwanderer war durch eine gewisse Tragik bestimmt. Sie waren ausgezogen, eine neue Heimat zu finden aber in diesem Bestreben gescheitert. Auch wenn ihr Aufenthalt in Amerika von wirtschaftlichem Erfolg begleitet war, war ihnen doch eine Assimilierung in der amerikanischen Gesellschaft nicht gelungen. So kehrten alle Rückwanderer als Heimatsuchende nach Deutschland zurück. Romantisch verklärt mag diese Heimkehr bei den begüterten Rückwanderern gewesen sein. Für die Armen war die Rückgliederung in die alte Heimat verbunden mit der Suche nach Arbeit und Brot.*"[599]

Was bewog dennoch einzelne in die Eifel zurückzukehren, was verhinderte bei anderen die Auswanderung? Erhaltene Briefe (s. 3.2) wie auch offizielle Schriftstücke spiegeln wider, dass auch in der Neuen Welt nicht alles problemlos war: Heimweh, Verlust von Angehörigen, Arbeits- und Mittellosigkeit, Kriege, Kämpfe mit Indianern und Schwierigkeiten bei der Urbarmachung des Landes hinterließen bei vielen ihre Spuren, und doch zog es die wenigsten dorthin zurück, wo ihre Wurzeln waren. Teils mag dies durchaus daran gelegen haben, dass ganze Familienverbände die Reise in die Neue Welt angetreten hatten. In der alten Heimat waren oft nur noch die ehemaligen Nachbarn. Wie würde man dort wieder aufgenommen werden? Eine Rückkehr nach Deutschland war keine Rückkehr in die alte Umgebung.[600]

Heimweh konnte wohl der entscheidende Auslöser werden war wohl das entscheidende Motiv für eine Rückkehr an die Oberahr. Doch dass dieses Gefühl so überwältigend wurde für den Entschluss zur Rückkehr und somit zu einem „dritten Eingliederungsprozeß"[601], hatte Ursachen in wirtschaftlicher Not, einer gescheiterten kulturellen Anpassung oder auch in Krankheit und dem Wunsch, in der Heimaterde beerdigt zu werden.

Das Umfeld in der neuen Heimat wurde sicher nicht unbewusst so gewählt, dass sie der alten nach Landschaft, Klima und Arbeitsmöglichkeiten ähnlich war. Verhältnismäßig wenige Auswanderer suchten bereits Mitte des 19 Jh. eine (größere) Stadt auf, wie Milwaukee oder Chicago, also ein bisher unbekanntes Lebensumfeld. Die meisten Ansiedlungen waren kleine Dörfer oder aus wenigen Häusern bestehende Hofgruppen. Orte, die auch heute noch die Größe normaler Eifeldörfer haben. So wie es in der Eifel über Jahrhunderte erforderlich war, sich der Umgebung anzupassen und in dieser ein karges Dasein zu fristen, passten sich die Auswanderer den Möglichkeiten der Neuen Welt schnell an. Vielleicht war dies mit ein Grund, warum verhältnismäßig wenige in die Eifel zurückkehrten.[602]

Eine Wiedereingliederung fiel den Oberahr-Rückkehrern überwiegend leichter als zu vermuten. Sie konnten sich, um Eindrücke, Verzichtserfahrungen und auch Enttäuschungen reicher, wohl eher mit den heimatlichen Verhältnissen arrangieren. *„Gelang dies nicht,(...) war die Folge meist eine Wieder- also Rückwanderung in die neue Heimat. Das verlassene Land wurde nach einer gescheiterten Anpassung an die Bedingungen der alten Heimat wiederum idealistisch erhöht: Eine neuerliche Auswanderung war für diese Personen der einzig mögliche Ausweg."*[603]

5.1 Rückkehrer

Die ersten Rückwanderer an der Oberahr waren zugleich die ersten Auswanderer gewesen. Wenn sie auch lange vor unserem eigentlichen Untersuchungszeitraum auswanderte, so bedarf die Familie Lambert Hoffmann doch gesonderter Erwähnung. Familie Hoffmann aus Dollendorf reiste um 1754 nach Philadelphia. Reisekosten und Vermittlung sind ebenso nicht mehr nachvollziehbar wie das Schiff, welches sie transportierte. In den veröffentlichten Schiffslisten[604] sind sie nicht zu finden. Allerdings weist gerade der Zeitraum 1754-61 zahlreiche Lücken auf. Vermutlich reisen die Eheleute Hoffmann als so genannte „Redemptioner" nach Nordamerika. Der Redemptioner verpflichtete sich nach der Ankunft einem amerikanischen Dienstherren für mehrere Jahre zu unfreier Arbeit. Als Gegenleistung zahlte dieser dem Kapitän nachträglich die Passage. Nach Ablauf der Zeit freiwilliger Unfreiheit – in der Regel etwa vier Jahre – erhielt der Redemptioner ein geringes Startkapital zum Aufbau einer eigenständigen Existenz. *„Das Verfahren bot sehr vielen Auswanderungswilligen die einzige Chance überhaupt zum Aufbruch in die Neue Welt."*[605] Ohne dieses System hätten sich im 18. Jahrhundert die wenigsten die Reise nach Amerika leisten können. Etwa 50-75 % der auswandernden Deutschen reiste auf diese Art, alleine 1.749 auf 25 Schiffen 7.049 Personen.[606]

In den Jahren 1757 bis 1767 bekam die Familie Hoffmann in Philadelphia mindestens vier weitere Kinder. Bald nach der Geburt der Jüngsten, Maria Eva, am 05.06.1767[607] wurde die Heimreise angetreten, denn zwischen dem 09.11. und dem 24.12.1767 traf die Familie wieder in Dollendorf ein.

Es ist nicht erkennbar, dass der mehr als zehnjährige Aufenthalt in den USA nachdrückliche Spuren im Umfeld der Familie hinterlassen hat. Die Eindrücke aus der Neuen Welt führten augenscheinlich nicht zu einer veränderten Lebensweise. Dies bestätigen auch Untersuchungen andernorts. Zurückkehrende Auswanderer nahmen zwar ohne Zweifel zahlreiche Eindrücke und wohl auch manches

Wissen und Erfahrungswerte von der Neuen in die Alte Welt mit, lebten nach ihrer Rückkehr aber das Leben vor der Auswanderung fort.[608]

Zu den Rückwanderern zählt auch der 1811 in Mülheim geborene Johann Müller. Ohne eigene Familie reist er im Frühjahr 1852 in die USA und trifft am 10.05.1852 in New York ein. Seine Angehörigen in Mülheim erwarteten ihn zu Anfang des Jahres 1855 zurück. Da weder er selbst noch eine Nachricht von ihm in Mülheim eintrafen, erstatteten seine Verwandten offensichtlich Vermisstenanzeige. Aus dem behördlichen Schriftwechsel geht hervor, dass es weder dem königlichen General-Konsul in New York noch dem königlichen Ministerial-Residenten in Hamburg gelungen war, über den Verbleib des Johann Müller irgendeine Nachricht aufzufinden. *„Das Hamburger Schiff George Canning ist allerdings in der zweiten Hälfte des Monats Dezember 1854 von New York abgesegelt und am 01.01.1855 bei Cuxhaven mit allen Mannschaften und Passagieren untergegangen. Es ist jedoch nicht möglich gewesen, festzustellen, ob sich der genannte Johann Müller unter diesen Passagieren befunden hat."* Noch dreißig Jahre später wurde der Grasaufschnitt von seinem Mülheimer Land im Namen des Johann Müller, früher Ackerer in Mülheim, jetzt ohne bekannten Ort in Amerika, verkauft.

Hubert Giefer, 1869 in Freilingen geboren und 1893 als Schreiner in Köln wohnend, verlässt nach dem 09.11.1893 Deutschland. Am 30.11.1893 erreicht er auf der Westerland Ellis Island. Vier Brüder seines Vaters waren 1868 - 74 ausgewandert, sicherlich nutzte er diese Kontakte. Der Überlieferung nach schloss Hubert einen Reise- und vielleicht auch Arbeitsvertrag mit den *„Steinbüchel & Co Bro Insurance Land Loan Steamship Line Agents in Wichita Kansas."*[609]

Gut zwei Jahre arbeitet er auf den Feldern in Kansas und Michigan, ehe er zurückkehrt um seine Braut mit in die Neue Welt zu führen. Doch Gerhard Luppertz (s. 5.3), der 1843 mit seinen Eltern und Geschwistern selbst nach Nordamerika ausreisen wollte, verweigert seiner Tochter Elisabeth die Einwilligung. So bleibt auch Hubert in Freilingen. Mit dem in Amerika erarbeiteten Geld und dem dort angeeigneten Wissen baut er den elterlichen Hof aus. Vielleicht

Abb. 108: Haus Jivesch in Freilingen 1926

Rückwanderung – Gescheiterte Migration

Abb. 109: Jacob Ehlen aus Lommersdorf

geht die von ihm betriebene Schafzucht auf die jenseits des Atlantiks gemachten Erfahrungen zurück.

Kurz nach Huberts Rückkehr wird der elterliche Besitz im Frühjahr 1896 geteilt, im darauf folgenden Januar heiraten er und Elisabeth. Bis zu ihrem frühen Tod 1907 schenkt sie sieben Kindern das Leben, darunter drei gehörlosen. Die zwei ältesten Söhne Wilhelm und Nikolaus tun es dem Vater gleich und sind 1926 die letzten Auswanderer aus Freilingen.[610]

Rückkehrer waren auch Jakob Ehlen aus Lommersdorf und Nikolaus Trapp aus Blankenheim. Ehlen, 1892 ausgewandert, wird 1896 als Gärtner „in Amerika" bezeichnet.[611] Aus Heimweh kehrt Jakob 1904 zurück. 1907, er ist mittlerweile 36 Jahre alt, heiratet er in Lommersdorf Anna Maria Hellendahl aus Uedelhoven.[612] Nikolaus Trapp folgt 1873 seinem älteren Bruder Matthias (s.a. 3.2.1 und 3.3.1) in die USA kehrt jedoch bereits 1875 zurück und verstirbt 1940 in Blankenheim.

Ein trauriges Schicksal erleidet Gertrud Meyer aus Mülheim. Nach der Überlieferung verliert sie an Bord des Auswanderungsschiffes ihren Verstand. Von ihren beiden Brüdern Hermann und Willi kann sie in Amerika nicht mehr 'gebraucht' werden, sie schicken Gertrud zurück nach Hause. „Dat jecke Traud", wie sie in der Heimat genannt wird, lebt zurückgezogen in Mülheim und hält sich zumeist im Stall auf. 1920 stirbt sie im Alter von nur 43 Jahren. Ihr Bruder Willi war ihr 1914, erst 35jährig, im Tod vorausgegangen. Hermann lebte 1903 in Guffey, Park County, Colorado etwa 60 km westlich von Colorado Springs am Fuße der Rocky Mountains.[613] 1925 kehrte er nochmals zu Besuch in die Heimat zurück, im Juni 1934 starb Hermann, vermutlich in Smackover, Arkansas.

Franz Carl Froidevaux – Wanderer auf Zeit

Abb. 110: Haus Möllesch in Mülheim vor 1900

Carl Froidevaux verlässt gemeinsam mit seinem ältesten Sohn Peter im Februar 1854 Blankenheim mit dem Ziel Nordamerika. Er ist am 10.07.1797 in Frankfurt am Main[614] als Sohn eines aus Frankreich emigrierten Bildhauers geboren worden und verbringt seine Kinder- und Jugendjahre in Würzburg. Sein Vater verstirbt bereits 1810. 1819 lässt Froidevaux sich als Tapezierer in Koblenz nieder, der Stadt, in welche es auch seinen Vater wie zahlreiche andere Franzosen 1789 in Folge der Revolution verschlagen hatte. Dort lernt er 1823 Maria Anna Hahn kennen, die gleichaltrige Tochter aus angesehenem Blankenheimer Hause. Die beiden heiraten und ziehen nach der Geburt ihres ersten Kindes Peter 1825 nach Blankenheim. Carl Froidevaux arbeitet auch in Blankenheim als Tapezierer, firmiert bisweilen aber auch als Kleinhändler und Gastwirt. Nach dem frühen Tod seiner Frau ehelicht Carl 1827 Ernestine Hausmann, auch sie stammt aus einer in Blankenheim angesehenen und begüterten Familie. Weitere Kinder werden geboren, doch als Tapezierer und Kleinhändler kann Froidevaux in Blankenheim sicher keine größeren geschäftlichen Erfolge verzeichnen. War es die räumliche Enge im verschlafenen Eifelstädtchen, die ihn 1854 bewog, nach Amerika auszuwandern?

Zehn Jahre später, am 30.10.1864, trifft Carl Froidevaux wieder in Blankenheim ein. Sein Sohn Max verpflichtet sich gegenüber der Gemeinde, für den Unterhalt des ohne jedes Vermögen Heimgekehrten aufzukommen. Diese Erklärung war für den Antrag auf erneute Verleihung des Bürgerrechts von Bedeutung, wurde der Gemeinderat doch vom Landrat um Zustimmung gefragt. Froidevaux war ohne Konsens ausgewandert. Er begründete die fehlende Einwilligung damit, dass er nicht vorgehabt habe, dort zu bleiben, deshalb sei auch die Familie in Deutschland geblieben.[615] Auch in Amerika hatte er als Tapezierer gearbeitet.

Am 30.12.1864 werden Froidevaux und seine Frau wieder in den preußischen Staatsbürgerverband aufgenommen. Durch seinen mehr als zehnjährigen Aufenthalt im Ausland hat auch seine Ehefrau ihre Bürgerrechte verloren. Wenige Jahre darauf verstirbt er am 29.06.1868 im nahen Schmidtheim, seine Frau folgt ihm am 12.12.1877 ins Grab. Sohn Max betreibt im elterlichen Haus in Blankenheim weiterhin (mit Unterbrechungen) eine Gemischtwarenhandlung, zeitweise wird von ihm auch der Gasthof „Zur Post" geführt. Das elterliche Haus beherbergt heute das Heimatmuseum des Kreises Euskirchen in Blankenheim.[616] Max Froidevauxs Halbbruder Peter hatte wenig Glück in Amerika. 1868 verlor er einiges Geld, als bei seiner Hausbank nach dem Tod des Rendanten ein Defizit von 42.000 Dollar festgestellt wurde. 1884 begeht seine Frau Selbstmord, er selbst erkrankt schwer.[617]

5.2 Wiederauswanderer

Einige Auswanderer traten zwischen 1840 und 1914 die Reise über den großen Teich mehrfach an, bevor sie endgültig in der Neuen Welt blieben.

Der Zimmermann Peter Genz aus Rohr beantragt am 24.05.1841 die Erlaubnis zur Auswanderung für sich, seine Ehefrau sowie vier gemeinsame und ein Stiefkind. Zwei Wochen darauf erklärt Peter Genz dem Tondorfer Bürgermeister Johann Gerhard Blum, dass er sein Vorhaben bis zum nächsten Frühjahr aufgeben wolle.[618] Genz reist zunächst im Sommer 1845 alleine aus, kehrt am 04.01.1851 zurück nach Rohr, um schließlich im Jahr darauf, nach Verkauf allen Besitzes (04. und 05.02.1852), endgültig auszuwandern. Diesmal treten seine Frau und die vier gemeinsamen Kinder mitsamt ihren eigenen Familien die Reise mit ihm an. Lediglich der Stiefsohn verbleibt in Rohr.

Johann Peter Jungbluth kehrt nach einer ersten Auswanderung 1869 zurück und heiratet am 10.02.1872 in Dollendorf. Mit sechs Kindern verlässt die Familie 1884 Dollendorf erneut, nachdem sie am 15.12.1883 Haus und Hof veräußert hat.

Nicolaus Marjan aus Lommersdorf kehrt 1873 nochmals zur Veräußerung von Immobilien (Haus und Grundstücke) zurück.

Abb. 111: Philipp Hubert Siebgen

Er gibt an, „*ohne Geschäft*" in Corinne im Gebiete Utah zu leben. Er ist der einzige Auswanderer von der Oberahr, von dem eine Ansiedlung in diesem Staat bekannt wurde.

Dreimal binnen eines Jahrzehnts tritt Gerhard Raths aus Ahrdorf den weiten Weg an. Das erste Mal reist er allein, lässt sich in Minnesota nieder, fasst jedoch wohl nicht so recht Fuß, denn 1862 hält er sich wieder ohne ein Gewerbe auszuüben in Ahrdorf auf. Nach seiner Hochzeit (26.02.1862) und dem Erhalt von 100 Talern durch seine Eltern reist er mit seiner Frau erneut ab. Am 18.06.1862 treffen sie in New York ein. Bei weiteren Immobilien-, Mobiliar- und Früchteverkäufen am 04.01.1868 weilt Gerhard Raths erneut in Ahrdorf. Die Eheleute leben nun in Vermillion, Minnesota. Am 05.03.1868, acht Wochen später treffen Raths, sein 78jähriger Schwiegervater Lambert Marjan sowie ein Schwager mit Familie auf der „Bremen" in New York ein (s.a. 4.1.5).

Rückkehrer für kurze Zeit waren auch Margaretha Treinen und ihr Sohn Nikolaus. Nachdem beide 1881 ihrem zuvor ausgewanderten Sohn und Bruder Matthias nachgereist waren, kehren sie im Juni 1882 für 14 Monate nach Deutschland zurück. Nach der Überlieferung bereitete ihnen nicht zuletzt die englische Sprache große Probleme. Im August/September 1883 treten sie erneut die große Fahrt an. Diesmal bleiben sie in Amerika (s.a. 4.2.5).

Peter Josef Handwerk, 1908 nach Amerika ausgewandert, kehrte 1919 nach Blankenheimerdorf zurück. Es war die vielleicht schwierigste Zeit für Deutsche in Amerika. Der Erste Weltkrieg, spätestens seit Untergang der „Lusitania" 1915, veränderte nachhaltig das Bild der Deutschen, ihr Ansehen sank, das Deutsche verschwand aus dem gesellschaftlichen Leben. 1920 heiratete Handwerk. Mit seiner Frau kehrte er 1937 nach Nordamerika zurück, allerdings nun nach Kanada. Schwierigkeiten mit den neuen Machthabern in Deutschland sollen ihn zu diesem Schritt bewogen haben.

Zur Heirat kehrte auch Joseph Hochgürtel zurück. 1926 war er erstmals nach Nordamerika ausgereist und hatte sich unweit Los Angeles als Farmer niedergelassen. 1929 wird in Dollendorf Hochzeit gefeiert, und Hochgürtel nimmt seine Frau mit nach Kalifornien. Bereits 1941 verstirbt er. Hochgürtel wurde 1939 von seiner 66jähri-

Abb. 112: Margaretha Treinen

gen Mutter und der Schwester Katharina in Kalifornien besucht, sicher eine Seltenheit vor 1945. Der Ausbruch des Zweiten Weltkrieges brachte ein abruptes Ende der Reise. Beide Frauen wurden des Landes verwiesen und konnten erst nach einer Irrfahrt zur See und längerer britischer Internierung auf Gibraltar nach Dollendorf zurückkehren.[619]

5.3 Gescheiterte Auswanderungen

Ungezählte träumten sicher von einer Auswanderung und einer besseren Zukunft in einer neuen, anderen Welt. Hunderte traten die Reise von der Oberahr aus nach 1840 an, doch einige blieben, obwohl sie die Vorbereitungen weitestgehend abgeschlossen hatten. Haus und Hof waren verkauft und die Genehmigung zur Auswanderung seitens der Regierung hatten sie in Händen. Andere traten die Reise an, führten sie jedoch nicht zu Ende.

In den Jahren 1842 und 1843 ist die Zahl derjenigen, welche trotz Erlaubnis zur Auswanderung die Reise nicht wagten, besonders hoch. 28 der 30 (22 in 1842, 6 in 1843) mit Auswanderungskonsens in der Heimat Verbliebenen beantragten damals die Einwilligung. Hinzu kommen einzelne Familien (z.B. Peter Schmitz), welche erst Jahre nach Erteilung der Genehmigung oder der inneren Entscheidung zur Auswanderung die Reise tatsächlich antreten. Gründe waren neben der familiären Situation hierfür sicher die Reisebeschwerlichkeiten und Kosten. Erst im Oktober 1843 wurde mit der Strecke Köln-Antwerpen die erste Eisenbahnverbindung Deutschlands mit dem Ausland hergestellt (s. 2.4).

So blieb die aus Ahrmühle gebürtige und nach Wahlen verheiratete Eva Wollenweber geb. Mies mit ihrer Familie zu Hause, da nicht alle der teils schon volljährigen Kinder mitreisen wollten. Am 23.04.1842 beantragten in Lommersdorf die unverheiratete Christina Krebs, 24, und ihre Tante Christina Schwartz, 61, ausreisen zu dürfen. Christina Krebs erklärte, *„zu ihrem in Neu York wohnenden Bruder*[620] *zu gehen, wo sie vermittels Handarbeit ein besseres Auskommen zu finden hoffen als hier, wozu der Bruder ihr Aussicht eröffnet habe."* Noch während der Unterredung mit dem Bürgermeister erschien der Zimmergeselle Hubert Krebs, 22, Christinas jüngerer Bruder, und sagte, er wolle sich anschließen.[621] Die Entlassungsurkunde datiert auf den 02.06.1842. Zeitgleich beantragte der in Dorsel lebende Schwager Zimmermann Hubert Gerstenmeyer für sich und seine Frau Magdalena Krebs und die erstgeborene Anna Margaretha auszuwandern. Gerstenmeyers ziehen 1843/44 nach Lommersdorf und später nach Mechernich. Hubert Krebs heiratet 1845 nach Dorsel, seine Frau stirbt bereits 1847. Seine

Spur verliert sich ebenso wie die seiner Schwester und Tante. Waren sie doch noch ausgewandert?

Joseph Anton Besseler aus Rohr wollte 1842 mit seiner zweiten Frau, zwei Kindern und zwei Brüdern auswandern. Trotz erster Grundstücksverkäufe kam es nicht hierzu. Erst 1873 trat er, nun zum dritten Mal verwitwet, mit zwei Söhnen und deren Familien die Auswanderung an. Er war mittlerweile 62 Jahre alt. Seine Brüder starben in der Heimat.

Im Frühjahr 1843 entschloss sich auch der 74jährige frühere Hammerschmied Gothard Gilles mit seiner Tochter Elisabeth, dem Schwiegersohn Jacob Luppertz und drei Enkelkindern die Heimat zu verlassen und über Antwerpen nach Nordamerika zu reisen. Die Entlassungsurkunde aus dem Preußischen Untertanenverband datiert auf den 13.06.1843. In einem Randvermerk ist notiert, dass die Familie „*durch den Verkauf ihrer Habseligkeiten bereits hinreichenden Reisefonds erlangt*" habe.[622] Tatsächlich veräußern Gilles und Luppertz aber erst am 28.07.1843 all ihre Immobilien, gut 20 Morgen Land sowie Haus und Hof in Freilingen, an den jüdischen Kaufmann Samuel Levy aus Münstereifel. Als Preis werden 325 Berliner Taler abzüglich 82 Taler Belastung vereinbart. Levy zahlt 46 Taler sogleich, den Rest von 197 Talern binnen zwei Wochen.[623]

Doch die Familie bleibt in Freilingen. Am 27.12.1843 und 26.09.1845 werden weitere Kinder geboren, Altvater Gilles stirbt am 16.07.1851. Das elterliche Haus wird nicht zurückgekauft, Levy veräußert es 1850 weiter. Erst 1854/55 errichten die Eheleute Luppertz ein paar Häuser weiter einen neuen Hof, welcher bis 1876 im Familienbesitz bleiben sollte.[624] Jacob Luppertz wie auch seine Söhne Gothard und Gerhard verdingen sich als Bergmänner und betreiben nebenher Landwirtschaft. Weshalb war die Familie geblieben? Warum scheiterte die Ausreise? Waren sie falschen Versprechungen eines Werbers aufgesessen? Reichte das Geld nicht?

Johann Joseph Handwerk und Peter Jentges beantragen im Frühjahr 1869 die

Abb. 113: Catharina Ketges

Ausreise nach Nordamerika. Jentges erhält am 04.03. und Handwerk am 10.03. die behördliche Genehmigung, beide scheiden mit dieser aus dem Preußischen Untertanenverband aus. Doch wenige Wochen später wünschen sie wieder die Bürgerrechte verliehen zu bekommen und stellen ein Einwanderungsgesuch, ohne ausgewandert zu sein. Bürgermeister Pangels, Blankenheim schreibt hierzu am 15.05.: *„beide verzichten nachdem sie die Konsense mehrere Wochen in Händen hielten auf die Auswanderung".* Jentges selbst erklärt zuvor *„Durch die Erkrankung meiner Frau kann ich meinen Vorsatz nach Amerika auszuwandern, nicht ausführen."*[625] Mit dem 23.05.1869 werden Handwerk und Jentges wieder preußische Staatsangehörige. Während Handwerk nun in Deutschland bleibt und dort 1929 verstirbt, reist Jentges wenige Monate darauf doch aus. Am 04.07.1870 schreibt Johann Peter Schmitz aus Faribault in Minnesota an seine Verwandten in Blankenheimerdorf, *„dass der Peter Jentges hier angekommen ist in Amerika".* Nach dem deutsch- französischen Krieg wird er in Folge eines nicht befolgten Gestellungsbefehls zur Fahndung ausgeschrieben. Doch die Recherchen ergeben nur noch, dass Jentges *„ohne Erlaubnis ausgewandert ist."*[626]

Die Reise der Brüder Johann und Theodor Josef Neu endet in Liverpool bzw. Lille, der nordfranzösischen Stadt unweit des belgischen Auswandererhafens Gent. Beide sind 19 Jahre alt zum Zeitpunkt ihrer Abreisen 1860 bzw. 1865. Johann, der 1841 geborene, stellt 1860 von Brüssel aus den Antrag auf Entlassung aus dem Untertanenverband. Er gibt an, dass sich in Belgien eine *„sichere Lebensexistenz dargeboten hat".* Nachdem sein Vater bestätigt, dass Johann bereits seit einem Jahr in Brüssel ist, schreibt der Landrat an die Königliche Regierung, Johann Neu lebe bei einer verheirateten, aber kinderlosen Schwester. *„Er ist ganz klein und schwächlich und liegt kein Grund vor, anzunehmen dass er sich der Militärpflicht entziehen wolle."* Eine solche Schwester ist nirgends zu ermitteln, womöglich hat Johanns Vater sie als Schutzbehauptung erfunden. Am 22.11.1860 wird Johann Neu aus dem Preußischen Untertanenverband entlassen. Sein Bruder Theodor Josef beantragt am 28.04.1865, ebenfalls aus Brüssel und wenige Wochen vor seinem 19. Geburtstag, die Wohnsitzverlegung nach Belgien. Er arbeitet dort als Kellner. Sein Antrag wird am 01.08.1865 genehmigt. 1895, kurz nach dem Tod der Mutter, lebt Johann als Kellner in Liverpool und Theodor Josef in Lille. Wollten sie tatsächlich ganz auswandern und reichte ihr Reisefonds nicht für die Passage?

Die Geschichte eines weiteren Gescheiterten ereignete sich 1883, im letzten „großen" Auswanderungsjahr an der Oberahr. 30 Bewohner sind uns bekannt, welche in diesem Jahr für immer ihre Heimat verließen. Auch Maurer Peter Hammes aus Dollendorf entschloss sich, Haus und Hof zu verkaufen und mit seiner Frau und drei Kindern (drei weitere waren 1876/77 klein verstorben) auszuwandern. In Hamburg musste eine Nacht in einer Notunterkunft verbracht werden, bevor am nächsten Tag das Schiff betreten werden konnte. Nach alter Maurersitte wollte Peter am letzten Abend den Abschied mit Schnaps und Bier feiern, doch bei der Heimkehr fiel er von der Treppe und brach sich ein Bein - für ihn ein Fingerzeig Gottes. Die Familie kehrte nach Dollendorf zurück und der Kaufvertrag über Haus und Hof wurde rückgängig gemacht. Elisabeth, seine Frau, gebar fünf weitere Kinder, ehe sie 1909, neun Monate nach ihrem Mann, in Dollendorf verstarb.[627]

5.4 Besucher

Erst zu Ende des 19. Jahrhunderts sind die ersten Besuchs- und Geschäftsreisenden nachweisbar. Der 1830 geborene Johann Mies, 1855 ohne behördliche Genehmigung ausgereist, soll 1882 zu Besuch nach Dollendorf zurückgekehrt sein. 1887 hält sich der Geschäftsmann Anton Hansen, 1826 in Reetz geboren, in Blankenheim auf. Hansen hatte 1857 das Land in Richtung Amerika verlassen und lebte jetzt in zweiter Ehe in Chatfield, Minnesota. Alle anderen bekannt gewordenen oder nachweisbaren Besuche einstmals Ausgewanderter lagen in den Jahren 1900 bis 1914 und 1922 bis 1926.

Eine kleine Besonderheit stellt hier der Fall des 1891 emigrierten Peter Plützer aus Hüngersdorf dar. Zur Zeit der Weltausstellung in Paris im Jahr 1900 reist Plützer nach Europa, auch um seine Familie zu besuchen. In Hüngersdorf kommt er jedoch nicht an. Während der Überfahrt oder auf der Weltausstellung lernt er nach mündlicher Überlieferung seine spätere Frau kennen. Nach Deutschland kehrt er nicht mehr zurück. Die junge Familie lässt sich in Evanston bei Chicago nieder und hat zwei Söhne.[628]

Auch wenn in der Zeit der Dampfschiffe die Überfahrt nur noch wenige Tage statt wie vorher einige Wochen dauerte und bei weitem nicht mehr unkalkulierbare Gefahren einschloss: Nur wer in der Neuen Welt zu Geld gekommen war, konnte sich Besuchsreisen leisten.

Abb. 114: Peter Plützer

6 Der Aussichtsturm
von Ralf Gier

Zahlreiche Erinnerungsstücke finden sich noch heute in den Haushalten an der Oberahr. Briefe, Fotos und Totenzettel, die Anverwandte vor Jahrzehnten aus Amerika sandten, vielleicht auch das eine oder andere von Besuchsreisen in den USA unserer Tage. Doch die Andenken werden weniger. Nachfolgende Generationen hüben wie drüben wissen oft nichts Rechtes mehr mit den Dokumenten anzufangen. Wer war das doch gleich auf dem Foto? Schon bei Abbildungen von Anverwandten und Ahnen aus dem eigenen Dorf weiß oft niemand mehr eine Antwort. Umzüge und Haushaltsauflösungen tun ihr Übriges, um das Gedächtnis weiter zu reduzieren, die Erinnerung verflüchtigt sich.

Zu den Fotos, hinter denen sich längst vergessene Geschichten verstecken, zählt auch jenes von der Einweihung eines Aussichtssturmes bei Mülheim aus dem Jahre 1901. Wer den Hintergründen dieses Ereignisses nachgeht, entdeckt die Geschichte der Blankenheimer Auswandererfamilie Kraemer (Kremer) die in der Neuen Welt zu Wohlstand kam, und sich nach vielen Jahren ihrer Heimat erinnerte. Es ist die einzige uns bekannte Familie, die mit einer Stiftung im Gedächtnis bleiben wollte.

Abb. 115: Aussichtsturm bei Mülheim 1902

Anlass, Höhe und Verwendungszweck des gestifteten Geldes, sind längst im wahrsten Sinne des Wortes vom Gestrüpp der Zeit überwuchert. Selbst den amerikanischen Nachkommen der Stifterinnen war das Geschenk ihrer Vorfahrin an deren Geburtsort Blankenheim unbekannt. Nicht zuletzt, weil ihnen nicht bewusst war, überhaupt von dort zu stammen. Die Herkunft ihrer Ahnin Maria Kraemer kannten sie nicht. [629] Das Kapitel wurde insbesondere unter Zuhilfenahme familienbezogener Informationen aus den USA durch Michelle Pertl, Kirkland, Washington und der Eifelführer geschrieben.

Wer war sie, was wurde aus ihr und ihrer Familie? Maria Kraemer (in Amerika Mary genannt) wurde am 18.03.1830 in Blankenheim unweit der Ahrquelle als sechstes von zwölf Kindern des Kaufmannes Bartholomäus

Kraemer und der Maria Catharina Lentzen geboren. Ihre Eltern waren erst vier Jahre zuvor von Waldkönigen bei Daun zugezogen. Von dort stammte Marias Vater, ihre Mutter war gebürtig aus Loogh, einem einsam und abseits gelegenen kleinen Dorf südlich von Kerpen/Eifel. Als Maria 16 Jahre alt ist, beginnt ihre große Reise. Die Eltern Kraemer verkaufen am 27.03. und 01.04.1846 all ihr Hab und Gut, bestehend aus Haus und Hof sowie etwa 32 Morgen Land, darunter 19 Morgen Ackerland.[630] Kurz darauf reisen sie mit vier Kindern und einer Schwiegertochter nach Nordamerika, vermutlich über Antwerpen.[631] 1850 leben die Eltern, der Vater wird als Arbeiter bezeichnet, mit der Tochter Christine in Milwaukee, der größten Stadt im jungen Staat Wisconsin. Der älteste Sohn John lebt mit seiner Familie ganz in ihrer Nachbarschaft, Mary bewohnt eine Pension. Wenige Jahre später stirbt die Mutter, Vater Bartholomäus Kraemer erreicht das hohe Alter von 88 Jahren (gest. 16.03.1880).

Mary heiratete Ende der 1850er Jahre Henry Friedrich Avers. 1828 in Arenshorst bei Hannover geboren, emigrierte Avers 1845 in einem Familienverband (Eltern, Geschwister, Onkel und Tanten mit Familien) nach Nordamerika. Als Kaufmann und Tabakproduzent (Fa. C. Adams & Co.) wurde er ein angesehener Bürger seiner neuen Heimatstadt Milwaukee. Bei seinem Tod am 22.06.1898 hinterlässt er seiner Frau und Tochter Louise ein stattliches Erbe. Adelaide, die jüngere

Abb. 116: Maria Anna Avers geb. Kremer; Abb. 117: Henry Friedrich Avers

seiner Töchter, war ihm im Tod vorausgegangen. Mary folgt ihm am 03.09.1904, so blieb nur noch Louise, als letzte der Familie. Die 1860 geborene Louise Avers war seit 1884 mit Robert Nunnemacher verheiratet. Dessen Vater Jacob Nunnemacher (gest. 28.10.1876) aus Staufen bei Basel war als mittelloser Pionier in den 1840er Jahren mit seiner Familie nach Wisconsin ausgewandert und hatte sich in Milwaukee als Metzger und Brenner ein großes Vermögen erworben. Robert wurde 1854 in Milwaukee geboren, er studierte nach dem Besuch der Deutsch-Englischen-Akademie in Milwaukee auf dem Notre Dame College in Indiana (1864-67) sowie in Stuttgart. Der Besuch einer Handelsschule gab ihm schließlich den letzten Schliff für seine Karriere. 1881 gründete er mit einem gewissen F. Kraus die „F. Kraus & Co.", sein erstes Unternehmen im Getreide-, Mühlen- und Transport-Gewerbe. 1886 folgte die „Faist-Kraus Gesellschaft." Besonders erfolgreich wird schließlich die 1887 gegründete „F. Kraus-Merkel Malz Handelsgesellschaft." Robert Nunnemacher war Anhänger der Demokraten, Mitglied des Milwaukee-Clubs, des Deutschen und des Bon Ami-Clubs, außerdem Ritter der Studentenverbindung Pythias. *„In religiösen Dingen hält er am Katholizismus fest und ist ein liberaler Förderer dieser Konfession und ihrer Arbeit"*, heißt es über Nunnemacher in einem Buch mit dem Titel „Men of Progress", Männer des Fortschritts.

Familie Nunnemachers geschäftliche Interessen gehen über das Brennen von Spirituosen und den Anbau von Malz hinaus. Vater Jacob plant den Bau eines Theaters. Am 17.08.1871 wird es eröffnet. Im Rokokostil erbaut, gilt es als das erste „perfekte Theater" der Stadt, denn Theater der verschiedensten Art hatte Milwaukee seit den 1850er Jahren schon einige gesehen, aber kein so prachtvolles. Das Haus war Teil des Nunnemacher-Blocks, welcher ansonsten Geschäfte und Büros enthielt. Es sollte nach dem Eröffnungsbericht Milwaukees Ruf als Kulturmetropole und „Athen des Westens" festigen. Hermann Nunnemacher (gest. 14.12.1906), ein weiterer Sohn und ebenfalls erfolgreicher Geschäftsmann und Spirituosenproduzent in Milwaukee, hatte im Auftrag des Familienoberhaupts die neuesten Theater in den Metropolen der

Abb. 118: Louise Nunnemacher geb. Avers

Abb. 119: Pabst Theater in Milwaukee

Ostküste besichtigt, um Ideen zu sammeln, und anschließend den Architekten Henry C. Koch mit der Ausarbeitung eines Entwurfs beauftragt. Auf dem Gelände südlich der Kilbourn Avenue war ehedem Sumpf. Waffenschmied Matt Stern pflegte hier seine Produkte zu präsentieren, indem er seine Kundschaft von der Eingangsstufe seines Geschäftes aus Enten schießen ließ. Es folgte ein Bootshafen und nach dessen Schließung 1870 das „Nunnemacher Grand Opera House." 1.000 Plätze mit patentierten Klappsitzen boten Raum für ein Publikum, das sein Geld in Brauereien, Gerbereien und der Verpackungs- und Maschinenindustrie gemacht hatte. Reich beschnitzte Holzarbeiten, eine mit Fresken verzierte Decke und Portraits deutscher Komponisten in der Kuppel zierten den Innenraum der Oper. 1871 war ein wöchentliches oder gar tägliches Bad noch nicht üblich. Ein junger Mann, der am Eröffnungstag seinem Bedürfnis nach Frischluft mit dem Ausruf „Fenster öffnen" nachkam, wurde mit Arrest belegt. So viel Frechheit wollte man sich nicht bieten lassen, immerhin saß unter den Ehrengästen der Justizminister der USA.

Doch trotz einer großen Vielfalt an Veranstaltungen begann das Glück der Nunnemachers in den 1880er Jahren zu bröckeln. Während ihr Haus offenbar englischsprachige Aufführungen bot, stieg die Nachfrage nach deutschsprachigem Theater. 1890 erwarb der Brauereibesitzer Frederick Pabst die „Nunnemacher-Opera", die deutsche Theaterkompagnie zog ein, und es erfolgte die Umbenennung in „Stadt-Theater." Pabst ließ das Innere umbauen, die Fassade jedoch erhalten. Nach der Neueröffnung am 17.09.1890 blühen für fünf Jahre das deutsche Theater und die deutsche Oper. 1895, Pabst bereist Europa, zerstört ein Brand das Theater, lediglich das benachbarte Bürogebäude bleibt bestehen. Pabst kabelt: „sofort wieder aufbauen." Und so erstrahlt bereits sieben Monate darauf das fertig gestellte „Pabst Theater"[632] an gleicher Stelle, wo bereits zwei Vorgänger standen.

Auch an anderer Stelle hinterließen die Nunnemachers in Milwaukee Spuren. Das städtische Museum besitzt eine „Nunnemacher Sammlung." Im internen

Sprachgebrauch des Museums, so dessen Leiter John Luedtke, ist „Nunnemacher" der Sammelbegriff für alle gespendeten Gegenstände eines gewissen Alters bzw. Jahrgangs. Ausgewählt hatten sie ein junger Mann, Rudolph Nunnemacher, und sein Onkel Robert, denen Ende des 19. Jahrhunderts die „*Wisconsin Natural History-Gesellschaft*", eine Abteilung der Deutsch-Amerikanischen Gesellschaft anvertraut war. Robert Nunnemacher leitete das Kuratorium des Museums und vermachte der Stadt in seinem Testament die Summe von 15.000 Dollar für den Erwerb zusätzlicher Exponate. Robert Nunnemacher und Louise Avers lebten mit ihren drei Kindern in bürgerlichen Kreisen, mit Villa in der Stadt und Sommersitz am Pine Lake. Doch nach dem Tod der ältesten Tochter Marie im Alter von 20 Jahren, sie kam 1906 bei einem Segelunfall auf dem Pine Lake ums Leben, verbrachte die Familie keine Nacht mehr am See, und als 1912 auch Robert Nunnemacher erst 58jährig verstirbt, zieht sich Louise, begleitet von einer Gesellschafterin, ins Hotel Astor in Milwaukee zurück. Dort verstirbt sie am 10.07.1934.

Abb. 120: Stadthaus Nunnemacher in Milwaukee

Nachkommen der Louise Avers leben heute außer in Milwaukee, Pine Lake und anderen Orten in Wisconsin auch in Kalifornien, Massachusetts, Michigan, New Hampshire, New York, Pennsylvania, Utah, Washington State und im kanadischen British Columbia. So manches blieb in deren Familienerinnerungen erhalten über die Avers und Nunnemachers, doch Mary Avers Mädchenname Kraemer war ebenso vergessen wie deren Herkunft aus der Eifel.

Nicht alle Mitglieder der 1846 aus Blankenheim ausgewanderten Familie Kraemer brachten es zu solchem Wohlstand in der Neuen Welt wie Mary. John Peter, ihr ältester Bruder, lebte 1880 als Nachtwächter in Milwaukee. John und Joseph, seine jüngsten und noch zu Hause lebenden Söhne, arbeiteten in der Tabakfabrik ihres Onkels Henry Avers, und den jüngeren Bruder Carl treffen wir 1860 als Barbier an.

Die Stiftung von Mary Avers und Louise Nunnemacher

Wie bei bürgerlichen Damen ihrer Zeit üblich, nutzt Mary Avers ihr ererbtes Vermögen auch zur Wahrung ihres Andenkens. Stiftungen an Museen, zur Errichtung von Denkmälern und an karitative Organisationen waren ebenso standesgemäß, wie im Kriegsfall auch schon einmal einen Lazarettzug zu finanzieren. Aus diesem Geist heraus schenkten Mary Avers und ihre Tochter Louise Nunnemacher im Frühjahr 1900 der Ortsgruppe Blankenheim des 1888 gegründeten Eifelvereins mehrere Geldbeträge. Auch der früher erwähnte Hermann Nunnemacher, Louises Schwager, korrespondierte Ende 1900 mit dem Eifelverein. Dort ist von einem

Abb. 121: Aussichtsturm - Einweihung 1901

Abb. 122: Familie Nunnemacher um 1926

Aussichtsturm die Rede, dessen Errichtung entsprechend der *„Intentionen der Hochverehrten Geschenkgeberinnen"* im Sommer 1900 in Auftrag gegeben wird. Die Stifterinnen werden zu Ehrenmitgliedern des Vereins ernannt. Als Standplatz wird die Lage „Auf dem Kalkbüsch" etwa 1 km vor Mülheim ausgewählt, eine Entscheidung, die später immer wieder für Diskussionen sorgen sollte. Von der Aussichtsplattform des Turmes war bei guter Sicht gar der 60 km entfernte Kölner Dom zu erahnen.[633]

Am 21.07.1901 wurde der Aussichtsturm, auch *„Aversturm"* genannt, mit Festzug, Festzelt und Festrede eingeweiht. Maria Avers geb. Kraemer, die Blankenheimer Stifterin, wurde für ihre *„lokal-patriotische That"* gefeiert und der 12-14 m hohe, in Eisen gefertigte Turm begeistert aufgenommen. In den Eifelführern der Zeit fand der Turm immer wieder Erwähnung, selbst 1922 ist noch der Text der Inschrifttafel in Hölschers Eifelführer zu lesen: *„Ihrem Heimatort Blankenheim gestiftet von Marie Avers, geb. Kramer* (sic !) *zu Milwaukee, Wisconsin a.D. 1901."* 1910 kommen erste Überlegungen auf, den Turm andernorts, auf Blankenheimer Gebiet, aufzustellen. Ein entsprechender Beschluß des Eifelvereins Blankenheim gelangt jedoch auf Grund der Kosten von 2.000 Mark nicht zur Ausführung. Zudem ist der Korrosionsschutz teuer, für den Eifelverein sind die Unterhaltungskosten sehr hoch, und der Kontakt in die USA reißt ab. Marie stirbt bald nach der Einweihung des Turmes, Louise wird 1912 Witwe, und 1914 bricht der Erste Weltkrieg aus. Auch nach dessen Ende wird der Turm trotz seiner Attraktivität vernachlässigt, die wirtschaftlichen Zeiten in den besetzten Rheinlanden sind schlecht. Der Rost nagt immer mehr an der eisernen Konstruktion, so dass der Turm schließlich Anfang der 1930er Jahre von der Baupolizei gesperrt und 1934, im Todesjahr von Louise, abgebrochen wird.

Wie in den folgenden Jahren in Milwaukee die Herkunft der Maria Kraemer in Vergessenheit gerät, so auch an der Oberahr. Bald ist nicht mehr recht klar, wohin der Turm gehört, nach Blankenheim oder Mülheim. Woher stammte die Stifterin? 1960 ist in der Zeitschrift „Um Burg und Quelle" des Blankenheimer Heimatvereins zu lesen *„Der Mülheimer Aussichtsturm war eine Stiftung der Familie Engels-Adams aus Amerika. Diese Familie stammte aus Mülheim."* Bis heute wurde kein weiterer Aussichtsturm in der Gemeinde aufgestellt. Dabei war der Aversturm doch ein symbolträchtiges Zeichen gewesen, als Bindeglied zwischen der Neuen und Alten Welt - fast so, als reiche der Blick von seiner obersten Stufe nicht nur zum Kölner Dom, sondern gar nach Milwaukee.

Es ist bedauerlich, dass heute trotz der Millionen von Auswanderern die engen verwandtschaftlichen und geschichtlichen Bindungen zwischen Amerika und Deutschland immer weniger Beachtung finden. Vielleicht geben diese kleine Geschichte und unsere Untersuchung insgesamt neue Anstöße für Kontakte und Blicke über den Horizont.

Anmerkungen

1. Allgemeine Auswanderungszeitung No. 76, 01.07.1851; zit. nach Katalog Kommern Bd. 2, S. 143.
2. Die Angaben beziehen sich auf den US-Census (Volkszählung) von 2000. Damals gaben allerdings auch 20,2 Millionen an, von „Amerikanern" abzustammen. 1992 waren es nur 12,4 Millionen. Das Bewusstsein der eigentlichen Herkunft nimmt in den Familien also ab. - Die Zahlen zum 19. Jhdt. beziehen sich auf den Zeitraum 1820 - 1928, vgl. Walter Nugent: Crossings – The Great Transatlantic Migrations, Bloomington 1992, S.64; vgl. auch Georges Perec S.22 und 55; und: Christiane Harzig, Lebensformen im Einwanderungsprozeß; in Klaus J. Bade (Hg.), Deutsche im Ausland – Fremde in Deutschland, Migration in Geschichte und Gegenwart, München 1992, S.157ff.
3. Jürgen Macha, Marlene Nikolay-Panter, Wolfgang Herborn (Hgg.), Wir verlangen nicht mehr nach Deutschland. Münster, Bonn 2004.
4. Georg Smolka, Die Auswanderung als politisches Problem in der Ära des Deutschen Bundes (1815 - 1866), Speyer 1953/1993, erschienen in: Speyerer Forschungsberichte 128. Es handelt sich um die wiederentdeckte Habilitationsschrift des langjährigen Professors am Forschungsinstitut für öffentliche Verwaltung. Sie ist vor allem wegen des Nachwortes von Hans Fenske zu empfehlen, der einen strukturierten Überblick über die deutschsprachige Auswandererforschung von den Anfängen im 19. Jahrhundert bis zum Anfang der 1990er Jahre bietet.
5. Forschungsstelle Deutsche Auswanderer in den USA, Carl von Ossietzky Universität Oldenburg, Instituts für Politikwissenschaft II; ursprünglich lautete das Kürzel NAUSA. Ihre Gründung erfolgte 1986; http://www.dausa.de/.
6. Hans Peter Pracht, Abschied von der Heimat – die Eifler Auswanderung im 19. Jahrhundert. Wo,wann?
7. Heimatjahrbuch Kreis Daun 2003, Seite 45-90.
8. Heimatkalender Kreis Bitburg-Prüm 2005, S. 20-140.
9. Nach wie vor unverzichtbar zu diesem Thema: Richard Graafen, Die Aus- und Abwanderung aus der Eifel in den Jahren 1815 bis 1955 – Eine Untersuchung der Bevölkerungsentwicklung eines deutschen Mittelgebirges im Zeitalter der Industrialisierung, Bad Godesberg 1961. Graafen geht jedoch mehr auf die südliche Eifel ein.
10. Auswanderer aus dem Rheinland – Emigranten aus den Regierungsbezirken Aachen (Aix-la-Chapelle), Düsseldorf und Köln (Cologne) 1816-1934; Veröffentlichungen der Staatlichen Archive des Landes Nordrhein-Westfalen, Reihe C: Quellen und Forschungen, Bd 37; bearb. von Regina Hönerlage u.a., Düsseldorf, 1997.
11. Ralf Gier; gier-koeln@t-online.de.
12. Nach der einschlägigen Internetseite http://belgium.rootsweb.com/migr/emig/antwerp/ - sind für unseren Untersuchungszeitraum nur für 1855 Auswanderernachweise erhalten sowie Statistiken vom Beginn des 20. Jahrhundert. Erhalten sind jedoch die Listen der Antwerpener Fremdenpolizei - „Vreemdelingsdossiers Stadpolitie". Stichproben einiger typisch Eifler Familiennamen ergaben jedoch keine Treffer. Einen kurzen Quellenüberblick bietet die Veröffentlichung einer Antwerpener Stadtarchivarin: Inge Schoups, Emigration to America, City Archives Antwerp 1999, 26 Seiten; s. Jakob Schneider, Neue Unterlagen über Auswanderer aus dem Bitburger Land, in: Heimatkalender Landkreis Bitburg-Prüm, S. 169-170, 1988; Nach diesem wurden die Schiffslisten aus Antwerpen bis auf den genannten Jahrgang 1855 vor dem Zweiten Weltkrieg aus Platzmangel vernichtet. Auch für Le Havre, Auswanderungshafen für einige wenige Oberahrer, liegen keine Unterlagen mehr vor.
13. 18.09.1814 – 09.06.1815.
14. Im Rheinland bildet sich eine bis 1933 starke konfessionelle Partei heraus, das Zentrum. Auch vorbildgebende sozialreformerische Ansätze nahmen hier ihren Ausgang und nicht zuletzt stand die Wiege namhafter Politiker im Rheinland. Bekannt sind die im spannungsgeladenen Vormärz, den Jahren vor 1848, wirkenden Publizisten Karl Marx und Friedrich Engels, weniger bekannt der Publizist Joseph Goerres, im Streit um Kirchenrechte eine Galionsfigur und Vorreiter rheinischer Selbstbehauptung und Liberalität. Die heute noch existierende Wochenzeitung „Rheinischer Merkur" geht auf ihn zurück.
15. F. Imle, Der Bleibergbau von Mechernich in der Voreifel. Eine wirtschafts- und sozialpolitische Studie, Jena 1909; S.130ff.

16 Hermann Siegfried Rehm, Das Hochland der Eifel, Monschau 1889, S.22; vgl. Ralf Gier, Der Charakter der Bevölkerung; in Der Prümer Landbote Nr.74, 3/2002, S.67f.; bzw: Willy Leson (Hrsg.), So lebten sie in der Eifel, 2.Aufl. Köln, 1979, S.19; Eifelfestschrift, Bonn 1913, S. 324-326.
17 CD Dokument XII, Frage 134; s.a. Frage 230.
18 Josef Ruland, Disz ist ein trefflich, rauch und bergicht landt in: Kreisjahrbuch Schleiden, 1966, S. 42.
19 Eifelfestschrift, Bonn 1913, S. 421ff.
20 Hermann Bungartz, Dollendorf, S. 20-27 mit weiterführenden Angaben; auch: Meyer, Geologie der Eifel.
21 Der für die Fürstenzeit typische Streubesitz mit je nach Erbfolge wechselnder Grundherrschaft bedeutet auch hier, dass einzelne Exklaven existierten wie etwa der Meierhof in Freilingen. Auch das Kirchspiel Ripsdorf mit Hüngersdorf gelangte erst 1725 vom Herzogtum Jülich durch Tausch unter Blankenheimer Herrschaft.
22 u.a. Peter Neu, Die Arenberger und das Arenberger Land, Teil 1-6. erschienen in der Reihe: Veröffentlichungen der Landesarchivverwaltung Rheinland-Pfalz, Bände 52, 67-68, 91-93; wesentlich dünner ist die Veröffentlichung zu den Grafen von Manderscheid-Blankenheim, hier ist insbesondere zu nennen: Ganser, Siegbert Anton, Manderscheid und Oberkail, 1876; Neu, Peter, Geschichte und Struktur der Eifelterritorien des Hauses Manderscheid vornehmlich im 15. und 16. Jahrhundert, in: Rheinisches Archiv, Band 80, Bonn, 1972;Die Manderscheider – Eine Eifeler Adelsfamilie, Ausstellungskatalog, Köln 1990.
23 u.a. Bernd Michels, Um Burg und Quelle, Nr. 89 und Nr. 92.
24 Max Bär, S. 176: im Amtsblatt v. 24.04.1816 veröffentlicht.
25 Blankenheim, Dahlem (1825 mit Kronenburg vereinigt) , Dollendorf, Hellenthal, Hollerath, Kronenburg, Lommersdorf, Marmagen, Reifferscheid (1819 mit Hellenthal vereinigt), Tondorf, Udenbreth und Wahlen.
26 Horst Romeyk, Verwaltungsbeamte, S. 322, Krs. Blankenheim aufgehoben *„durch Kabinettsorder v. 16.03.1818 und mit Wirkung vom 15.06.1818 mit dem Kreis Gemünd vereinigt."*
27 a.a.O., S.326: Erlaß v. 11.12.1829.
28 a.a.O., S.326 u.a.: Clemens August Freiherr von Syberg auf Haus Eicks bei Gemünd (1816 bis 30.04.1829), Johann Peter Schroeder (01.05. bis 30.11.1829, auftragsweise – nicht mitgezählt), Richard Graf Beissel von Gymnich auf Schloss Schmidtheim (01.12.1829 bis 01.10.1863) und Clemens Freiherr von Harff auf Schloss Dreiborn bei Schleiden (Oktober 1863 bis zu seinem Tod am 21.01.1895).
29 Ahrdorf, Alendorf, Blankenheim, Blankenheimerdorf, Dollendorf, Freilingen, Hüngersdorf, Lommersdorf, Mülheim, Reetz, Ripsdorf, Uedelhoven und Waldorf.
30 Alendorf und Waldorf zählten zum Canton Lissendorf, Bürgermeisterei Wiesbaum und gelangten erst zum 01.01.1817 zur Bürgermeisterei Dollendorf.
31 Handbuch des Bistums Trier 1938; Handbuch des Bistums Aachen 1994; Handbuch des Erzbistums Köln 1966.
32 Die im Regierungsbezirk Trier gelegenen Pfarreien Hallschlag, Ormont und Steffeln gelangten erst durch das Konkordat vom 31.08.1931 zum Erzbistum Trier, Dekanat Hillesheim.
33 Blankenheim: Alendorf, Blankenheim, Blankenheimerdorf, Mülheim und Ripsdorf; Lommersdorf: Dollendorf, Lommersdorf, Reetz, Rohr und Uedelhoven, Reetz ist erst seit 1872 Pfarre.
34 Geboren in Koblenz 1759, ist Schwerz 1806 landwirtschaftlicher Berater in Koblenz und Straßburg. 1815 wird er von Ludwig Freiherr Vincke (der erste Oberpräsident Westfalens (1774-1844)) mit der Beschreibung der Landwirtschaft in den neuen preußischen Provinzen von Westfalen und Rheinland beauftragt. 1818 bis 1829 ist er Direktor der Landwirtschaftlichen Lehranstalt in Hohenheim bei Stuttgart. Er stirbt 1844 in seiner Geburtsstadt. www.uni-hohenheim.de/: Die Geschichte des Instituts für Landwirtschaftliche Betriebslehre beginnt 1818 mit Johann Nepomuk Hubert von Schwerz, dem ersten Leiter der Hohenheimer Landwirtschaftlichen Versuchs-, Lehr- und Musteranstalt. Schwerz gilt als *der „Vater des empirisch Rationellen, der das empirische Erfassen der Standortbedingungen der Landwirtschaft in den einzelnen Gegenden besonders betont und bis zur Virtuosität entwickelt hat".*

35 Die Ausarbeitungen von Schwerz sind Grundlage zu der Veröffentlichung von Herborn, Wolfgang/ Fischer, Gert: Rheinische Landwirtschaft um 1820, in: Beiträge zur Rheinischen Volkskunde Bd 2, Bonn 1987.
36 Nicht ganz uneigennützig offenbar, denn von Coels verwies bereits im Vorwort darauf: *„Übrigens bin ich schon seit längerer Zeit mit einer größeren und vollständigen statistischen Arbeit über meinen Kreis beschäftigt, wozu ich sorgfältig über all Material gesammelt und so viel möglich überall selbst gesehen habe; und werde ich mich beehren diese Arbeit einer Königlichen hochlöblichen Regierung einzureichen, sobald nur einige Geschäftsmuße mir deren Vollendung erlauben wird."*
Er wollte offensichtlich nicht sein Dasein als preußischer Beamter in Blankenheim fristen. Nur ein Jahr später wurde der Kreis aufgelöst. Von Coels wurde nach Aachen versetzt, als Landrat des Kreises und Polizeidirektor. Polizeidirektor blieb er bis zum 15.01.1831, als Landrat wurde er zum 01.10.1848 entbunden. Von Coels starb 1856 in Paris. S.a. Horst Romeyk, Verwaltungsbeamte, S. 397.
37 Eifelfestschrift, Bonn 1913, S. 317, Zitat von Adolph Krämer aus „von der Goltz, Handbuch der gesamten Landwirtschaft, Band I, S. 147".
38 Dieser Zeitraum definiert die Anzahl der Tage zwischen dem mittleren Beginn der Hafer-Aussaat und dem Absinken der Tagestemperatur auf unter 5°C im Mittel (Herbst).
39 vgl. Hermann Josef Bauer u.a., Rheinische Landschaften, Heft 19, Das Naturschutzgebiet Lampertstal bei Blankenheim (Ahr), Köln 1981. Heft 42, Die Pflanzenwelt der Dollendorfer Kalkmulde in der Eifel, Köln 1984 und Eifel-Festschrift Bonn 1913.
40 Burchard Sielmann, S. 9.
41 CD Dokument XII, Frage 52.
42 CD Dokument XII, Frage 65.
43 CD Dokument XII, Frage 24.
44 Blankenheim 1772 – 1849; 1798-1849 erster Blankenheimischer Notar der Nach-Feudalzeit; Vetter des Auswanderers Joseph Faymonville, s. 2.4.1.
45 Heimatkalender Krs. Schleiden, 1966, S. 41 – Die Urquelle ist leider nicht angegeben.
46 CD Dokument XII, Frage 102.
47 vgl. Justinus Bendermacher, 1991, S. 200ff; CD Dokument XII,, Fragen 101 bis 105.
48 CD Dokument XII, Frage 102.
49 Justinus Bendermacher, 1991, S. 221; Zitat aus seiner Dissertation von 1943.
50 CD Dokument XII, Frage 89.
51 CD Dokument XII, Frage 90.
52 Bürgermeistereichronik.
53 Wert laut Statistik 1852.
54 Stand: 01.12.1885.
55 Bei 322 Häusern!
56 Einwohnerzahl zum 02.12.1895.
57 Darunter 278 Familien- und 22 Einzelhaushalte, bei 288 Wohnhäusern.
58 vgl. N. N. Nickels, S. 140.
59 CD Dokument XII, Frage 140.
60 Widerrist = vorderer, erhöhter Teil des Rückens.
61 Rolf Gauer, S. 66; Die Widerristhöhe einer deutschen Dogge beträgt 70-90cm.
62 CD Dokument XII, Frage 133.
63 CD Dokument XII, Frage 141.
64 s. http://europa.eu.int/comm/agriculture/envir/report/de/live_de/report.htm.
65 CD Dokument XII, Frage 71.
66 Rolf Gauer, S. 74ff.
67 Fr. Jos. Ferber, S. 98.
68 vgl. N. N. Nickels, S. 140 und CD Dokument XII, Frage 163.
69 CD Dokument XII, Frage 148.
70 vgl. N. N. Nickels, S. 140; CD Dokument XII, Frage 148-157.
71 CD Dokument XII, Frage 157.
72 CD Dokument XII, Frage 223.

73 vgl. CD Dokument XII, Frage 91.
74 Gemeindelexikon für das Königreich Preußen. Auf Grund der Materialien der Volkszählung vom 1. Dezember 1885 und anderer amtlicher Quellen. Berlin 1888.
75 lt. Internet: www.blankenheim-ahr.de.
76 CD Dokument XII, Frage 24.
77 CD Dokument XII, Frage 165: „Spelz – Korn – Sommergerste – Hafer. Man zieht durchgehends in den besten Jahren nur 2/3tel des Bedarfs an Brodfrüchten."; Frage 166: „Mohren – Rüben – Runkelrüben – Kohlrabi – Klee /:rothen:/ auch etwas weniges Esparzette."; Frage 167: „Man baut etwas Flachs; doch mehr Hanf aber nur jeder zum eigenen Bedarf."; Frage 168: „Spelz und Hafer."
78 CD Dokument XII, Frage 217.
79 CD Dokument XII, Frage 181: „Buchwaitzen wird dermal fast keiner mehr angebaut, ebenso wenig Wintergerste, obgleich früher diese Fruchtarten häufiger mit Vortheil gebaut waren, in der Folge aber nicht mehr recht fortkamen...."
80 Das sind vor allem Roggen und Weizen, bedingt auch Spelz, Buchweizen und Gerste; s.u. a. Burchard Sielmann, S. 20ff.
81 CD Dokument XII, Frage 33-35.
82 Theodor Brinkmann, Aus dem Wirtschaftsleben der Eifelbauern, in: Eifelfestschrift, Bonn 1913, S. 348.
83 CD Dokument XII, Frage 207.
84 1824 bis 1860 wurde der Ertrag an Früchten pro Morgen in Berliner Scheffel (= 54,964 Liter) angegeben. Ab 1880 in Hektoliter (100 Liter). Für den Vergleich der Werte wurden diese in Doppelzentner pro Hektar umgerechnet (100kg pro 10.000m2).
85 Bis 1860 wurde der Morgen in Magdeburger Maß angegeben (= 2.553 m^2). In Folge ungenauer Katastervermessungen, insbesondere vor 1862/63, kann diese Differenz jedoch vernachlässigt werden.
86 Bürgermeistereichronik 1885 bzw. Statistik von 1885.
87 CD Dokument XII, Frage 42: „Meistentheils sind die Güter aller Gemeinden im Felde in drei Fluren getheilt, davon die eine mit Winterfrucht, die zweite mit Sommerfrucht besaat ist, und die dritte endlich im Brache liegt.".
88 Theodor Brinkmann, Eifelfestschrift, 1913, S. 356 und Nickels, Heimatkalender Krs. Schleiden,1958, S. 138.
89 a.a.O., S.357 und CD Dokument XII, Frage 41 „Sie liegen gewöhnlich 20 Jahre unbenutzt, und dienen zur Viehweide, werden in jenen Gegenden, wo der Viehstand verhältnismäßig größer als der gewöhnliche Bau = Acker ist, gedüngt, eingerissen, mit Korn, und manchmal 5 – 6 mal mit Hafer besaat, oder mit Kartoffeln bepflanzt, und tragen hernach mehrere Jahre nacheinander süsses Gras. Nachher wenn dieses nicht mehr gemäht werden kann, bleiben sie zur Waide liegen."
90 CD Dokument XII, Frage 74.
91 CD Dokument XII, Frage 82.
92 CD Dokument XII, Frage 3: Laut von Coels werden 5 Ruthen zu 1 Ar nach frz. Maß oder 31 ½ Ar auf einen Morgen von 150 Ruthen gerechnet. 1 Ruthe an der Oberahr entsprach demzufolge 21,3m^2.
93 CD Dokument XII, Frage 128.
94 CD Dokument XII, Frage 63.
95 CD Dokument XII, Frage 236.
96 CD Dokument XII, Frage 31.
97 CD Dokument XII, Frage 60.
98 CD Dokument XII, Frage 59.
99 CD Dokument XII, Frage 61.
100 Erste Aufforstungen wurden offensichtlich bereits 1803 während der französischen Besatzung beschlossen, aber letztlich nicht durchgeführt. Peter Baales, Otermann, S. 251, Nr. 220.
101 Klaus Grewe, S. 116.
102 CD Dokument XII, Frage 64 „Werden nun auf höhere Anordnung in allen Hauptörtern der Bürgermeistereien angelegt".
103 Peter Baales, S. 232, Nr 202.

104 Hermann Bungartz, Dollendorf, S. 168-170.
105 CD, Dokument XII, Frage 46.
106 Klaus Kemp, S. 7-8
107 Virmond, Schleiden, S. 311.
108 Peter Baales, S. 229 Nr. 229' (eigentlich Nr. 199).
109 a.a.O., 1926, S. 84
110 Felix Gerhardus, 1961, S. 88.
111 Peter Baales, S. 230, Nr 200.
112 So wird 1536 eine erste öffentliche Schule in Euskirchen erwähnt, Griffel..., S. 12.
113 Peter Neu, Arenberg, Band 1, S. 449ff.
114 Peter Neu, Arenberg, Band 3, S. 521ff.
115 siehe u.a. Um Burg und Quelle, Nr. 102, April 2005, Hubert Pitzen, Leben und Wirken des Grafen Salentin Ernst von Manderscheid-Blankenheim.
116 Geistlicher der die Frühmesse abhält.
117 Peter Neu, Arenberg, Band 3, S. 523-524; Neus Hochrechnung nimmt die zu Arenberg gehörenden Orte der Herrschaft Kerpen zur Grundlage, sie ist daher durchaus mit der Oberahr vergleichbar.
118 HStaD, Reg. Aachen Nr. 5232, S. 113, Frage 232.
119 a.a.O., Frage 100.
120 Peter Brandt u.a., Preußen - Zur Sozialgeschichte eines Staates, Band 3, 1981, S. 169-170
121 Chronik der Bürgermeisterei Lommersdorf.
122 Zum Vergleich: In der Großstadt Köln lebten zum 31.12.2004 nur 71.224 Kinder (7 %) im Alter von 6 bis 14 Jahren bei einer Gesamteinwohnerzahl von 1.022.627 Menschen. Übertroffen wurde die Zahl der Kinder im vergleichbaren Alter (6-14) von der Gruppe der über 75jährigen (72.135), eine Altersklasse welche an der Oberahr in der ersten Hälfte des 19. Jahrhunderts noch die absolute Ausnahme bildete. Der Tod eines Bewohners, der dieses Alter erreichte, fand in der Chronik der Bürgermeisterei gesonderte Erwähnung.
123 Tafel, Griffel, Rutenstock. 150 Jahre Eifeler Volksschulen (Hg. AEM), Meckenheim 1989, S. 24.
124 a.a.O., S. 50.
125 a.a.O., S. 62.
126 a.a.O., S. 110.
127 Peter Brandt u.a., Preußen - Zur Sozialgeschichte eines Staates, Band 3, 1981, S. 185
128 Die Gemeinden und Gutsbezirke der Rheinprovinz und ihre Bevölkerung. Nach den Urmaterialien der allgemeinen Volkszählung vom 1. December 1871. Berlin 1874, Verlag des Kgl. Statistischen Bureaus.
129 Vermutlich handelt es sich auch bei dieser Gruppe um (Teil-) Analphabeten; z.B. können sie evtl. nur lesen.
130 In Deutschland waren 2004 nach Schätzungen 0,6% der Erwachsenen Analphabeten (= etwa 0,5 Millionen). Als funktionaler Analphabetismus wird die Unfähigkeit bezeichnet, die Schrift im Alltag so zu gebrauchen, wie es im sozialen Kontext als selbstverständlich angesehen wird. Strebt der Alphabetisierungsgrad in Deutschland (gemessen an der Zahl der „totalen" Analphabeten), wie in den meisten Industrieländern, gegen 100%, nimmt man doch an, dass es 4 bis 7 Millionen (= etwa 5 bis 9 %) funktionale Analphabeten gibt. Ein Wert, der dem von 1871 nahe kommt. Die Zahlen beziehen sich auf Personen über 15 Jahre. Vgl. http://www.calsky.com/lexikon/de/txt/a/an/analphabetismus.php
131 a.a.O., S. 243ff.
132 Rheinischer Städteatlas, Lieferung II, Nr. 11, Blankenheim, Bonn 1974;. und Lieferung III, Nr. 17, Dollendorf.
133 Peter Baales (Hg.), Karl Otermann - Die Heimat erhellen, Blankenheim 2005.
134 z. B. Schriftenreihe Die schöne Eifel, Ausgabe Blankenheim u.a.
135 Georg Grünwald, Die deutschen Auswanderungen: Eine politisch-nationalökonomische Abhandlung; Frankfurt a.M. 1847, S.5.
136 vgl.: Lothar Gall (Hrsg.), 1848 – Aufbruch zur Freiheit, Ausstellungskatalog des Deutschen Historischen Museums, Berlin 1998; S.376.

137 Allgemeine Deutsche Real-Encyclopädie, Leipzig 1827, S.575; zit. nach Mag. Arb. Australien S.6.
138 Traugott Bromme, Hand- und Reisebuch für Auswanderer nach den Vereinigten Staaten von Amerika ... Bayreuth, 5.Aufl. 1848.
139 Zahlen nach: Wolfgang J. Helbich, „Alle Menschen sind dort gleich..." – Die deutsche Amerika-Auswanderung im 19. und 20. Jahrhundert. Düsseldorf 1988. S.20, S. 152ff.
140 Gottfried Kinkel, Die Ahr, Köln 1976, S.36f. Untersuchungen des 20. Jahrhunderts zeigen, dass Kinkels Schilderung des Dorfes Hümmel eine Übertreibung war; vgl. Joseph Scheben, Eifler Amerika-Auswanderung im 19.Jahrhundert, Rheinische Vierteljahresblätter 2, 1932, S.257-277.
141 zitiert nach: Heinrich Neu, Zur Geschichte der Eifler Auswanderung nach Amerika; Eifelkalender 1940, S.60ff.
142 vgl. dazu: Hermann Bungartz, Notzeiten an der Oberahr; Jahrbuch des Kreises Euskirchen 1997; S. 57ff.
143 vgl. Josef Janssen, Eifelleid und Eifelnöte im vorigen Jahrhundert", Eifelkalender 1932, S. 68f.
144 zitiert nach: Josef Mergen, Von der Eifel nach Nord-Amerika, Jahrbuch für den Kreis Daun 1973, S. 99ff.
145 vgl. Herbert Weffer, Auswanderer aus Stadt und Kreis Bonn 1814-1914; Bonn 1977, S.76.
146 Wiebke Henning / Ralph Langbein, Staat und Auswanderung im 19. Jahrhundert in: Zeitschrift für Kulturaustausch (ZfK) Jg 29, 1989, S. 294.
147 vgl. Christine Hansen, Die deutsche Auswanderung im 19. Jahrhundert – ein Mittel zur Lösung sozialer und sozialpolitischer Probleme?; in: Moltmann S.9ff.; Michael Kuckhoff, Die Auswanderungsdiskussion während der Revolution von 1848/49; in: Moltmann, S.101ff.
148 Johannes H. Voigt: Von Risiken überseeischer Auswanderung und Reaktionen deutscher Regierungen in der Zeit von 1848 bis zur Gründung des Norddeutschen Bundes, in: Zeitschrift für Kulturaustausch (ZfK) Jg 29, 1989, S. 243.
149 Amtsblatt Nr. 1 / 1848, S.8, Ziffer 19.
150 Öffentlicher Anzeiger Nr. 32 / 1861, S. 178/179 Ziffer 466.
151 Öffentlicher Anzeiger Nr. 6 / 1890, S.45 Ziffer 238/6.
152 Amtsblatt 1859, S.135, Ziffer 175.
153 vgl. Heinrich Neu, Zur Geschichte der Eifler Auswanderung nach Amerika, Eifelkalender 1940, S.62f.
154 vgl. Christiane Harzig, Lebensformen im Einwanderungsprozeß; in: Klaus J. Bade (Hrsg.), Deutsche im Ausland – Fremde in Deutschland, Migration in Geschichte und Gegenwart, München 1992, S.157ff.
155 Scheben-Briefe Nr. 278, S. 295f.
156 Zitate und Informationen über Raveaux nach: Gretel Knaus, Die Bürgermeisterwahl zu Blankenheim; in: Um Burg und Quelle, Nr. 76 April 1992, S.4ff; und: Karl Leopold Kaufmann, Das Leben des Franz Raveaux; in: Rheinische Vierteljahrsblätter Nr. 5, 1935, S. 183ff.
157 Das umfängliche Gedicht findet sich ebenfalls in: Um Burg und Quelle, a.a.O.
158 HStaD, Reg. Aachen, Nr. 18389, Bl. 26ff
159 vgl. Neu, a.a.O.
160 a.a.O. S.64.
161 Joseph Scheben, Eifler Amerika-Auswanderung im 19. Jahrhundert; in: Eifelkalender für das Jahr 1934; S.38ff.
162 zitiert nach Bungartz, Dollendorf / Eifel, S.85.
163 1844 gehörte er der Reserve der Garde-Artillerie Brigade der 15. Division des 8. Armee Corps in Koblenz an.
164 HStaD, Notare, Rep. 2471, Nr. 103 v. 10.05.1846.
165 minderwertiges Ackerland.
166 als Folge des Erdbebens.
167 vergleichbar einem Oberstleutnant.
168 Beschuldigter.
169 Einspruch, Beschwerde.
170 Kassation = unehrenhafte Entlassung aus dem Beamtenverhältnis.

171 Ein notarieller Akt war nicht greifbar.
172 Bürgermeistereichronik Lommersdorf.
173 HStaD, Reg. Aachen, 18348, Bl. 414.
174 a.a.O., Bl. 416.
175 HStaD, Notare, Rep. 2471, Nr. 73/1842.
176 a.a.O., Nr. 112/1842.
177 a.a.O., Nr. 185 und 190/1842.
178 a.a.O., Nr. 128/1844.
179 HStaD, Reg. Aachen, 18349, Bl. 108.
180 HStaD, Reg. Köln, Kataster, B8006, Hj. 1854 und Notare, Rep. 2462, Nr. 1385.
181 HStaD, Notare, Rep. 2471, Nr. 96/1845.
182 http://www.rootsweb.com/~wikenosh/landnprop.htm; Kenosha County Land Patents.
183 Slg. Scheben, Brief 66.
184 Die Geschichte der amerikanischen Zweige der Familie Giefer wurde in Teilen entnommen: Tracy Fullerton-Giefer, The Giefer Family and their Descendants, Denver, Colorado, 1996.
185 Mindestzahl lt. CD I.
186 Bis 1932 gehörte Niederadenau zum Kreis Adenau; dieser wurde in einer Verwaltungsreform aufgelöst und auf die Kreise Mayen und Ahrweiler aufgeteilt.
187 Um Burg und Quelle, Nr. 97, Dez. 2002, S. 35-50, Ralf Gier, Burg Freilingen.
188 HStaD, Reg. Aachen, Nr. 18351, Bl. 136-137.
189 HStaD, Notare, Rep. 2462, Nr. 3087 v. 06.02.1868 und Nr. 3132 v. 22.02.1868.
190 65 ½ Morgen Land, Haus und Hof, Vieh und Haushaltsgegenstände.
191 HStaD, Notare, Rep. 2462, Nr. 3087 v. 08.02.1868.
192 Privatarchiv Gier, Brief v. 12.01.1921.
193 HStaD, Notare, Rep. 2463, Nr. 4720, 4721 und 4736.
194 HStaD, Reg. Aachen, 18351, Bl. 326-333.
195 HStaD, Reg. Aachen, 18351, B. 429-432.
196 HStaD, Notare, Rep. 2463, Nr. 6222.
197 Inhaber von Anteilen an einer Gewerkschaft/bergbaulichen Genossenschaft.
198 Für einzelne Auskünfte der Vorgeschichte der Familie Robischon danke ich Herrn Alexander Roth, Zürich, Schweiz. Dieser arbeitet seit mehreren Jahren an einem umfassenden Werk dieser in der Schweiz, Frankreich und unter anderem auch Deutschland beheimateten Sippe.
199 Tagebuch des Lehrers und Küsters Heinrich Peetz, Dollendorf.
200 HStaD, Notare, Rep. 2479, Nr. 4199 v. 31.03.1890.
201 Das 1870 gebaute Schiff verfügte bei einer Größe von etwa 110 mal 13 Meter und 3.428 Tonnen über 200 Plätze in der 1. und 1054 in der 3. Klasse, seine Geschwindigkeit lag bei 13 Knoten (Seemeilen) in der Stunde.
202 Die Schumacher'sche Ziegelfabrik lag neben dem Kalkofen des Robischon.
203 HStaD, Reg. Aachen, Nr. 15911 und Bürgermeistereichronik; nach Gesetz v. 07.02.1835 zählte das Gewerbe eines Schenkwirtes zu den mit dem Amt eines Bürgermeisters unvereinbaren.
204 HStaD, Notare, Rep. 2462, Nr. 2509 v. 09.12.1866.
205 Catharina Sigel war verheiratet mit Josef Bungartz aus Dollendorf, einem Großonkel des Initiators dieser Arbeit.
206 a.a.O., Nr. 2567 v. 18.01.1867.
207 Anna Catharina 1863 nach Dollendorf und Elisabeth 1871 nach Hüngersdorf.
208 Josepha, 1870.
209 HStaD, Notare, Rep. 2462, Nr. 1099 v. 22.08.1863.
210 Unter Moventien werden nutzbare lebendige Geschöpfe verstanden, wie z.B Hühner und Kühe.
211 a.a.O., Nr. 3129 v. 21.02.1868.
212 10.656m² Ackerland, 2.050m² Wiese, 10.779m² Schiffelland, 272m² Gartenland.
213 6.131m² Ackerland, 1.996m² Wiese, 3.639m² Schiffelland, 1.285m² Mittelwald.
214 HStaD, Notare, Rep. 2462, Nr. 3129 v. 21.02.1868.
215 a.a.O., Nr. 3234 v. 22.03.1868.

216 heute im Besitz des Hubert Sigel, Lommersdorf, Enkel des Johann Rainer Sigel von dessen Sohn Erwin sie freundlicherweise zur Verfügung gestellt wurden.
217 Amtsblatt, Nr. 59, S. 307, Nr. 746; Mathias wurde 1872 erneut gesucht, weil er „als beurlaubter Wehrmann der Landwehr ohne Erlaubnis ausgewandert" sein soll. Öffentlicher Anzeiger Nr. 23 v. 1872, Kgl. Polizeigericht Blankenheim 03.08.1872.
218 Der Originalbrief ist auf der CD als Dokument XXX.1 wiedergegeben.
219 Die Lommersdorfer Kirmes findet traditionell am zweiten Sonntag im Mai statt.
220 Der Originalbrief ist auf der CD als Dokument XXX.7 wiedergegeben.
221 Regelungen sah hier auch das preußische „Gesetz über die Beförderung von Auswanderern" vom 07.05.1853 vor (HStaD, Reg. Aachen, Nr. 18435, Bl. 79-82R); von der Möglichkeit der Ausstellung eines Reisepasses, die Option der Rückkehr blieb erhalten, machten jedoch wohl nur wenige Gebrauch.
222 HStaD, Reg. Aachen, Präsidialbüro 448, Bl. 72.
223 a.a.O.
224 Romeyk, S. 352: geb. 25.08.1802 Schmidtheim, gest. 21.04.1879 Bonn.
225 a.a.O. S. 589: Friedrich Christian Hubert von Kühlwetter, geb. 17.04.1809 Düsseldorf, gest. 02.12.1882 Münster i.W., 16.05.-02.07.1848 und 21.09.1848 - 27.06.1866 Regierungspräsident Aachen.
226 HStaD, Reg. Aachen, Präsidialbüro 448, Bl. 302, 11.05.1855.
227 Eisenbahnen in Euskirchen, Nordhorn 1991, S. 6.
228 HStaD, Reg. Aachen 18436, Bl. 25 und 27, bezogen auf den Auswandererbeförderer Carl Maibücher in Köln schreibt der Polizeiinsp. Brendamur, Aachen am 25.08.1857: *„Geht die Reise nach Antwerpen über Malmedy und Spa, so werden die Auswanderer in Malmedy von einem Fuhrmann in Empfang genommen... und auf dem Wege über das Rothe Haus nach Francorchamp über die Grenze nach Belgien gebracht, und zwar in kleinen Gruppen um Aufsehen zu vermeiden. An der belgischen Grenze übernimmt sie der Agent Undorf aus Spa."*
229 Quellen zur Geschichte der Eisenbahn im nördlichen Rheinland, 1998 Siegburg u.a.
230 HStaD, Reg. Aachen 18436, Bl. 25ff.
231 Das Terrain der 1827 durch die Hansestadt Bremen an der Unterweser gegründeten Stadt wurde zuvor vom Königreich Hannover erworben. Weitere Landerwerbungen in den Folgejahrzehnten (auch von Preußen) folgten.
232 http://www.ni.schule.de/~pohl/emigration/wellmann/aufbruch.htm
233 HStaD, Reg. Aachen 18348, Bl. 106, Kgl. Reg. Aachen 24.05.1841 u.a.
234 Die Proviantierung war oft ebenso mangelhaft wie die Qualität der Transferschiffe vom Festland. Ebenso kam es offenbar wiederholt zu Klagen wegen der Aufenthaltsbedingungen in Liverpool und der rüden Sitten und des Verhaltens der englischen Schiffsbesatzungen. Zahlreiche Auswanderer sollen auch in Liverpool gestrandet sein.
235 Link to your roots: www.ltyr.hamburg.de – Auswanderer
236 Kreis Mayen-Koblenz, ca. 14 km süd-östl. Mayen
237 Definitionsgrenze: Rheintal im Osten, Mosel im Süden, Sauer und Our im Westen, im Norden etwa: Aachen – Euskirchen – Kreis Ahrweiler
238 Jacob Klee, Mit vollen Segeln nach Amerika – Erinnerungen eines Deutsch-Amerikaners aus Münstermaifeld, Mayen 1991.
239 www.ballinstadt.de. Ende 2004 traf der Hamburger Senat die Entscheidung zur Gründung eines Migrations Museums. Zu diesem sollen neben den restaurierten Resten der „Auswandererstadt" auch der Neubau einzelner Gebäude gehören. Die „alte" Auswandererstadt war nach Erweiterungen 1906/07 auf 60.000 m2 angewachsen.
240 So manches zwei Jahre oder 18 Monate alte Kleinkind wurde als unter einem Jahr alt ausgegeben, um Geld zu sparen. Es erhielt so aber auch keinen Anspruch auf Aufenthaltsfläche im Zwischendeck.
241 Grundlage der Berechnung sind die Angaben aus nachstehender Tabelle des Lloyd von 1858
242 HStaD, Reg. Aachen 18348, Bl. 114-115; In der Verhandlung zwischen Blum und Landrat musste Blum die Motive darlegen, warum er auswandern wolle.
243 Außer bei der Black Star Company handelt es sich jeweils um Passagepreise ab Bremen oder Hamburg direkt nach New York.

244 Ein Taler wurde mit Einführung der Mark am 01.01.1875 1:3 umgerechnet (1 Mark = 10 Groschen, 1 Reichstaler = 3 Mark).
245 Arnold Kludas, Die Geschichte der deutschen Passagierschiffahrt, Augsburg 1994, Band I, S. 218.
246 HStaD, Reg. Aachen 18435.
247 HStaD, Reg. Aachen 18436, Bl. 64-65.
248 Frank B. Herschel, S. 100-101.
249 Heimatjahrbuch Kreis Daun, 1973, Josef Mergen, Von der Eifel nach Nordamerika.
250 HStaD, Reg. Aachen, Präsidialbüro, Nr. 448, Bl. 300, 302; Bove-Wirtz reisen im II. Quartal, die anderen 39 Personen während des I. Quartals 1855.
251 Die Auswandererhallen in Hamburg, Hamburg 1900, S. 6.
252 Peter Marschalck, S. 33.
253 Die Auswandererhallen in Hamburg, Hamburg 1900, S. 7.
254 Gesetz und Ausführungsbestimmungen über das Auswandererwesen vom 09.06.1897 und 14.03.1898.
255 vgl.. hier auch das Gesetz betreffend die Beförderung von Auswanderern vom 07.05.1853; u.a. HStaD, Reg. Aachen 18435.
256 Kurt Himer, 2. Teil, S. 31.
257 HAPAG-Direktor Albert Ballin drohte mit dem Verlegen des Firmensitzes nach Bremen.
258 ggfs. erst nach mehrtägiger/-wöchiger Quarantäne (Hamburg, Auswandererhafen, S. 30).
259 Auswandererhafen Hamburg, S. 22ff; Kurt Himer, 2. Teil, S. 30ff.
260 Personen, bei denen das Abfahrtsjahr bekannt ist.
261 Die „Fürst Bismarck gält zu ihrer Zeit als eines der schnellsten Schiffe. Ihre Überfahrtszeit lag bei 6 Tagen, 11 Std. und 44 Minuten;s. Frank B. Herschel, S. 61.
262 http://www.netzwelt.de/lexikon/Antwerpen.html.
263 Der Hafen von Antwerpen, 1910, 89 Seiten, 1 Karte, S. 3.
264 a.a.O., S. 17.
265 a.a.O., S. 18.
266 a.a.O., S. 19.
267 a.a.O., S. 21.
268 Böhmert, S. 62-63.
269 Laut Duden ist eine Karavelle im Mittelalter und in der Zeit der Entdeckungsfahrten benutztes leichtes Segelschiff mit geringem Tiefgang und hohen Aufbauten am Heck.
270 Thiess, HAL 1901, S. 3 u. a.
271 Allerdings war die „Savannah" (31 PS) während ihrer Überfahrt auch nur 80 Stunden unter Dampf.
272 David Haek, S. 2.
273 Frank B. Herschel, S. 5.
274 David Haek, S. 3.
275 Karl Thiess, HAL 1901, S. 2.
276 Die „Borussia" konnte 12 Knoten laufen, entsprechend 12 Seemeilen (1 Seemeile = 1852m).
277 Frank B. Herschel, S. 55.
278 Zitat nach Herschel, S. 58.
279 Zahlen differieren je nach Quellen !
280 Auswandererhafen Hamburg, S. 42.
281 Eine Tabelle mit weiteren Informationen zu einigen dieser Schiffe befindet sich auf der CD unter Dokument X.
282 heute die polnische Stadt Ustka.
283 Jenem U-Boot, welches 11 Tage zuvor die „Wilhelm Gustloff" und mit ihr mehr als 9.000 Menschen in den Tod riss.
284 Overesch, Manfred, Das III. Reich 1939-1945, Eine Tageschronik, 1991, S. 581.
285 http:://www.theshipslist.com/ships/descriptions/ShipsM.html u.a.
286 Wilh. Böhmert, S. 62-63.
287 David Haek, S. 3: 1903: England 5.839 Dampfer > 100 BRT = 13.305.915 BRT; Deutsches Reich 1.167 Dampfer > 100 BRT = 1.631.296 BRT.

288 Frank B. Herschel, S. 63; die traditionsreiche Hamburger Reederei ist 1903 in Auflösung begriffen und geht auf die neu gegründete „UNION" über.
289 HAPAG (Hamburg-Amerikanische-Parketfahrt-Aktien-Gesellschaft) Im Volksmund gab es auch eine weitere Übersetzung des Kürzels: Haben alle Passagiere auch Geld?
290 Haek, S. 3.
291 70 Jahre Norddeutscher Lloyd und Himer, Teil 2.
292 Frank B. Herschel, S. 17, Konvention von 1886.
293 Jacob Klee, S. 16-17.
294 Am 10.05.1816 in Hamburg als Sohn eines Bühnentenors geboren, wandert Gerstäcker nach einer Ausbildung zum Kaufmann und in der Landwirtschaft 1837 nach Amerika aus. 1843 kehrt er zurück, lebt in Dresden und Braunschweig, wo er am 31.05.1872 auch verstirbt. Er verfasst einige Erzählungen und Romane über seinen Aufenthalt in Amerika. Seine erste Veröffentlichung bestand in ohne sein Wissen veröffentlichten Tagebuchaufzeichnungen, die er 1837-1843 an seine Mutter nach Deutschland sandte.
295 Auswandererhafen Hamburg, 2. Aufl. 2003, S. 67.
296 Etagenbetten.
297 zitiert nach: http://www.forum-auswanderung.de/ueberfahrt2.html.
298 http://www.ni.schule.de/~pohl/emigration/wellmann/uebfahrt.htm.
299 Auswandererhafen Hamburg, S. 67.
300 1816-1878, 1846 von Bremen nach Nordamerika ausgereist; http://www.tagebuch-eines-auswanderers.de/tagindex.htm.
301 http://www.schaefler.de/museum/Linzen/index.html; Christoph Schaefler, 50823 Köln. Wir danken Herrn Schaefler für die Genehmigung zum Abdruck.
302 http://www.ni.schule.de/~pohl/emigration/wellmann/uebfahrt.htm.
303 Jens Blaustein, S. 3.
304 a.a.O., S. 5.
305 Jacob Klee, S. 17-20.
306 Hans P. Pracht, S. 96-99, dort auch Abdruck einer solchen Schiffs-Ordnung.
307 http://www.forum-auswanderung.de/ueberfahrt2.html.
308 Hans P. Pracht, S. 103.
309 s. Bestimmungen zum Schutz der Auswanderer.
310 http://www.ni.schule.de/~pohl/emigration/wellmann/uebfahrt.htm.
311 HStaD, Reg. Aachen 18435.
312 entsprechend 23-28 Tage.
313 Ein Schiffskontrakt des Norddeutschen Lloyd von 1858 (HStaD, Reg. Aachen. Nr. 18436, Bl. 64-65) gibt an: *„Amerikanisches Armengeld (Commutation & Hospital Money) haben die Passagiere nicht zu entrichten, sondern wird solches, sofern die amerikanischen Behörden es verlangen, Seitens der Correspondenten der Dampfschiffe in New York berichtigt".*
314 Leipziger Illustrirte Zeitung vom 11.01.1851; www.zum.de/psm/emigration/illzeitung1851.hp?sfgdata=4
315 Gesetz und Ausführungsbestimmungen über das Auswandererwesen vom 09. Juni 1897 und 14. März 1898.
316 Frank B. Herschel, S. 104-105; *„Die Verpflegung im Zwischendeck wird schmackhaft zubereitet. Es werden vier Mahlzeiten täglich verabfolgt. Sie bestehen aus Frühstück, 7 Uhr morgens, Mittag, 12 Uhr, Kaffee mit Milch und Zucker, Weißbrot und Kuchen, nachmittags 3 Uhr und Abendessen 6 Uhr."*
317 Jacob Klee, S. 20-22.
318 http://www.ni.schule.de/~pohl/emigration/wellmann/ankunft.htm.
319 Eifel Jahrbuch 1973, S. 38ff.
320 David Haek, S. 30/31; HAPAG und Lloyd nutzen hierbei einen (bis 1881 gemeinsamen) Landungsplatz in Hoboken, New Jersey, gegenüber Ellis Island und der der Freiheitsstatue; Nach der Festschrift zum 70jährigen Jubiläum des Lloyd von 1927 (S. 47) erwarb dieser 1869 den bisher mietweise genutzten Landungsplatz einschließlich der von der HAPAG genutzten Teile für 330.000 Dollar.

321 In dem zentralen Werk „Germans to America" fehlen augenscheinlich über einige Jahrgänge jene Schiffe, welche in Baltimore amerikanisches Festland erreichten, obwohl diese Schiffslisten erhalten sind.
322 zitiert nach: http://www.forum-auswanderung.de/ueberfahrt2.html.
323 a.a.O.
324 Mitteilungen der Westdt. Gesellschaft für Familienkunde, Bd. 35, Heft 8, 1992, S. 200ff: Brief des Johann Schroeder aus Dedenborn bei Monschau, Milwaukee, Dez. 1846.
325 Jacob Klee, S. 23.
326 http://www.schaefler.de/museum/Linzen/index.html; Christoph Schaefler, 50823 Köln.
327 Liberty Island, www.statueoflibertyferry.com; Die als Geschenk der Franzosen an das amerikanische Volk am 28.10.1886 enthüllte „Statue of Liberty" trägt im Sockel ein Gedicht von Emma Lazarus: *„Kommt alle zu mir – die Müden, die Armen, die bedrückten Massen, die sich danach sehnen, freie Luft zu atmen."* 93 m hoch, 225 Tonnen schwer.
328 www.ellisisland.org.
329 zitiert nach: http://www.uni-konstanz.de/studis/fs/fs-geschichte/fsg6.html.
330 Castle Garden wurde 1811, während der Befreiungskriege als Befestigungsanlage errichtet (Castle Clinton gnt.). Erst durch Verlandung wurde es Teil der Halbinsel Manhattan. 1824 Theater, ab 1855 Einwanderungszentrum, 1896 Umbau zu einem Aquarium (1941 nach Coney Island verlegt). Heute beherbergt das ehem. Fort einen Teil des National Park Service mit Darstellungen zur New Yorker Geschichte. www.nps.gov/cacl
331 Ward Island, benannt nach den Brüdern Jasper und Bartholomew Ward (nach 1783), 103ha groß und am Nordende des East River gelegen, wird heute überwiegend als Park genutzt. Seit den 1850er Jahren in städtischem Besitz, befanden sich auf ihr zuvor eine Baumwollmühle (1812 geschlossen) und der Armenfriedhof (nach 1840). 1847 eröffnete das „State Emigrant Refugee" (Staatliches Auswanderer Heim) ein Hospital für mittellose kranke Immigranten, bis in die 1850er Jahre der größte Krankenhauskomplex der Welt. Anfang der 1860er Jahre kam das „New York City Asylum for the Insane" (New Yorker Heim für geistig Behinderte) hinzu. Nach Eröffnung von Ellis Island entfiel die Aufgabe als Einwandererstation. 1899 Übergang an die Staatliche Psychiatrie. Die ehem. Einwanderungsgebäude und das Asylum waren als Manhattan State Hospital, später auch Manhattan Psychatric Center mit 4.400 Patienten zeitweise die größte psychiatrische Einrichtung der Welt.
332 Von 1855 bis 1890 landeten etwa 8,2 Millionen Einwanderer in Castle Garden.
333 Holländische Kolonisten nannten die Insel ursprünglich Oyster Island, ihren heutigen Namen erhielt sie nach bzw. durch den Erwerb von dem New Yorker Kaufmann Samuel Ellis im 18. Jahrhundert. 1808 ging die Insel in den Besitz des Bundesstaates NY über.
334 zitiert nach: http://hsozkult.geschichte.hu-berlin.de/BEITRAG/TAGBER/auswand.htm: Schöne Neue Welt - Auswanderung aus dem Rheinland nach Nordamerika vom 17. bis zum 19. Jahrhundert Wissenschaftliches Symposium Abtei Brauweiler, Pulheim 15.-17.05.2000.
335 Medizinische Untersuchungen erfolgten nicht nur im wichtigsten Einwandererhafen New York. Auch in den weiteren Einwanderungshäfen wie z.B. Baltimore erfolgten sie durch örtliche Ärzte (www.ni.schule.de/~pohl/emigration/uebfahrt.htm).
336 Auswandererhafen Hamburg, S. 45: 1. und 2. Klasse-Passagiere konnten ihr Schiff zumeist in Manhattan verlassen.
337 Also ca. 1,5 Millionen zzgl. derjenigen, die durch die verschärften Bedingungen bereits in der Heimat abgeschreckt oder zurückgeschickt wurden.
338 zitiert nach: http://www.uni-konstanz.de/studis/fs/fs-geschichte/fsg6.html.
339 Wallisfurth, S. 264.
340 Frank B. Herschel, S. 105.
341 ansteckende chronische Plizerkrankung an der Haut.
342 Trachoma oder „ägyptische Augenkrankheit" bezeichnete Erkrankung, die weltweit eine der führenden Ursachen für vermeidbare Erblindungen darstellt.
343 Bindehautentzündung.
344 Infektion mit knötchenförmigen Geschwulsten, z.B. an Lunge und Knochen.

345 Ihr Bruder Nicolaus Lorent (CD I / 147ff) folgt 1853, er lebt 1863 in Detroit, Michigan, sein Sohn Reinhard 1880 in Chicago.
346 Cousine des Joseph Faymonville, s. 2.4.1.
347 http://www.schaefler.de/museum/Linzen/index.html; Christoph Schaefler, 50823 Köln.
348 Scheben, Brief 66.
349 1825 eröffnet, 500 km lang verbindet er New York über den Hudson und den Erie-See mit den Staaten des mittleren Westen; Jürgen Heideking, S. 115.
350 Jacob Klee, S. 23-26.
351 Kreis Daun, Heimatjahrbuch 2003, S. 53.
352 Mitteilungen der Westdeutschen Gesellschaft für Familienforschung, Bd. 35, Jahrgang 80, Heft 8, Okt.-Dez. 1992, S. 201.
353 Ab 1827 begann der Eisenbahnboom in den USA, 1852 führten bereits 4 Linien über die Appalachen, 1860 betrug das Liniennetz über 30.000 Meilen, also mehr als das übrige Netz der Welt zusammen; Jürgen Heideking, S. 116.
354 1857 - 64 verlassen lediglich 10 Personen von der Oberahr Deutschland in Richtung Amerika; Marschalck (S. 33) führt diese Lücke zwischen der 1. und der 2. Welle auf die deutsche Krise 1857/ 59 und den darauf folgenden amerikanischen Bürgerkrieg zurück. Die 2. Welle dürfte hiernach zu einem großen Teil aus „nachgeholten" Auswanderungen der Jahre 1860-65 bestehen.
355 Richard Graafen, S. 31-49.
356 a.a.O. S. 49.
357 In die Niederlande z.B. auch als Geistliche in dortige Klöster.
358 Chronik der Bürgermeisterei Lommersdorf.
359 1840 - 43 wanderten mindestens 18 Bewohner der Bürgermeisterei Lommersdorf nach Nordamerika aus, 1844 - 53 sind es mindestens 79.
360 Tante des unter 2.4.3 benannten Johann Joseph Robischon.
361 Hiervon fünf in Ahrhütte (1845, 1857, 1860, 1865 und 1870), ein weiteres wird um 1848/49 an unbekanntem Ort geboren.
362 Eine vollständige Übersicht über die Bevölkerungsentwicklung befindet sich auf der CD unter Dokument VI.
363 Kleinere Einzelgehöfte und Mühlen wurden grundsätzlich zu den Hauptorten gezählt.
364 Addition der Auswanderer, welche aus dem jeweiligen Ort selbst auswanderten, und jener, die aus dem Ort stammten, zum Zeitpunkt der Auswanderung jedoch außerhalb der heutigen Gemeinde Blankenheim lebten, sowie der Personen, deren letzter Wohnort vor der Auswanderung nicht zu ermitteln war.
365 Den amtlichen Zahlen von 1852 liegen tatsächlich Daten aus den Jahrgängen 1842 - 52 zu Grunde.
366 Vergleich: Kreis Schleiden 1852-1864/1867 + 13 %, + 16 %; Deutsches Reich 10 - 12 %
367 Vergleiche dazu: Rheinprovinz: 1885 - 1895 + 18 %, 1895 – 1905 + 26 %; Deutsches Reich: 1885 – 1895 + 12 %, 1895 – 1905 + 16 %.
368 Einzelgehöfte und Mühlen wurden bei Beantwortung dieser Frage bewusst vernachlässigt, da nur eine oder wenige Familien sie bewohnten und deren Wegzug sogleich zu hohen Veränderungswerten führt.
369 Zahlen nach dem Gutachten des Bergrates von Zastrow vom 01.12.1882; Privatarchiv Ralf Gier.
370 Richard Graafen, S. 59-64.
371 Hier insbesondere auch zur Heimkehr an Wochenenden und im Herbst und Winter bei Beschäftigung im Bergbau und andernorts.
372 Anschlussbahnhof Ahrdorf, 1909 - 12 erbaut, 1973 stillgelegt.
373 Bahnhöfe Dollendorf (in Ahrhütte)), Freilingen, Mülheim, Blankenheim und Blankenheimerdorf, 1911 - 13 erbaut, 1958 Einstellung des Personen-, 1961 des Güterverkehrs, 1977 Reststilllegung und Rückbau Blankenheim/Wald-Blankenheim.
374 Richard Graafen, S. 62 *„Durch die Möglichkeiten des schnellen sowie durch Zeit- und Rückfahrkarten billigen Reiseverkehrs wurde nämlich das Pendeln der Arbeitskräfte stark belebt und gleichzeitig den hieraus resultierenden Fortzügen ein großer Vorschub geleistet."*

375 Peter Marschalck, S. 173; Wolfgang Helbich S. 21: *„Eine bemerkenswerte Konstanz weist auch das Durchschnittsalter der deutschen Auswanderer auf. Für die Jahre 1851 - 57 liegen Zahlen vor (Bayern), die vergröbert lauten: unter 15 Jahren – 25%, 15-40 – knapp 65 %, über 40 – 10 %. Das gleiche Bild zeigen amerikanische Zahlen für die Jahre 1873 - 98; lediglich im letzten Jahrzehnt sinkt der Anteil der Kinder auf durchschnittlich 17 %, und der entsprechende Gewinn kommt der Gruppe 15-40 zugute."*
376 Wolfgang Helbich, S. 21-22; Rödel, S. 115ff.
377 HStaD, Notare, Rep. 3705, Nr. 8549.
378 HStaD, Notare, Rep. 3694, Nr. 13015.
379 HStaD, Notare, Rep. 3771, Nr. 12599.
380 HStaD, Notare, Rep. 3624, Nr. 4801.
381 HStaD, Notare, Rep. 5031, Nr. 1073.
382 Zwei Söhne des am 02.12.1829 in Mayen geborenen Benedict Löb wandern in die USA aus. Prof. Jaques Loeb, Physiologe in Chicago, Berkeley und New York, * Mayen 07.04.1859, + Hamilton/ Bermudas 11.02.1924 und Prof. Leo Loeb, Pathologe in St. Louis, Missouri geb. Mayen 21.09.1869; s.a. Schulte, Klaus H.S., Zeugnisse jüdischen Lebens in der Ost-Eifel, Mayen, 1995.
383 HStaD, Notare, Rep. 2479, Nr. 940 v. 14.03.1880, Nr. 1162 v. 18.11.1881 und Nr. 1260 v. 29.03.1882; s. u. a. Um Burg und Quelle, Nr. 94 v. April 2001, Ralf Gier, Neuhof 1725 bis heute, S. 15 ff (20-21).
384 Ehem. Hofanlage zwischen Bahnhof Blankenheim-Wald und Schmidtheim.
385 In den veröffentlichten Schiffslisten sind zwar Personen der Familiennamen Hoffmann und Neuendorf zu finden, diese können jedoch nicht zweifelsfrei der auswandernden Dollendorfer Familie zugeordnet werden.
386 Peter Krebs ließ am 16.05.1840 Immobilien versteigern, weitere Nachrichten waren über ihn nicht zu finden. Der Landrat von Schleiden schrieb am 14.05.1842 an die Kgl. Reg., das zwei der Geschwister Krebs und eine Tante beabsichtigen, nach New York zu reisen.
387 HStaD, Reg. Aachen, Nr. 18348, Bl. 108-109, 114-115; Bittschrift auf Ausstellung eines Auswanderungspasses v. 25.05.1841. Blum schlägt selbst den in Roderath wohnenden Bürgermeister Nelles als seinen Nachfolger vor.
388 http://www.forum-auswanderung.de/ausw-index.html: *„1867 entfiel die Konsenspflicht für alle, die nicht (mehr) militärpflichtig waren."*
389 hg. Landesarchiv NRW.HStaDüsseldorf, Aktenpublikation 741, 1997.
390 Siehe CD XI; Landrat von Beissel führt allein in den Nachweisungen des erste Halbjahres 1855 84 Auswanderer auf.
391 Die Zahl wurde um Antragsteller bereinigt, welchen die Auswanderungsgenehmigung versagt wurde.
392 1868 (20 von 63), 1874 (11 von 14) und 1887 (8 von 9).
393 Zahlreiche Forscher „entdeckten" mittlerweile eine große Zahl Fehler und Ungereimtheiten, welche auch im Internet publiziert werden; http://www.uni-oldenburg.de/nausa/passf.htm -> Passagierlisten
394 Bei Auswanderern, welche mehrfach die Reise antraten, wurde die erste Überfahrt zur Auswertung gezählt.
395 Die 26 (6%) über Liverpool Ausreisenden nutzten vermutlich auch Bremen (1853) und Hamburg (1873) als deutschen Abfahrtshafen.
396 Indirekte Auswanderung; die 20 Auswanderer 1853 reisten vermutlich wohl über Bremen, die sechs aus 1873 wurden zu Hamburg addiert.
397 Richard Graafen, S. 46.
398 HStaD, Reg. Aachen, Nr. 18354.
399 Im Zehn-Jahresturnus durchgeführte statistische Erhebung (Volkszählung) der Haushalte in den amerikanischen Bundesstaaten.
400 Zeitspanne der Hauptbesiedlung.
401 Dieser Staat wurde lediglich von Familie Hoffmann im 18. Jahrhundert ausgewählt.
402 Abgesehen von Einzelpersonen und einer nachziehenden Familie 1868.
403 Winfried Folz, S. 38-39.
404 Klaus Bade, S. 179ff.

405 u.a. Winfried Folz, S. 29ff.
406 a.a.O. S. 102-103.
407 Aber vermutlich höher als bekannt. Die Erinnerung (mündliche Überlieferung) ist nur noch gering.
408 So konnte Johann Peter Caspers (I / 548) in Folge des Kriegsausbruchs 1914 nach einem Besuch nicht mehr zurückkehren.
409 Bonn 1939, Forschungen zur Rheinischen Auswanderung, Heft 3, Hg. Forschungsstelle Rheinländer in aller Welt, Düsseldorf.
410 Die biographischen Angaben dieses Kapitels stützen sich vor allem auf einen Beitrag der Historikerin Birgit Formanski, die sich unter dem Aspekt der Emanzipation mit Schebens Schwestern und seiner näheren Familie beschäftigte: Johann Scheben und seine Nachkommen, in: Jahrbuch des Rhein-Sieg-Kreises, Siegburg 2000, S.91 ff.
411 Wohl irrig ist die Erklärung, Scheben habe zunächst Jura studiert und sein Interesse an dem Thema Auswanderung sei erstmalig als Referendar bei der Kreisverwaltung Adenau geweckt worden. Der sonst nicht bestätigte Hinweis darauf findet sich im deutschsprachigen Vorwort einer Veröffentlichung aus den USA. Freund, Hanns Georg, Emigration Records from the German Eifel Region 1834 - 1911; Crystal Lake/ Illinois 1991, Hg. McHenry County Illinois Genealogical Society.
412 Der Herausgeber der „Hansischen Geschichtsblätter" hatte sich einen Namen als Erforscher der Hanse und Handelsgeschichte Nordeuropas gemacht. Vgl. Kürschners Deutscher Gelehrtenkalender Jg. 1, Berlin-Leipzig 1925; und Internet Inhaltsverzeichnisse besagter Fachzeitschrift.
413 Besprechung des Genealogen A. Huyskens in: Mitteilungen der Westdeutschen Gesellschaft für Familienkunde, 11. Jg., 1939.
414 Eifler Amerika-Auswanderung im 19. Jahrhundert, in: Eifelkalender 1934, S. 42 f.
415 Korrespondenz und Aussage von Sohn Christoph Bungartz.
416 J. Macha / W. Herborn / M.Nikolai-Panter, Wir verlangen nicht mehr nach Deutschland, Frankfurt am Main 2003.
417 Universität Bonn, Hofgarten 7, Sign. „Sch" im Kellerflur.
418 Es findet sich bis auf einen Branchenkalender der 1960er Jahre keine nach 1945 erschienene Veröffentlichung, Sichtung Scheulen 2000/2001.
419 Auskunft des Amtsgericht Rheinbach vom 13. Mai 2004, AZ 5 VI 43/73.
420 Die Schebenbiografin Formanski hat diesbezügliche Hinweise auf einen begünstigten Pater des Pallotinerordens. Dieser ist zwischenzeitlich verstorben und äußerte ca. 1997 gegenüber Frau Formanski, er habe den schriftlichen Nachlass entsorgt. Auskunft telefonisch und per e-mail an P. Scheulen, April 2004.
421 Anfrage Scheulen vom Jan. 1999.
422 Dieser Teil der Sammlung Scheben besteht aus losen Blättern und findet sich in grauen Schubkartons, die unter Verschluss im erwähnten Bonner Institut aufbewahrt werden.
423 Im Eifelkalender 1934, S. 38 ff., sind die wichtigsten Passagen dieses Aufsatzes abgedruckt.
424 Rheinische Vierteljahrsbl. 1933, III, S. 153-155.
425 Eifelkalender 1934, S.38ff.
426 ebd., S.40.
427 ebd., S.41.
428 ebd., S.40.
429 ebd., S.42.
430 Macha/Herborn/Nikolay, Scheben-Brief Nr. 29, S. 43.
431 Scheben-Brief Nr. 25.
432 a.a.O.
433 Scheben-Brief Nr.78.
434 Scheben-Brief Nr.79.
435 Scheben-Brief Nr. 77.
436 vgl. Scheben-Brief Nr. 76, Scheben-Brief Nr.79.
437 Scheben-Brief Nr. 84.
438 Brief an die Eltern in Ahrhütte, o.J., vor 1889; Archiv Bernd Michels.
439 a.a.O..

440 a.a.O..
441 Archiv Bernd Michels.
442 Brieffragment o.J., Scheben-Brief Nr. 284.
443 Brief vom 12.2.1879, Archiv Bernd Michels.
444 Scheben-Brief Nr. 318.
445 Mit ((...)) markierte Scheben für ihn unleserliche Stellen bzw. zweifelhafte Passagen im Original.
446 Scheben-Brief Nr. 29.
447 Scheben-Brief Nr. 320.
448 Scheben-Brief Nr. 16.
449 Scheben-Brief Nr. 14.
450 Scheben-Brief Nr. 76.
451 Brief vom 12.2.1879, Archiv Bernd Michels.
452 Elisabeth Stump, Scheben-Brief Nr. 289.
453 Brief v. Peter Froidevaux und seiner Frau vom 15.7.1868; Scheben-Brief Nr. 85.
454 vgl. z.B. Scheben-Brief Nr. 76.
455 Scheben-Brief Nr. 171.
456 Scheben-Brief Nr. 317.
457 Scheben-Brief Nr. 106.
458 Scheben-Brief Nr. 78.
459 Scheben-Brief Nr. 77; vgl. auch Scheben-Brief Nr. 76.
460 12.2.1879, Archiv Bernd Michels.
461 Scheben-Brief Nr. 87.
462 Scheben-Brief Nr. 29.
463 Brief des Johann Peter Schmitz v.4.7.1870, Archiv Bernd Michels; Scheben-Brief Nr.78; vgl. auch Scheben-Brief Nr. 318: *„es war 105 grad im Schatten vom frugahr bis August hat es Einmal gerechnet...".*
464 Bushel ist ein amerikanisches Hohlmaß, das je nach Verwendung auch entsprechende Gewichte anzeigt: 1 bushel Weizen = 27,2, kg; 1 bushel Hafer = 14,5 kg; 1 bushel Mais = 24,4, kg; 1 bushel Kartoffeln = 35,24 Liter.
465 Scheben-Brief Nr. 75.
466 Scheben-Brief Nr. 65.
467 Scheben-Brief Nr. 14.
468 vgl. Scheben-Brief Nr 81.
469 Scheben-Brief Nr. 289.
470 Brief an die Eltern in Ahrhütte, o.J., vor 1889; Archiv Bernd Michels.
471 Scheben-Brief Nr. 14; vgl. Kap.3.3.2.
472 Scheben-Brief Nr. 15.
473 Scheben-Brief Nr. 79.
474 Scheben-Brief Nr. 76.
475 vgl. Jürgen Heideking, S. 166ff; im Bürgerkrieg haben die USA bis heute mehr Menschenleben verloren als in jedem anderen Krieg.
476 vgl. Scheben-Brief Nr. 77.
477 Friedrich Schmitz, 13.12.1897, Scheben-Brief Nr. 79.
478 Scheben-Brief Nr. 30.
479 Scheben-Brief Nr. 288.
480 Scheben-Brief Nr. 14.
481 Scheben-Brief Nr. 15.
482 Scheben-Brief Nr. 289.
483 Scheben-Brief Nr. 171.
484 Scheben-Brief Nr. 284.
485 Scheben-Brief Nr. 14.
486 Scheben-Brief Nr. 27.
487 Scheben-Brief Nr. 29.

488 Scheben-Brief Nr. 78.
489 Scheben-Brief Nr. 29.
490 Scheben-Brief Nr. 284.
491 12.02.1879; Archiv Michels.
492 ca.1884/85; Archiv Michels.
493 Scheben-Brief Nr. 274 vom 15.1.1915.
494 vgl. Scheben-Brief Nr. 165 von 1920 und Nr.80 von 1928.
495 Scheben-Brief Nr. 322.
496 Archiv Bernd Michels.
497 vgl. CD XXX. 23 und 24.
498 Scheben Brief Nr. 14.
499 Heimatkundliche Mitteilungen des Eifelvereins für den Oberahrbezirk, Nr. 13, Juni 1955.
500 Scheben Brief Nr. 65.
501 Heimatkundliche Mitteilungen des Eifelvereins für den Oberahrbezirk, Nr. 13, Juni 1955.
502 Scheben Brief Nr. 289.
503 Scheben Brief Nr. 76.
504 Scheben Brief Nr.285.
505 vgl. dazu im Internet die Seite des Census Bureau: www.census.gov; vgl. z.B. auch La Vern J. Rippley, Rainer H. Schmeissner, German Place Names in Minnesota, St. Olaf College, Northfield, Minnesota, 1989.
506 vgl. dazu und zum Folgenden: Christiane Harzig: Lebensformen im Einwanderungsprozeß, in: Klaus J. Bade (Hrsg.), Deutsche im Ausland – Fremde in Deutschland, Migration in Geschichte und Gegenwart, München 1992, S. 157ff.
507 Insgesamt gab es rund 5000 Publikationen in 300 Jahren; vgl. Harzig, S.169.
508 vgl. Bastian Sick, Deutsch als Amtssprache der USA?, Spiegel online, 19. Mai 2004, Rubrik „Zwiebelfisch".
509 vgl. dazu: Werner Schuhn, Eifler Nachrichten in einer amerikanischen Zeitung; in: Jahrbuch des Kreises Daun 1984, S. 220ff; Originalquelle: Katholisches Wochenblatt. Ein Wochenblatt für katholisches Leben, Wissen und Wirken, Jahrgang 22, Chicago, Illinois, 1881.
510 vgl. dazu Harzig, S.175.
511 zitiert nach Eifelvereinsblatt, S.268, Kopie von H. Weißkopf, o.J.
512 a.a.O.
513 vgl. Michael Zender, Geschichte des Eifelvereins, in: Eifelvereinsfestschrift 1913, S.3-51.
514 "Silbernes Jubiläum", Festschrift Eifelverein Chicago 1937. Das rare Exemplar liegt in der Eifelbibliothek auf der Genovevaburg in Mayen.
515 vgl. La Vern J. Rippley, The Immigrant Experience in Wisconsin, Twayne Publishers Boston, 1985.
516 Traugott Bromme, Rathgeber für Auswanderungslustige, Stuttgart 1846; S. 118-121; © für die Transkription: Max Kade Institute for German American Studies at the University of Wisconsin – Madison, 2003.
517 Christiane Harzig, Lebensformen im Einwanderungsprozeß, a.a.O., S.163.
518 Zum Vergleich: Nordrhein-Westfalen verfügt über eine Fläche von 34.083 km2, also etwa der Hälfte.
519 Karl May, Der Ölprinz, Stuttgart 1897, S. 314f.
520 Informationen über Brighton hat Roger Huss in der Geschichte der Familie Lenz zusammengetragen; „The Lenz Story" Privatpublikation, S.39.
521 vgl. CD XXXI.
522 vgl. dazu auch den oben bereits zitierten Brief des Joseph Krings, Scheben-Briefe Nr.66.
523 The Lenz Story, von Roger L. Huss, Esther Fehr Lenz u.a., Privatdruck, USA.
524 vgl. Kap. 4.1.4. und 4.2.3.
525 The Lenz Story, S.175.
526 vgl. Hermann Bungartz, Von Dollendorf nach Minnesota – Auf den Spuren Eifler Auswanderer in Nordamerika, In: Jahrbuch des Kreises Euskirchen 1993, S.74ff.
527 Letzte Zählung im Jahr 2000; Die Angaben werden im Internet regelmäßig aktualisiert unter: www.city-data.com.

528 letzte Erhebung im Jahr 2000.
529 vgl. dazu folgenden Artikel im Internet: „Is Potosi a real beer capital?"; www.potosibrewery.com/progress/OMC_08_08_04.html; weitere Ang. über Potosi: www.city-data.com, www.rhometown.com und http://grantcounty.org/ci/potositennyson/ci.html.
530 vgl. Scheben-Brief Nr.76.
531 Von Elisabeths Tochter Maria, verh. Kisting, enthält die Sammlung Scheben einige Briefe – Nr. 166ff.
532 vgl. Joseph Scheben, Eifler Amerika-Auswanderung im 19. Jahrhundert; in: Eifelkalender für das Jahr 1934, S. 38ff.
533 Scheben Brief Nr. 29.
534 Die heutige korrekte Bezeichnung lautet Lakota-Indianer.
535 Alexander Berghold, Indianer-Rache oder Die Schreckenstage von New Ulm, Graz, 2.Aufl. 1892; S.49.
536 a.a.O., S.55.
537 vgl. dazu auch: The Lenz Story S. 55f.
538 In der Auswertung CD I wird der Ort 30mal erwähnt.
539 Die folgenden Informationen basieren auf den Recherchen von Victorin Ruhland. Er veröffentlichte im Juni 1967 in der New Prague Times den Aufsatz "The Early Settlers Of St. John's Parish At Union Hill". Ruhland lebt in Saint Paul, Minnesota und ist Nachfahre des Ehepaars Hofmann/Klinkhammer.
540 V. Ruhlands Artikel aus der New Prague Times im Netz: ftp://ftp.rootsweb.com/pub/usgenweb/mn/scott/history/unionhill.txt.
541 vgl. dazu und zum Folgenden: The Lenz Story S.58ff.
542 etwa 1.493 km2 – zum Vergleich: Der Kreis Euskirchen hat eine Fläche von 1.250km2.
543 Souvenir –Goldenes Jubiläum der St. Johannes Evangelisten Gemeinde und Silbernes Jubiläum des St. Johannes Unterstützungs-Vereins von Union Hill, Minnesota, o.O. 1916.
544 a.a.O. S.20f.
545 Diese Angaben stammen aus einem mündlichen Bericht des in Union Hill geborenen Victorin Ruhland an Hermann Bungartz; vgl. außerdem: Ruhland, Victorin, A History of St.John's Parish at Union Hill, in: New Prague Times, 8.Juni 1983.
546 vgl. www.idcide.com/citydata/mn/new-trier.htm.
547 Die Informationen über den Friedhof von New Trier sammelte Hermann Bungartz während seiner Recherchen im amerikanischen Mittelwesten in den 1980er Jahren.
548 alle Zeitungsartikel zur Verfügung gestellt von Victorin Ruhland, Saint Paul MN.
549 vgl. www.idcide.com/citydata/mn/vermillion.htm.
550 Aufgrund einer Namensparallele war Hermann Bungartz in einem Aufsatz davon ausgegangen, Miesville sei die Gründung eines Dollendorfer Auswanderers Johann Mies (H. Bungartz: Von Dollendorf nach Minnesota, in: Jahrbuch für den Kreis Euskirchen 1993, S. 74ff.). Diese Annahme lässt sich nicht aufrecht erhalten. Das 1920 erschienene Buch von W. Upham „Minnesota Geographic Names" nennt einen John Mies als Gründer Miesvilles (Reprint des Buchs: Saint Paul 1969, S.167). Er hatte dort als erster Siedler im Jahr 1874 mehrere Grundstücke gekauft und ein Hotel-Restaurant errichtet. Die „Hastings Gazette" vom 7. März 1891 meldet den Tod eines John Mies, der lange in der Gegend gelebt, seine letzten Jahre aber in Wausau, Wisconsin verbracht habe - sein Alter wird mit 61 Jahren angegeben. Selbst wenn es sich bei diesen beiden Angaben um ein und denselben John Mies handelt, passen sie nicht zu den heute bekannten Daten der Dollendorfer Familie Mies. Die ausgewanderten Mies-Geschwister Wilhelm (CD I / 184) Brigitta, Johann Peter und Nikolaus (CD I / 217-219) hatten zwar einen älteren Bruder namens Johann. In ihm hatte H. Bungartz den "John Mies" von Miesville gesehen. Bernd Michels konnte jedoch inzwischen nachweisen, dass der am 15.11.1814 geborene Johann Mies nie nach Amerika auswanderte; er starb am 31.07.1895 in Wiesbaum.
551 Der Artikel und die Übersetzung von Birgit Caspers wurden erstmals publiziert in den Mitteilungen des Heimatvereins Dollendorf, Ostern 1988.
552 Die Geschichte der Auswandererfamilie Treinen wird im Kap. 4.2.5. vorgestellt. Auch Johann Peetz war in seiner Familie nicht der erste Auswanderer. Sein älterer Bruder Wilhelm war schon 1870 mit Frau und Kind nach Detroit, Michigan, gegangen (CD I / 238-240 und XXXIII).

553 Von Wilhelms Witwe Katharina Peetz, geb. Lentzen (CD I / 239), existiert ein später Brief, den sie am 3. Dezember 1894 aus Detroit an ihren Schwager Johann schrieb. Sie klagt über schlechte Zeiten, fragt nach Adressen von Bekannten und Verwandten und hat Sehnsucht nach der Eifel: *„Ich häte gute Gedanken, noch einmal die Heimath zu sehen. Und wen wir noch leben bis nächsten Somer, dan wirst du einmal uns besuchen und wir werden dan auch Deutschland mal Wiedersehen "* (vgl. CD XXX.18). Eine Antwort von Johann Peetz ist nicht überliefert.
554 HStaD, Notare, Rep.2479, Nr. 3668 und Nr. 3671.
555 Die Angaben stammen von Karen Fehringer aus Peetz,Colorado, und aus der Familiengeschichte Treinen, aufgezeichnet von Mary Ann Treinen Rieken; übermittelt von Herbert Caspers, Dollendorf.
556 Zur Geschichte der Familie Peetz vgl. auch H. Bungartz, Dollendorf, S.81ff.
557 Angaben nach den Berichten von Karen Fehringer und ihrer Mutter Dorys, geb. Treinen, über Peetz und seine Geschichte; übermittelt von Herbert Caspers und Hermann Bungartz; vgl. auch die Informationen über Logan County, in dem Peetz liegt: www.outbackcolorado.net/logan.htm.
558 Am 1.Juni 1964 publizierte Rev. Omer Vincent Foxhoven zum 50jährigen Jubiläum der Sacred Heart Kirche eine Pfarrchronik: Golden Yields through Fifty Years from Golden Fields, Selbstverlag, Peetz 1964; Archiv Herbert Caspers; vgl. auch die Website der Erzdiözese Denver, Colorado: www.archden.org/noel/07124.htm.
559 Anna Maria's Onkel, Thomas von Berg wanderte 1852 mit seiner Frau und 2 Kindern aus; vgl. Rainer Justen, 600 Jahre und mehr... Geschichte und Geschichten von Wershofen und Ohlenhard, 1995, S. 47.
560 Familiäre Angaben stammen in Teilen aus „The Giefer Story" von Tracy Fullerton Giefer, Denver 1996.
561 Vermutlich meinte sie hier Johann Peetz (CD I / 252).
562 zusammen knapp 583 Morgen.
563 Hier handelt es sich wohl um die Personen CD I / 294, 296 und 532 sowie ihren Vetter CD I/139.
564 Minnesota Volksfreund, Jordan, MN, Februar 1907; zur Verfügung gestellt von Victorin Ruhland, Saint Paul.
565 vgl. Herbert Weffer, Der Corporal Andreas Ponzelet war der Stammvater der Uedelhovener Bonzelet; in: Üllewer Weckepeller, 8.Jg. Nr.3, Sept.1998; Herbert Weffer, Familienbuch Uedelhoven, 1995; Peter Neu, Arenberg, Band 2 und 3.
566 vgl. auch Hermann Bungartz, Hubert Bonzelet – Ein Uedelhovener in Amerika, in: Üllewer Weckepeller, 6.Jg., Nr.2, Juni 1996.
567 Die Formulierung „Angriff auf die Schamhaftigkeit" findet sich noch 1938 im „Liechtensteinischen Landesgesetzblatt". Dort ist u.a. auch noch vom Verletzen der Sittlichkeit, Begünstigen der Prostitution und Zwingen einer volljährigen Person zur Unsittlichkeit die Rede. Vgl. Liechtensteinisches Landesgesetzblatt Jahrgang 1938 Nr. 3 ausgegeben am 1. Februar 1938.
568 Eine Kopie des Manuskripts hat Victorin Ruhland aus Saint Paul, MN, zur Verfügung gestellt; Transkription: Ute Bungartz.
569 Familie Schoenecker aus Waxweiler war 1853 der erste Siedler auf dem Territorium von Union Hill; Nikolaus Schoenecker wird daher als eine Art „Dorfältester" gegolten haben.
570 Pater A. Berghold war einige Zeit Pfarrer in Union Hill und verfasste ein kritisches Buch über die Indianerkriege bei New Ulm, Minnesota; vgl. Kap. 4.1.4.
571 Alle, gleich welchen Alters und körperlichen Zustands, waren unterwegs zum Gottesdienst.
572 Aus Geldmangel wurde offensichtlich der Bau nicht so errichtet wie ursprünglich geplant.
573 Die Angaben zu diesem Kap. stützen sich auf Zeitungsartikel vom August 1892 bis Februar 1893, erschienen in der „Mankato Free Press", die sich ab Herbst 1892 „Daily Free Press" nannte; die Artikel und viele andere Daten zur Geschichte der Familie Giefer hat Tracy Fullerton-Giefer, Denver, Colorado – The Giefer Story, 1996, zusammengetragen.
574 zu Potosi, Wisconsin vgl. Kap. 4.1.3.
575 Geschichte der Auswandererfamilie Treinen, von Mary Ann Treinen Rieken, deutsch von Birgit Caspers; Typoskript 1986; Archiv Herbert Caspers; die Informationen dieses Kapitels stützen sich weitgehend auf diesen Bericht.
576 Öffentlicher Anzeiger Nr.755.

577 Diese Anekdote hat Adam Lenzens Schwester in Mirbach oft zum Besten gegeben - deren Enkelin Gertrud Tobias, geb. Schmitz, erzählte sie Hermann Bungartz im Jahr 1950.
578 vgl. dazu Kap. 4.1.6.
579 zitiert aus „Haus-, Grundstücks-, Moventien und Mobilienverkauf der Familie Treinen" (Haus Engelen II). HStaD, Notare, Rep 2479, Nr. 934 „zu heutigem Immobilienverkaufe der Wittwe Joachim Treinen; Margaretha Nikoley, und deren Söhnen Johann und Nikolaus Treinen, alle Ackerer zu Dollendorf, beikassiert. Blankenheim 12. März 1881 Jul. Becker".
580 HStaD, Notare, Rep. 5427, Nr. 246 v. 14.03.1922.
581 vgl. www.kloster-abendberg.de und www.bautz.de/bbkl/s/s4/streitel_f.shtml.
582 HStaD, Notare, Rep. 2465, Nr. 110 und 111 v. 22.01.1852.
583 Germans to America, Vol. 2, S. 338; Schiffsliste des Ankunftshafens in Kopie.
584 Aufruf im Amtsblatt 517, 29.03.1860; Amtsblatt 12.06.1857 S.249f. Nr.363; Öff.Anz. 29.01.1857, S.27f. Nr.66; Amtsblatt 1861, Nr.34, S.244, Nr.519; Amtsblatt 1860, St.16, S. 89, Nr.183.
585 Amtsblatt 1858, St. 42, S.354/55 Nr. 517 und Öff.Anz. 1860, Nr.34, S.181, Nr.526; Amtsblatt 1860, Nr.35, S.189f. Nr.472 Vermögen beschlagnahmt.
586 Die folgenden Informationen stammen von Maureen Shelly, Wilmette, Illinois; die Recherchen hierzu unternahm Kenneth Paul Raeder, Virginia, 1991-98.
587 Ein Antwerpener Vorort heißt ebenfalls Hoboken.
588 www.cssr.com/deutsch; Die Mitglieder der am 09.11.1732 durch den hl. Alfons gegründeten Kongregation werden Redemptoristen genannt, „durch Missionen, Exerzitien, Pfarrseelsorge, ökumenisches Apostolat, Dienst der Versöhnung und Unterricht in Moraltheologie verkünden sie die Liebe von Gott dem Vater." In 77 Ländern auf 5 Kontinenten wirkten 2003 mehr als 5500 Redemptoristen.
589 Das Original von Hubert Boves Erinnerungen befindet sich im: Redemptorist Provincial Archives Baltimore Province, Brooklyn, New York; es wurde ebenfalls von Maureen Shelly zur Verfügung gestellt; Transkription: Ralf Gier.
590 zwischen dem 09.06. und dem 15.10.1857.
591 Hubert meinte hier wohl ein Feuer- oder Leuchtschiff.
592 Katholische Volkszeitung, Baltimore, Maryland 13.04.1907.
593 Die älteste Schwester Anna Gertrud (CD I / 874) war wohl bereits bald nach der Ankunft in Amerika verstorben. Hubert erwähnt sie 1857 nicht mehr.
594 Georg galt als einer der größten seines Faches. Er errichtete mehr Kirchen und öffentliche Bauten als jeder andere Baumeister in der Region. Er wirkte mit an dem prächtigen neuen Gebäude der St. Joseph Kirche, am Münster, der Holy Family Church, Union Hill, der Our Lady Help of Christian Church, West New York, Our Lady of Grace Church Hoboken, der Grace Church, Jersey City Heights und der St. Matthew's Lutheran Church, Hoboken.
595 Jersey Journal, 11.07.1899, Jersey City; Hudson Dispatch 11.07.1899.
596 Schniedewind, Karen, Begrenzter Aufenthalt im Land der unbegrenzten Möglichkeiten. Bremer Rückwanderer aus Amerika 1850-1914. Stuttgart 1994, S. 9.
597 HStaD, Reg. Aachen Präsidialbüro 448, Aachen, den 08.12.1852.
598 Laura Dahm, S. 1, Klaus Bade.1984, S. 16.
599 Wolfgang Hell, Amerikanisch-deutsche Rückwanderung. In: W. Fölz, S. 46.
600 Winfried Folz S. 113.
601 Klaus Bade, S. 181: „Diese Menschen, sozialisiert in der Alten und akkulturiert in der Neuen Welt, standen nach ihrer Rückkehr also vor einem dritten Eingliederungsprozeß".
602 Winfried Folz, S. 51.
603 a.a.O., S. 113 (teilweise frei zitiert).
604 Strassburger, Ralph Beaver, Pennsylvania German Pioneers, Baltimore 1980 und Rupp, Prof. J. Daniel, Chronologisch geordnete Sammlung von mehr als 30.000 Namen von Einwanderern in Pennsylvanien aus Deutschland, der Schweiz, Holland, Frankreich u.a. Staaten, von 1727 bis 1776, Leipzig 1931; Lücken bei den benannten Schiffen: 13.12.1754-07.10.1755, 01.11.1755-10.11.1756, 10.11.1756-21.10.1761, 21.10.1761-05.10.1763.
605 Klaus Bade 1992, S. 137.
606 a.a.O., S. 143.

607 Hermann Bungartz, S. 232.
608 Winfried Folz, S. 127-128 und Laura Dahm, S. 26-29.
609 Gebrüder Steinbüchel & Co. Versicherung - Landverleih – Dampfschifflinie.
610 Wallisurth, Maria, Sie hat es mir erzählt, Freiburg, 1979, S. 7-8; Um Burg und Quelle, Nr. 97, S. 45ff.
611 HStaD, Notare, Rep. 2480, Nr. 6325.
612 Die Informationen beruhen teilweise auf Mitteilung von Frau Johanna Gossen geb. Ketges, Lommersdorf.
613 Um 1912 lebte er vermutlich in oder bei Dallas, Texas.
614 Froidevaux selbst gibt interessanterweise am 19.12.1864 an, dass er am 10.07.1796 in Würzburg geboren sei.
615 HStaD, Reg. Aachen, Nr. 18354.
616 Um Burg und Quelle, Nr. 84, April 1996, S. 19.
617 Scheben Briefe Nr. 82-86.
618 HStaD, Reg. Aachen. Nr. 18348 Band I, Vl. 114R; Anläßlich einer Verhandlung betreffend seines eigenen (!) Auswanderungsgesuchs gibt Blum diese Information an den Landrat weiter.
619 Hermann Bungartz, Dollendorf/Eifel, S. 232.
620 Peter Krebs, CD I / 758, der nach jetziger Quellenanlage Erstauswanderer nach 1840.
621 HStaD, Reg. Aachen, 18348 Bd. II, Bl. 414 und 416.
622 a.a.O., Bl. 494 und 495.
623 a.a.O., Notare, Rep. 2471, Nr. 155/1843.
624 Gertrud Göbel, 1882 im Haus Luppertz als Tochter des Folgebesitzers geboren, wandert 1911 aus, s.a. 4.2.7.
625 HStaD, Reg. Aachen, Nr. 18354.
626 Scheben Brief Nr. 78.
627 Nach: Paul Schröder „Ein Beinbruch als Fingerzeig Gottes", in: Kölnische Rundschau, 29.01.1983, und Informationen von Herbert Caspers.
628 1924 wandert die 1897 in Köln-Kalk geborene Nichte von Peter Plützer, Anna Seuren geb. Plützer, mit ihrem Mann, dem Schauspieler Willy Seuren (geb. 10.08.1897, gest. 07.1972 Hartboro, Montgomery, Pennsylvania), und der damals dreijährigen Tochter Christel nach Amerika aus. In New York stehen beide wieder auf der Bühne, in zahlreichen Opern und Singspielen. Nach einem Jahr zieht es sie nach Philadelphia, dort eröffnen sie ein deutschsprachiges Theater. Das verdiente Geld nutzt Seuren in Philadelpia zur Gründung einer deutschen Radiostation. Am 03.11.1930 geht sie erstmals auf Sendung. Anläßlich ihres 25jährigen Bestehens erscheint im Kölner Stadt Anzeiger vom 02.-04.02.1956 eine kleine Erinnerung an „Onkel Willy".
629 Das Kapitel wurde insbesondere unter Zuhilfenahme nachfolgender Quellen geschrieben: Familienbezogene Informationen aus den USA durch Michelle Pertl, Kirkland, Washington und Eifelführer 1912, S. 133; 1922, S. 103 und 1930, S. 123; Hölschers Eifelführer, Köln 1922, S. 153; Protokollbuch der Eifelvereinsgruppe Blankenheim v. 20.05.1900, 02.02.1901, 09.06.1901, 17.07.1908, 27.09.1910 und 06.10.1912; Weißkopf, Harald, Malerisches Mülheim, Bildband, 1987; Um Burg und Quelle, Nr. 16, Jahrgang 1960, S. 5, Der Spaziergang zum Mülheimer Aussichtsturm von Jean Schneider; Kölnische Rundschau v.03.01.1984, Abenteuerspielplatz vor 70 Jahren: Aussichtsturm, Steinbruch, Ruine; Eifelvereinsblatt 1901, 2. Jahrgang, S. 54.

7 Anhang

7.1 Danksagung
von Christoph Bungartz

Dieses Buch wäre nicht zustande gekommen, hätte unser Arbeitskreis mit Forschern von der Oberahr nicht auch Unterstützung aus der Eifel und den USA erhalten. Hermann Bungartz, der Initiator unseres Projekts, hat Kontakte zu Nachfahren Eifler Auswanderer in Amerika geknüpft, und auch andere Verbindungen konnten wiederbelebt oder neu gefunden werden. Allen, von deren Wissen und Geschichten wir lernen und profitieren durften, danken wir herzlich.

Besonders hervorheben möchten wir folgende Personen:
Victorin Ruhland aus Saint Paul, Minnesota. Zu seinen Vorfahren gehören die Familien des Dollendorfer Auswanderers Peter Joseph Hoffmann und der Alendorferin Barbara Meyer, verh. Etten. Ruhland kam 1933 in Union Hill, Minnesota zur Welt und hat sich früh mit der Geschichte der deutschen Einwanderer beschäftigt. 1953 bereiste er erstmals die Eifel, in den 1990er Jahren war er zwei Mal zu Besuch an der Oberahr. Ihm verdanken wir wichtige Informationen über Union Hill (4.1.4), New Trier (4.1.5) und die Chronik von Union Hill, die Hubert Bonzelet verfasste (4.2.3), ebenso die „Family History" des verstorbenen Wilfried J. Hoffmann aus Riverside, Kalifornien.

Dorys Fehringer aus Peetz, Colorado, Nachfahrin der Dollendorfer Auswandererfamilie Treinen, stellte uns Material über ihren Heimatort und ihre Familie zur Verfügung (4.1.6).

Margaret Johnson aus Marysville, Kansas, ist eine Enkelin von Matthias Treinen. Von ihr erhielten wir umfangreiches Material über ihre Familie.

Roger L. Huss aus Kinnelon, New Jersey, und Esther Fehr-Lenz aus Brunkild, Manitoba (Canada) verdanken wir die Geschichte der Familie Lenz. Mit akribischer Recherchearbeit haben sie und andere Nachfahren das „Lenz Heritage Project" initiiert. Das Resultat ist die umfangreiche Schrift „The Lenz Story", aus der uns auch historische Aufnahmen zur Verfügung standen. Zu einem großen Familientreffen der Lenz im Jahr 2001, bei dem das Buch vorgestellt wurde, kamen 600 Nachkommen der Alendorfer Auswanderer. Roger Huss, der das Projekt geleitet und koordiniert hat, ist ein Nachfahre des Nikolaus Lenz; Esther Fehr Lenz ist Nachfahrin des jüngeren Bruders Valentin Lenz.

Tracy Fullerton-Giefer aus Denver, Colorado, ist eine Ururenkelin des Ludwig Giefer. Sie verfasste die „Giefer-Story", eine Grundlage für mehrere Kapitel dieses Buches.

Maureen Shelly aus Wilmette, Illinois, ist eine Nachfahrin des Georg Bove. Ihr verdanken wir u.a. den Lebensbericht von Hubert Bove (4.2.7).

Don Thom aus Louisville, Kentucky, ist ein Nachfahre des Christoph Simons. Von ihm bekamen wir Informationen und Bildmaterial zur Auswandererfamilie Simons aus Blankenheimerdorf.

JoAnn Coller aus Shakopee, Minnesota, ist eine Nachfahrin der Auswandererfamilie Friesen aus Blankenheimerdorf, zu deren Leben sie Bilder und Informationen liefern konnte.

Michelle Pertl aus Kirkland, Washington, konnte uns wertvolle Informationen für das Abschlusskapitel über den Aussichtsturm geben. Eine der beiden Sifterinnen, Louise Avers-Nunnemacher, war die Urgroßmutter von Michelles Ehemann.

Audrey Williams Stanaland aus Loudon, Tennessee, ist eine Nachfahrin des Blankenheimer Auswanderers Heinrich Joseph Wilms. Sie gab uns wichtige Informationen und Bilder, u.a. zum Leben ihres Urgroßvaters Johann Joseph Wilms (vgl. 3.3.2).

Rita Lippertz aus Hüngersdorf stellte uns Kopien von Briefen des Auswanderers Michael Hammes zur Verfügung.

Elsbeth Nowak, geb. Trapp, aus Blankenheim gab uns Kopien von Briefen ihres Großonkels Matthias Trapp; einer von ihnen wird in Kap. 3.3.1 vollständig zitiert.

In Freilingen danken wir schließlich Helene Roznovicz, geb. Göbel, für die Hinweise zum ungewöhnlichen Leben ihrer Tante, der Tellerwäscherin, Hotelbesitzerin und späteren Nonne Gertrud Göbel (4.2.6).

Barbara Böhlandt aus Münstermaifeld, tätig für den Verein zur „Förderung der Stiftung Kulturbesitz Gebiet Münstermaifeld" e.V, konnte für uns ein wichtiges Buch über Jacob Klee ermitteln und hat es uns kostenlos überlassen.

7.2 CD ROM
von Ralf Gier

Auf der CD, die der Verkaufsauflage beiliegt, sind verschiedene Dokumente und Graphiken hinterlegt, die wegen ihrer Komplexität und ihres Umfangs nicht im Buch selbst abgedruckt werden konnten. Im Text wird immer wieder auf die jeweiligen Dokumente verwiesen.

Dokument	Inhalt
I	Alphabetisch sortiertes Verzeichnis aller Auswanderer.
II	Nach Familien sortiertes Verzeichnis aller Auswanderer.
III	Aufstellung Nicht-Ausgewanderter (zu 5.3).
IV	Personen, deren (evtl. zeitweilige) Auswanderung nicht gesichert ist.
V	Auswanderung in Ziele außerhalb der USA und aus Orten außerhalb der Gemeinde Blankenheim.
VI	Einwohner-/ Bewohnerstatistik der Gemeinde Blankenheim 1826-2003.
VII	Statistik USA 1994.[634]
VIII	Statistik USA 1994 Deutschstämmige nach ihrem prozentualen Anteil.[635]
IX	Statistik USA 1994 Deutschstämmige nach ihrer Gesamtzahl.
X	Details zu einigen Auswanderschiffen.
XI	Nachweisung des Landrats über die Auswanderungen im Kreise Schleiden vom 01.01. bis zum 01.06.1855.
XII	Fragenkatalog des Johann Nepomuk Schwerz nebst Antworten des Landrats von Coels, Blankenheim, 01.04.1817.
XIII	Heimatkundliche Mitteilungen des Eifelvereins für den Oberahrbezirk, Nr. 13, S. 1 – 5, Blankenheim, Juni 1955.
XIV	Bürgermeistereichronik Lommersdorf, Auszug des Jahres 1845.
XV	Auswanderungsersuchen der Familie Peter Schnell (CD I / 327 u.a.), Reetz vom Mai 1841.
XVI	Betreffend die Militärentlassung des Tilmann Joseph Faymonville (CD I / 132; hier Johann Joseph genannt) von 1844.
XVII	Führungsattest, Militärbescheinigung und Urlaubs-Pass des Johann Peter Friesen (CD I / 513) aus Blankenheimerdorf sowie Entlassungsurkunde der Familie Bernard Giefer (CD I / 18 u.a.) aus Freilingen.
XVIII	Auswanderungskonsens und Wiedereinbürgerskurde des Joseph Handwerk (CD III / 901) aus Blankenheimerdorf.
XIX	Ernennung von zwei Hauptagenten für die Kreise Malmedy und Schleiden durch das Auswanderungsbüro des F.W. Geilhausen, Koblenz, 1850.

XX   Schiffscontract zur Überfahrt nach New York mit Dampfschiffen des „Norddeutschen Lloyd", 1858.

XXI Haus- und Grundbesitzverkauf der Eheleute Hubert Daniels (CD I / 8 und 13), Freilingen an Martin Mungen. Zeuge: Joseph Faymonville (CD I / 130).

XXII Quittung über Hausverkauf; darin Vollmachten der Eheleute Anton Hansen (CD I / 91-92), Johann Hommer (CD I / 93-94) und Peter Rohles (CD I / 114-115).

XXIII Kirchenbuch Dollendorf, Bericht vom 09.05.1845 über 18 Ausgewanderte.

XXIV Kirchenbuchauszüge (Taufbuch):1. Kirchenbuch Alendorf: Taufe des Mathias Lenz (CD I / 373) aus Alendorf einschl. Randvermerk über seinen Tod in Amerika. 2. Kirchenbuch Lommersdorf: Taufe des Hubert Valentin Rüth (CD I / 414) aus Lommersdorf vom 14.02.1830 einschl. Randvermerk über seinen Tod in Amerika 1843.

XXV Totenzettel1. Catharina Peetz geb. Treinen (CD I / 253), geb. 03.08.1855 Dollendorf), gest. 29.04.1949 Sidney, Nebraska. 2. Anna Schneider, geb. Klinkhammer (CD I / 174), geb. 1814 Dollendorf, gest. 06.11.1897 in Union Hill, Minnesota. 3. Helena Witt, geb. Hoffmann (CD I / 208), geb. 04.10.1832 in Dollendorf, gest. 10.12.1905 Union Hill, Minnesota. 4. Joseph Hoffmann (CD I / 211), geb. 06.10.1840, gest. 02.04.1913. 5. Elisabeth Barten, geb. Schmitz, geb. 14.09.1826 Schmidtheim, gest. 22.07.1903 Union Hill, Minnesota. 6. Katharina Matthei geb. Robischon, Ahrhütte 05.09.1859 - 18.02.1889; Sie war die älteste Tochter der Eheleute Johann Joseph Robischon (CD I / 119) und Barbara Metzen (CD I / 120) welche 1883 mit ihren 8 jüngeren Kindern auswanderten. An ihre Kinder Johann Mathei und Gertrud Hansen geb. Mathei sind die Briefe XXX.3-5 und XXX.19-21 gerichtet. 7. Barbara Rollmann geb. Plötzer (CD I / 111), geb. 05.07.1891 Freilingen, gest. 04.11.1973 Farmington, Minnesota. 8. Nikolaus Giefer (CD I / 25), geb. 08.05.1901 Freilingen, gest. 30.04.1988 Saint Paul, Minnesota.

XXVI Dokumente zu den Brüdern Hubert (CD I / 221) und Georg Bove (CD I / 81) aus Ahrhütte: 1. Foto Hubert Bove. 2. New York Daily Times vom 05.05.1852 betr. Nachricht über die Ankunft der „Charlemagne". 3. Bericht über den Sturm, in welchen die Charlemagne geriet. 4. Erinnerung an das 25jährige Priesterjubiläum des Hubert B. 5. Todesurkunde Hubert Bove. 6. Nachruf Hubert Bove aus der Katholischen Volkszeitung, Baltimore, Maryland vom 13.04.1907. 7. Foto Georg Bove. 8. Anträge auf Verleihung der Bürgerrechte des Georg Bove 1857. 9. Anträge auf Verleihung der Bürgerrechte des Georg Bove 1860. 10. Sterbeurkunde des Georg Bove. 11. Totenzettel des Georg Bove, Vorder- und Rückseite.

XXVII Nachruf Hubert Bonzelet (CD I /763) im Minnesota Volksfreund, Jordan, Februar 1907.

XXVIII Joseph Scheben 1. Aufruf an die Bewohner der Oberahr, Unterlagen zwecks Auswertung zur Verfügung zu stellen; in: Eifeler Nachrichten, Nr. 73 v. 30.08.1930.2. Erlebnisse in Amerika. Von Frau Anna Maria Schröder, geb. Giefer, in San Antonio, Florida, ehemals in Dollendorf (Oberahrgebiet).

XXIX General- und Spezialvollmacht des Mathias Trapp (CD I / 339), Granville, Iowa vom 12.10.1888.

XXX Auswandererbriefe: 1. Brief des August Sigel in Chicago (CD I / 736) von 1875 (?) an seinen Vetter Johann Rainer Sigel, Lommersdorf (s.a. Kap. 2.3.4); einschl. Transkription. 2. Brief des Hubert Daniels in Brighton (CD I / 8) an seinen Schwager Peter Rick vom 16.01.1888; einschl. Transkription. 3. Brief des Johann Joseph Robischon in Utica (CD I / 119) an seinen Enkel Johann Mathei in Bad Honnef, vom 03.10.1911; einschl. Transkription. 4. Brief des Peter Joseph Robischon (CD I / 122) an seine Nichte Gertrud Hansen geb. Mathei (CD I / 700), Waldorf, vom 16.12.1919; einschl. Transkription. 5. Brief des Hubert Robischon (CD I / 121) an seine Nichte Gertrud Hansen nebst Familie vom 16.12.1925; einschl. Übersetzung. 6. Brief des Johann Peetz (CD I / 252) an seine Ehefrau (CD I / 253) 1897; einschl. Transkription. 7. Brief des Mathias Sigel (CD I / 735) vom 17.04.1875 an seinen Vetter Johann Rainer Sigel (s.a. Kap. 2.3.4); einschl. Transkription. 8. Brief des Peter Jacob Schumacher (CD I / 79) an seine Eltern und Geschwister, verm. Mitte der 1880er Jahre; Transkription. 9. Brief des Peter Jacob Schumacher an seine Eltern und Geschwister vom 18.10.1889; einschl. Transkription. 10. Brief des Peter Jacob Schumacher an seine Eltern aus dem Jahre 1889 (?) mit von ihm übersetzten Zeilen seiner Frau; einschl. Transkription. 11. Brief des Peter Jacob Schumacher an seinen Bruder Johann Peter vom 30.09.1911; Transkription. 12. Brief des Peter Jacob Schumacher an „seinen" Vetter vom 05.11.1913; einschl. Transkription. 13. Brief der Mrs. Edw. Hoelle, Ernestine Schumacher, Tochter des Peter Jacob Schumacher an einen Vetter in Ahrhütte vom 08.02.1928; Übersetzung. 14. Undatierter Brief des Michael Hammes) (CD I / 146) an Matthias Krings aus Ripsdorf verm. von 1884/85; Transkription. 15. Brief des Peter Peetz, Bardenberg, an die Familie Johann Peetz (CD I / 252) nach dem 15.06.1888; einschl. Transkription. 16. Brief des Peter Peetz, Bardenberg, an die Familie seines verstorbenen Bruders Johann Peetz vom 20.02.1898; einschl. Transkription. 17. Brief des Peter Peetz, Bardenberg, an seine Schwägerin Wwe Johann Peetz (CD I / 253) vom 13.03.1898; einschl. Transkription 18. Brief von Katharina Miller geb. Lentzen (CD I / 239) in Detroit an ihren Schwager Johann Peetz (CD I / 252) in Nebraska vom 03.12.1894; einschl. Trankription. 19. Brief des Peter Joseph Robischon (CD I / 122) an seine (angeheiratete) Nichte, die Witwe des Johann Mathey, Bad Honnef, vom 15.08.1920; Transkription. 20. Brief des Hubert Robischon (CD I / 121) an seinen Neffen Johann Mathei, Bad Honnef, vom 02.07.1914; Transkription. 21. Brief des Peter Joseph Robischon (CD I / 122) an seine Nichte Gertrud Hansen geb. Mathei (CD I / 700) in Alendorf vom 15.08.1920 (S. 2); Transkription. 22. Brief des Michael Hammes (CD I / 146) an Matthias Krings aus Ripsdorf vom 12.02.1879; einschl. Transkription. 23. Brief des Matthias Trapp (CD I / 339) an seinen Vater vom 01. November 1871; Transkription. 24. Brief des Matthias Trapp an seinen Vater vom 29.04.1872; Transkription.

Anhang

XXXI Auszug aus der Schiffsliste der „Antarctic", welche am 03.09.1852 mit 16 Alendorfern an Bord New York erreichte. Dies waren Mitglieder der Familien Lentz (CD I / 584-586, 373, 378), Molitor (CD I / 927), Schäfer (CD I / 377, 896, 928-932) und Vogelsberg (CD I / 580, 643 und 926).

XXXII Landkaufverträge über je 40 acres. 1. Christoph Simons (CD I / 972). 22.02.1858 Brown County, Wisconsin. 2. Heinrich Simons (CD I / 486), 10.08.1850 Brown County, Wisconsin.

XXXIII Unterlagen betreffend Wilhelm Peetz (CD I / 238). 1. Vollmacht eines Nikolaus Sauer auf Peter Thönniges, Dollendorf vom 10.03.1888 zwecks Nachlassregelung der Mündel Heinrich Peetz (CD I / 240) und Wilhelm Peetz (geb. 25.12.1870 Detroit). 2. Totenschein des Wilhelm Peetz (CD I / 238).

Herkunft der Dokumente:
Nummern I, II, III, IV, V, VI und X: Ralf Gier
Nummer XI: Landesarchiv NRW Hauptstaatsarchiv Düsseldorf, Regierung Aachen Präsidium Nr. 448
Nummer XII: Landesarchiv NRW Hauptstaatsarchiv Düsseldorf, Regierung Aachen Nr. 5232 Bl. 77 - 113
Nummer XV: Landesarchiv NRW Hauptstaatsarchiv Düsseldorf, Regierung Aachen Nr. 18348, Band I, Bl. 105 - 107
Nummer XVI: Landesarchiv NRW Hauptstaatsarchiv Düsseldorf, Regierung Aachen Nr. 18349 Bl. 113
Nummer XVII: Landesarchiv NRW Hauptstaatsarchiv Düsseldorf, Regierung Aachen Nr. 18351 Bl. 62 – 64 u. 332
Nummer XVIII: Landesarchiv NRW Hauptstaatsarchiv Düsseldorf, Regierung Aachen Nr. 18354
Nummer XIX: Landesarchiv NRW Hauptstaatsarchiv Düsseldorf, Regierung Aachen Nr.18435 Bl. 2
Nummer XX: Landesarchiv NRW Hauptstaatsarchiv Düsseldorf, Regierung Aachen Nr. 18436 Bl. 64
Nr. XXI: Landesarchiv NRW Hauptstaatsarchiv Düsseldorf, Notare, Rep. 2471 Nr. 96 vom 21.04.1845
Nummer XXII: Landesarchiv NRW Hauptstaatsarchiv Düsseldorf, Regierung Aachen Rep. 2462 Nr. 1120 vom 12.10. 1863
Nummer XXVI: Maureen Shelley
Nummern XXV, XXVII, XXIX, XXX, XXXI, XXXII, XXXIII: Privatbesitz

Hinweis:
Alle Dokumente sind mit dem kostenfreien Acrobat Reader les- und ausdruckbar.
Die Dokumente I bis V liegen in einer Schauversion im Quer-Format vor; zusätzlich gibt es die Druckversion, bei der jeweils zwei DIN A4-Seiten zusammengehören. Und zwar wie folgt:

Dokument I   Seite 1 und S. 59, S. 2 und S. 60 etc. gehören zusammen..
Dokument II   Seite 1 und S. 71, S. 2 und S. 72 etc. gehören zusammen.
Dokument III Seite 1 und 5, 2 und 6, 3 und 7 sowie 4 und 8 gehören zusammen.
Dokument IV   Seite 1 und 3 sowie 2 und 4 gehören zusammen.
Dokument V   Seite 1 und S. 7, S. 2 und S. 8 etc. gehören zusammen.

Die in der 1. Spalte eingetragene Nummer entspricht der Angabe aus dem vorangegangenen Text (z.B. CD I / 317).

7.3 Auswanderer-Kurzliste
von Ralf Gier

Name	Vorname	Geburtsname	* Datum	Geburtsort	Jahr
Antony	Catharina		29.09.1862	Ahrdorf	1882
Antony	Michael		05.04.1857	Ahrdorf	1878
Antony	Nikolaus		05.05.1860	Ahrdorf	1882
Appel	Anton		18.05.1857	Lommersdorf	1884
Arens	Joseph				1845
Arimont	Peter		30.04.1814	Prüm	1845
Arimont	Peter Jacob		12.10.1840	Dollendorf	1851
Arth	Joseph		21.01.1871	Alendorf	1924
Arth	Peter		18.12.1868	Alendorf	
Bach	Johann Michael		16.03.1829	Alendorf	1855
Baltes	Anna Maria	Frings	26.08.1824	Uedelhoven	1855
Baltes	Anna Maria		30.12.1840	Uedelhoven	1855
Baltes	Christina		09.01.1835	Uedelhoven	1855
Baltes	Christoph		18.03.1837	Uedelhoven	1855
Baltes	Hubert		03.02.1802	Uedelhoven	1855
Baltes	Johann Joseph		30.06.1846	Uedelhoven	1855
Baltes	Maria Katharina		09.09.1832	Uedelhoven	1855
Baltes	Michael		07.01.1844	Uedelhoven	1855
Baltes	Peter Joseph		24.03.1830	Uedelhoven	1855
Bartholomies	Peter		23.05.1878	Blankenheimerdorf	1902
Becker	Anna		22.01.1852	Freilingen	1852
Becker	Anna Maria		07.05.1847	Freilingen	1852
Becker	Elisabeth		17.05.1849	Freilingen	1852
Becker	Maria Anna	Plötzer	14.04.1822	Freilingen	1852
Becker	Paul		07.07.1814	Freilingen	1852
Berens	Magdalena	Stein	10.06.1827	Alendorf	1853
Berens	Maria		30.05.1852	Alendorf	1853
Berens	Nikolaus		09.12.1824	Olzheim	1853
Berg –	Franz		16.10.1862	Baasem	
Bernardy	Peter		10.02.1838	Feusdorf	1845
Besseler	Anna Magdalena		11.10.1864	Rohr	1873
Besseler	Johann		17.09.1839	Rohr	1873

Name	Vorname	Geburtsname	* Datum	Geburtsort	Jahr
Besseler	Johann Joseph		06.12.1834	Rohr	1873
Besseler	Joseph		05.09.1867	Rohr	1873
Besseler	Joseph Anton		03.10.1811	Lindweiler	1873
Betteldorf	Anna	Lenzen	01.04.1819	Dollendorf	1854
Betteldorf	Johann		04.12.1817	Dollendorf	1854
Betteldorf	Peter		23.02.1852	Dollendorf	1854
Betteldorf	Valentin		14.12.1843	Dollendorf	1854
Beus	Anna Maria	Schneider	28.08.1829	Rohr	1852
Beus	Bartholomäus		23.05.1824	Essingen	1852
Bierter	Anna Maria		13.12.1830	Blankenheimerdorf	1842
Bierter	Arnold		07.05.1834	Blankenheimerdorf	1842
Bierter	Elisabeth	Hess	07.04.1789	Blankenheimerdorf	1842
Bierter	Johann Joseph		24.06.1810	Blankenheimerdorf	1842
Bierter	Maria Katharina		26.09.1821	Blankenheimerdorf	1842
Bierter	Peter Joseph		24.01.1828	Blankenheimerdorf	1842
Bierter	Wilhelm		13.12.1782	Blankenheimerdorf	1842
Blaeser	Michael			Urft	
Blum	Gertrud		27.09.1851	Dollendorf	1860
Blum	Johann		03.04.1853	Mülheim	
Bonzelet	Hubert		27.11.1829	Uedelhoven	1855
Bonzelet	Hubert		21.03.1869	Uedelhoven	1888
Bove	Anna Catharina	Kutsch	30.08.1800	Waldorf	1855
Bove	Anna Caterina		21.02.1842	Ahrhütte, Do	1852
Bove	Anna Gertrud		24.12.1833	Ahrhütte, Do	1852
Bove	Anna Gertrud		22.12.1828	Ahrhütte, Do	1852
Bove	Anna Margaretha		29.01.1852	Ahrhütte, Do	1852
Bove	Catharina	Stockard	13.12.1829	Waldorf	1855
Bove	Catharina		20.03.1832	Waldorf	1855
Bove	Christian		28.11.1851	Waldorf	1855
Bove	Christian		1797	Ahrdorf	1855
Bove	Georg		26.05.1826	Ahrhütte, Do	1852
Bove	Hubert		16.01.1836	Ahrhütte, Do	1852
Bove	Johann		25.01.1825	Waldorf	1854
Bove	Johann		20.10.1838	Ahrhütte, Do	1852
Bove	Magdalena	Giefer	18.01.1827	Ahrdorf	1852
Bove	Margaretha		16.09.1850	Ahrhütte, Do	1852

Auswanderer-Kurzliste

Name	Vorname	Geburtsname	* Datum	Geburtsort	Jahr
Bove	Maria Catharina		11.07.1831	Ahrhütte, Do	1852
Bove	Mathias		18.01.1827	Waldorf	1855
Bove	Michael		23.08.1829	Waldorf	1855
Bove	Peter Joseph		20.03.1795	Dollendorf	1852
Bove	Valentin		01.10.1853	Waldorf	1855
Braden	Peter		29.06.1821	Dollendorf	1855
Brenner	Maria		28.06.1874	Wershofen	1892
Breuer	Johann		06.11.1829	Blankenheim	1855
Breuer	Joseph		19.12.1831	Blankenheim	1855
Broich	Anna Maria		22.01.1821	Ripsdorf	1852
Broich	Peter Hubert		29.09.1818	Ripsdorf	1862
Brück	Anna Maria		20.12.1850	Blankenheimerdorf	1852
Brück	Barbara		05.09.1845	Blankenheimerdorf	1852
Brück	Elisabeth	Ehlen	27.08.1825	Ripsdorf	1852
Brück	Johann		29.11.1847	Blankenheimerdorf	1852
Brück	Peter		15.04.1820	Blankenheimerdorf	1852
Caspers	Johann Peter		12.08.1872	Dollendorf	1901
Caspers	Peter		17.06.1861	Dollendorf	1886
Christmann	Anna Catharina		20.10.1836	Uedelhoven	1846
Christmann	Anna Gertrud		04.04.1834	Uedelhoven	1846
Christmann	Anna Maria	Hellendahl	23.08.1807	Uedelhoven	1846
Christmann	Anna Maria		02.02.1789	Uedelhoven	1846
Christmann	Christina		30.10.1844	Uedelhoven	1846
Christmann	Hubert		03.01.1796	Uedelhoven	1846
Christmann	Nicolaus		25.10.1838	Uedelhoven	1846
Christmann	Peter Joseph		05.05.1842	Uedelhoven	1846
Claes	Johann		15.07.1805	Blankenheimerdorf	1842
Cremer	Anna Christina		15.11.1817	Reetz	1842
Cremer	Anna Helena	Hermes	12.12.1832	Waldorf	1855
Cremer	Elisabeth		05.01.1852	Waldorf	1855
Cremer	Hermann Josef		03. 03.1815	Reetz	1842
Cremer	Jacob August		28.8.1830	Reetz	1842
Cremer	Johann Joseph		12.12.1827	Reetz	1842
Cremer	Joseph		09.08.1826	Waldorf	1855
Cremer	Maria Catharina		21.06.1820	Reetz	1842
Cremer	Martin Aloysius		21.11.1822	Reetz	1842

Name	Vorname	Geburtsname	* Datum	Geburtsort	Jahr
Cremer	Matthias		02.01.1783	Reetz	1842
Cremer	Nicolaus		23.02.1832	Ripsdorf	1852
Cremer	Peter		03.10.1853	Waldorf	1855
Cremer	Peter		17.04.1818	Ripsdorf	1855
Cremer	Peter Josef		21.04.1825	Reetz	1842
Cremer	Petronella		29.12.1821	Waldorf	1855
Cremer	Veronika	Schnell	23.10.1787	Freilingen	1842
Dahmen	Franz Peter		1831 ?		1855
Dahmen	Maria Anna	Mungen	1831 ?		1855
Dalboth	Anna Maria	Radermacher	27.03.1774	Lommersdorf	1845
Daniels	Anna Catherina		30.01.1842	Freilingen	1844
Daniels	Anna Maria	Wassong	23.08.1847	Mülheim	1886
Daniels	Catherina		12.12.1844	Freilingen	1845
Daniels	Helena		11.08.1852	Mülheim	1883
Daniels	Hubert		05.02.1818	Freilingen	1845
Daniels	Jacob		31.07.1826	Freilingen	1844
Daniels	Johann		21.01.1837	Freilingen	1844
Daniels	Johann		26.07.1872	Mülheim	1886
Daniels	Joseph		01.10.1867	Mülheim	1884
Daniels	Margaretha		30.01.1842	Freilingen	1845
Daniels	Margaretha		03.06.1839	Freilingen	1844
Daniels	Margaretha		14.09.1809	Freilingen	1844
Daniels	Maria Catherina	Rick	16.08.1803	Schloßthal	1845
Daniels	Maria Luise		02.01.1885	Mechernich	1886
Daniels	Mathias		05.11.1824	Freilingen	1842
Daniels	Mathias Wilhelm		24.04.1883	Mechernich	1886
Daniels	Michael		16.06.1840	Mülheim	1886
Daniels	Nicolaus		14.09.1811	Freilingen	1844
Daniels	Peter		22.10.1873	Mülheim	1886
Daniels	Peter Jos. Hubert		02.11.1875	Mülheim	1886
Daniels	Veronika	Hamacher	10.06.1807	Freilingen	1844
Diederichs	Anna Gertrud		10.10.1837	Rohr	1852
Diederichs	Anna Magdalena		27.05.1835	Rohr	1852
Diederichs	Anna Maria	Caster	03.01.1813	Rohr	1852
Diederichs	Anna Maria		09.11.1839	Rohr	1852
Diederichs	Catharina		20.06.1841	Rohr	1852

Name	Vorname	Geburtsname	* Datum	Geburtsort	Jahr
Diederichs	Elisabeth		12.11.1831	Rohr	1852
Diederichs	Jacob		02.09.1798	Rohr	1852
Diederichs	Johann		21.02.1847	Rohrer Mühle	1852
Diederichs	Johann Peter		30.01.1843	Rohrer Mühle	1852
Diederichs	Maria Magdalena		04.11.1833	Rohr	1852
Diederichs	Michael		17.09.1850	Rohrer Mühle	1852
Dorn	Anna Katharina		19.05.1854	Ahrdorf	1856
Dorn	Anna Maria		06.01.1857	Ahrdorf	1868
Dorn	Anton		21.09.1849	Ahrdorf	1856
Dorn	Barbara		14.11.1851	Ahrdorf	1868
Dorn	Johann Hubert		22.11.1845	Ahrdorf	1856
Dorn	Lambert		26.03.1823	Ahrdorf	1868
Dorn	Magdalena		23.08.1847	Ahrdorf	1856
Dorn	Margaretha	Kohl	12.09.1819	Ahrdorf	1856
Dorn	Mathias		18.03.1819	Ahrdorf	1856
Dorn	Peter		17.03.1849	Ahrdorf	1868
Dorn	Philipp		29.05.1864	Ahrdorf	1868
Dreimüller	Ernst		26.10.1865	Lommersdorf	1895
Dreimüller	Gerhard		06.04.1861	Lommersdorf	
Dreimüller	Hubert		30.08.1857	Lommersdorf	
Ehlen	Gertrud		23.02.1844	Blankenheimerdorf	1846
Ehlen	Jakob		11.11.1871	Lommersdorf	1892
Ehlen	Joseph		02.11.1822	Ripsdorf	1848
Ehlen	Margaretha		15.07.1845	Blankenheimerdorf	1846
Ehlen	Maria Anna	Hess	17.11.1817	Blankenheimerdorf	1846
Ehlen	Nikolaus		23.09.1817	Ripsdorf	1846
Eich	Gerhard		06.04.1862	Freilingen	1906
Eich	Johann		25.08.1865	Freilingen	
Faymonville	Anna Gertrud	Meyer	10.01.1799	Stadtkyll	1846
Faymonville	Johann Wilhelm		15.06.1825	Blankenheim	1844
Faymonville	Joseph		11.06.1784	Hammerhütte	1846
Faymonville	Margaretha Antonette Hammerhütte	1846		06.04.1820	
Faymonville	Tillmann Joseph		24.01.1819	Hammerhütte	1844
Fingerhut	Heinrich		19.09.1852	Ahrhütte, Fr	1869
Fingerhut	Richard		23.07.1845	Ahrhütte, Fr	

Name	Vorname	Geburtsname	* Datum	Geburtsort	Jahr
Flesch	Anna Maria	Reinardy	15.07.1833	Hoffeld	1867
Flesch	Jacob		12.08.1836	Ahrhütte, Do	1855
Flesch	Michael		08.11.1834	Ahrhütte, Do	1867
Friederichs	Joseph		03.06.1860	Blankenheimerdorf	1884
Friedrichs	Anna Elisabeth		22.03.1840	Dollendorf	1868
Friedrichs	Anna Elisabeth	Mies	13.01.1816	Dollendorf	1868
Friedrichs	Anna Katharina		23.07.1838	Dollendorf	1868
Friedrichs	Johann		05.11.1848	Dollendorf	1868
Friedrichs	Johann Peter		23.10.1808	Gerolstein	1868
Friesen	Elisabeth		01.09.1833	Blankenheimerdorf	1868
Friesen	Johann Peter		14.06.1840	Blankenheimerdorf	1866
Friesen	Maria Anna	Jansen	26.05.1798	Dorchheim	1868
Friesen	Wilhelm		01.10.1842	Blankenheimerdorf	1868
Froidevaux	Carl		10.07.1797	Frankfurt a.M.	1854
Froidevaux	Peter		27.06.1824	Koblenz	1854
Gau	Johannes Joseph		13.09.1782	Dollendorf	1845
Gau	Veronica		29.02.1820	Dollendorf	
Geduldig	Anna		24.02.1836	Dollendorf	1854
Geduldig	Anton		06.11.1839	Dollendorf	1854
Geduldig	Heinrich		31.12.1837	Dollendorf	1854
Geduldig	Johann Peter		07.06.1833	Dollendorf	1854
Geduldig	Wilhelm		03.08.1806	Müsch	1854
Genz	Andreas		25.01.1816	Wahlen	1852
Genz	Anna Catharina		18.10.1830	Rohr	1852
Genz	Anna Christina	Victor	21.06.1785	Wahlen	1852
Genz	Anna Gertrud		19.05.1824	Wahlen	1852
Genz	August Joh. Jos.		25.04.1846	Rohr	1852
Genz	Helena		29.06.1850	Rohr	1852
Genz	Joseph		19.03.1848	Rohr	1852
Genz	Peter			Wahlen	1845
Genz	Petronella	Prämassing	29.08.1812	Rohr	1852
Gerhards	Margaretha	Pickartz	14.08.1860	Ahrdorf	
Giefer	Anna Catharina	von Berg	15.09.1824	Aremberg	1889
Giefer	Anna Gertrud	Hommertzheim	14.05.1836	Rohr	1868
Giefer	Anna Maria		25.10.1863	Dollendorf	1885
Giefer	Anna Maria	Hommertzheim	31.05.1841	Rohr	1874

Auswanderer-Kurzliste

Name	Vorname	Geburtsname	* Datum	Geburtsort	Jahr
Giefer	Bernard		04.01.1865	Dollendorf	1888
Giefer	Bernard		23.11.1839	Freilingen	1871
Giefer	Egidius		27.11.1829	Esch	1855
Giefer	Ernst		20.10.1872	Freilingen	1874
Giefer	Franz Xaver		10.03.1825	Blankenheim	1854
Giefer	Georg		17.10.1837	Freilingen	1866
Giefer	Gertrud		20.06.1864	Freilingen	1874
Giefer	Hubert		08.11.1867	Freilingen	1871
Giefer	Hubert		01.04.1870	Freilingen	1874
Giefer	Hubert		05.03.1869	Freilingen	1893
Giefer	Johann Joseph		16.02.1861	Freilingen	1868
Giefer	Johann Peter		20.10.1864	Freilingen	1871
Giefer	Joseph		19.01.1868	Freilingen	1868
Giefer	Josepha		06.04.1866	Freilingen	1874
Giefer	Katherina		28.10.1870	Freilingen	1871
Giefer	Lambert Joseph		20.04.1837	Freilingen	1874
Giefer	Ludwig		19.09.1830	Ahrdorf	1868
Giefer	Margaretha	Butscheid	08.07.1838	Lommersdorf	1871
Giefer	Matthias		13.06.1831	Ahrdorf	1857
Giefer	Matthias		27.05.1842	Freilingen	1868
Giefer	Matthias Joseph		02.01.1866	Freilingen	1871
Giefer	Nikolaus		08.05.1901	Freilingen	1926
Giefer	Peter		24.03.1818	Ahrhütte, Fr	1882
Giefer	Philipp		20.03.1862	Dollendorf	
Giefer	Wilhelm		01.05.1862	Freilingen	1868
Giefer	Wilhelm		19.11.1899	Freilingen	1926
Goebel	Gertrud		05.02.1882	Freilingen	1911
Goebel	Mathias		06.02.1861	Freilingen	
Goergens	Johann		17.03.1902	Blankenheimerdorf	1925
Görgens	Jacob		01.06.1827	Blankenheimerdorf	1855
Görgens	Peter		08.06.1858	Blankenheimerdorf	1883
Gräff	Anna Maria	Werner	05.08.1813	Freilingen	1843
Groß	Anna Barbara	Schäfer	13.02.1785	Alendorf	1845
Hamacher	Agnes		19.04.1845	Freilingen	1853
Hamacher	Anna Margaretha	Bäcker	10.06.1816	Aremberg	1853
Hamacher	Anna Maria		21.04.1847	Freilingen	1853

Anhang 310

Name	Vorname	Geburtsname	* Datum	Geburtsort	Jahr
Hamacher	Catharina		02.05.1851	Freilingen	1853
Hamacher	Elisabeth		07.04.1839	Freilingen	1853
Hamacher	Hubert		06.09.1799	Freilingen	1853
Hamacher	Johann		08.04.1815	Freilingen	1853
Hamacher	Mathias		18.06.1849	Freilingen	1853
Hamacher	Nicolaus		26.05.1853	Freilingen	1853
Hammes	Maria		03.11.1861	Dahlem	1868
Hammes	Maria Catharina	Lentz	01.12.1839	Dahlem	1868
Hammes	Maria Magdalena		29.06.1866	Ripsdorf	1868
Hammes	Mathias		29.03.1865	Ripsdorf	1868
Hammes	Michael		19.12.1827	Ripsdorf	1868
Hammes	Thomas		18.05.1868	Ripsdorf	1868
Handwerk	Barbara	Crump	30.07.1882	Birgel	1937
Handwerk	Peter Joseph		14.04.1881	Blankenheimerdorf	1908
Hansen	Anna Josepha	Berg	26.03.1832	Ahrdorf	1857
Hansen	Anton		01.08.1826	Reetz	1857
Hansen	Margaretha		09.09.1867	Alendorf	
Hansen	Nicolaus		29.10.1831	Alendorf	1851
Heck	Anna Barbara	Schäfer	30.08.1801	Alendorf	1853
Heck	Anna Luzia		24.12.1836	Alendorf	1853
Heck	Balthasar		22.04.1851	Alendorf	1881
Heck	Clara		18.07.1843	Alendorf	1853
Heck	Heinrich		10.02.1839	Alendorf	1853
Heck	Johann		26.02.1810	Alendorf	1853
Heck	Josef		17.02.1841	Alendorf	1853
Heck	Peter		05.10.1834	Alendorf	1853
Heck	Thomas		07.10.1856	Alendorf	1883
Heinen	Agnes	Schomers	30.07.1823	Lommersdorf	1868
Heinen	Anna Katharina		28.02.1856	Lommersdorf	1868
Heinen	Johann Hubert		30.11.1857	Lommersdorf	1868
Heinen	Peter		16.09.1853	Lommersdorf	1868
Heinen	Peter		08.10.1816	Dollendorf	1868
Hermes	Catharina		21.06.1851	Waldorf	1855
Hermes	Mathias		21.03.1849	Waldorf	1855
Hermes	Mathias		24.03.1828	Waldorf	1855
Hermes	Peter		24.04.1823	Waldorf	1855

Name	Vorname	Geburtsname	* Datum	Geburtsort	Jahr
Hermes	Peter		06.11.1853	Waldorf	1855
Hermes	Veronika	Mies	13.09.1827	Ahrmühle	1855
Hess	Anna Gertrud	Esser	01.02.1790	Blankenheimerdorf	1846
Hess	Friedrich		28.04.1792	Blankenheimerdorf	1846
Hess	Johann		14.03.1834	Blankenheimerdorf	1846
Hess	Johann Peter		08.05.1830	Blankenheimerdorf	1846
Hess	Joseph		05.11.1826	Blankenheimerdorf	1846
Hess	Peter		17.07.1820	Blankenheimerdorf	1846
Hess	Salentin		22.05.1822	Blankenheimerdorf	1846
Hilterscheid	Johann Peter			Hünckhoven	1864
Himmels	Josef		06.11.1867	Dollendorf	1868
Himmels	Margaretha Veronika	Friedrichs	03.02.1837	Dollendorf	1868
Himmels	Peter		15.02.1866	Dollendorf	1868
Himmels	Wilhelm		27.11.1834	Dollendorf	1868
Hochgürtel	Joseph		19.09.1900	Dollendorf	1926
Hochgürtel	Katharina	Schäfer	17.05.1903	Brühl	1929
Hoffmann	Anna Elisabeth		01.07.1820	Dollendorf	1847
Hoffmann	Anna Gudula		24.03.1835	Dollendorf	1853
Hoffmann	Anna Gudula			Philadelphia	1767
Hoffmann	Anna Helena		18.10.1832	Dollendorf	1853
Hoffmann	Anna Margaretha	Mies	26.11.1792	Dollendorf	1847
Hoffmann	Anna Margaretha		04.05.1832	Schloßthal	1847
Hoffmann	Carl Anton		15.08.1826	Dollendorf	1847
Hoffmann	Caspar		18.04.1753	Dollendorf	1754
Hoffmann	Elisabeth	Krebs		Dollendorf	1754
Hoffmann	Gertrud		18.06.1764	Philadelphia	1767
Hoffmann	Josef Peter		02.10.1840	Dollendorf	1853
Hoffmann	Lambert		04.04.1720	Rockeskyll	1754
Hoffmann	Margarethe		15.01.1838	Dollendorf	1853
Hoffmann	Maria Eva		05.01.1767	Philadelphia	1767
Hoffmann	Maria Josepha		31.07.1822	Dollendorf	1847
Hoffmann	Peter Joseph			Blankenheimerdorf	1851
Hoffmann	Peter Joseph		26.10.1818	Dollendorf	1847
Hoffmann	Sibilla	Klinkhammer	05.07.1803	Dollendorf	1853
Hoffmann	Susanna			Philadelphia	1767

Anhang 312

Name	Vorname	Geburtsname	* Datum	Geburtsort	Jahr
Hoffmann	Wilhelm		06.01.1800	Blankenheim	1853
Hohn	Valentin Joseph		12.03.1874	Bonn-Ippendorf	
Hommer	Anton		12.12.1853	Ahrdorf	1856
Hommer	Elisabeth	Berg	01.05.1824	Ahrdorf	1856
Hommer	Johann		15.03.1826	Kettig	1856
Hommer	Johann		15.09.1847	Ahrdorf	1856
Hommer	Joseph		01.02.1852	Ahrdorf	1856
Hommertzheim	Gerhard		01.06.1843	Rohr	1872
Huff	Andreas		31.01.1834	Blankenheimerdorf	1853
Huff	Anna Barbara		19.07.1825	Blankenheimerdorf	1852
Huff	Anna Maria	Esser	05.03.1796	Blankenheimerdorf	1853
Huff	Johannes		02.05.1838	Blankenheimerdorf	1853
Huff	Maximilian		30.05.1798	Blankenheimerdorf	1853
Huff	Stephan		05.06.1830	Blankenheimerdorf	1852
Huff	Wilhelm		11.08.1820	Blankenheimerdorf	1852
Huttanus	Carl Heinrich		18.08.1843	Blankenheim	1880
Jaax	Hubert		21.01.1840	Lindweiler	
Jackle	Johannes		04.09.1827	Blankenheimerdorf	1848
Jackle	Maria Anna		21.03.1825	Blankenheimerdorf	1851
Jackle	Peter		28.12.1819	Blankenheimerdorf	1851
Jacobs	Barbara Carolina	Mungen	18.05.1837	Blankenheim	1885
Jacobs	Peter Heinrich		12.03.1832	Gerderath	1885
Janes	Carl Joseph				
Jentges	Gertrud	Caspers	13.09.1842	Lissendorf	1869
Jentges	Peter		02.01.1841	Blankenheimerdorf	1869
Jöxen	Agnes		13.08.1867	Lommersdorf	
Jöxen	Friedrich Wilhelm		13.02.1859	Lommersdorf	
Juli	Anna Katharina		16.08.1837	Blankenheimerdorf	1842
Juli	Anna Katharina	Reetz	30.03.1812	Blankenheimerdorf	1842
Juli	Luzia		22.11.1835	Blankenheimerdorf	1842
Juli	Maria Clara		15.10.1841	Blankenheimerdorf	1842
Juli	Nikolas		26.08.1806	Betteldorf	1842
Juli	Peter		12.08.1839	Blankenheimerdorf	1842
Jungbluth	Daniel		28.04.1881	Dollendorf	1884
Jungbluth	Jakob		08.05.1878	Dollendorf	1884
Jungbluth	Johann		21.10.1873	Dollendorf	1884

Name	Vorname	Geburtsname	* Datum	Geburtsort	Jahr
Jungbluth	Joseph Peter		07.02.1845	Dollendorf	1869
Jungbluth	Maria Anna	Hoffmann	22.10.1847	Glaadt	1884
Jungbluth	Maria Anna		30.10.1876	Dollendorf	1884
Jungbluth	Peter		10.06.1875	Dollendorf	1884
Jungbluth	Peter Joseph		27.12.1879	Dollendorf	1884
Kaster	Arnold		16.01.1848	Rohr	1873
Ketges	Catharina		18.05.1879	Mülheim	1900
Ketges	Gertrud		07.04.1878	Mülheim	1914
Ketges	Johann Peter		27.11.1880	Mülheim	1905
Klären	Michael		13.11.1859	Lommersdorf	1884
Klären	Wilhelm		08.08.1857	Lommersdorf	
Klinkhammer	Anna Margareta		27.10.1844	Dollendorf	1852
Klinkhammer	Anna Maria		09.07.1851	Dollendorf	1852
Klinkhammer	Anna Maria	Vogelsberg	26.12.1843	Ripsdorf	1868
Klinkhammer	Anton		08.12.1817	Ripsdorf	1868
Klinkhammer	Christina	Stein	13.08.1829	Alendorf	1851
Klinkhammer	Gerhard		07.10.1849	Ripsdorf	
Klinkhammer	Gerhard		13.09.1803	Ripsdorf	1852
Klinkhammer	Gerhard		06.10.1836	Ripsdorf	1868
Klinkhammer	Johann		07.02.1839	Dollendorf	1852
Klinkhammer	Johann		24.11.1866	Ripsdorf	1868
Klinkhammer	Johann Friedrich Wilhelm		06.04.1839	Ripsdorf	1865
Klinkhammer	Johann Heinrich		14.11.1841	Dollendorf	1852
Klinkhammer	Joseph		20.02.1805	Dollendorf	1852
Klinkhammer	Joseph		07.03.1841	Ripsdorf	1852
Klinkhammer	Margaretha	Vogelsberg	29.04.1809	Ripsdorf	1852
Klinkhammer	Margarethe	Mahlberg	29.03.1813	Dollendorf	1852
Klinkhammer	Maria Anna		12.06.1845	Ripsdorf	1852
Klinkhammer	Nicolaus		11.03.1864	Ripsdorf	1868
Klinkhammer	Peter		24.07.1821	Ripsdorf	1852
Klinkhammer	Peter		25.11.1843	Ripsdorf	1852
Klinkhammer	Wilhelm		17.11.1848	Dollendorf	1852
Klinkhammer	Wilhelm		22.02.1812	Dollendorf	1852
Klöckner	Christina		14.02.1850	Uedelhoven	1855
Klöckner	Eva		01.11.1846	Uedelhoven	1855
Klöckner	Hubert		13.01.1819	Uedelhoven	1855

Name	Vorname	Geburtsname	* Datum	Geburtsort	Jahr
Klöckner	Johann		06.10.1844	Uedelhoven	1855
Klöckner	Joseph		11.09.1854	Uedelhoven	1855
Klöckner	Katharina	Leyendecker	07.12.1818	Niederehe	1855
Klöckner	Nicolaus		11.10.1843	Uedelhoven	1855
Koch	Hubert		11.02.1858	Rohr	1887
Köller	Catherina Josephine	/ Faymonville	05.03.1822	Hammerhütte	1844
Köller	Hubert		18.03.1819	Lommersdorf	1844
Körner	Petronella	Udelhoven	23.05.1826	Rohr	1853
Krebs	Johann		17.08.1838	Lommersdorf	
Krebs	Peter		01.08.1810	Lommersdorf	1840
Kremer	Anna		20.08.1826	Blankenheim	1846
Kremer	Bartholomäus		29.09.1792	Daun-Waldkönigen	1846
Kremer	Carl		09.11.1832	Blankenheim	1846
Kremer	Christina		03.04.1838	Blankenheim	1846
Kremer	Johann Peter		08.04.1821	Daun-Waldkönigen	1846
Kremer	Maria		18.03.1830	Blankenheim	1846
Kremer	Maria Catharina	Funck	27.03.1815	Niederprüm	1846
Kremer	Maria Catharina	Lenzen	15.08.1794	Kerpen-Loogh	1846
Krings	Johann		25.08.1865	Hüngersdorf	1891
Krings	Johann		08.09.1803	Ripsdorf	1851
Krings	Joseph		30.08.1793	Ripsdorf	1851
Krings	Margaretha	Klein	29.08.1849	Jünkerath-Glaadt	1874
Krings	Peter		05.11.1839	Hüngersdorf	1874
Krumpen	Heinrich		07.08.1821	Blankenheim	1852
Krusing	Anna Gertrud		06.08.1863	Lommersdorf	1874
Krusing	Catharina		10.03.1869	Lommersdorf	1883
Krusing	Gerhard		23.02.1865	Lommersdorf	1883
Krusing	Hubert		18.08.1870	Lommersdorf	1883
Krusing	Maria Louisa	Ehlen	02.07.1841	Urft	1883
Krusing	Peter		28.08.1867	Lommersdorf	1883
Krusing	Wilhelm		09.09.1838	Lommersdorf	1883
Kurth	Anna Gertrud	Schnichels	10.05.1810	Rohr	1852
Kurth	Gerhard		06.02.1827	Rohr	1852
Kurth	Margaretha		19.04.1846	Rohr	1852
Kurth	Petronella		16.04.1841	Rohr	1852
Kurth	Siegbert		10.09.1810	Rohr	1852

Name	Vorname	Geburtsname	* Datum	Geburtsort	Jahr
Lamberty	Johannes		23.08.1844	Rohr	1872
Lambertz	Anna Gertrud	Schröder	06.08.1831	Ahrdorf	1871
Lentz	Anna Barbara	Molitor	14.04.1801	Alendorf	1852
Lentz	Anna Catharina		24.02.1834	Alendorf	1852
Lentz	Friedrich Wilhelm Thomas		23.11.1841	Alendorf	1852
Lentz	Johann Josef		13.02.1796	Alendorf	1852
Lentz	Johann Josef		24.02.1834	Alendorf	1852
Lentz	Matthias		27.08.1839	Alendorf	1852
Lentz	Nikolaus		21.03.1826	Alendorf	1852
Lentz	Peter		15.10.1829	Alendorf	1847
Lentz	Thomas		12.10.1831	Alendorf	1851
Lentz	Valentin		14.11.1836	Alendorf	1852
Lenz	Valentin		27.10.1841	Blankenheimerdorf	
Lenzen	Anna	Friedrichs	17.11.1841	Dollendorf	1868
Lenzen	Heinrich		23.07.1840	Dollendorf	1868
Lenzen	Johann		07.10.1834	Dollendorf	1855
Leuwer	Joseph		10.01.1862	Dollendorf	1883
Linden	Anton		16.07.1847	Waldorf	
Lorent	Catherina	Mungen	21.04.1815	Blankenheim	1853
Lorent	Clara		08.12.1847	Blankenheim	1853
Lorent	Clemens		06.06.1845	Blankenheim	1853
Lorent	Franziska		02.06.1840	Blankenheim	1853
Lorent	Nicolaus		07.09.1811	St. Vith	1853
Lorent	Reinhard		17.04.1850	Blankenheim	1853
Mahlberg	Elisabeth		02.09.1852	Dollendorf	1853
Mahlberg	Heinrich		30.08.1850	Merzbach b. Rheinbach	1883
Mahlberg	Heinrich Joseph		11.11.1815	Dollendorf	1853
Mahlberg	Margarethe	Müller	1833		1853
Malaise	Anna Maria	Schwartz	06.06.1819	Freilingen	1843
Malaise	Hubert		19.02.1816	Iveldingen	1843
Malaise	Joseph		13.12.1841	Freilingen	1843
Mannheim	Johann		24.03.1823	Kärlich	1852
Mannheim	Veronika	Berg	01.07.1826	Ahrdorf	1852
Marjan	Catharina	Klaesgen	23.02.1834	Reifferscheid	1868
Marjan	Hubert		01.11.1830	Ahrdorf	1868
Marjan	Lambert		10.04.1790	Lommersdorf	1868

Name	Vorname	Geburtsname	* Datum	Geburtsort	Jahr
Marjan	Maria Eva		14.07.1867	Ahrdorf	1868
Marjan	Nicolaus		13.10.1835	Lommersdorf	
Marx	Gertrud	Christmann	14.02.1793	Uedelhoven	1846
Marx	Leonhard				1846
Mathei	Gertrud		03.09.1884	Ahrhütte, Do	
Mathei	Johann		22.01.1856	Freilingen	
Maus	Johannes		06.09.1854	Blankenheimerdorf	1885
Maus	Mathias		03.03.1841	Alendorf	
May	Maria Anna	Reintges	22.11.1838	Dollendorf	1868
May	Stephan		13.03.1842	Wanderath	1869
Meyer	Anna Catharina	Wilkem	09.04.1820	Nohn	1852
Meyer	Anna Katharina		14.01.1852	Dollendorf	1852
Meyer	Anna Magdalena	Molitor	22.10.1812	Alendorf	1854
Meyer	Barbara		15.06.1842	Alendorf	1854
Meyer	Gertrud		26. 8. 1876	Mülheim	
Meyer	Helena	Prang	28.07.1821	Ahrdorf	1865
Meyer	Hermann		23.12.1868	Mülheim	
Meyer	Hubert		07.08.1825	Ahrdorf	1865
Meyer	Hubert		26.05.1860	Ahrdorf	1865
Meyer	Johann		12.05.1812	Dollendorf	1852
Meyer	Johann		27. 3. 1885	Mülheim	
Meyer	Johann Nicolaus		31.03.1847	Alendorf	1854
Meyer	Maria		25.05.1863	Alendorf	
Meyer	Maria Anna Johanna		02.09.1852	Alendorf	1854
Meyer	Maria Catharina		30.10.1856	Ahrdorf	1865
Meyer	Mathias		20.05.1850	Alendorf	1854
Meyer	Nicolaus		05.08.1844	Alendorf	
Meyer	Nikolaus		24.02.1849	Dollendorf	1852
Meyer	Theodor		16.03.1848	Alendorf	
Meyer	Valentin		17.02.1810	Alendorf	1854
Meyer	Wilhelm		05.04.1879	Mülheim	
Mies	Amalia	Gitzen	09.06.1820	Schönecken	1853
Mies	Brigitte		29.12.1830	Dollendorf	1855
Mies	Caspar		21.11.1852	Dollendorf	1853
Mies	Catharina	July	09.11.1813	Betteldorf	1845
Mies	Franz		24.10.1840	Dollendorf	1845

Auswanderer-Kurzliste

Name	Vorname	Geburtsname	* Datum	Geburtsort	Jahr
Mies	Franz Georg		17.02.1820	Dollendorf	1852
Mies	Gerhard		02.11.1834	Ahrmühle	
Mies	Heinrich		28.12.1848	Dollendorf	1853
Mies	Johann		20.09.1839	Ahrmühle	
Mies	Johann		24.04.1830	Blankenheimerdorf	1855
Mies	Johann		03.08.1833	Waldorf	
Mies	Johann		24.11.1855	Dollendorf	
Mies	Johann Peter		20.02.1851	Dollendorf	1853
Mies	Johann Peter		12.11.1826	Dollendorf	1855
Mies	Nicolaus		25.03.1835	Dollendorf	1855
Mies	Peter		07.04.1813	Dollendorf	1845
Mies	Peter		06.09.1842	Dollendorf	1845
Mies	Wilhelm		23.01.1823	Dollendorf	1853
Mohren	Karl		06.09.1864	Mülheim	1895
Molitor	Johann Joseph		04.03.1842	Königsdorf	
Molitor	Laurentius		14.10.1818	Alendorf	1845
Molitor	Thomas		28.12.1772	Alendorf	1852
Müller	Anna	Himmels	28.05.1807	Dollendorf	1852
Müller	Anna Margaretha		15.03.1840	Uedelhoven	
Müller	Barbara	Genz	30.07.1821	Wahlen	1852
Müller	Cäcilia		30.12.1846	Rohr	1852
Müller	Catharina		08.02.1849	Rohr	1852
Müller	Catharina		07.02.1842	Schloßthal	1852
Müller	Christina	Bove	24.09.1802	Uedelhoven	
Müller	Heinrich		23.12.1845	Schloßthal	1852
Müller	Heinrich Johann		30.05.1802	Dollendorf	1852
Müller	Hubert		12.07.1845	Uedelhoven	
Müller	Hubert		18.11.1806	Lindweiler	1842
Müller	Jacob		07.07.1821	Rohr	1852
Müller	Johann		15.07.1811	Mülheim	1852
Müller	Johannes		05.05.1848	Schloßthal	1852
Müller	Joseph		04.07.1833	Ahrhütte, Fr	1869
Müller	Ludwig		15.04.1844	Schloßthal	1852
Müller	Maria Katharina		25.12.1842	Uedelhoven	
Müller	Mathias		23.11.1851	Rohr	1852
Müller	Peter Anton		17.01.1840	Schloßthal	1852

Name	Vorname	Geburtsname	* Datum	Geburtsort	Jahr
Nelles	Christina		13.01.1843	Waldorf	1852
Nelles	Johann		25.07.1836	Waldorf	1852
Nelles	Johann		14.01.1807	Gönnersdorf	1852
Nelles	Katharina	Hermes	29.11.1815	Waldorf	1852
Nelles	Peter		13.03.1850	Waldorf	1852
Neumann	Amalia		11.12.1858	Ahrdorf	
Nücken	Anna	Kurth	14.09.1812	Rohr	1842
Nücken	Hubert		29.10.1811	Hümmel	1842
Nücken	Maria Eva		13.07.1837	Rohr	1842
Nücken	Peter Joseph		26.08.1839	Rohr	1842
Oeliger	Maria Katharina		13.09.1875	Dollendorf	1890
Pauls	Johann Peter		31.12.1857	Dollendorf	
Pauls	Peter		10.12.1853	Dollendorf	
Pauly	Johann Joseph		25.11.1826	Ripsdorf	1852
Peetz	Heinrich		28.09.1869	Dollendorf	1870
Peetz	Johann		07.07.1844	Dollendorf	1883
Peetz	Katharina	Lentzen	22.01.1848	Dollendorf	1870
Peetz	Margarethe		14.10.1877	Dollendorf	1883
Peetz	Maria Katharina	Treinen	03.08.1855	Dollendorf	1883
Peetz	Peter		17.02.1879	Dollendorf	1883
Peetz	Wilhelm		03.11.1841	Dollendorf	1870
Peil	Gertrud	Wolff	29.05.1842	Blankenheimerdorf	1889
Pesch	Sophia	Lorent		St. Vith	1846
Pesch	Wilhelm		17.10.1854	Nohn	1877
Pfeil	Franz		06.07.1853	Waldorf	
Pick	Anna		13.12.1843	Dollendorf	1845
Pick	Anna	Stils	04.01.1805	Dollendorf	1845
Pick	Anna Maria		11.08.1838	Dollendorf	1845
Pick	Elisabeth Huberta		19.10.1835	Dollendorf	1845
Pick	Johann		08.11.1840	Dollendorf	1845
Pick	Joseph		04.05.1805	Dollendorf	1845
Pick	Margarethe		18.05.1834	Dollendorf	1845
Pickartz	Gertrud		17.10.1849	Mülheim	1851
Pickartz	Lucia	Ackermann	09.09.1817	Hillesheim	1851
Pickartz	Peter		28.02.1844	Blankenheimerdorf	
Pickartz	Peter		07.10.1803	Mülheim	1851

Name	Vorname	Geburtsname	* Datum	Geburtsort	Jahr
Pickartz	Rosa		03.12.1846	Mülheim	1851
Plötzer	Joseph		09.04.1820	Freilingen	1852
Plützer	Peter		07.04.1864	Hüngersdorf	1891
Praemassing	Heinrich		28.08.1818	Reetz	
Pütz	Anna Maria	Weiskopf	25.09.1851	Mülheim	
Pütz	Gertrud		07.01.1871	Mülheim	
Pütz	Helena		07.08.1883	Mülheim	
Pütz	Herm. Josef		24.10.1887	Mülheim	
Pütz	Johann		04.09.1851	Mülheim	
Pütz	Joseph (Gerh.)		04.03.1879	Mülheim	
Pütz	Maria (Eva)		25.09.1889	Mülheim	
Pütz	Peter		20.03.1859	Mülheim	
Radermacher	Anna		21.05.1893	Ahrdorf	1893
Radermacher	Anna Catherina	Neumann	05.06.1864	Ahrdorf	1893
Radermacher	Anna Margaretha		20.08.1887	Ahrdorf	1893
Radermacher	Heinrich		08.11.1890	Ahrdorf	1893
Radermacher	Johann Hubert		02.09.1856	Ahrdorf	1893
Radermacher	Maria Gertrud		23.12.1888	Ahrdorf	1893
Raths	Cäcilia	Marjan	19.01.1823	Ahrdorf	1862
Raths	Gerhard		18.08.1829	Ahrdorf	1862
Reetz	Barbara		14.09.1873	Lommersdorf	1874
Reetz	Christian		21.09.1814	Dollendorf	1845
Reetz	Gerhard		17.03.1829	Ripsdorf	1855
Reetz	Gertrud	Crusing	03.09.1838	Lommersdorf	1874
Reetz	Hubert		21.11.1841	Mülheim	1874
Reetz	Johann		19.09.1851	Ripsdorf	
Reetz	Joseph		24.03.1870	Lommersdorf	1874
Reetz	Peter		06.07.1784	Aremberg	1842
Reetz	Sophia		14.09.1871	Lommersdorf	1874
Reifferscheid	Anna Margaretha		16.01.1885	Alendorf	1893
Reifferscheid	Barbara	Reifferscheid	20.01.1861	Alendorf	1893
Reifferscheid	Johann Josef		02.03.1888	Alendorf	1893
Reifferscheid	Josef Johann Baptist		07.04.1850	Alendorf	1893
Reifferscheid	Maria Louisa		21.12.1891	Alendorf	1893
Reifferscheid	Peter Martin		17.08.1886	Alendorf	1893
Reifferscheid	Siegbert		26.01.1890	Alendorf	1893

Anhang

Name	Vorname	Geburtsname	* Datum	Geburtsort	Jahr
Reinartz	Anna		09.01.1843	Dollendorf	1845
Reinartz	Brigitta	Heinen	28.05.1804	Dollendorf	1845
Reinartz	Johann Lukas		17.10.1835	Dollendorf	1845
Reinartz	Peter Joseph		09.03.1833	Dollendorf	1845
Reinartz	Xaver		29.04.1806	Ahrhütte, Do	1845
Reintges	Maria Eva	Hutsch	11.11.1824	Dollendorf	1852
Reintges	Maria Josepha		1845	Dollendorf	1868
Reintges	Peter		07.01.1814	Dollendorf	1852
Reintges	Siegbert		15.11.1862	Lommersdorf	
Reintges	Susanna		26.03.1851	Dollendorf	1852
Richarz	Martin		1824	Mülheim	
Robischon	Anna Maria		09.11.1866	Ahrhütte, Do	1883
Robischon	Barbara	Metzen	23.04.1839	Leudersdorf	1883
Robischon	Ernst		14.05.1873	Ahrhütte, Do	1883
Robischon	Gertrud		14.09.1871	Ahrhütte, Do	1883
Robischon	Hubert, gen. Herbert		05.03.1862	Ahrhütte, Do	1883
Robischon	Johann Joseph		19.04.1828	Ahrhütte, Do	1883
Robischon	Johann Joseph		25.11.1879	Ahrhütte, Do	1883
Robischon	Maria Eva		03.07.1874	Ahrhütte, Do	1883
Robischon	Matthias		10.10.1868	Ahrhütte, Do	1883
Robischon	Michael		13.09.1878	Ahrhütte, Do	1883
Robischon	Peter		29.06.1863	Ahrhütte, Do	1883
Rohles (Roles)	Barbara		17.01.1856	Ahrdorf	1856
Rohles (Roles)	Franziska	Berg	06.03.1829	Ahrdorf	1856
Rohles (Roles)	Maria		24.07.1853	Ahrdorf	1856
Rohles (Roles)	Peter		21.09.1823	Bitburg	1856
Rohles (Roles)	Xaver		14.10.1851	Ahrdorf	1856
Rohr	Anna Margaretha	Udelhoven	23.10.1833	Aremberg	1868
Rohr	Franz Mathias		17.05.1864	Rohr	1868
Rohr	Hermann Joseph		08.02.1863	Rohr	1868
Rohr	Joseph Anton		08.04.1839	Rohr	1868
Rohr	Maria Anna		11.02.1867	Rohr	1868
Rollmann	Barbara	Plötzer	05.07.1891	Freilingen	1923
Rüth	Agnes	Brenner	10.04.1807	Lommersdorf	1845
Rüth	Anna Margaretha	Croisin	29.06.1796	Lommersdorf	1844
Rüth	Anna Maria		23.04.1842	Lommersdorf	1845

Name	Vorname	Geburtsname	* Datum	Geburtsort	Jahr
Rüth	Gerhard		27.10.1833	Lommersdorf	1844
Rüth	Gertrud		25.11.1785	Lommersdorf	1844
Rüth	Hubert Valentin		14.02.1830	Lommersdorf	1844
Rüth	Johann Reiner		11.09.1801	Lommersdorf	1845
Rüth	Josef		10.11.1792	Lommersdorf	1844
Rüth	Lambert		27.12.1831	Lommersdorf	1844
Rüth	Magdalena		06.07.1844	Lommersdorf	1845
Rüth	Margaretha		08.08.1839	Lommersdorf	1845
Rüth	Maria Anna		16.01.1838	Lommersdorf	1844
Schäfer	Angela		15.05.1828	Alendorf	1852
Schäfer	Anna Barbara		07.06.1845	Alendorf	1852
Schäfer	Anna Luzia		22.02.1831	Alendorf	1852
Schäfer	Johann		15.05.1792	Alendorf	1852
Schäfer	Johann Peter		05.08.1826	Alendorf	1852
Schäfer	Maria Catharina	Lux	28.01.1802	Duppach	1852
Schäfer	Mathias		28.08.1841	Alendorf	1852
Schäfer	Susanna		21.06.1838	Alendorf	1852
Scherer	Arnold		23.11.1833	Blankenheim	1853
Scherer	Daniel		21.10.1835	Blankenheim	1853
Schleder	Margarethe	Mies	24.07.1868	Dollendorf	1906
Schlemmer	Anna	Vogelsberg	07.02.1842	Ripsdorf	1868
Schlemmer	Johann Joseph		16.02.1813	Blankenheim	1852
Schlemmer	Joseph		02.02.1840	Ripsdorf	1868
Schmahl	Peter		15.03.1870	Blankenheimerdorf	1889
Schmitz	Agnes		27.02.1825	Lommersdorf	1842
Schmitz	Anna Katharina		26.05.1831	Blankenheimerdorf	1857
Schmitz	Anna Katharina	Schnorrenberg	03.03.1801	Wiesbaum	1857
Schmitz	Elisabeth		29.01.1835	Blankenheimerdorf	1857
Schmitz	Friedrich		20.12.1825	Blankenheimerdorf	1852
Schmitz	Gerhard		21.12.1831	Lommersdorf	1842
Schmitz	Johann		04.12.1845	Alendorf	
Schmitz	Johann Joseph		25.08.1802	Lommersdorf	1842
Schmitz	Johann Joseph		06.03.1834	Lommersdorf	1842
Schmitz	Johann Peter		03.03.1836	Blankenheimerdorf	1869
Schmitz	Joseph		09.08.1826	Blankenheimerdorf	1857
Schmitz	Lambert		25.02.1835	Lommersdorf	1842

Anhang 322

Name	Vorname	Geburtsname	* Datum	Geburtsort	Jahr
Schmitz	Magdalena		04.02.1841	Blankenheimerdorf	1857
Schmitz	Peter		24.04.1795	Blankenheimerdorf	1857
Schmitz	Peter		17.12.1828	Blankenheimerdorf	1857
Schneider	Anna Magdalena	Caster	22.07.1805	Rohr	
Schneider	Anna Maria		14.04.1858	Rohr	1873
Schneider	Anna Maria		02.08.1871	Rohr	1873
Schneider	Anna Maria Juditha	/ Klinkhammer	13.10.1814	Dollendorf	1853
Schneider	Anton		31.03.1873	Rohr	1873
Schneider	Johann Joseph		03.05.1868	Rohr	1873
Schneider	Johannes		21.01.1863	Rohr	1873
Schneider	Josef Anton		06.09.1835	Rohr	
Schneider	Joseph		29.08.1825	Binsfeld, Krs. Düren	1853
Schneider	Margaretha	Sticken	10.04.1830	Lindweiler	1873
Schneider	Peter Martin		15.04.1865	Rohr	1873
Schnell	Anna Maria		01.12.1844	Lommersdorf	1845
Schnell	Anton		230.8.1829	Reetz	1845
Schnell	Christian		17.05.1838	Reetz	1845
Schnell	Gertrud	May	04.01.1813	Schönecken	1845
Schnell	Maria		04.07.1834	Reetz	1845
Schnell	Peter		27.07.1796	Lommersdorf	1845
Schnichels	Apollonia	Bertram	04.03.1827	Müllenbach	1868
Schnichels	Jacob		25.05.1867	Hüngersdorf	1868
Schnichels	Johann		07.12.1851	Hüngersdorf	1868
Schnichels	Johann Wilhelm		30.12.1850	Rohr	1870
Schnichels	Mathias		14.09.1822	Ripsdorf	1868
Schnichels	Peter		15.03.1827	Ripsdorf	
Schomers	Hubert		18.02.1857	Lommersdorf	
Schröder	Anton		10.08.1823	Hüngersdorf	1852
Schröder	Catharina		01.10.1850	Ahrdorf	1862
Schröder	Johann		02.01.1843	Ahrdorf	1862
Schröder	Johann Joseph		01.04.1799	Ahrdorf	1862
Schröder	Joseph		11.04.1834	Ahrdorf	1862
Schröder	Maria Catharina	Radermacher	02.12.1805	Ahrdorf	1862
Schröder	Peter		22.03.1837	Ahrdorf	1862
Schumacher	Anna		11.01.1861	Ahrhütte, Do	1883
Schumacher	Anna Gertrud	Bierter	21.04.1815	Blankenheimerdorf	1842

Name	Vorname	Geburtsname	* Datum	Geburtsort	Jahr
Schumacher	Hermann Joseph		06.04.1827	Reetz	
Schumacher	Johann		19.08.1813	Blankenheimerdorf	1842
Schumacher	Peter Jacob		13.01.1853	Ahrhütte, Do	1881
Schweiss	Josef		25.02.1846	Blankenheim	1873
Siebgen	Heinrich Joseph		03.01.1844	Lommersdorf	1871
Siebgen	Philipp Hubert		13.07.1875	Lommersdorf	1893
Sigel	August		23.05.1845	Lommersdorf	1868
Sigel	Mathias		27.11.1836	Lommersdorf	1868
Simons	Anna Barbara		02.01.1844	Blankenheimerdorf	1846
Simons	Christoph		01.11.1804	Blankenheimerdorf	1843
Simons	Elisabeth		01.01.1840	Blankenheimerdorf	1846
Simons	Elisabeth	Handwerk	08.03.1811	Blankenheimerdorf	1846
Simons	Franziska		03.02.1842	Blankenheimerdorf	1846
Simons	Heinrich		20.06.1798	Blankenheimerdorf	1846
Simons	Maria Anna		01.01.1840	Blankenheimerdorf	1846
Simons	Maria Katharina		30.12.1837	Blankenheimerdorf	1846
Söns	Nikolaus		14.02.1833	Alendorf	1854
Söns	Thomas		15.01.1842	Alendorf	
Steffens	Johann				1884
Stein	Joseph		23.04.1832	Ahrhütte, Do	1869
Sticken	Anna Barbara		30.04.1844	Lindweiler	1847
Sticken	Anna Helena		15.02.1843	Lindweiler	1847
Sticken	Anna Maria	Müller	30.07.1809	Lindweiler	1847
Sticken	Jacob		07.10.1845	Lindweiler	1847
Sticken	Johannes Jacob		05.04.1847	Lindweiler	1847
Sticken	Sibert		26.06.1814	Lindweiler	1847
Stockart	Anna Maria	Molitor	31.08.1815	Alendorf	1845
Stockart	Gertrud		01.07.1841	Alendorf	1845
Stockart	Johann		18.10.1800	Alendorf	1845
Stockart	Thomas		02.01.1840	Alendorf	1845
Stöcker	Adam		12.08.1814	Barweiler	1864
Stöcker	Johann Anno		14.06.1852	Lommersdorf	1864
Stöcker	Johann Mathias		23.02.1845	Ahrhütte, Do	1864
Stöcker	Margaretha		07.06.1843	Ahrhütte, Do	1864
Stöcker	Maria Gertrud	Hilterscheid	09.03.1819	Barweiler	1864
Stöcker	Wilhelm		14.12.1847	Ahrhütte, Fr	1864

Anhang 324

Name	Vorname	Geburtsname	* Datum	Geburtsort	Jahr
Strack	Anna Maria	Mies	08.07.1823	Dollendorf	1855
Stump	Anna Margaretha	Mies	28.02.1836	Ahrmühle	1887
Stump	Anna Margaretha		28.06.1870	Ahrmühle	1887
Stump	Elisabeth		13.05.1862	Ahrmühle	1887
Stump	Heinrich		16.06.1875	Ahrmühle	1887
Stump	Jakob		29.01.1834	Kerpen (Kr.Daun)	1887
Stump	Johann		02.02.1865	Ahrmühle	1889
Stump	Magdalena		10.03.1873	Ahrmühle	1887
Stump	Peter Joseph		31.05.1867	Ahrmühle	1887
Sturm	Friedrich Wilhelm		25.09.1861	Lommersdorf	
Trapp	Matthias		18.05.1840	Blankenheim	1870
Trapp	Nicolaus		19.11.1853	Blankenheim	1873
Treinen	Johann Baptist		29.08.1846	Dollendorf	1881
Treinen	Margarethe	Nicolai	01.08.1815	Schönecken	1881
Treinen	Maria Amalia Eva	Rosa	19.03.1845	Dollendorf	1871
Treinen	Matthias Napoleon		19.02.1850	Dollendorf	1869
Treinen	Nikolaus		10.01.1852	Dollendorf	1881
Trimborn	Ernestina	Uedelhoven	23.08.1860	Freilingen	1887
Uedelhoven	Anna Maria		13.02.1852	Freilingen	1885
Uedelhoven	Arnold		18.02.1852	Rohr	1853
Uedelhoven	Elisabeth		31.08.1849	Freilingen	1885
Uedelhoven	Gertrud		30.05.1868	Freilingen	1885
Uedelhoven	Jacob		27.05.1850	Rohr	1853
Uedelhoven	Johann		09.11.1815	Lommersdorf	1885
Uedelhoven	Maria Catharina	Müller	04.01.1824	Rohr	1853
Uedelhoven	Nicolaus		01.05.1855	Freilingen	1885
Uedelhoven	Peter		26.04.1858	Freilingen	1885
Uedelhoven	Peter Joseph		17.05.1824	Rohr	1853
Uedelhoven	Susanna	Schmitz	05.06.1823	Daleiden	1885
Uedelhoven	Valentin		08.07.1863	Freilingen	1885
Vogelsberg	Catherina	Trappen	22.04.1829	Ripsdorf	1852
Vogelsberg	Gertrud	Lentz	27.01.1824	Alendorf	1852
Vogelsberg	Matthias Joseph		27.01.1823	Alendorf	1852
Vogelsberg	Nicolaus		10.04.1850	Alendorf	1852
Vogelsberg	Nicolaus		01.09.1810	Ripsdorf	1868
Vogelsberg	Peter		07.05.1847	Ripsdorf	1868

Name	Vorname	Geburtsname	* Datum	Geburtsort	Jahr
Vogelsberg	Thomas		03.12.1819	Ripsdorf	1852
Volheim	Anna Elisabeth	Schneider	05.08.1804	Weyer	1852
Volheim	Franz Joseph		26.09.1836	Weyer	1852
Volheim	Hermann Joseph		17.04.1834	Weyer	1852
Volheim	Hubert Anton Joseph		28.11.1842	Lommersdorf	1852
Volheim	Johann Heribert		01.03.1799	Eiserfey	1852
Wassong	Eduard		20.08.1848	Roh	
Wawer	Joseph		15.03.1834	Blankenheim	
Weber	Andreas		29.08.1865	Kirmutscheid	
Weber	Anna Maria	Müller	14.01.1847	Rohr	
Weber	Carl Caspar		15.02.1816	Blankenheim	1852
Weber	Carl Jacob		28.08.1842	Blankenheim	1853
Weber	Catharina	Goebel	16.12.1817	Freilingen	1853
Weber	Johann				
Weber	Joseph		16.08.1844	Blankenheim	
Weber	Mathias		14.12.1850	Blankenheim	1853
Weber	Veronica		16.11.1849	Blankenheim	1853
Werner	Anna	Rösch	27.10.1800	Aremberg	1843
Werner	Jacob		22.05.1788	Freilingen	1843
Werner	Johannes		27.04.1837	Freilingen	1843
Werner	Joseph		30.12.1841	Freilingen	1843
Werner	Magdalena		06.02.1816	Freilingen	1843
Werner	Maria Eva		12.01.1830	Freilingen	1843
Werner	Mathias		06.04.1832	Freilingen	1843
Werner	Peter		12.06.1819	Freilingen	1843
Werner	Wilhelm		16.07.1825	Freilingen	1843
Wilms	Heinrich Joseph		30.01.1883	Blankenheim	1883
Wilms	Johannes Joseph		26.02.1858	Blankenheim	1883
Wilms	Magdalena	Pauly	07.09.1856	Ripsdorf	1883
Wirtz	Jakob		06.07.1825	Mechernich-Hostel	1855
Wirtz	Johann Peter		21.05.1853	Waldorf	1855
Wirtz	Ursula	Bove	28.09.1822	Waldorf	1855
Wolff	Anna Gertrud	Molitor	30.04.1804	Alendorf	1851
Wollmerath	Jakob		16.04.1828	Uedelhoven	1855
Wurms	Catharina		26.11.1833	Ahrhütte, Fr	1857
Wurms	Johann		12.12.1830	Ahrhütte, Fr	1855

Name	Vorname	Geburtsname	* Datum	Geburtsort	Jahr
Zart	Matthias		09.10.1862	Dollendorf	
Zenser	Valentin		18.07.1866	Ahrhütte, Fr	1889
Zimmer	Carl Ernst		16.07.1834	Freilingen	
Zimmer	Jean Piere				
Zimmer	Magdalena				
Zimmermann	Anna Barbara	Crusing	21.01.1807	Lommersdorf	1852
Zimmermann	Anna Maria		02.08.1846	Lommersdorf	1852
Zimmermann	Catharina		04.08.1843	Lommersdorf	1852
Zimmermann	Jacob		09.05.1841	Lommersdorf	1852
Zimmermann	Johannes		24.09.1834	Lommersdorf	1852
Zimmermann	Lambert		01.11.1809	Lommersdorf	1852
Zimmermann	Lambert		06.01.1839	Lommersdorf	1852
Zimmermann	Margaretha		16.06.1836	Lommersdorf	1852

7.4 Quellen und Literatur
Ralf Gier

7.4.1 Quellen

Aktenbestände

Landesarchiv NRW, Hauptstaatsarchiv Düsseldorf

Regierung Aachen

Nr. 18348	Auswanderungen, Kreis Gemünd, 2 Bände	1817 - 1843
Nr. 18349	Auswanderungen, Kreis Schleiden. Band 2	1844 – 1849
Nr. 18350	Auswanderungen, Kreis Schleiden. Band 3	1850 – 1864
Nr. 18351	Auswanderungen, Kreis Schleiden. Band 4	1864 – 1875
Nr. 18352	Auswanderungen, Kreis Schleiden. Band 5	1875 – 1889
Nr. 18353	Auswanderungen, Kreis Schleiden. Band 6	1889 - 1922
Nr. 18354	Erteilung des Bürgerrechts im Kreis Schleiden, Bd. 1	1859 - 1892
Nr. 18355	Erteilung des Bürgerrechts im Kreis Schleiden, Bd. 2	1892 – 1921
Nr. 18358	Auswanderungen, Kreis Monschau, Band 3	1847 - 1857
Nr. 18389	Verleitung von Einwohnern und besonders Fabrikarbeitern zum Auswandern 1841 - 1885	
Nr. 18390	Verleitung von Einwohnern und besonders Fabrikarbeitern zum Auswandern 1885 - 1898	
Nr. 18391	Verleitung von Einwohnern und besonders Fabrikarbeitern zum Auswandern 1898 - 1923	
Nr. 18435	Konzessionen zu Auswanderungs Agenturen, Bd. 1	1850 - 1857
Nr. 18436	Konzessionen zu Auswanderungs Agenturen, Bd. 2	1857 - 1869
Nr. 18437	Konzessionen zu Auswanderungs Agenturen, Bd. 3	1869 - 1883
Nr. 18438	Konzessionen zu Auswanderungs Agenturen, Bd. 4	1883 - 1896
Nr. 18439	Konzessionen zu Auswanderungs Agenturen, Bd. 5	1896 – 1924
Nr. 18840	Konzessionen zu Auswanderungs Agenturen, Bd. 6	1925 – 1930
Nr. 18945	Feststellung der Staatsangehörigkeitsverhältnisse ausgewanderter Personen, Bd. 1 1858 – 1894	
Nr. 18946	Feststellung der Staatsangehörigkeitsverhältnisse ausgewanderter Personen, Bd. 2 1894 – 1896	
Nr. 18947	Feststellung der Staatsangehörigkeitsverhältnisse ausgewanderter Personen, Bd. 3 1897 – 1899	
Nr. 18948	Feststellung der Staatsangehörigkeitsverhältnisse ausgewanderter Personen, Bd. 4 1899 - 1901	
Nr. 18949	Feststellung der Staatsangehörigkeitsverhältnisse ausgewanderter Personen, Bd. 5 1901 – 1904	

Anhang 328

Nr. 18950	Feststellung der Staatsangehörigkeitsverhältnisse ausgewanderter Personen, Bd. 6 1906 – 1909
Nr. 18951	Feststellung der Staatsangehörigkeitsverhältnisse ausgewanderter Personen, Bd. 7 1910 – 1917
Nr. 18952	Feststellung der Staatsangehörigkeitsverhältnisse ausgewanderter Personen, Bd. 8 1918 – 1922
Nr. 18953	Feststellung der Staatsangehörigkeitsverhältnisse ausgewanderter Personen, Bd. 9 1922 – 1923
Nr. 18954	Feststellung der Staatsangehörigkeitsverhältnisse ausgewanderter Personen, Bd. 10 1923 - 1924
Nr. 19373	Verzeichnis der ausgewanderten Personen 1872-1878[636]

Präsidialbüro Aachen

Nr. 448   Ein- und Auswanderungen, Band 1   1816 - 1856

Regierung Düsseldorf

Nr. 11966   Kreis Mülheim, Auswanderungen, Band 2   1882 – 1888
Nr. 12004   Kreis Essen-Oberhausen, Auswanderungen, Band 5   1879
Nr. 12005   Kreis Essen-Oberhausen, Auswanderungen, Band 6   1880

Aktenbestände
Landesarchiv NRW, Hauptstaatsarchiv Düsseldorf, Zweigstelle Schloß Kalkum
Notare
Abels, Johann Georg
Rep. 2478   21.09.1847 – 29.06.1851   Urkunde Nr. 1 - 1085
Rep. 2468   Namensverzeichnis
Becker, Julius
Rep. 2479   02.08.1878 – 16.05.1894   Urkunde Nr. 1 - 5740
Rep. 2480   17.05.1894 – 30.12.1899   Urkunde Nr. 5741 – 7109
Rep. 5419   03.01.1900 – 30.12.1901
Rep. 5420   07.01.1902 – 31.12.1903
Rep. 5421   04.01.1904 – 29.12.1905
Rep. 5422   02.01.1906 – 13.06.1907
Rep. 2468   Namensverzeichnis (bis 1899)
Cremer, Carl Hermann Josef Hubert
Rep. 2469   Jahr VIII der französischen Republik – 30.12.1826
Rep. 2470   01.01.1827 – 21.09.1836
Rep. 2471   01.10.1836 – 01.07.1847

Rep. 2472 Testamente der Jahre VIII der französischen Republik bis 1847
Rep. 2472 a Namensverzeichnis

Decker, Heinrich

Rep. 5423	08.02.1915 – 31.12.1916	
Rep. 5424	06.01.1917 – 16.10.1918	
Rep. 5425	16.10.1918 – 26.11.1919	
Rep. 5426	26.11.1919 – 27.06.1921	
Rep. 5427	27.06.1921 – 15.05.1923	

Graffweg, Carl Maria Hubert

Rep. 2462	01.07.1861 – 31.03.1868	Urkunde Nr. 1 - 3260
Rep. 2463	31.03.1868 – 02.03.1878	Urkunde Nr. 3261 – 8163

Notare

Rep. 2464	02.03.1878 – 30.04.1878	Urkunde Nr. 8164 – 8284
Rep. 2468	Namensverzeichnis	

Lanser, Augustin Wilhelm

Rep. 2465	02.08.1851 – 05.03.1856	Urkunde Nr. 1 – 1384
Rep. 2466	05.03.1856 – 16.02.1860	Urkunde Nr. 1385 – 2679
Rep. 2467	17.02.1860 – 31.06.1861	Urkunde Nr. 2680 – 3210
Rep. 2468	Namensverzeichnis	

Landesarchiv NRW, Personenstandsarchiv Brühl

Geburts-, Heirats und Sterbebücher (1798-1875) nachstehender Bürgermeistereien:
Blankenheim, Dollendorf, Eicks, Eschweiler, Holzmülheim-Tondorf, Kronenburg, Lommersdorf, Marmagen, Münstereifel, Münstereifel-Land, Pier, Poppelsdorf, Rheinbach, Tondorf, Vussem, Wahlen, Wallenthal, Weyer

Gemeindeverwaltung Blankenheim

Geburts-, Heirats- und Sterbebücher der ehemaligen Standesämter:
·Blankenheim
·Dollendorf
·Lommersdorf

Pfarrarchiv Blankenheim

Alendorf	Taufbuch	1798 - 1900
Blankenheim	Taufbuch	1798 – 1900
Blankenheimerdorf	Taufbuch	1798 – 1900
Dollendorf	Taufbuch	1798 – 1855
Lommersdorf	Taufbuch	1839 - 1890

Mülheim	Taufbuch	1798 – 1900
Reetz	Taufbuch	1798 – 1872
Ripsdorf	Taufbuch	1798 - 1909
Rohr	Taufbuch	1812 - 1900

Pfarrarchiv Dollendorf

Bruderschaftsbuch	1664 - 1913
Taufbuch (Abschrift)	1687 – 1855
Taufbuch	1856 – 1926
Trauungsbuch	1739 – 1939
Totenbuch	1739 - 1939

Kreismuseum Blankenheim

Bürgermeistereichroniken

Bürgermeisterei		Fundort des Originalbandes
Blankenheim	Band 1 = 1825 - 1847	Pfarrarchiv Bl'heim im BDA Aachen[637]
	Band 3 = 1848 – 1872/79	Pfarrarchiv Bl'heim im BDA Aachen[638]
Dollendorf	Band 1 = 1825 - 1849	Pfarrarchiv Bl'heim im BDA Aachen
	Band 2 = 1850 - 1872	Pfarrarchiv Bl'heim im BDA Aachen
	Band 3 = 1873 - 1894	Pfarrarchiv Bl'heim im BDA Aachen
Lommersdorf	Band 1 = 1823 – 1847	Pfarrarchiv Bl'heim im BDA Aachen
	Band 4 = 1848 – 1861	
	Band 2 = 1862 – 1878	Pfarrarchiv Bl'heim im BDA Aachen[639]
	Band 5 = 1879 - 1888	
	Band 3 = 1889 – 1894	Pfarrarchiv Bl'heim im BDA Aachen[640]

Kreisarchiv Euskirchen

Zeitungen / Zeitungsartikel

Unterhaltungsblatt und Anzeiger für den Kreis Schleiden und Umgegend 1860-1902

Gesetz- und Verordnungsblätter

Amtsblatt der Regierung zu Aachen	1840 - 1890
Öffentlicher Anzeiger von Aachen	1840 - 1890

Aktenpublikationen

Aachen 1827	Der Regierungs-Bezirk Aachen topographisch beschrieben, J.A. Mayer, Aachen, 1827
Aachen 1852	Der Regierungsbezirk Aachen topographisch-statistisch dargestellt, Selbstverlag der Kgl. Reg. Aachen, 1852

Aachen 1865	Statistik des Regierungsbezirkes Aachen, Verlag von Benrath & Vogelgesang, Aachen, 1865
Auswanderer aus dem Rheinland	Auswanderer aus dem Rheinland. Emigranten aus den Regierungsbezirken Aachen, Düsseldorf und Köln 1816-1934, CD-ROM, in: Veröffentlichungen der Staatlichen Archive des Landes Nordrhein-Westfalen, Reihe C: Quellen und Forschungen, Band 37, Düsseldorf, 1997
Census 1850	1850 U.S. Federal Census Index (AIS): IL, IN, MI, MN, WI, www.ancestry.com, Provo, Utah, 2003
Census 1860	1860 U.S. Federal Census Index (AIS): IL, IN, MN, WI, www.ancestry.com, Provo, Utah, 2003
Census 1870	1870 U.S. Federal Census Index (AIS): DE, DC, IL, IN, MN, PA, www.ancestry.com, Provo, Utah, 2002
Germans to America	Germans to America; Lists of Passengers Arriving at U.S. Ports, vols. 1ff., [Baltimore, Boston, New Orleans, New York, Philadelphia], Glazier, Ira A.; Filby, P. William (Hrsg.), Scholarly Resources, Inc., Wilmington, Delaware, 1988ff.
Germans to America 1850-74	Germans to America, 1850-1874, in: Family Tree Maker's Family Archives. Passenger and Immigration Lists, www.genealogy.com, CD-ROM, USA, 1999
Germans to America 1875-88	Germans to America, 1875-1888, in: Family Tree Maker's Family Archives. Passenger and Immigration Lists, www.genealogy.com, CD-ROM, USA, 2003
Volkszählung 1871	Die Gemeinden und Gutsbezirke der Rheinprovinz und ihre Bevölkerung (Volkszählung 01.12.1871), S. 215-221, Verlag des Kgl. Statistischen Bureaus, Berlin, 1874
Volkszählung 1885	Gemeindelexikon für die Rheinprovinz (Volkszählung 01.12.1885), S. 218-223, Verlag des Kgl. Statistischen Bureaus, Berlin, 1888
Volkszählung 1895	Gemeindelexikon für die Rheinprovinz (Volkszählung 02.12.1895), S. 224-229, Verlag des Kgl. Statistischen Bureaus, Berlin, 1897
Volkszählung 1910	Statistik des Deutschen Reichs, Die Volkszählung im Deutschen Reiche am 01.12.1910, Erster Teil, S. 103-109, Verlag von Puttkammer & Mühlbrecht, Berlin, 1915
Volkszählung 1925	Gemeindelexikon für den Freistaat Preußen (Volkszählung vom 16.06.1925), S. 117-119, Verlag des Preußischen Statistischen Landesamts Berlin, Berlin, 1930

7.4.2 Literatur

Nachschlagewerke

Eifelführer 1912 Eifelführer 1912, S. 133, Eifelverein, Trier, 1914

Eifelführer 1922 Eifelführer 1922, S. 103, Eifelverein, Trier, 1922

Eifelführer 1930 Eifelführer 1930, S. 123, Eifelverein, Trier, 1930

Handbuch Aachen 1962 Handbuch des Bistums Aachen, Zweite Ausgabe, Generalvikariat, Aachen, 1962

Handbuch Aachen 1994 Handbuch des Bistums Aachen, Dritte Ausgabe, Generalvikariat, Aachen, 1994

Handbuch Trier 1938 Handbuch des Bistums Trier, 19. Ausgabe, Diözesanarchiv, Trier, 1938

Monographien, Beiträge in Zeitschriften und Sammelwerke

Adelmann, Gerhard Der gewerblich-industrielle Zustand der Rheinprovinz im Jahre 1836, Ludwig Röhrscheid Verlag, Bonn 1967

Antwerpen Hafen Der Hafen von Antwerpen o.V., 1910

Arntz, H.-Dieter Judenverfolgung u. Fluchthilfe im deutsch-belgischen Grenzgebiet, Euskirchen 1993

Arntz, H.-Dieter Judaica. Juden in der Voreifel, Euskirchen 1983

Außem, Franz-Josef Die Pflanzenwelt der Dollendorfer Kalkmulde in der Eifel, in: Rheinische Landschaften, Heft 42, RVDL, Köln 1994

Baales, Peter Geschichte und Geschichten rund um Blankenheimerdorf und von der Oberahr, S. 131-135, Selbstverlag, Blankenheimerdorf 2004

Baales, Peter, Hrsg. Karl Otermann; Die Heimat erhellen, Selbstverlag, Blankenheim 2005

Bade, Klaus J. Deutsche im Ausland, Fremde in Deutschland, Migration in Geschichte und Gegenwart, C.H.Beck, München 1992

Bär, Max Die Behördenverfassung der Rheinprovinz seit 1815, in: Publikationen der Gesellschaft für Rheinische Geschichtskunde XXXV, Droste Verlag GmbH, Düsseldorf 1919, 2. Nachdruck 1998

Barthel, Annekethe Feste, Feiern, Freudentage. Die besonderen Ereignisse eines Schülerlebens, in: Tafel, Griffel, Rutenstock. 150 Jahre Eifeler Volksschulleben, Arbeitskreis Eifeler Museen, Meckenheim 1989

Bauer, Hermann Josef; Meyer, Wilhelm; Schumacher, Wolfgang Das Naturschutzgebiet Lampertstal bei Blankenheim (Ahr), in: Rheinische Landschaften, Heft 19, Rheinischer Verein für Denkmalpflege und Landschaftsschutz (RVDL), Köln 1981

Becker, Hans Ulrich Mülheim - das >>welsche<< Eifeldorf, in: Jahrbuch Kreis Euskirchen 1998, S. 117-119, Kreisverwaltung Euskirchen 1997

Becker, Johannes Geschichte der Pfarreien des Dekanats Blankenheim, J.B. Bachem, Köln 1893

Bendermacher, Justinus Die dörflichen Hausformen der Nordeifel, Konz 1991

Bendermacher, Justinus Dorfformen im Rheinland, Rheinischer Verein für Denkmalpflege und Landschaftsschutz, Köln 1971

Berghold, Alexander Indianer-Rache oder Die Schreckenstage von New Ulm (Graz, 2.Aufl. 1892), Reprint: Monument Press, P.O. Box 844, New Ulm, MN, o.J.

Berlin, Jörg; Schmoock, Matthias Auswandererhafen Hamburg, Medien-Verlag Schubert, Hamburg 2000

Bermann, Eleanor New York, Dorling Kindersley Verlag GmbH, München 2004

Blaustein, Jens Die Praxis der europäischen Auswanderung nach Amerika und die Bedingungen für die Emigranten während der Überfahrt, Hausarbeit, Institut für Amerikanistik, Uni Leipzig 1998

Blum, Jakob (Hrsg.) 1200 Jahre Wiesbaum, Ortsgemeinde Wiesbaum 2004

Böffgen, Pater Josef Auswanderer der Pfarrei Gerolstein nach Amerika im 19. Jahrhundert, in: Gerolstein, Ortschroniken des Trierer Landes, Band 19., Stadt Gerolstein 1986

Böhmert, Wilhelm Die Hamburg-Amerika-Linie und der Norddeutsche Lloyd, Leonhard Simion Nachfolger, Berlin 1909

Brandt, Peter; Hoffmann, Tomas; Zilkenat, Reiner Kirche und Schule als staatserhaltende Institutionen, in: Preußen. Versuch einer Bilanz, Band 3: Preußen. Zur Sozialgeschichte eines Staates, Rowohlt, Hamburg 1981

Brinkmann, Theodor Aus dem Wirtschaftsleben der Eifelbauern, in: Eifel-Festschrift zur 25jährigen Jubelfeier des Eifelvereins, Selbstverlag, Bonn 1913

Bromme, Traugott Hand- und Reisebuch für Auswanderer nach den Vereinigten Staaten von Amerika, Bayreuth 1848

Bromme, Traugott Rathgeber für Auswanderungslustige, Stuttgart 1846. transkribiert vom Max Kade, Institute for German American Studies at the University of Wisconsin– Madison

Bungartz, Hermann Hubert Bonzelet, ein Uedelhovener in Amerika, in: Üllewer Weckepeller, 6. Jahrgang, Nr. 2, Jugendgruppe Uedelhoven 1996

Bungartz, Hermann Dollendorf/Eifel - Landschaft und Geschichte, 2. Aufl., A. Rosenkranz, Hillesheim 1989

Bungartz, Hermann Notzeiten an der Oberahr, in: Jahrbuch des Kreises Euskirchen 1996, Kreisverw. Euskirchen 1997

Bungartz, Hermann Von Dollendorf nach Minnesota, in: Jahrbuch Kreis Euskirchen 1993, Kreisverw. Euskirchen 1992

Caspers, Herbert u.a. Dollendorf - Bilder eines Eifelortes, Rheinland Verlag GmbH, Köln 1993

Dahm, Laura Die deutsche Rückwanderung aus Amerika im 19. Jahrhundert, Hauptseminararbeit, Johannes Gutenberg-Universität Mainz, Deutsches Institut - Abt. Kulturanthropologie / Volkskunde, Hauptseminar: Migration und Kulturtransfer 2000

Deggim, Christina; Harzig, Christiane Deutschland im Gepäck. Deutsche Auswanderung zwischen 1875 und 1880, dokumentiert in Berichten und Grafiken aus „Frank Leslie's Illustrirter Zeitung", Bremerhaven 1987

Doppelfeld, Wolfgang Postamt in Blankenheim geschlossen, in: Um Burg und Quelle, Nr. 90, Heimatverein Blankenheim 1999

Ehlers, Wilhelm Fünfzig Jahre Norddeutscher Lloyd, Carl Schünemann, Bremen 1907

Eifelfestschrift Eifel-Festschrift zur 25jährigen Jubelfeier des Eifelvereins, Selbstverlag, Bonn 1913

Eifelverein, Ortsgruppe Blankenheim Auswanderungen, in: Heimatkundliche Mitteilungen des Eifelvereins für den Oberahrbezirk, Nr. 13, S. 1-5, Ortsgruppe Blankenheim des Eifelvereins, 1955; s.a. CD XIII

Eifelverein, Ortsgruppe Chicago Silbernes Jubiläum. Eifelverein Chicago. 1937, Chicago

Faas, Franz Josef Hungerleider, Bildungsträger, Respektspersonen. Stationen der Entwicklung des Lehrerstandes, in: Tafel, Griffel, Rutenstock. 150 Jahre Eifeler Volksschulleben, Arbeitskreis Eifeler Museen, Meckenheim 1989

Ferber, Franz Josef Zu schwach um aufzustehen. Die Rinderhaltung, in: Dünnbeinig mit krummem Horn. Die Geschichte der Eifeler Kuh oder der lange Weg zum Butterberg, S. 85-114. Arbeitskreis Eifeler Museen (Hrsg.), Meckenheim 1986

Fischer, Gert; Herborn, Wolfgang Rheinische Landwirtschaft um 1820, Die Schwerzsche Agrarenquete im Regierungsbezirk Aachen, in: Beiträge zur Rheinischen Volkskunde, Band 2, Rheinland Verlag GmbH, Köln 1987

Follmann, Otto; Overbeck, Hermann Die Eifel, in: Monographien zur Erdkunde, Bd. 26, 2. Aufl., Bielefeld und Leipzig 1928

Folz, Winfried Pfälzer Rückwanderer aus Nordamerika, in: Studien zur Volkskultur in Rheinland-Pfalz, Bd. 13, Gesellschaft für Volkskunde in Rheinland-Pfalz e.V., Mainz 1992

Formanski, Birgit Johann Scheben und seine Nachkommen, in: Jahrbuch des Rhein-Sieg-Kreises 2000, Siegburg 1999

Foxhoven, Omer Vincent Golden Yields through Fifty Years from Golden Fields, Selbstverlag Peetz, Colorado 1964

Freeden, Hermann von; Smolka, Georg (Hrsg.) Auswanderer - Bilder und Skizzen aus der Geschichte der deutschen Auswanderung, Bibliographisches Institut, Leipzig 1939

Freund, Hanns Egon Emigration Records from the German Eifel Region 1834-1911, McHenry County Illinois Genealogical Society, Crystal Lake, Illnois 1991

Fullerton-Giefer, Tracy The Giefer Family and their Descendents, Selbstverlag, Denver, Colorado 1996

Gall, Lothar (Hrsg.) 1848 - Aufbruch zur Freiheit. Ausstellungskatalog des Deutschen Historischen Museums, Berlin 1998

Gauer, Rolf Dünnbeinig mit krummem Horn. Die Geschichte des Eifler Rindes, in: Dünnbeinig mit krummem Horn. Die Geschichte der Eifeler Kuh oder lange Weg zum Butterberg, Arbeitskreis Eifeler Museen (Hrsg.), Meckenheim 1986

Gerhardus, Felix Der Kreis Schleiden, gestern, heute und morgen, in: Heimatkalender Kreis Schleiden 1961, Schleiden 1960

Gier, Ralf Neuhof 1725 bis heute, in: Um Burg und Quelle, Nr. 94, S. 15ff, Heimatverein Blankenheim 2001

Gier, Ralf Burg Freilingen, in: Um Burg und Quelle, Nr. 97, S. 35ff, Heimatverein Blankenheim 2002

Gier, Ralf Der Charakter der Bevölkerung, in: Der Prümer Landbote, Nr. 74, S. 67f., Prüm 2002

Gier, Ralf Ortsfamilienbuch Pfarrei Dorsel 1654 – 1899 mit Stahlhütte; Unveröffentlichtes Manuskript, Köln 2005

Gier, Ralf Ortsfamilienbuch Pfarrei Kirmutscheid 1733 – 1899 mit Hoffeld, Kottenborn und Wirft; Unveröffentlichtes Manuskript, Köln 2005

Gier, Ralf Ortsfamilienbuch Pfarrei Lommersdorf 1680-1838 mit Freilingen und Ahrhütte (tlw.), in Arbeit

Görgen, Mathias Notstand, Reform, Neubeginn. Das Ende der alten Volksschulen in der Eifel, in: Tafel, Griffel, Rutenstock. 150 Jahre Eifeler Volksschulleben, Arbeitskreis Eifeler Museen, Meckenheim 1989

Graafen, Richard Die Aus- und Abwanderung aus der Eifel in den Jahren 1815-1955, Bundesanstalt für Raumforschung und Landeskunde, Bonn 1961

Grewe, Bernd Stefan Der Waldwächterstaat, in: Landeskundliche Vierteljahrsblätter, Jg. 41, Heft 3, 1995

Groß, Alois Die Auswanderung nach Amerika im 19. Jahrhundert, in: Heimatbuch Gemeinde Üxheim, Büro-Buch-Druck F.Werner, Daun 1998

Grünwald, Georg Die deutschen Auswanderungen. Eine politisch-nationalökonomische Abhandlung, Frankfurt a.M. 1847

Haas, Armin Die Anfänge des politischen Lebens im Kreis Schleiden, in: Heimatkalender Kreis Schleiden 1967, Schleiden 1966

Haek, David Hamburg-Amerika Linie und Norddeutscher Lloyd, Verlag für Sprach- und Handelswissenschaft (S. Simon), Berlin, um 1906

Ham, Hermann van Quellen zur rheinischen Auswandererforschung in den Staatsarchiven Koblenz und Düsseldorf, in: Rheinische Vierteljahrsblätter, Jg. 6, Ludwig Röhrscheid Verlag, Bonn 1936

Ham, Hermann van Quellen zur rheinischen Auswandererforschung in den Staatsarchiven Koblenz und Düsseldorf, Ein Nachtrag, in: Rheinische Vierteljahrsblätter, Jg. 8, Ludwig Röhrscheid Verlag, Bonn 1938

Hamburg, Auswandererhallen Die Auswandererhallen in Hamburg, o.V., Hamburg 1900

Hansen, Christine Die deutsche Auswanderung im 19. Jahrhundert - ein Mittel zur Lösung sozialer und sozialpolitischer Probleme?, in: Moltmann, Günter (Hrsg.), ???1976

Harzig, Christiane Lebensformen im Einwanderungsprozess, in: Bade, Klaus J., München 1992

Heideking, Jürgen Geschichte der USA, 3. Aufl., A. Francke Verlag, Tübingen und Basel 2003

Helbich, Wolfgang J. „Alle Menschen sind dort gleich..." Die deutsche Amerika-Auswanderung im 19. und 20. Jahrhundert, Schwann, Düsseldorf 1988

Hellmeier, Karl Heinz 1100 Jahre Tondorf, Tondorf 1998

Henn, Hans u.a. 850 Jahre Uedelhoven - Chronik eines Eifeldorfes, Dorfgemeinschaft Uedelhoven 1986

Henning, Wiebke; Langbein, Ralph Staat und Auswanderung im 19. Jahrhundert in: Zeitschrift für Kulturaustausch (ZfK) Jg 29, 1989

Herschel, Frank Bernhard HAPAG Entwicklung und Bedeutung der Hamburg-Amerika-Linie, Buchhandlung A. Seydel Nachf., Charlottenburg 1912

Hilgers, M.P.Paul Niedereher Familienbuch 1655-1798, Band II, Selbstverlag, Aachen 1990

Hillmer, Franziska Die Situation der Deutsch-Amerikaner vor Ausbruch des Ersten Weltkrieges, Schriftliche Hauptseminararbeit, Carl-von-Ossietzky-Universität Oldenburg, 2003

Himer, Kurt Geschichte der Hamburg-Amerika-Linie (1886-1914), 2. Teil, Gustav Petermann, Hamburg 1922

Himer, Kurt 75 Jahre Hamburg-Amerika-Linie (1847-1886), 1. Teil, Gustav Petermann, Hamburg 1927

Hoerder, Dirk; Knauf, Diethelm (Hrsg.) Aufbruch in die Fremde. Deutsche Auswanderung nach Übersee, Bremen 1992

Hoffmann, Wilfried J. Genealogical History oft the Klinkhammer-Hoffmann Families, Typoscript, Riverside, Kalifornien, 1977/79

Hölscher, Georg Hölschers Eifelführer, Köln 1922

Hupp-Schneider, Rita Lehrpläne, Zeugnisse, Ferienzeiten. Der Jahresrhythmus im Schuljahr, in: Tafel, Griffel, Rutenstock. 150 Jahre Eifeler Volksschulleben, Arbeitskreis Eifeler Museen, Meckenheim 1989

Huss, Roger L. u.a. The Lenz Story, Selbstverlag, Saint Paul, MN, 2001

Imle, Fanny Der Bleibergbau von Mechernich in der Voreifel. Eine wirtschafts- und sozialpolitische Studie, Jena 1909

Janssen, Josef 100 Jahre Kreis Schleiden 1829/1929, Kreisausschuss Schleiden, Schleiden 1929

Janssen, Josef Eifelleid und Eifelnöte im vorigen Jahrhundert, in: Eifelkalender 1932

Jenniges, Hubert Mönche, Frühmesser, Wanderlehrer. Die Entwicklung des Eifeler Schulwesens bis 1825, in: Tafel, Griffel, Rutenstock. 150 Jahre Eifeler Volksschulleben, Arbeitskreis Eifeler Museen, Meckenheim 1989

Justen, Rainer 600 Jahre und mehr... Geschichte und Geschichten von Wershofen und Ohlenhard, Gemeinden Wershofen und Ohlenhard, Wershofen 1995

Kasper, Johann Eifeler Auswanderer in Amerika und ihre Schicksale, in: Jahrbuch des Kreises Ahrweiler 1940, S. 139-142, Nationalverlag GmbH, Koblenz 1940

Kaufmann, Karl Leopold Aus dem Leben Franz Raveaux, in: Rheinische Vierteljahrsblätter, Jg. 5, S. 183 ff, Bonn 1935

Kaufmann, Karl Leopold Aus der Geschichte und Kultur der Eifel, 2. Aufl., Hoursch & Bechstedt, Köln 1926

Kemp, Klaus Die Ahrtalbahnen, Eisenbahn-Kurier Verlag, Freiburg 1983

Kinkel, Gottfried Die Ahr, Köln, 1846 Nachdruck 1976

Klee, Jacob Mit vollen Segeln nach Amerika - 1844, Erinnerungen eines Deutsch-Amerikaners aus Münstermaifeld, in: Beiträge zu Münstermaifelder, Nr. 3, Stiftung Kulturbesitz Gebiet Münstermaifeld 1991

Klinkhammer, Peter Heimatbuch des Kreises Schleiden, Langensalza 1928

Knaus, Gretel Die Bürgermeisterwahl zu Blankenheim, in: Um Burg und Quelle, Nr. 76, Heimatverein Blankenheim 1992

Koplin, Eva Wußten sie, was sie tun? Das Australienbild deutscher Auswanderer – Eine Untersuchung öffentlicher Informationsquellen zur Zeit der Massenauswanderung im 19. Jahrhundert, Magisterarbeit im Studiengang Anglistik / Amerikanistik im Fachbereich Sprach- und Literaturwissenschaften, Universität Bremen 2000

Krauskopf, Bernd Die Eisenbahn in Betzdorf, Eisenbahn Kurier Verlag, Freiburg 1997

Kreis Bitburg- Prüm, Auswanderung Heimatkalender Landkreis Bitburg-Prüm 2005, diverse Artikel zur Auswanderung Kreisverwaltung Bitburg-Prüm, 2004

Kreis Daun, Auswanderung Heimatjahrbuch Kreis Daun 2003, diverse Artikel zur Auswanderung, Kreisverwaltung Daun 2002

Kremp, Werner; Paul, Roland Die Auswanderung nach Nordamerika aus den Regionen des heutigen Rheinland-Pfalz, in: Atlantische Texte, Band 16, Wissenschaftlicher Verlag Trier 2002

Kuckhoff, Michael Die Auswanderungsdiskussion während der Revolution von 1848/49, in: Moltmann, Günter (Hrsg.), Stuttgart 1976

Lente, Barbara „...zu meinem und meiner Kinder Vorteil..." Die Auswanderung aus dem Altkreis Euskirchen im 19. Jahrhundert, Magistraarbeit an der Universität Hamburg, Hamburg 2000

Leson, Willy (Hrsg.) So lebten sie in der Eifel, 2. Aufl., Köln, 1979

Löhrer, Josef Die Amerika Auswanderung aus der Ortschaft Dedenborn im 19. Jahrhundert, in: Mitteilungen der Westdeutschen Gesellschaft für Familienkunde, Bd. 35, Heft 8, 1992, Köln 1992

Macha, J.; Nikolay-Panter, M.; Herborn, W. Wir verlangen nicht mehr nach Deutschland. Auswandererbriefe und Dokumente der Sammlung Joseph Scheben (1825-1938), P.Lang - Europ. Verlag der Wissenschaften, Frankfurt a.M. 2003

Mangold, Josef Leben im Monschauer Land, in: Werken und Wohnen. Volkskundliche Untersuchungen im Rheinland, Band 20, Rheinland Verlag GmbH, Köln 1992

Marquet, Helmut Das Buch der Generationen - Familie Faymonville, Selbstverlag, Stavelot, Belgien, 2002

Marschalk, Peter Bevölkerungsgeschichte Deutschlands im 19. und 20. Jahrhundert, Suhrkamp, Frankfurt a.M. 1984

Mathei, Will; Lamberty, Hans Rohr, Chronik eines über 1100 jährigen Dorfes 893-1993, S. 15ff, Eigenverlag (Manuskript), Rohr 1993

Mayer, Alois Herzliebste Mutter. Brief des Auswanderers Michael Rodenkirch, in: Kreis Daun Jahrbuch 2003, S. 51ff, Daun 2002

Mergen, Josef Amerika-Auswanderer aus dem Kreise Daun, als Manuskript vervielfältigt, Trier 1958

Mergen, Josef EMIGRATION TO AMERICA from the District oft Trier (Germany) during the 19th Century. Amerika- Auswanderung aus dem Regierungsbezirk Trier im 19 ten Jahrhundert. Volume 1-5, Compiled by Josef Mergen. Arranged and Transcribed by Dr. Maria Cremer, Genealogical Society, Salt Lake City, Utah 1958

Mergen, Josef Von der Eifel nach Nordamerika, in: Heimatjahrbuch Kreis Daun 1973, S. 99-105, Kreisverwaltung Daun, Düren 1972

Mergen, Josef Briefe Eifeler Amerika-Auswanderer, in: Heimatjahrbuch des Kreis Daun, 1977, S. 124ff, Kreisverwaltung Daun 1976

Meyer, Wilhelm Geologie der Eifel, Stuttgart 1986

Michels, Bernd Orts- und familiengeschichtliche Sammlung / Orte der Gemeinde Blankenheim; Unveröffentlichte Zusammenstellung von Kirchenbuchbearbeitungen und Auswertung weiterer lokaler Quellen des 16.-20. Jh., insbesondere zu den Orten der ehem. Bürgermeisterei Dollendorf; Hüngersdorf o. J.

Michels, Bernd 200 Jahre Standesämter im Rheinland. 200 Jahre Standesamt Blankenheim, in: Um Burg und Quelle, Nr. 89, S. 7ff, Heimatverein Blankenheim 1998

Michels, Bernd Vergilbte Blätter berichten, in: Um Burg und Quelle, Nr. 91, S. 6ff, Heimatverein Blankenheim 1999

Michels, Bernd Vergilbte Blätter berichten, in: Um Burg und Quelle, Nr. 92, S. 2ff, Heimatverein Blankenheim 2000

Möhrer, Hans; Christoph Vratz; Stefan Maas Auswanderungen im 19. Jahrhundert und die Stellung Lutzeraths, in: Chronik Lutzerath / Driesch. 900 Jahre: Zwei Dörfer schreiben ihre Geschichte. 1997, Geiger Verlag, Horb am Neckar 1997

Moltmann, Günter (Hrsg.) Deutsche Amerikaauswanderung im 19. Jahrhundert. Sozialgeschichtliche Beiträge, Stuttgart 1976

Müller, Jean Claude Die Amerika- Auswanderung aus Deutschland in der „Luxemburger Gazette" (1871-1918) - Ortsnamenverzeichnis, in: Landeskundliche Vierteljahrsblätter, Jg. 42, Heft 1, Trier 1996

Nebendorf, Dieter Die Auswanderung nach Amerika, in: Dreis-Brück eine Dorfchronik, S. 76-86, Büro-Buch-Druck F.Werner, Daun 1997

Neu, Heinrich Heimatchronik des Kreises Schleiden, Archiv für Deutsche Heimatpflege GmbH, Köln 1954

Neu, Heinrich Zur Geschichte der Eifeler Auswanderung nach Amerika, in: Eifelkalender 1940

Neu, Peter Die Arenberger und das Arenberger Land, Band 1. Von den Anfängen bis 1616, in: Veröffentlichungen der Landesarchivverwaltung Rheinland Pfalz, Band 52, Koblenz 1989

Neu, Peter Die Arenberger und das Arenberger Land, Band 2. Die herzogliche Familie und ihre Eifelgüter 1616-1794, in: Veröffentlichungen der Landesarchivverwaltung Rheinland Pfalz, Band 67, Koblenz 1995

Neu, Peter Die Arenberger und das Arenberger Land, Band 3. Wirtschaft, Alltag und Kultur im 17. und 18. Jahrhundert, in: Veröffentlichungen der Landesarchivverwaltung Rheinland Pfalz, Band 68, Koblenz 1995

Neu, Peter Die Arenberger und das Arenberger Land, Band 6. Das 19. Jahrhundert, in: Veröffentlichungen der Landesarchivverwaltung Rheinland Pfalz, Band 93, Koblenz 2001

Neu, Peter Eisenindustrie in der Eifel - Aufstieg, Blüte und Niedergang, in: Werken und Wohnen. Volkskundliche Untersuchungen im Rheinland, Band 16, Rheinland Verlag GmbH, Köln 1988

Nickels, N.N. Die Entwicklung der Landwirtschaft an der Oberahr seit 100 Jahren, in: Heimatkalender Kreis Schleiden 1958, S. 137-144, Schleiden 1957

Niessen, Josef Geschichtlicher Handatlas der Deutschen Länder am Rhein. Mittel und Niederrhein, Bachem Verlag, Köln 1950

Norddeutscher Lloyd 70 Jahre Norddeutscher Lloyd Bremen, Atlantic Verlag GmbH, Berlin 1927

Norddeutscher Lloyd Norddeutscher Lloyd Bremen, Steglitzer Werkstatt, Berlin-Steglitz 1900

Nugent, Walter Crossings - The Great Transatlantic Migrations, S. 64ff, Bloomington 1992

Oster, Peter Geschichte der Pfarreien der Dekanate Prüm-Waxweiler, in: Geschichte der Pfarreien der Diözese Trier, III. Band: Die Dekanate Prüm-Waxweiler, Trier 1927

Otermann, Karl Zusammenbruch der Eisenindustrie und Auswanderung, in: Heimatkalender Kreis Schleiden 1958, Kreisverwaltung Schleiden 1957

Perec, Georges; Bober, Robert Geschichten von Ellis Island oder: Wie man Amerikaner macht, Wagenbach, Berlin 1997

Perillieux, Winand u.a. Eisenbahnen in Euskirchen, Verlag Kenning, Nordhorn 1991

Pitzen, Hubert Die preußische Zeit, in: Chronik Jünkerath - Glaadt, S. 109-114, Ortsgemeinde Jünkerath 1989

Pitzen, Hubert Leben und Wirken des Grafen Salentin Ernst von Manderscheid-Blankenheim, in: Um Burg und Quelle, Nr. 102, Heimatverein Blankenheim 2005

Pracht, Hans-Peter Die Eifeler Auswanderung nach Amerika im 19. Jahrhundert, Helios, Aachen 1998

Prothmann, Ottmar Auswanderung aus der Grafschaft im 19. Jahrhundert, in: Heimatjahrbuch Kreis Ahrweiler 1993, Ahrweiler 1992

Reeves, Pamela Ellis Island - Gateway to the American Dream, Michael Friedman Publishing Group, New York 1991

Renn, Hans; Reetz, Annemie Blankenheim - Die Orte der Gemeinde Blankenheim in Bildern, Band 1, Gemeinde Blankenheim 1982

Renn, Hans; Reetz, Annemie Blankenheim - Die Orte der Gemeinde Blankenheim in Bildern, Band 2, Gemeinde Blankenheim 1984

Ring, Klaus u.a. Zwischen Itzbach und Bonnesbach; Das Waldorfer Heimatbuch; Ein Jahrhundert Eifeler Dorfleben in zeitgenössischen Fotografien, Bürgerverein Waldorf e.V. 1999

Rippley, La Vern J. The Immigrant Experience in Wisconsin, Twayne Publishers, Boston 1985

Rippley, La Vern J.; Schmeissner Rainer H. German Place Names in Minnesota, St. Olaf College, Northfield 1989

Romeyk, Horst Die leitenden staatlichen und kommunalen Verwaltungsbeamten der Rheinprovinz 1816-1945, in: Publikationen der Gesellschaft für Rheinische Geschichtskunde LXIX, Droste Verlag GmbH, Düsseldorf 1994

Romeyk, Horst Verwaltungs- und Behördengeschichte der Rheinprovinz 1914-1945, in: Publikationen der Gesellschaft für Rheinische Geschichtskunde LXIII, Droste Verlag GmbH, Düsseldorf 1985

Rother, Kathleen The Genealogy of the Rother Family, Selbstverlag, Mankato, WI, 1988

Ruhland, Victorin The Early Settlers Of Saint John's Parish at Union Hill, in: The New Prague Times von Juni 1967

Ruhland, Victorin A History of Saint John's Parish at Union Hill, in: The New Prague Times vom 08.06.1983

Ruland, Josef Disz ist ein trefflich, rauch und bergischt landt, in: Heimatkalender Kreis Schleiden 1966, S. 40-47, Schleiden 1965

Rupp, J. Daniel Chronologisch geordnete Sammlung von mehr als 30.000 Namen von Einwanderern in Pennsylvanien aus Deutschland, der Schweiz, Holland, Frankreich u.a. Staaten, von 1727 bis 1776, Leipzig 1931

Scheben, Joseph Eifeler Amerika-Auswanderung im neunzehnten Jahrhundert, in: Rheinische Vierteljahrsblätter, Jg. 2, Ludwig Röhrscheid Verlag, Bonn, 1932

Scheben, Joseph Eifeler Amerika-Auswanderung im 19.Jahrhundert, in: Eifelkalender für das Jahr 1934

Scheben, Joseph Die Frage nach der Geschichte der deutschen Auswanderung, in: Rheinische Vierteljahrsblätter, Jg. 5, Bonn, 1935

Scheben, Joseph Erlebnisse in Amerika. Von Frau Anna Maria Schröder, geb. Giefer, in San Antonio, Florida, ehemals in Dollendorf (Oberahrgebiet), in: Adenauer Zeitung (Sonderdruck) 1936

Scheben, Joseph Untersuchungen zur Methode und Technik der deutschamerikanischen Wanderungsforschung, Heft 3, Ludwig Röhrscheid Verlag, Bonn 1939

Schleifenbaum, Christina Struktur der Auswanderung, Seminararbeit, Universität Mainz 2000

Schmahl, Helmut; Rödel, Walter G. Menschen zwischen zwei Welten, Wissenschaftlicher Verlag Trier 2002

Schmitz, Ludwig Die landwirtschaftlichen Verhältnisse der Eifel, besonders in den Kreisen Schleiden, Daun, Prüm und Bitburg, in: Betriebsverhältnisse der deutschen Landwirtschaft, Band 17, Deutsche Landwirtschafts Gesellschaft, Berlin 1910

Smolka, Georg Die Auswanderung als politisches Problem in der Ära des Deutschen Bundes (1815-1866), in: Speyerer Forschungsberichte 128, Speyer 1993

Schneider, Jakob Neue Unterlagen über Auswanderer aus dem Bitburger Land, in: Heimatkalender Landkreis Bitburg-Prüm, 1987

Schneider, Jean Der Spaziergang zum Mülheimer Aussichtsturm, in: Um Burg und Quelle, Nr. 16, Heimatverein Blankenheim 1960

Schomers, Maria u.a. Neues Leben in der Fremde, in: Walsdorf- Zilsdorf, Dorfchronik, Druckerei-Anders GmbH, Prüm 1999

Schuhn, Werner Eifeler Nachrichten in einer amerikanischen Zeitung, in: Heimatjahrbuch Kreis Daun 1984, Kreisverwaltung Daun, Monschau 1983

Schwerz, Johann Nepomuk von Beschreibung der Landwirtschaft in Westfalen und Rheinpreussen, Zweiter Teil, Stuttgart, 1836

Sielmann, Burchard Für Weizen nicht geeignet. Geographie und Landwirtschaft, in: Dünnbeinig mit krummem Horn. Die Geschichte der Eifeler Kuh oder der lange Weg zum Butterberg, Arbeitskreis Eifeler Museen (Hrsg.), Meckenheim 1986

Spülbeck, Paul Lommersdorfer Chronik. Geschichtliches über Lommersdorf und Freilingen und deren Kirchen, 2. verb. Auflage, Manuskript, Lommersdorf 1950

Stein, Erwin Ergänzungen betreffs des Auswanderers Hubert Müller, in: Üllewer Weckepeller, 6. Jahrgang, Nr. 2, S. 6-7, Jugendgruppe Uedelhoven 1996

Stein, Erwin Auswanderer aus Ahrdorf, in: Üllewer Weckepeller, Nr. 3, Jugendgruppe Uedelhoven 2002

Stein, Erwin Auswanderer aus Uedelhoven, in: Üllewer Weckepeller, Nr. 4, Jugendgruppe Uedelhoven 2002

Stein, Erwin Molkerei Blankenheim (1899-1971), in: Um Burg und Quelle, Nr. 99, Heimatverein Blankenheim 2003

Strassburger, Ralph Beaver Pennsylvania German Pioneers, Baltimore 1980

Stritzke, Manfred Auswanderer im 19. Jahrhundert, in: Rockeskyll, Das Eifeldorf - Ein Heimatbuch, Paulinus Druckerei GmbH, Trier 1993

Thiess, Karl Die Entwicklung der Hamburg-Amerika-Linie von 1847 bis 1901, Gustav Fischer, Jena 1901

Thiess, Karl Geschichtsabriss der Deutschen Schiffahrt im 19. Jahrhundert, A. Isermann, Buchdruckerei, Hamburg 1902

Vervoort, Robert Red Star Line, Uitgeverij Pandora, Antwerpen 1999

Virmond, Eugen Geschichte des Kreises Schleiden, Schleiden 1898

Voigt, Johannes H. Von Risiken überseeischer Auswanderung und Reaktionen deutscher Regierungen in der Zeit von 1848 bis zur Gründung des Norddeutschen Bundes in: Zeitschrift für Kulturaustausch (ZfK) Jg 29, 1989

Wallisfurth, Maria Sie hat es mir erzählt, Herder Verlag, Freiburg 1979

Weffer, Herbert Der Corporal Andreas Ponzelet war der Stammvater der Uedelhovener Bonzelet, in: Üllewer Weckepeller, Jg. 8, Nr. 3, S. 11-13, Jugendgruppe Uedelhoven 1998

Weffer, Herbert Auswanderer aus Stadt und Kreis Bonn 1814-1914, Bonn 1977

Weffer, Herbert Bruderschaftsgründung vermittelt Einwohnerverzeichnis, in: 1000 Jahre Ahrdorf und Kapelle St. Hubertus, Kapellengemeinde Ahrdorf, Schleiden 1970

Weffer, Herbert Familienbuch Uedelhoven, Kirchengemeinde St. Mariä Himmelfahrt, Uedelhoven 1995

Weiskopf, Harald Malerisches Mülheim, Ein Jahrhundert Eifeler Dorfleben in Bildern, MV Mülheim, Bad Münstereifel 1987

Wrede, Adam Eifeler Bauernleben in Sitte und Brauch, in: Eifel-Festschrift zum 25jährigen Jubiläum des Eifelvereins, Selbstverlag, Bonn 1913

Zender, Michael Geschichte des Eifelvereins, in: Eifel-Festschrift zum 25jährigen Jubiläum des Eifelvereins, Selbstverlag, Bonn 1913

Zengeler, Anton Die ländliche Bauweise der Eifel, in: Mitteilungen des Rheinischen Vereins für Denkmalpflege und Landschaftsschutz, Jg. 7, Heft 1, RVDL, Köln 1913

7.4.3 Internet

Grundsätzlich wurden Hinweise auf Internetseiten an der entsprechenden Stelle im Text, als Endnote oder in den Dokumenten auf der CD vorgenommen. An dieser Stelle folgt daher nur eine Aufstellung der wichtigsten Internetseiten zur eigenen Recherche. Sie erhebt keinen Anspruch auf Vollständigkeit, bietet jedoch einen Einstieg für eigene Nachforschungen. Nicht unbeachtet bleiben sollte, dass zu zahlreichen Friedhöfen (cemetery) in den USA eigene Internetseiten existieren oder im Aufbau sind. Bisweilen haben auch interessierte Amerikaner Abschriften der Grabsteine ganzer Friedhöfe ins Internet gestellt.

http://www.ancestry.com Sowohl die amerikanischen Censusdaten als auch einige weitere aufbereitete amerikanische Quellen können hier – überwiegend gegen Gebühr – ebenso eingesehen werden wie Ahnen- und Nachkommentafeln etc., die nicht zuletzt Nachkommen von Auswanderern eingestellt haben. Weiterhin werden diverse Dokumente, Bücher und Aktenausarbeitungen zum Erwerb angeboten.

http://www.dausa.de Die an der Carl von Ossietzky Universität angesiedelte „Forschungsstelle Deutsche Auswanderer in den USA", kurz DAUSA, wurde 1986 gegründet. Neben der Förderung der Auswandererforschung, auch durch eigene Schriften, hat sie sich vor allem das Sammeln jedweder „Zeugnisse von Auswanderern vornehmlich aus Niedersachsen und aus dem 19. Jahrhundert" zum Ziel gesetzt.

http://www.ellisisland.org Auf der offiziellen Homepage von Ellis Island runden zahlreiche Informationen zum Einwandererhafen selbst die Möglichkeit der Recherche nach Ankömmlingen ab.

http://www.familysearch.org Auf der Plattform der Mormonen kann sowohl im International Genealogical Index (Aufbereitung von Kirchenbuch- und Personenstandseinträgen – Geburt und Trauung - einer großen Zahl von europäischen Orten und Städten) als auch z.B. im Census von 1880, aber auch im U.S. Social Security Death Index nach Anverwandten recherchiert werden.

http://csumc.wisc.edu/mki/ Max Kade Institut für Deutsch-Amerikanische Studien, Madison, Wisconsin. Das Max-Kade-Institut, Teil der University of Wisconsin, ist eines der führenden Institute zur Erforschung deutscher Einwandererkultur in den USA. Benannt ist es nach Max Kade (1882-1967), Einwanderer aus Schwäbisch Hall, erfolgreicher Pharmazeut und Förderer der deutschamerikanischen Beziehungen.

http://www.ltyr.hamburg.de/ Link to your Roots; Plattform zur Recherche von Auswanderern über Hamburg einschl. weiterer Informationen zum Thema.

http://www.city-data.com/ Amerikanische Plattform mit Detailinformationen zu beispielsweise Einwohnerzahlen und sozialer Zusammensetzung.

http://www.cyberdriveillinois.com/departments/archives/archives.html Startseite des Staatsarchivs von Illinois. Neben zahlreichen weiterführenden Informationen zum Staat, verbirgt sich unter „Databases" das für die Auswanderungsforschung relevante Material. Unter der Überschrift „Illinois Statewide Vital Records Databases" werden Links zu den Heiraten 1763-1900, sowie den Sterbefällen vor 1916 und von 1916-1950 angeboten. Die danach folgende Suche ist nach Name und Vorname möglich.

http://www.deutsche-auswanderer-datenbank.de/dadframeset.htm Forschungsprojekt des historischen Museums Bremerhaven.

http://www.forum-auswanderung.de/ Homepage von Uta Grüning. Inspiriert durch ihre Tätigkeit bei der DAUSA erstellte sie in Verbindung mit ihrer Examensarbeit eine übersichtliche Internetseite mit zahlreichen weiterführenden Hinweisen.

http://www.theshipslist.com/ships/descriptions/index.htm#Index Die englischsprachige Seite bietet u.a. Detailinformationen zu zahlreichen Auswandererschiffen des 19. und 20 Jahrhunderts.

http://www.wisconsinhistory.org/genealogy/index.asp Die Wisconsin Historical Society wurde 1846, zwei Jahre vor dem Staat Wisconsin, als gemeinsames Projekt staatlicher wie privater Kreise gegründet. Zahlreiche Links erschliessen auch diverse Quellen zu Auswanderern und deren Nachkommen in Wisconsin.

Anmerkungen

630 HStaD, Notare, Rep. 2471, Nr. 72 v. 27.03.1846 und Nr. 74 v. 01.04.1846; der Verkaufer
631 Nach einer Notiz aus dem Jahre 1900 (US Census) emigrierte die Familie Kraemer erst 1848 in die USA. Dauerte die Reise zwei Jahre oder liegt diese Angabe daran, dass Wisconsin erst 1848 ein weiterer Bundesstaat der USA wird?
632 http://www.pabsttheater.org/history.lasso; 1928, 1976 und ab 2000 Renovierungen bzw. umfassende Restaurierungen.
633 Während des II. Weltkrieges befand sich an gleicher Stelle eine Beobachtungsstellung der Flugwache; in den 1960er Jahren wurde die – heute aufgelassene - Raketenleitstelle der NATO eingerichtet. Jetzt steht dort ein 38m hoher Sendemast der Deutschen Telekom.
634 Quelle: http://www.germancorner.com/info/stat/USpop.html
635 Quelle: http://www.germancorner.com/info/stat/annum.html
636 Die Akte war zum Zeitpunkt der Auswertung nicht greifbar.
637 BDA Aachen = Bischöfliches Diözesanarchiv Aachen.
638 Dieser Band ist im BDA aufgeteilt; Bd. 2: 1848-1868 und Bd. 3: 1869-79.
639 Die Bände 4 und 2 des Kreismuseums Blankenheim bilden als Original den Band 2 = 1848 – 1878 im Bestand des Pfarrarchiv Bl'heim im BDA Aachen.
640 Die Bände 3 und 5 des Kreismuseums Blankenheim bilden als Original den Band 3 = 1879 – 1894 im Pfarrarchiv Bl'heim im BDA Aachen.

Abbildungen

Bild	Bildverzeichnis	Kapitel	Bildherkunft
1	Familie Jakob Friesen (geb. 1876) vor ihrem Haus in Faribault, Minnesota. Hinten: Jakob und seine Frau Anna Friesen, in der Mitte Annas Eltern Wilhelm und Barbara und davor ihre Kinder, von links: Loretta, Alfred, Ed, George und Marie	Frontispiz	Michels, Bernd
2	Die Hamburger Auswandererhallen mit ihrer zentralen Kirche.	1.	Himer, Teil 2
3	Blankenheim von Westen um 1915	1	Gier, Ralf, Köln
4	Rohr um 1920	1	Weißkopf, Harald, Mülheim
5	Die Eheleute Josef Schweiss aus Blankenheim (1846-1935) und Elisabeth geb. Meyer aus Wiesbaum (1846-1901) im Jahre 1874	1	Familie Schweiss, USA
6	An der Ahrquelle Blankenheim um 1900	2.1	Museum Blankenheim
7	1912 in Ahrhütte. Unterhalb des Hüttenwerks präsentieren die Mitglieder der Musikkapelle ihre Instrumente. Von links: Josef Lützeler, Josef Bürling, Johann Schreiner, Matthias Bonzelet, Peter Rick und Peter Bonzelet.	2.1.3	Gier, Ralf, Köln
8	Das Ahbachtal. Die Ah entspringt am Dreiser Weiher und mündet unterhalb Ahrdorf in die Ahr. An ihrem Weg liegen auch die Burgruine Neublankenheim südlich Ahrdorf und die Hammermühle, ein ehemaliges Hammerwerk.	2.1.1	Mies, Hermann-Josef, Blankenheimerdorf
9	Karte Gemeinde Blankenheim	2.1.2	Gier, Ralf, Köln
10	Kirche in Dollendorf	2.1.3	
11	Blankenheim um 1916. Josef Schweiss (Mitte, 1878-1968), ist ein Neffe des 1873 ausgewanderten Josef Schweiss (1846-1935), seine Ehrfrau Anna Maria Goebel (rechts; 1878-1953) eine Schwester des ausgewanderten Mathias Goebel aus Freilingen (geb. 1861). Links die Schwägerin Anna Schweiss geb. Dreimüller, hinten Anna Marias Tochter Margaretha (geb. 1904).	2.1.3	Gier, Ralf, Köln
12	Winterimpressionen vor dem Gemeindehaus in Hüngersdorf um 1905	2.1.3	Michels, Bernd
13	Freilingen, Haus Alt Vuggels mit Johann Goebel (1849-1928), 1853 wandern aus diesem Haus die Familie Johann Hamacher und sein Bruder Hubert aus. Ihre Schwester Veronika Daniels war ihnen bereits 1844 vorausgezogen.	2.1.3	Gier, Ralf, Köln
14	Waldorf, Ahrmühlenweg 2 in den 1930er Jahren. Heute ist das Haus stark verändert und wird als Werkstatt genutzt.	2.1.3	Bendermacher

Anhang

Bild	Bildverzeichnis	Kapitel	Bildherkunft
15	Lommersdorf, Ringstr. 11 (Halfe), Bauaufnahme aus den 1930er Jahren und Waldorf, Ahrmühlenweg 2 in den 1930er Jahren, heute ist das Haus stark verändert und wird als Werkstatt genutzt.	2.1.3	Bendermacher
16	Kuh- und Ziegenhirte in Dahlem um 1900	2.1.3	Museum Blankenheim
17	Dorfleben - Johann Sturm (1879-1937) mit Vieh an der Tränke, im Hintergrund Männer des Dorfes beim Sonntagsgespräch.	2.1.3	Rick, Anita geb. Lücker, Lommersdorf
18	Kornernte bei Hüngersdorf um 1905	2.1.3	Michels, Bernd
19	Bleibergwerk Mechernich 1878	2.1.4	Museum Blankenheim
20	Bahnbau 1912 bei Mülheim	2.1.5	Mies, H.-J., Blankenheimerdorf
21	Das Hirtentor in Blankenheim um 1900	2.1.5	Museum Blankenheim
22	Die Lehrer Peter Wilhelm Schäfer (1882-1957) und Peter Bastian mit 46 Jungen und 36 Mädchen der Jahrgänge 1897 bis 1903, aufgenommen 1910 von Hugo Weissgärber, Kirchheimbolanden	2.1.6	Gier, Ralf, Köln
23	Schule in Dollendorf	2.1.6	Caspers, Herbert
24	Dorfimpressionen. Das Dollendorfer Haus "Bärbelen" wurde bereits vor 1713 errichtet. 1906 gelangte es in den Besitz der Gemeinde Dollendorf, 1935 wurde das Fachwerkhaus abgetragen und nach Blankenheim verkauft.	2.2.1	Caspers, Herbert
25	Pferdegespann mit Langholz	2.2.2	Heimatverein Blankenheimerdorf
26	Mitte des 19. Jh. - Beim Auswanderungsagenten um 1850.	2.2.5	aus: 70 Jahre Norddeutscher Lloyd Bremen
27	Franz Raveaux	2.2.6	Mies, H.-J., Blankenheimerdorf
28	Blankenheim von Osten um 1900	2.3.1	Gier, Ralf, Köln
29	Bernard Faymonville (1860-1918)	2.3.1	Gier, Ralf, Köln
30	Kommando der AEF Siberia am 23.11.1918 in Wladiwostok, 2. von links oben Philipp Ries Faymonville.	2.3.1	Marquet, Helmut
31	Freilingen von Südwesten 1900. Ganz links der Giefers Hof, ganz rechts Haus Zeye	2.3.2	Gier, Ralf, Köln
32	Familie Witwe Franz Xaver Giefer, aufgenommen um 1890 in Minnesota. Von links, stehend: Helena, Margaret, Catherine, Barbara und Gertrude, sitzend: Ludwig, die Mutter Anna Catharina geb. Linnerz und Mathias.	2.3.2	Fullerton-Giefer, Tracy, Denver, Colorado
33	Franz Xaver Giefer aus Ahrdorf (1825-1886)	2.3.2	Fullerton-Giefer, Tracy, Denver, Colorado

Bild	Bildverzeichnis	Kapitel	Bildherkunft
34	Drei Generationen Giefer. Anläßlich der Hochzeit von Louis Giefer (1886-1955) mit Rose Anna Gerster (geb. 1887) finden sich auch die Eltern Johann Joseph Giefer (1861-1939) und Elizabeth geb. Weber (1864-1941) und Großeltern Ludwig Giefer (1830-1913) und Anna Gertrud geb. Hommertzheim (1836-1911) ein.	2.3.2	Fullerton-Giefer, Tracy, Denver, Colorado
35	Familie Johann Joseph Giefer 1918. Von links, stehend: John, Albert, Joseph, William, Margret, Bernard, Katherine und Nickolaus, sitzend: Louis, Adolph, Johann Joseph (1861-1939), Rosella, Elizabeth geb. Weber, Leo und Hubert.	2.3.2	Fullerton-Giefer, Tracy, Denver, Colorado
36	Maria Theresia Giefer (geb. 1908 in St. Paul Minnesota) um 1928 in Montana. Sie war eine Enkelin des Franz Xaver Giefer	2.3.2	Fullerton-Giefer, Tracy, Denver, Colorado
37	Ahrhütte im Jahre 1905. Noch 50 Jahre nach dem Ausblasen des Hochofens bestimmen Loren das Bild. Ganz links Reste von Hüttengebäude und Hochofen, darüber ein Kohleschuppen.	2.3.3	Schmorde, Anneliese geb. Schumacher, Ahrhütte
38	Familie Johann Joseph Robischon. Von links, untere Reihe: Michael, Maria Eva und Johann Joseph, in der Mitte: Anna Maria, Barbara, Johann Joseph und Gertrud, oben: Hubert, Peter Joseph, Mathias und Ernst. Das Bild entstand 1890.	2.3.3	Ventura, Mary S., Fort Lauderdale, Florida
39	Familie Johann Joseph Robischon anläßlich der goldenen Hochzeit der Eltern 1908. Von links, stehend: Hubert, Peter Joseph, Mathias, Ernst, Michael und Johann Joseph; sitzend: Gertrud, Barbara geb. Metzen, Johann Joseph, Anna Maria und Maria Eva.	2.3.3	Ventura, Mary S., Fort Lauderdale, Florida
40	Briefkopf des Peter Joseph Robischon (1863-1926) 1919	2.3.3	Mies, Arnold, Vussem
41	Haus Siebgen in Lommersdorf, 1907 anläßlich eines Besuches von Philipp Hubert Siebgen (geb. 1875). Wäre die Familie wie geplant 1893 ausgewandert, wären die zwei Kleinkinder nicht geboren worden. Von links: Philipp, sein Vater Wilhelm, Schwester Elisabeth, Stiefmutter Gertrud Dümmer, Schwägerin Helena Marjan mit Neffe Wilhelm und Bruder Josef Siebgen mit der Nichte Gertrud.	2.3.4	Eheleute Lambert u. Helena Jöxen, Lommersdorf
42	Eisenbahnviadukt bei Freilingen 1916. Die "ausgebaute" Ahrtalstrasse gleicht noch immer eher einem heutigen Feldweg	2.4.1	Gier, Ralf, Köln
43	Hamburger Hafen um 1847	2.4.1	Himer, Teil 1
44	Bremerhaven, Auswanderer verlassen den Sonderzug von Bremen. Sie können direkt umsteigen auf die "Kaiser Wilhelm" einen der schnellsten Dampfer seinerzeit. Das Bild wurde 1899/1900 aufgenommen.	2.4.1	Norddeutscher Lloyd Bremen, 1900

Anhang

Bild	Bildverzeichnis	Kapitel	Bildherkunft
45	Warten auf die Abreise im Hamburger Auswandererhafen zu Anfang des 20. Jh.s.	2.4.1	Gier, Ralf, Köln
46	Auswanderersegler um 1850	2.4.1	Chr.Bungartz, I-net
47	Routenkarte der Hamburg-Amerika-Linie, Anfang des 20. Jh.	2.4.2	Himer, Teil 2
48	Dampfer "Gellert"	2.4.2	Himer, Teil 1
49	Die "München". 1945 als "Steuben" von einem russischen U-Boot mit tausenden Flüchtlingen versenkt.	2.4.2	aus: 70 Jahre Norddeutscher Lloyd Bremen
50	Dampfer der HAPAG "Hammonia" und "Borussia"	2.4.2	Himer, Teil 1
51	Leben im Dunkel eines Schiffsrumpfes 1882	2.4.2	Kreis-Medien-Zentrum
52	New York. Der Broadway zu Anfang des 20. Jh. Links das Agenturgebäude des Norddeutschen Llyod. um 1850	2.4.3	aus: 70 Jahre Norddeutscher Lloyd Bremen
53	Die Geschwister Helene und Peter Daniels sowie Gertrud Kimble, geb. Ketges, waren „Stifter der elektrischen Lichtstränge" um die Heiligenfiguren in der Mülheimer Kirche als Dank für eine glückliche Überfahrt. Aufgenommen um 1923	2.4.3	Familie Errenst, Mülheim
54	Grafik:Auswanderungsbewegungen	2.5.1	Gier, Ralf, Köln
55	Das Elternhaus der Geschwister Catharina, Gertrud und Johann Peter Ketges in Mülheim um 1914. Von links: Vater Jacob Ketges und Mutter Catharina geb. Pütz, dann die Geschwister Maria, Josef, Franz, Anna und Peter sowie der Schwager Nikolaus Berg mit Eltern und Geschwistern der Auswanderer	5.4	Weißkopf, Harald, Mülheim Original bei A. Hoffmann, Mülheim
56	Dorfplatz in Lindweiler, 1920er Jahre	2.5.1	Mies, H.-J., Blankenheimerdorf
57	Helena Göbel geb. Ketges (1850-1917), Mutter der ausgewanderten Gertrud (1882-1938) und Anna Rodert geb. Ketges (1842-1922)	2.5.2	Göbel, Ferdinand Freilingen
58	Maria Luise Krusing geb. Ehlen (1841-1922)	2.5.3	Ehlen, Paul, Lommersdorf
59	Wilhelm Krusing (1838-1924)	2.5.3	Ehlen, Paul, Lommersdorf
60	Um 1900 vor einem typischen Hof an der Oberahr (Haus „Lauch II" in Dollendorf)	2.5.4	Caspers, Herbert
61	Margarete Mies, *1836 Ahrmühle, †1911 St. Marks, Kansas und Ehemann Jakob Stump (1834-1909) und seine Ehefrau Margaretha geb. Mies (1836-1911). Die Familie wanderte 1887 von Ahrmühle nach Kansas aus.	2.5.6	Stump, Don, Kansas City, Kansas
62	Eheleute Mathias Vogelsberg (1823-1888) und Gertrud geb. Lenz (1824-1893) aus Alendorf.	2.5.7	Huss, Roger, The Lenz Story, 2001
63	Karte Siedlungsorte der Oberahr-Auswanderer	2.5.9	Gier, Ralf, Köln
64	Das Georgstor in Blankenheim 1930	2.5.10	Heimatverein Blankenheim

Bild	Bildverzeichnis	Kapitel	Bildherkunft
65	Joseph Scheben (1901-1973)	3.1	aus: Macha u.a., Scheben-Briefe
66	Peter Jacob Schumacher, San Francisco (1853-1927)	3.2.1	Gier, Ralf, Köln
67	„Frühschoppen" in Sidney, Nebraska im Jahr 1906. Jeden Sonntag nach der Hl. Messe treffen sich die Männer, reden und trinken, wie es überliefert wurde, 15 Gallonen (ca. 55 L.) Bier. Fast alle auf dem Bild sind mit der Familie Treinen verwandt (Brüder oder Schwager). V. l. Nikolaus Treinen, Leopold Rezania mit Sohn Walter, Fred Witting, Otto Kurz Sr., Adam Lenzen, Frank Rezania Sr., Nikolaus Mahr Sr., Joe Betten Sr., Johann Treinen, Georg P. Fischer	3.2.3	Fehringer, Dorys, Peetz, Colorado
68	Wilhelm Friesen vor einem Garben-Binder (1842-1934)	3.2.4	Michels, Bernd
69	Karte von Michigan und Wisconsin, Mitte des 19. Jh.	3.2.6	Bungartz, Christoph, Hamburg
70	Die Brüder Joseph, John und Matt, Söhne des Josef Schweiss (1846-1935) aus Blankenheim.	3.2.6	Familie Schweiss, USA
71	Eine Reetzer Schulklasse im Jahre 1913 an der Quelle der Ahr in Blankenheim.	3.3.2	Heinen, Josef, Reetz, verst.
72	Musikkapelle mit Frank Hammes (3. von rechts), Glen Haven 1897	3.3.2	R. Gier, Internet
73	Hauptstraße in Ripsdorf Anfang 20. Jh.	3.3.3	Blankenheim in alten Bildern Teil 1
74	Geschwister Stump aus Ahrmühle in Amerika. Hinten von links: Henry (1875-1935), Peter (1867-1921), NN. Mies (unbekannt, taubstumm?) und John (1865-1930). Vorne von links: Elisabeth Knobloch geb. Stump (1862-1937), Magdalena Freund geb. Stump (1873-1912) und Margret Hein, geb. Stump (1870-1967).	3.3.4	Stump, Don, Kansas City, Kansas
75	Catharina Ketges (hinten Mitte) und Gertrud Ketges (hinten rechts) mit drei amerikanischen Freundinnen. Aufgenommen in Chicago um 1900	3.3.4	Weißkopf, Harald, Mülheim
76	Häuser in Blankenheimerdorf im Tilgenloch um 1900	3.3.5	Andreas Jonen, Fabrikant und Fotograf (* 16.7.1864 Arloff, +18.1.1933 Bonn); Mies, Hermann-Josef, Blankenheimerdorf
77	Gertrud Ketges verh. Kimble	4.1.1	Weißkopf, Harald, Mülheim
78	Ansicht der Schule St. Leo um 1903	4.1.1	Huss, Roger, The Lenz Story, 2001

Anhang 350

Bild	Bildverzeichnis	Kapitel	Bildherkunft
79	St. Leo um 1900, eine typische Dorfansicht im Mittleren Westen. Siedlungsort der Familie Lenz	4.1.1	Huss, Roger, The Lenz Story, 2001
80	Familie Michael Daniels aus Mülheim. Von links: Peter Josef Hubert (geb. 1875), Peter, (geb. 1873, stehend), Johann (geb. 1872, sitzend), Matthias Wilhelm (geb. 1883), Maria Luise (geb. 1885), die Mutter Anna Maria geb. Wassong (geb. 1847) und der Vater Michael Daniels (1840-1889)	4.1.1	Weißkopf, Harald, Mülheim
81	Peter Lenz (1829-1904) und seine Familie vor ihrem Haus nahe Ellsworth in Minnesota, 1893	4.1.1	Huss, Roger, The Lenz Story, 2001
82	Lenz Farm St. Leo in Minnesota	4.1.1	Huss, Roger, The Lenz Story, 2001
83	Elisabeth Hotz geb. Hutley, Schwiegertochter der Anna catharina Lentz beim Wäsche waschen - die seltene Aufnahme entstand am 26.03.1920	4.1.1	Huss, Roger, The Lenz Story, 2001
84	Friedhof und Kirche in Brighton	4.1.2	Dr. Hermann Bungartz
85	Vier Generationen Dorn in Minnesota. Peter (rechts; 1849-1937), links sein Sohn Lambert (1877-1969), stehend Enkel Ben (geb. 1904) und Enkel Dennis (geb. 1925)	4.1.2	Dorn, Gerald, San Leandro, Kalifornien
86	Eheleute Johann Joseph Lenz (1796-1882) und Anna Barbara Molitor (1801-1880) aus Alendorf	4.1.2	Huss, Roger, The Lenz Story, 2001
87	Die Familie von Mathias Lenz (1839-1916) und Josephine geb. Rosenplanter (1844-1928) im Jahre 1900. Sitzend von links nach rechts: Mutter Josephine, Anna Victoria, Anna Josephine und Vater Matthias. Stehend von links nach rechts: Mary, Matthias, Bernhard, Joseph, Rose und Theresa	4.1.2	Huss, Roger, The Lenz Story, 2001
88	Johann Joseph Lenz aus Alendorf (1834-1892)	4.1.2	Lenz-Story
89	Karte von 1858 (Wisconsin, Iowa, Minnesota Territories). Der deutsche Kartograph schrieb noch lautmalerisch "Wisconsing".	4.1.4	Bungartz, Christoph, Hamburg
90	Schlachtszene der Kämpfe zwischen Indianern und Siedlern bei New Ulm am 23.08.1862	4.1.4	Dorn, Gerald, San Leandro, Kalifornien
91	Sibilla Hoffmann geb. Klinkhammer (1803-1879)	4.1.4	Caspers, Herbert
92	Die Familie von Nikolaus Lenz (1826-1912) und Gertrud geb. Rosenplanter (1840-1906). Stehend von links nach rechts: Mary, Tom, Lizzie, Valentine, Josephine, Pete, Gertrude und Nick Vorne von links nach rechts: Annie, Barbara (auf dem Teppich) die Mutter Gertrude und Nick der Vater sowie John	4.1.4	Huss, Roger, The Lenz Story, 2001
93	Grabstein von Wilhelm Mies (1823-1896) und seiner Ehefrau Amalia geb. Gitzen(1820-1898)	4.1.5	Dr. Hermann Bungartz

Bild	Bildverzeichnis	Kapitel	Bildherkunft
94	Peter Peetz aus Dollendorf (1879-1971) wanderte 1883 mit seinen Eltern Johann und M. Kath. geb. Treinen und der Schwester Margarethe nach Marysville, Kansas aus. 1903 heiratete er Louise Theresa Ruttner (1878-1970), das Bild wurde anläßlich der Diamantenen Hochzeit aufgenommen.	4.1.6	Caspers, Herbert
95	Getreidesilos in Peetz	4.1.5	Fehringer, Dorys, Peetz, Colorado
96	Ortsschild von Peetz	4.1.6	Dr. Hermann Bungartz
97	Peter Klinkhammer aus Ripsdorf (1843-1928)	4.2.2	Michels, Bernd
98	Union Hill, Anfang des 20. Jh.	4.2.3	Huss, Roger, The Lenz Story, 2001
99	Haus Arenten, Elternhaus von Bernard (geb. 1859) und Anna Maria Giefer (geb. 1863), aufgenommen 1954.	4.2.4	Margarete Lenzen, Dollendorf
100	Joseph Peter Jungbluth aus Dollendorf, geb. 1845	4.2.5	Bernhard, Josefine, Dollendorf
101	Familie Nikolaus Treinen (1852-1941) und Katharina geb. Mahr mit den Kindern Margret, Matthias, John, Frank und Catherine, aufgenommen 1901	4.2.5	Fehringer, Dorys, Peetz, Colorado
102	Nikolaus Treinen aus Dollendorf (251; 1852-1941) fuhr im Juni 1881 mit seiner Mutter nach Kansas (Marysville). Im Juni 1882 kamen beide kurz nach Dollendorf zurück und wanderten im September 1883 endgültig nach USA aus.	4.2.5	Fehringer, Dorys, Peetz, Colorado
103	Gertrud Göbel (1882-1938) zum Zeitpunkt ihres Eintritts bei den Addolorota-Schwestern, 1925	4.2.6	Gier, Ralf, Köln
104	Haus Komme in Freilingen im Jahre 1926. Links die mit Geld von Gertrud Göbel angebauten Stall und Scheune. Von rechts: Anton Reiner Göbel (1908-1963), Helena Roznowicz geb. Göbel (geb. 1919), Katharina Moruz geb. Göbel (geb. 1923) und die Mutter Katharina Göbel geb. Minwegen (1878-1947)	4.2.6	Gier, Ralf, Köln
105	Der Landungsplatz der HAPAG in Hoboken, New Jersey	4.2.7	Himer, Teil 1
106	Amerikanische Todesanzeigen des Peter Joseph Bove (1795-1874) wie sie auch in Deutschland hätten erscheinen sein können.	4.2.7	Shelly, Maureen, Willmette, Illionis, Willmette, Illionis
107	Hubert Bove (1836-1907)	4.2.7	Shelly, Maureen, Willmette, Illionis
108	Haus Jivesch in Freilingen, 1926. Aus der vorderen Hälfte wanderte Lambert Joseph Giefer im Jahre 1874 nach Amerika aus. Hubert Giefer, welcher mit seiner Familie das hintere Haus bewohnt, wanderte 1893 aus, kehrte jedoch nach wenigen Jahren zurück.	5.1	Wallisfurth, Maria, Aachen

Anhang 352

Bild	Bildverzeichnis	Kapitel	Bildherkunft
109	Jacob Ehlen aus Lommersdorf reiste zweimal in die USA, blieb aber letztlich aus Heimweh in Lommersdorf (1871-1934)	5.1	Johann Gossen geb. Ketges, Lommersdorf
110	Elternhaus „Möllesch" der ausgewanderten Geschwister Hermann, Wilhelm und Gertrud Meyer in Mülheim. Rückseitenbeschriftung „Uncle Josef's home before 1900, Evelynn Rosalia Eubanks, 9. Jan. 1912." (Rose ist Hermanns Tochter).Der Abzug wurde in Dallas, Texas, hergestellt.	5.1	Zorn, G., Mülheim
111	Philipp Hubert Siebgen (geb. 1875) folgte seinem Onkel Heinrich Joseph (geb. 1844) 1893 nach Amerika. Die geplante Auswanderung seiner Eltern und Geschwister blieb aus.	5.2	Eheleute Lambert u. Helena Jöxen, Lommersdorf
112	Margaretha Treinen geb. Nicolai (1815-1900)	5.2	Caspers, Herbert
113	Catharina Ketges (1879-1902), am 30.11.1902 wurde sie in Chicago von einer Straßenbahn erfasst und getötet.	5.3.	Weißkopf, Harald, Mülheim
114	Peter Plützer aus Hüngersdorf (geb. 1864)	5.4	Michels, Bernd
115	Der Aussichtsturm auf dem Kalkbüsch bei Mülheim, auf einer Ansichtskarte: "Gruß aus Mülheim b. Blankenheim" Verlag J.H. Bollenrath, Blankenheim 1902	6	Weißkopf, Harald, Mülheim
116	Maria Anna Avers geb. Kremer (1830-1904)	6.	Pertl, Michelle, Kirkland, Washington
117	Henry Friedrich Avers (1828-1898), Ehemann der Stifterin Mary Kremer (1830-1904)	6.	Pertl, Michelle, Kirkland, Washington
118	Louise Nunnemacher geb. Avers (1860-1934)	6	Pertl, Michelle, Kirkland, Washington
119	Pabst Theater in Milwaukee	6	Gier, Ralf, Köln
120	Das Stadthaus der Eheleute Robert Nunnemacher - Louise Avers in der Wahl Avenue in Milwaukee	6	Pertl, Michelle, Kirkland, Washington
121	Einweihungsfeierlichkeiten am Mülheimer Aussichtsturm 1901, links Männer des Mülheimer Kriegervereins, rechts Mitglieder des Blankenheimer Chores	6	Weißkopf, Harald, Mülheim
122	Familie Nunnemacher um 1926 am Pine Lake, von links: Henry Jacob (1887-1975), Gertrud (1888-1950), Hermann (geb. 1914), Jacob (1919-1945), Audrey (geb. 1922) und Barbara (geb. 1923). Jacob fiel drei Wochen vor Kriegsende in Italien.	6	Pertl, Michelle, Kirkland, Washington

Hinweis: Die Herkunft von Abbildungen, die dem Internet entnommen sind konnte nicht in jedem Fall ermittelt werden. Rückmeldung bitte über die Herausgeber.

7.6 Index

Hinweis:

Bei größeren, bekannten Städten (z.B. Aachen, Berlin, Bonn oder Köln) wurde auf eine Angabe der verwaltungsmässigen Zugehörigkeit verzichtet. Diese Angabe fehlt grundsätzlich auch bei allen Orten die innerhalb des Kreises Euskirchen liegen.

FN = Familienname

A

Aachen 18, 24, 27, 29, 45, 60,
.... 72, 73, 79, 87, 96, 103, 104, 106,
.... 107, 108, 109, 110, 111, 114, 118,
.... 131, 146, 155, 160, 163, 164, 167,
.... 245, 260, 267, 278, 281, 282, 296
Adenau 94, 131, 153, 157,
.... 158, 283, 290
Adrian, Minnesota 201, 208
Agenten ... 63, 64, 66, 81, 92, 94, 95, 97,
.... 124, 125, 129, 164, 207, 221
Ahrdorf 18, 25, 27, 45, 76, 97,
.... 131, 137, 139, 140, 147, 201,
.... 214, 215, 262, 288
Ahrdorfer Mühle 77
Ahrhütte 27
Ahrmühle 184, 263
Alendorf 25, 61, 76, 84, 137,
.... 139, 140, 145, 147,
.... 161, 167, 200, 201, 210, 229
Aleppo, Kansas 81
Algerien 17, 149
Andale, Kansas 79
Antarctic 200
Anton von Coels 27
Antony, FN 214
Antwerpen 19, 65, 74, 85, 93, 95,
.... 96, 97, 99, 106, 107, 112, 113,
.... 116, 118, 130, 139, 148, 186,
.... 212, 217, 220, 227, 248,
.... 263, 264, 270, 277, 285
Aremberg 25, 27, 46, 54, 221
Arenberg 46, 83, 227, 281, 294
Arkansas 81, 176, 191, 259
Arth 69
Auswanderungskonsens 62, 75, 82,
.... 146, 147, 263

B

Baltes, FN 142, 202, 213, 214
Baltimore 191, 248, 253, 254, 295
Bärsch 23
Barweiler 167
Becker, FN 175, ... 295
Beissel von Gymnich 94
Belgien 22, 30, 63, 66, 70, 71, 83,
.... 132, 149, 225, 265, 284
Belle Plaine 210
Benton 241
Bergbau 42
Berlin 54, 62, 79, 93, 191,
.... 280, 281, 287, 290

Besseler, FN 264
Bierter, FN 62
Birresborn 202
Bitburg 16, 202, 277
Blankenheim 14, 18, 25, 26, 27, 28,
.... 29, 31, 44, 45, 46, 48, 50,
.... 51, 61, 62, 64, 65, 70, 73,
.... 83, 95, 96, 97, 98, 128, 131,
.... 132, 133, 135, 136,137, 139,
.... 144, 146, 147, 157, 158,
.... 163, 164, 165, 170, 171,
.... 177, 179, 182, 194, 200, 208,
.... 209, 214, 215, 217, 222, 242,
.... 259, 260, 261, 265, 267, 269,
.... 274, 275, 278, 279, 280, 281,
.... 282, 284, 288, 289, 295, 296
Blankenheimerdorf 25, 61, 62, 136,
.... 137, 139, 145, 147, 159, 161, 162,
.... 165, 166, 167, 169, 171, 175, 187,
.... 200, 204, 215, 262, 265, 288
Blum, FN .. 101, 145, 215, 261, 284, 296
Bonn 15, 44, 58, 132, 153,
.... 154, 157, 277, 278, 279, 280,
.... 281, 282, 284, 290
Bonzelet, FN 175, 208, 209, 210,
211, 226, 227, 228, 230, 232, 234, 294
Borussia 95, 108, 109, 285
Bove, FN 101, 142, 161, 165, 167,
.... 168, 169, 173, 201, 202, 214,
.... 247, 249, 254, 285
Braden, FN 201
Brasilien 63, 66, 158
Brauer 89, 141
Brauerei 215
Bremen 19, 63, 81, 95, 97, 98,
.... 103, 104, 105, 106, 108, 111,
.... 112, 115, 139, 148, 158, 191,
.... 215, 239, 262, 284, 285, 286

Bremerhaven 98
Brenner, FN 271
Breuer, FN 214
Brighton 76, 158, 167, 168,
.... 174, 195, 199, 200, 201, 202, 203,
.... 205, 207, 208, 215, 218, 224, 292
Broich, FN 188
Brooklyn 121, 295
Brühl 48
Buffalo 66, 130, 196, 235
Bürgerkrieg 122, 128, 172, 225
Butscheid 79

C

Caspers, FN 293, 294, 296
Cassville 173, 175, 188
Castle Garden 122, 124, 125, 126
Castle Point 248
Charlemagne 109, 248
Chatfield 267
Chicago 14, 71, 90, 91, 122,
.... 125, 128, 129, 130, 141, 150,
.... 164, 166, 168, 181, 191, 192,
.... 193, 194, 195, 199, 213,
219, 235, 238, 239, 256, 267, 289, 292
Cholera 104
Cincinnati 191
Collinsville 163
Colorado 215, 216, 217, 218,
.... 242, 259, 283, 294
Columbus 178, 213, 234
Connecticut 163
Cunard 108

D

Dahlem 28, 208
Dahmen, FN 102
Dampfschiff 92, 97, 112, 130
Daniels, FN 68, 74, 75, 76, 167,
.... 175, 195, 200, 202
Daun 84, 94, 128, 130, 167,
.... 185, 270, 277, 282, 285, 288, 292
Dedenborn 123, 149, 287
Denver 218, 283, 294
Detroit 158, 293
Deutsch-Französischer Krieg 62
Dollendorf 27, 28, 43, 45, 50, 51,
.... 60, 62, 66, 76, 78, 84, 98,
.... 134, 136, 137, 139, 144, 145,
.... 146, 147, 155, 167, 194,
.... 201, 205, 208, 212, 213, 214,
.... 217, 220, 222, 223, 235,
.... 238, 239, 240, 241, 242, 244,
.... 257, 261, 262, 263, 265,
.... 266, 267, 278, 280, 281, 282,
.... 283, 288, 292, 293, 294, 295, 296
Dorn, FN 42, 62, 175, 201, 215
Dorsel 247, 263
Dreimüller, FN 195
Dubuque 180, 204, 220, 221
Dümpelfeld 45, 139
Düren 96, 130, 248

E

East Grand Forks 225
Ehlen, FN .. 167, 200, 202, 203, 204, 259
Eifelverein 194, 274, 275, 292
Eisenbahn ... 18, 45, 92, 96, 98, 99, 123,
.... 130, 139, 167, 169, 210, 216, 284

Eisenhütten 41, 73, 84, 247
Eisenindustrie 42, 45, 56
Eisenschmitt 83
Ellis Island 125, 126, 148, 258, 286
Ellsworth 225
Esch 84, ... 185
Eschweiler 18, 73, 77, 83, 89, 132
Euskirchen .. 27, 46, 87, 94, 96, 97, 132,
.... 194, 211, 261, 282, 284, 292, 293
Evanston 267

F

Fanny 74
Faribault 161, 162, 172, 187, 265
Faymonville 68, 69, 70, 71,
.... 72, 86, 168, 175, 194
Feusdorf 209
Fingerhut, FN 43, 57
Flesch, FN 175
Florida 220, 221, 223
Frankfurt 54
Fredonia 214
Freiermuth, FN 213
Freilingen 24, 25, 43, 61, 70, 73,
.... 74, 76, 77, 79, 81, 82, 84, 87,
.... 135, 136, 137, 139, 145, 146,
.... 149, 167, 200, 202, 214, 245,
.... 258, 259, 264, 283, 288
Fresno 71, 72
Friederichs, FN 175
Friesen, FN 166, 167, 204
Froidevaux , FN 163, 260
Fuhrwagen 92
Fürst Bismarck 105, 108, 109, 285

G

Ganser, FN 69, 278
Gefängnis 61, 62, 121, 237
Gemünd 27
Gent 93, 96, 98, 265
Genz, FN 204, 261
George Canning 110, 258
George Hurlbut 95
Gerber 65, 71, 141
Gerberei 70
Germania 81
Gerolstein 26, 96, 139
Gerstäcker 286
Giefer, FN 68, 294
Gilles, FN 264
Glen Haven 164, 165, 170, 180, 181, 188
Glenwood 177
Goebel, FN 245
Goldrausch 163, 204
Görgens, FN 102, 204
Granville 177
Großbritannien 132
Guffey 259, 355
Guttenberg 180, 355

H

Hamacher, FN 75, 76, 306, 309, 310, 355
Hamburg 11, 19, 63, 78, 81, 82,
.... 90, 95, 97, 98, 100, 104,
.... 105, 106, 107, 108, 109, 112,
.... 139, 148, 179, 191, 212,
.... 215, 243, 245, 258, 266, 284,
.... 285, 286, 287, 333, 335,
.... 336, 337, 341, 343, 355, 359
Hammes, FN 84, 164, 166, 168, 175,
.... 180, 265, 298, 301, 310, 355
Hammonia 78, 86, 90, 108,
.... 109, 113, 355
Hampton 78, 81, 82, 355
Hanover 184, 191, 212, 242, 243
Hansen, FN 175, 267, 282
HAPAG 105, 106, 108, 109,
.... 110, 112, 120, 127, 286
Harff 213, 214, 215, 293
Hastings 213, 214, 215, 293
Heck, FN 61
Heimstättengesetz 81, 197, 198, 218
Heimweh 151, 165, 166, 179, 181,
.... 193, 225, 256, 259
Heinen, FN 208, 214
Hellendahl, FN 227, 259
Hermes, FN 101, 122
Herzogin von Brabant 95
Hess, FN 167, 200, 204
Hillesheim 45, 144, 167, 240
Hoboken, New Jersey 286, 295
Hochgürtel, FN 262
Hoffmann, FN 18, 60, 144, 208,
.... 210, 211, 212, 230, 257, 289
Holland-Amerika-Linie 112
Holzmülheim 27, 87, 145, 146
Homesteader 81
Hommer, FN 195
Hommertzheim, FN 82
Huff, FN 61
Hull 98, 108
Hümmel 54
Hüngersdorf 27, 48, 134, 137, 267

I

Idaho 225
Illinois 107, 150, 156, 167, 184,
 .... 191, 196, 220, 221, 241, 242, 244
Inde 76
Indiana 98, 191, 271
Indianer 178, 198, 204, 206,
 .... 207, 222, 223, 224, 293
Iowa 128, 191, 204, 236, 237
Iowa City 180

J

Jaax, FN 178
Jackle, FN 204
Jackson 221, 235
Jefferson 130
Jentges, FN 167, 264, 265
Jersey City 295
Jucken, FN 75
Jungbluth, FN 238, 239, 261
Jünkerath 18, 247
Jünkerather Hütte 69, 84

K

Kalifornien 71, 128, 163, 204,
 .... 262, 263, 273
Kalkmulde 279
Kalköfen 43, 84
Kall 96, 139, 144
Kanada 17, 202, 262
Kansas 79, 81, 149, 163, 185,
 .... 187, 195, 217, 218,
 .... 222, 231, 238, 239,
 .... 240, 242, 245, 258

Kansas City 218
Kenosha County 76, 158, 208, 227,
 .... 228, 283
Kerpen 227, 270
Ketges, FN 143, 195, 296
Kettenwanderung 68, 74, 82,
 .... 92, 188, 215, 240, 242
Kinkel 54, 282
Kirche 21, 22, 28, 48,
 .... 52, 86, 160, 171, 172,
 .... 184, 186, 199, 200, 210,
 .... 211, 214, 218, 224,
 .... 229, 230, 231, 232,
 .... 233, 234, 249, 250, 251,
 .... 252, 253, 254, 294, 295
Kirchstein 193
Kirkland 269, 296
Kirmes 24, 90, 91, 284
Klären, FN 103
Klee 37, 98, 112, 123,
 .... 130, 170, 280, 284, 286, 287, 288
Klinkhammer, FN 164, 167, 173,
 .... 175, 188, 189,
 .... 201, 202, 208, 209,
 .... 211, 224, 225, 226, 293
Klöckner, FN 101
Koblenz 22, 24, 29, 44,
 .... 65, 95, 104, 119,
 .... 128, 194, 260, 278, 282, 284
Koch, FN .. 116, 167, 182, 184, 202, 272
Köller, FN 71
Köln 18, 24, 27, 28,
 .... 29, 42, 44, ·45, 64, 66,
 .... 68, 86, 87, 93, 95, 96,
 .... 97, 99, 104, 119, 132,
 .... 139, 143, 194, 212, 245,
 .... 258, 263, 278, 279,
 .... 282, 283, 284, 286, 287, 288, 296

Köln-Aachen 45
Köln-Antwerpen 96, 263
Köln-Bremen 95
Köln-Minden 97
Köln-Trier 18, 45, 96, 139
Kopenhagen 148
Körner, FN 205
Kraemer, FN 269, 270, 273, 274, 275
Krebs, FN 18, 145, 263, 289
Krefeld 52
Krings, FN 76, 130, 166, 167,
.... 169, 170, 183, 292
Kronenburg 28, 51, 69, 278
Kyll 25, 30, 31, 135, 247

L

La Salle, Illinois 241
Lake Superior 158
Latz, Johann Theodor Achatz,
Hüttenbesitzer 73
Lavreysen, Johann - Zessionar 75
Le Havre 93, 98, 118, 148, 277
Lehrer 157, 160, 169, 183, 184
Lentz 201, 228
Lentzen 270, 293
Lenz 61, 167, 200, 201, 202,
.... 203, 208, 210, 211,
.... 230, 231, 292, 293
Lenzen 217, 240, 241, 242, 244
Levy, Samuel - Zessionar 75, 76, 264
Lille 149, 265
Lincoln 197
Lindweiler 137, 146, 178
Linzen 115, 123, 128, 286, 287, 288
Lissendorf 45
Liverpool 93, 98, 103, 108,
.... 109, 112, 119, 148, 149, 265, 284
Löb 81, 82, 89, 289
Lommersdorf 24, 25, 26, 27,
.... 28, 32, 33, 42, 43, 46, 47,
.... 51, 70, 71, 73, 74, 77, 78,
.... 79, 84, 86, 87, 89,
.... 98, 109, 132, 137, 139, 143,
.... 145, 146, 194, 214, 215,
.... 247, 259, 261, 263, 278,
.... 281, 282, 288, 296
London 112, 212
Lorent, FN 175
Los Angeles 262
Luppertz, FN 245, 258, 264, 296
Lusitania 109, 262
Lüttich 42, 70, 71, 96, 98, 247

M

Madison 196, 292
Mahlberg, FN 201
Maibücher 97
Malaise 75
Malmedy 96, 255, 284
Manderscheid 26, 83, 278, 281
Manteuffel 70, 73
Marjan, FN 214, 215, 261, 262
Marmagen 27, 278
Maryland 191, 254, 295
Marysville 195, 217, 222, 239,
.... 240, 242, 243, 244
Mathei, FN 84, 85, 86
Maus, FN 215
May, FN 198, 234, 292
Mayen .. 82, 89, 139, 144, 284, 289, 292
Mechernich 18, 73, 96, 132, 159,
.... 205, 263, 277

Mergen 15, 282, 285
Metzen 84
Metzger 85, 141, 163, 235, 271
Meyer, FN . 176, 201, 208, 219, 259, 278
Michels 50, 71, 144, 208, 278,
 .... 290, 291, 292, 293
Michigan 130, 149, 153, 158,
 .... 191, 196, 238, 258, 273, 287, 293
Mies, FN 62, 184, 194, 212,
 .... 213, 215, 240, 263, 267, 293
Miesville 215, 293
Militär 60, 62, 70, 78, 82, 187, 239
Militärdienst 59, 60, 62, 86, 184
Milwaukee 14, 122, 130, 141,
 .... 191, 196, 199, 203, 218, 256,
 .... 270, 271, 272, 273,
 .... 274, 275, 276, 287
Minneapolis 207, 210, 218, 227, 235
Minnesota 78, 79, 81, 82, 91, 107,
 .... 128, 150, 158, 161, 162,
 .... 167, 169, 172, 173, 174,
 .... 175, 187, 191, 195, 201, 202,
 .... 205, 206, 207, 208, 209,
 .... 210, 211, 212, 213, 214, 215,
 .... 218, 219, 220, 221, 223,
 .... 224, 225, 227, 228, 229, 235,
 .... 239, 245, 262, 265, 267,
 .... 292, 293, 294
Mississippi 122, 173, 188, 196,
 .... 198, 203, 204, 205, 220, 221, 224
Missouri 191, 196, 218, 289
Mohren, FN 105, 280
Molitor, FN 167, 200, 201, 208
Monschau 149, 287
Montana 223, 225
Morlo, FN 247
Mühlen 14, 41, 271
Müller, FN 41, 91, 110, 141,

 .... 175, 195, 214, 228, 258
München ... 110, 111, 212, 277, 282, 292
Mungen, FN 75, 76, 144
Münstereifel 65, 75, 94, 97,
 .... 144, 247, 264
Münstermaifeld 99, 112, 121, 284

N

Nagasaki 149
Napoleon 59, 212, 238, 239, 240
Nebraska .. 158, 164, 174, 177, 178, 195,
 .... 216, 217, 218, 220, 222, 243, 244
Nelles 73
New Jersey 81, 128, 248, 286
New Market 213, 214, 228
New Mexico 246
New Orleans 122, 196, 250, 254
New Prague 207, 209, 210, 212,
 .... 226, 229, 233, 234, 293
New Trier 212, 213, 214,
 .... 215, 239, 242, 293
New Ulm... 206, 207, 212, 215, 293, 294
New York 20, 59, 74, 78, 81, 82,
 .... 85, 86, 95, 101, 108,
 .... 109, 110, 111, 112, 119,
 .... 121, 122, 123, 124, 125, 126,
 .... 127, 128, 130, 148, 149,
 .... 169, 179, 184, 186, 191, 196,
 .... 202, 212, 213, 214, 215,
 .... 217, 225, 227, 235, 239,
 .... 241, 249, 254, 258, 262,
 .... 273, 284, 286, 289, 295
Nicolai, FN 238, 239
Niederadenau 76, 77
Nohn 186
Norddeutscher Lloyd 106, 286

Nöthen 27
Notre Dame 271
Nunnemacher, FN 271, 272, 273, 274

O

Oeliger, FN 244
Ohio 130, 191, 196, 234, 254
Ohlenhard 205, 294
Okarche 82
Oklahoma 82
Oregon 220
Otermann 51, 280, 281

P

Pangels, FN 149
Paris 69, 98, 267
Paulskirche 52, 58, 64
Pauly, FN 179
Peetz 215, 216, 217, 218, 219,
.... 241, 242, 243, 283, 293, 294
Pennsylvania 191, 273, 295, 296
Peoria 115, 128, 129
Pesch, FN 65, 128
Peuchen 69
Philadelphia122, 129, 144, 191, 254, 257
Plötzer, FN 82
Plützer, FN 166, 267, 296
Potosi 87, 141, 158, 162, 167,
.... 187, 195, 203, 204, 205,
.... 220, 221, 235, 292, 294
Preußen 18, 21, 28, 29,
.... 42, 47, 48, 59, 60,
.... 93, 102, 123, 212,
.... 249, 279, 281, 284

Priester 54, 202, 230, 231,
.... 247, 248, 254
Prüm 23, 94, 133, 193, 277
Pütz, FN 166, 195

R

Radermacher, FN 140
Raths, FN 143, 214, 215, 262
Raveaux 64, 65, 66, 282
Red Star Line 106
Redemptioner 257
Reetz 27, 102, 134, 137, 145,
.... 147, 166, 215, 267, 278
Reifferscheid 140
Reinardy, FN 212
Reinartz, FN 62
Religion 173
Rick, FN 84
Ripsdorf 76, 78, 84, 102,
.... 130, 137, 145, 147, 164,
.... 166, 167, 169, 173, 175, 183,
.... 188, 189, 200, 202, 203, 208, 224
Robischon 68, 83, 84, 85, 133
Rohr 27, 28, 134, 136, 137, 139, 145,
.... 146, 186, 195, 204, 205, 261, 264
Rohrer, FN 24
Rollmann, FN 82
Rosenthal, FN 82
Roswell 246
Rotterdam 109, 112, 118, 148
Rückwanderung 151, 255, 257, 295
Ruhrgebiet 18, 98, 132
Rur 76
Rüth, FN 69

S

Saint Paul 202, 207, 210, 211, 212,
  .... 218, 227, 239, 293, 294
San Francisco 72, 85
Savannah 108, 285
Saxonia 78, 95
Scheben 15, 19, 20, 66, 153,
  .... 154, 155, 156, 157, 158,
  .... 159, 160, 161, 172, 173, 175,
  .... 176, 179, 186, 205, 220,
  .... 223, 282, 283, 288, 290,
  .... 291, 292, 293, 296
Scheerer, FN 62
Schifffahrtsgesellschaften 92, 95, 122
Schiffskontrakt 286
Schleiden 27, 45, 60, 94, 102,
  .... 157, 158, 249, 255, 278,
  .... 279, 280, 281, 289
Schmelzer 83, 84
Schmied 43, 83, 84, 138, 141,
  .... 161, 215, 218, 247, 264, 272
Schmitz 82, 161, 162, 165,
  .... 167, 169, 171, 172, 175, 186,
  .... 187, 204, 263, 265, 294
Schneider 43, 73, 138, 141, 208, 210,
  .... 227, 230, 247, 249, 251, 277, 296
Schönecken 213, 239
Schreiner 43, 141, 181, 216,
  .... 217, 238, 242, 258
Schröder, FN 220, 221, 223, 235, 296
Schulwesen 46
Schumacher, FN 43, 85, 163, 170, 219
Schuster 138, 141
Schwartz, FN 263
Schweiss, FN 180
Schwerz 29, 41, 42, 278
Schwerzsche Agrarenquete 29

Segelschiff 97, 112, 121, 221, 285
Seuren, FN 296
Sidney 217, 218, 225, 243, 244, 245
Siebgen, FN 105, 109
Sigel, FN 68, 86, 87, 88,
  .... 89, 90, 91, 283
Simons, FN 73
Sioux City 210, 225
Sklaverei 224
Sloman 108, 110, 114
Smackover 176, 259
South Dakota 158, 220, 222
St. Louis 122, 128, 191, 289
St. Mark 81, 185
Stadtkyll 84, 96, 97
Stahlhütte 42, 83, 247
Stein, FN 31
Steuben 111
Stillwater 169, 187, 237
Stockart, FN 201
Strafe 57, 58, 227
Stump, FN 184, 185
Sturm, FN 120, 248, 249
Swan Lake 195, 215

T

Tennyson 203
Texas 296
Theater 173, 271, 272
Titanic 109
Tondorf 25, 27, 28, 44, 87, 144, 146
Trapp, FN 164, 177, 178, 259
Trappen, FN 201
Treinen, FN 214, 217, 238, 239,
  .... 240, 241, 242, 243, 244,
  .... 262, 293, 294, 295

Trier 15, 18, 24, 28, 44, 45, 66,
.... 68, 96, 104, 128, 139, 157, 212,
.... 213, 214, 215, 239, 242, 278, 293

U

Uedelhoven 51, 102, 133, 136,
.... 177, 142, 145, 175,
.... 194, 202, 205, 208,
.... 214, 227, 259, 294
Union Hill 175, 195, 201, 202,
.... 205, 206, 207, 208, 209,
.... 210, 211, 212, 214, 224, 225, 226,
.... 227, 228, 229, 293, 294, 295
United States 109
Urft 25, 30, 135
Utah 262, 273
Utica 85, 86

V

Vermillion 214, 215, 262
Virginia 191, 214, 295
Vogelsberg, FN 164, 167, 201,
.... 202, 203, 208, 224
Volheim, FN 68, 73, 74, 143

W

Wahlen 27, 263
Waldorf 32, 86,
.... 101, 137, 142, 147, 161,
.... 167, 168, 173, 201, 205

Wallisfurth 127
Wallonen 83
Walsdorf 208
Ward Island 126, 287
Washington 197, 205, 207, 269, 273, 296
Weber, FN 195
Weltausstellung 267
Weltkrieg 45, 72, 79, 85, 112,
.... 135, 152, 165, 175, 212,
.... 218, 225, 262, 275, 277
Werber 58, 63, 64, 66
Werner, FN 292
Wershofen 205, 221, 222, 294
Weyer 27, 73
Wheatland 201, 227
Wichita 81, 185, 245, 258
Wiener Kongress 21, 22
Wiesbaum 180, 293
Wilmette 295
Wilms, FN 165, 179, 180
Winzen, FN 149
Wirtz, FN 101, 285
Wisconsin 14, 64, 76, 84, 87,
.... 91, 128, 130, 141, 150, 153, 157,
.... 158, 159, 162, 164, 165, 167,
.... 168, 169, 170, 173, 174, 175,
.... 180, 183, 187, 188, 191, 195, 199,
.... 200, 201, 203, 204, 205, 207,
.... 208, 211, 212, 213, 214, 215,
.... 218, 219, 220, 221, 227, 229,
.... 235, 270, 271, 273, 275,
.... 292, 293, 294
Wolf 75, 76, 225, 229
Wolf Point 225
Wollenweber, FN 263
Wollmerath, FN 194

Y

Young America 173

Z

Zimmer, FN 208, 236
Zimmermann 82, 238, 240,
.... 243, 261, 263
Zingsheim 28

Veröffentlichungen des Geschichtsvereins in der Jahresreihe

1987	Aspekte des Nationalsozialismus	vergriffen
1988	Beiträge zur Territorialgeschichte	vergriffen
1989	Liif on Siel, Mundartwörterbuch I	
1990	Curtius Schulten – ein Eifelmaler	
1991	Zur Geschichte der Rodungsdörfer	vergriffen
1992	Euskirchen in der Kaiserzeit	
1993	Zum Prümer Urbar 893-1993	vergriffen
1994	Euskirchen nach dem Zusammenbruch	
1995	Wält un Ömwält, Mundartwörterbuch II	
1996	Chlodwig, Geschichte und Mythos 496-1996	
1997	Werke aus der Kölner Malerschule	
1998	Landbevölkerung im 18. Jahrhundert	
1999	Im Kaiserreich	
2000	Antwerpener Schnitzaltäre	
2001	Geschichte der Herrschaft Wildenburg/Eifel	vergriffen
2002	Woat vüe Woat, Mundartlexikon	
2002	Euskirchen 1952-2002, Wandel einer Mittelstadt	
2003	Bürgertum im 19. Jahrhundert in den Landkreisen Euskirchen und Schleiden	